suhrkamp taschenbuch
wissenschaft 158

Norbert Elias, 1897 in Breslau geboren, hat Medizin, Philosophie und Psychologie in Breslau, Freiburg und Heidelberg studiert. Zu seinen Lehrern gehören Hönigswald, Rickert, Husserl, Jaspers, Alfred Weber und Karl Mannheim. Er hat an zahlreichen Universitäten in verschiedenen Ländern gelehrt. Buchpublikationen in deutscher Sprache: *Die höfische Gesellschaft. Eine Untersuchung zur Soziologie des Königtums und der höfischen Aristokratie* (1969); *Was ist Soziologie?* (1970).

Die Soziologie des 20. Jahrhunderts konzentriert sich vor allem auf Zustände. Die langfristigen Transformationen der Gesellschafts- und Persönlichkeitsstrukturen hat sie weitgehend aus den Augen verloren. Im Werk von Norbert Elias bilden diese langfristigen Prozesse das zentrale Interesse: Wie ging eigentlich die »Zivilisation« im Abendlande vor sich? Worin bestand sie? Und welches waren ihre Antriebe, ihre Ursachen oder Motoren?

Bei Elias' Arbeit handelt es sich weder um eine Untersuchung über eine »Evolution« im Sinne des 19. Jahrhunderts noch um eine Untersuchung über einen unspezifischen »sozialen Wandel« im Sinne des 20.; seine Arbeit ist grundlegend für eine undogmatische, empirisch fundierte soziologische Theorie der sozialen Prozesse im allgemeinen und der sozialen Entwicklung im besonderen.

Norbert Elias
Über den Prozeß der Zivilisation

Soziogenetische und
psychogenetische Untersuchungen

Erster Band

Wandlungen des Verhaltens
in den weltlichen Oberschichten
des Abendlandes

Suhrkamp

Diese Ausgabe ist text- und seitenidentisch
mit der 1969 im Verlag Francke AG, Bern, erschienenen zweiten,
um eine Einleitung vermehrte Auflage.

suhrkamp taschenbuch wissenschaft 158
Siebte Auflage, 43.–52. Tausend 1980
© Norbert Elias
Suhrkamp Taschenbuch Verlag
Alle Rechte vorbehalten, insbesondere das des
öffentlichen Vortrags, der Übertragung
durch Rundfunk oder Fernsehen und der
Übersetzung, auch einzelner Teile.
Druck: Ebner Ulm · Printed in Germany
Umschlag nach Entwürfen
von Willy Fleckhaus und Rolf Staudt.

CIP-Kurztitelaufnahme der Deutschen Bibliothek
Elias, Norbert:
Über den Prozeß der Zivilisation: soziogenet.
u. psychogenet. Unters. / Norbert Elias. –
Frankfurt am Main: Suhrkamp.
Bd. 1. Wandlungen des Verhaltens in den
weltlichen Oberschichten des Abendlandes. –
7. Aufl. – 1980.
(Suhrkamp-Taschenbuch Wissenschaft; 158)
ISBN 3-518-07758-9

DEM ANDENKEN MEINER ELTERN

Hermann Elias, gest. Breslau 1940

Sophie Elias, gest. Auschwitz 1941 (?)

Einleitung.

I.

Wenn man heute über die Struktur menschlicher Affekte und ihrer Kontrollen nachdenkt und Theorien über sie auszuarbeiten sucht, dann begnügt man sich gewöhnlich mit Beobachtungen an zeitgenössischen Menschen der entwickelteren Gesellschaften als empirischem Belegmaterial. Man geht also unbesehen von der Annahme aus, daß es möglich ist, aufgrund von Untersuchungen der Affekt- und Kontrollstrukturen von Menschen einer spezifischen gesellschaftlichen Entwicklungsphase, von Menschen der eigenen Gesellschaften, wie man sie hier und jetzt beobachten kann, Theorien über Affekt- und Kontrollstrukturen von Menschen schlechthin, von Menschen aller Gesellschaften aufzubauen. Dabei gibt es zahlreiche, verhältnismäßig leicht zugängliche Beobachtungen, die darauf hinweisen, daß der Standard und die Muster der Affektkontrollen in Gesellschaften auf verschiedenen Stufen der Entwicklung und selbst in verschiedenen Schichten der gleichen Gesellschaft verschieden sein können. Ob man sich mit Problemen der jahrhundertelangen Entwicklung europäischer Länder oder mit denen der sogenannten ,,Entwicklungsländer'' in anderen Erdteilen befaßt, man stößt immer von neuem auf Beobachtungen, die zu der Frage drängen, wie und warum sich im Zuge solcher langfristigen, in einer bestimmten Richtung verlaufenden Gesamttransformationen von Gesellschaften, für die sich als terminus technicus der Begriff der ,,Entwicklung'' eingebürgert hat, unter anderem auch die Affektivität des Verhaltens und der Erfahrungen von Menschen, die Regelung der individuellen

Einleitung.

Affekte durch Fremd- und durch Selbstzwänge und damit
also in gewisser Hinsicht die Struktur aller menschlichen
Äußerungen überhaupt in einer bestimmten Richtung verändert. Auf solche Veränderungen weist man unter anderem
in den Alltagssprachen durch die Aussage hin, daß Menschen
der eignen Gesellschaften „zivilisierter" geworden sind als sie
früher waren, oder daß Menschen anderer Gesellschaften
„unzivilisierter", vielleicht gar „barbarischer" sind als die der
eignen. Die Wertakzente solcher Aussagen sind klar. Die Tatsachen, auf die sie sich beziehen, sind es nicht. Das hängt zum
Teil damit zusammen, daß empirische Untersuchungen langfristiger Transformationen von Persönlichkeitsstrukturen und
besonders auch von Affektregulierungen der Menschen beim
gegenwärtigen Stande der soziologischen Forschung noch recht
erhebliche Schwierigkeiten machen. Im Vordergrund des
soziologischen Interesses stehen gegenwärtig relativ kurzfristige Prozesse und zumeist überhaupt nur Probleme, die
sich auf einen gegebenen Zustand der Gesellschaften beziehen.
Die langfristigen Transformationen der Gesellschaftsstrukturen und damit auch der Persönlichkeitsstrukturen hat man
im großen und ganzen gegenwärtig aus den Augen verloren.

Die folgenden Untersuchungen beschäftigen sich mit solchen
langfristigen Prozessen. Es mag ihr Verständnis erleichtern,
wenn man ganz kurz auf die verschiedenen Typen solcher
Prozesse hinweist. Man kann – beim ersten Zugriff – zwei
Hauptrichtungen gesellschaftlicher Strukturwandlungen unterscheiden: Strukturwandlungen in der Richtung einer zunehmenden Differenzierung und Integrierung und Strukturwandlungen in der Richtung einer abnehmenden Differenzierung und Integrierung. Darüber hinaus gibt es als dritten
Typ soziale Prozesse, in deren Verlauf sich zwar die Struktur
einer Gesellschaft oder ihrer einzelnen Aspekte wandelt, aber
weder in der Richtung eines höheren noch in der der eines niedrigeren Standards der Differenzierung und Integrierung.
Schließlich und endlich gibt es zahllose Wandlungen in Gesellschaften ohne Veränderung ihrer Struktur. Damit wird man

Einleitung.

zwar noch nicht der vollen Komplexität solcher Wandlungen gerecht, denn es gibt vielerlei Mischtypen, und oft genug kann man mehrere Wandlungstypen, selbst Wandlungen entgegengesetzter Richtung, in derselben Gesellschaft gleichzeitig beobachten. Aber fürs erste genügt dieser kurze Aufriß der Wandlungstypen, um die Probleme aufzuzeigen, mit denen sich die folgenden Untersuchungen befassen. Der erste Band beschäftigt sich vor allem mit der Frage, ob sich die auf verstreuten Beobachtungen beruhende Vermutung, daß es langfristige Wandlungen der Affekt- und Kontrollstrukturen von Menschen bestimmter Gesellschaften gibt, die über eine ganze Reihe von Generationen hin in ein- und dieselbe Richtung gehen, durch verläßliche Sachbelege bestätigen und als tatsachengerecht erweisen läßt. Dieser Band enthält also eine Darstellung von soziologischen Forschungsschritten und Forschungsergebnissen, deren bestbekanntes Gegenstück in den physikalischen Naturwissenschaften die Experimente und deren Resultate sind. Er dient der Entdeckung und Klärung dessen, was sich in dem noch unerforschten Beobachtungsfelde, auf das sich die Fragen beziehen, tatsächlich abspielt auf die Entdeckung und Bestimmung von Tatsachzusammenhängen.

Der Nachweis eines Wandels der Affekt- und Kontrollstrukturen von Menschen, der während einer ganzen Reihe von Generationen in ein- und dieselbe Richtung ging, nämlich (um es kurz zu sagen) in die Richtung einer zunehmenden Straffung und Differenzierung der Kontrollen, warf die weitere Frage auf: Ist es möglich, diese langfristige Wandlung der Persönlichkeitsstrukturen mit langfristigen gesamtgesellschaftlichen Strukturwandlungen, die ebenfalls in eine bestimmte Richtung gehen, in die Richtung auf einen höheren Standard der gesellschaftlichen Differenzierung und Integrierung, in Zusammenhang zu bringen? Mit diesen Problemen beschäftigt sich der Zweite Band.

Es stellt sich heraus, daß es auch für langfristig in ein- und dieselbe Richtung verlaufende gesellschaftliche Struktur-

Einleitung.

wandlungen dieser Art an empirischen Belegen fehlt. Es war
also nötig, einen Teil des zweiten Bandes dieser Untersuchungen von neuem der Entdeckung und Klärung von Tatsachzusammenhängen dieses andern Typs zu widmen. Die Frage
war, ob sich eine gesamtgesellschaftliche Strukturwandlung in
der Richtung auf einen höheren Standard der Differenzierung
und Integrierung mit Hilfe von verläßlichen empirischen
Belegen nachweisen läßt. Es zeigte sich, daß das möglich war.
Der im zweiten Band behandelte Staatsbildungsprozeß ist ein
Beispiel für eine Strukturwandlung dieser Art.

Schließlich und endlich wurde dann in dem vorläufigen Entwurf einer Theorie der Zivilisation ein Modell der möglichen
Zusammenhänge zwischen dem langfristigen Wandel der
menschlichen Individualstrukturen in der Richtung auf eine
Festigung und Differenzierung der Affektkontrollen und dem
langfristigen Wandel der Figurationen, die Menschen miteinander bilden, in der Richtung auf einen höheren Standard
der Differenzierung und Integrierung, also zum Beispiel auf
eine Differenzierung und Verlängerung der Interdependenzketten und auf eine Festigung der „Staatskontrollen", ausgearbeitet.

II.

Es ist leicht zu sehen, daß man mit einer solchen, auf Entdeckung von Tatsachzusammenhängen und deren Erklärung
ausgerichteten Fragestellung, mit einer empirisch-theoretischen Fragestellung, die sich auf langfristige Strukturwandlungen spezifischer Art, auf „Entwicklungen" richtet, Abschied von den metaphysischen Ideen nimmt, die mit dem
Begriff der Entwicklung entweder die Vorstellung einer
mechanischen Notwendigkeit oder die einer teleologischen
Zielstrebigkeit verbinden. Auch der Begriff der Zivilisation
wurde, wie das erste Kapitel dieses Bandes zeigt, in der Vergangenheit oft genug in einem halb metaphysischen Sinne
gebraucht, und er ist bis heute noch recht diffus geblieben.

Einleitung.

Hier ist, wie gesagt, versucht worden, den Tatsachenkern herauszuarbeiten, auf den sich der gängige vorwissenschaftliche Begriff des Zivilisationsprozesses bezieht, also vor allem den Strukturwandel von Menschen in der Richtung auf eine größere Festigung und Differenzierung ihrer Affektkontrollen, und damit also auch ihres Erlebens – etwa in der Form des Vorrückens der Scham- und Peinlichkeitsschwelle – und ihres Verhaltens – also etwa beim Essen in der Form der Differenzierung des Tafelgerätes. Die nächste Aufgabe, die die belegbare Entdeckung einer solchen gerichteten Wandlung über viele Generationen hin dem Untersuchenden stellte, war die Frage nach der Erklärung. Einen Entwurf der Erklärung findet man, wie gesagt, am Ende des zweiten Bandes.

Aber mit Hilfe einer solchen Untersuchung nimmt man ebenfalls Abschied von dem Theorietyp, der im Laufe der Zeit in der soziologischen Forschung an die Stelle des früheren, um den alten, noch halb metaphysischen Entwicklungsbegriff zentrierten Theorietyps getreten ist, von den heute dominierenden Theorien des sozialen Wandels. Soweit sich sehen läßt, unterscheiden diese Theorien bisher kaum je in unzweideutiger Weise zwischen den verschiedenen Typen des sozialen Wandels, die oben kurz erwähnt wurden. Insbesondere fehlt es noch immer an anderen, auf empirische Belege gestützten Theorien desjenigen Typs der langfristigen sozialen Wandlungen, die die Form eines Prozesses und vor allem die einer Entwicklung haben.

Als ich an diesem Buche arbeitete, erschien es mir ganz offensichtlich, daß damit der Grund zu einer undogmatischen, empirisch fundierten soziologischen Theorie der sozialen Prozesse im allgemeinen und der sozialen Entwicklung im besonderen gelegt würde. Ich glaubte insbesondere, es sei ganz offenbar, daß die Untersuchung und das zusammenfassende Modell des langfristigen Prozesses der fortschreitenden Staatsbildung, die man im zweiten Bande dieser Arbeit findet, zugleich auch als Modell für die langfristige Dynamik von Gesellschaften in einer bestimmten Richtung dienen könne,

Einleitung.

auf die sich der Begriff der sozialen Entwicklung bezieht. Ich glaubte damals nicht, daß es nötig sei, ausdrücklich darauf zu verweisen, daß es sich hier weder um eine Untersuchung über eine „Evolution" im Sinne des 19. Jahrhunderts, im Sinne eines automatischen Fortschritts handelte, noch um eine Untersuchung über einen unspezifischen „sozialen Wandel" im Sinne des 20. Mir erschien das seinerzeit so offensichtlich, daß ich es unterließ, auf diese theoretischen Implikationen ausdrücklich hinzuweisen. Ich sehe nun, daß ich mich in dieser Hinsicht geirrt habe. Die Einleitung zur zweiten Auflage gibt mir die Möglichkeit, diesen Irrtum zu korrigieren.

III.

Die umfassende soziale Entwicklung, als deren Repräsentant hier eine ihrer Zentralerscheinungen, eine jahrhundertelange Welle fortschreitender Integrierung, ein Staatsbildungsprozeß mit dem Komplementärprozeß einer fortschreitenden Differenzierung untersucht und dargestellt wurde, ist ein Figurationswandel, der im Hin und Her der Vor- und Rückbewegungen – auf längere Sicht betrachtet – über viele Generationen hin in ein- und dieselbe Richtung geht. Diese gerichtete Strukturwandlung läßt sich als Faktum nachweisen, gleichgültig, wie man sie bewertet. Um diesen faktischen Nachweis geht es hier. Der Begriff des sozialen Wandels allein reicht als Forschungswerkzeug nicht aus, um solchen Tatsachen Genüge zu tun. Ein bloßer Wandel kann auch von der Art sein, die man an Wolken oder an Rauchringen zu beobachten vermag: bald sehen sie so aus, bald sehen sie anders aus. Der Begriff des sozialen Wandels ohne klare Unterscheidung zwischen Wandlungen, die sich auf die Struktur einer Gesellschaft, und Wandlungen, die sich nicht auf die Struktur einer Gesellschaft beziehen, und weiterhin zwischen Strukturwandlungen ohne eine bestimmte Richtung und anderen, die sich über viele Generationen hin in einer bestimmten Richtung, etwa in der Richtung größerer Kom-

Einleitung.

plexität oder in der geringerer Komplexität, vollziehen, ist ein sehr unzureichendes Werkzeug der soziologischen Untersuchung.

Ähnlich steht es mit einer Reihe von anderen Problemen, die hier behandelt sind. Als mir nach einigen vorbereitenden Arbeiten, die gleichzeitig der Durcharbeitung von Dokumenten, von Belegmaterial, und der Durcharbeitung der sich allmählich klärenden theoretischen Probleme diente, der Weg zu deren möglicher Lösung deutlicher wurde, war ich mir unter anderem auch dessen bewußt, daß diese Arbeit auch das vertrackte Problem des Zusammenhangs von individuellen, psychologischen Strukturen, also von den sogenannten Persönlichkeitsstrukturen, und von Figurationen, die viele interdependente Individuen miteinander bilden, also von Sozialstrukturen, der Lösung etwas näher bringt, und zwar gerade weil hier diese beiden Strukturtypen nicht, wie es noch meistens geschieht, als unwandelbare Strukturen, sondern vielmehr als sich wandelnde Strukturen, als interdependente Aspekte der gleichen langfristigen Entwicklung anvisiert werden.

IV.

Hätten die verschiedenen akademischen Fächer, deren Problembereiche diese Untersuchung berührt, hätte vor allem die Fachdisziplin der Soziologie bereits jene Phase der wissenschaftlichen Reife erreicht, in der sich gegenwärtig viele der naturwissenschaftlichen Disziplinen befinden, dann hätte man erwarten können, daß eine sorgfältig dokumentierte Untersuchung langfristiger Prozesse, wie des der Zivilisation oder der Staatsbildung mit dem daraus entwickelten Theorievorschlag nach gründlicher Überprüfung und Diskussion, nach kritischer Siebung des unbrauchbaren oder widerlegten Bestandes entweder als Ganzes oder in einzelnen ihrer Aspekte in den gemeinsamen empirisch-theoretischen Wissensfundus des Faches eingehen würde. Man hätte erwarten können, da ja der Fortschritt der wissenschaftlichen Arbeit zum

Einleitung.

guten Teil auf dem Austausch und der Befruchtung der Arbeiten vieler Fachkollegen durcheinander und auf der kontinuierlichen Weiterentwicklung des gemeinsamen Wissensfundus beruht, daß die hier vorliegenden Untersuchungen dreißig Jahre später entweder zum Standardwissen des Faches gehören oder durch die Weiterarbeit Anderer mehr oder weniger überholt und zu Grabe getragen sein würden.

Statt dessen finde ich, daß diese Untersuchung nach einer Generation immer noch den Charakter einer Pionierarbeit in einem Problemfelde bewahrt hat, das der kombinierten Durchforschung auf der empirischen und der theoretischen Ebene zugleich, wie sie hier vorliegt, heute kaum weniger bedarf als vor dreißig Jahren. Die Einsicht in die Dringlichkeit der Probleme, um die es hier geht, ist gewachsen. Man kann allenthalben ein entschiedenes Vortasten in der Richtung auf die hier behandelten Probleme hin beobachten. An späteren Versuchen, Probleme zu lösen, zu deren Lösung bereits die empirische Dokumentation dieser beiden Bände und der anschließende Entwurf einer Theorie der Zivilisation beizutragen suchten, fehlt es nicht. Ich glaube nicht, daß sie geglückt sind.

Es muß genügen, als Beispiel dafür kurz die Art und Weise zu erörtern, in der der Mann, der in unsern Tagen weitgehend als der führende Theoretiker der Soziologie gilt, in der Talcott Parsons einige der hier behandelten Probleme zu stellen und zu lösen sucht. Charakteristisch für Parsons' theoretische Einstellung ist der Versuch, die verschiedenen Gesellschaftstypen in seinem Beobachtungsfeld, wie er es einmal ausdrückt[1], analytisch in ihre elementaren Bestandteile zu zerlegen. Einen bestimmten Typ dieser elementaren Bestandteile (elementary components) nennt er „pattern variables". Zu diesen pattern variables gehört unter anderem die Dichotomie „Affektivität – affektive Neutralität". Man kommt seiner Vorstellung wohl am nächsten, wenn man sagt, daß er sich eine Gesellschaft wie ein Blatt Karten in der Hand eines bestimmten Spielers vorstellt: Jeder Gesellschaftstyp, so scheint es Parsons zu sehen, stellt eine verschiedene Mischung der Karten dar. Aber

Einleitung.

die Karten selbst sind immer die gleichen; und die Anzahl der
Karten selbst ist klein, wie mannigfaltig auch die Karten-
blätter sein mögen. Eine der Karten, mit denen das Spiel
gespielt wird, ist die Polarität von Affektivität und affektiver
Neutralität. Parsons gewann, wie er mitteilt, die Idee dazu
ursprünglich bei der Zerlegung der Töniesschen Gesellschaftstypen „Gemeinschaft" und „Gesellschaft". Der Typ der
„Gemeinschaft", so stellt es sich Parsons anscheinend vor, ist
charakterisiert durch „Affektivität", der der „Gesellschaft"
durch „affektive Neutralität". Aber wie den andern „pattern
variables" im Kartenspiel, so schreibt er auch diesem eine
ganz allgemeine Bedeutung zur Bestimmung der Unterschiede
zwischen verschiedenen Gesellschaftstypen und auch der
Unterschiede zwischen verschiedenen Beziehungstypen in
ein- und derselben Gesellschaft zu. In dem gleichen Zusammenhang wendet sich Parsons auch den Problemen der Beziehung von Sozialstruktur und Persönlichkeit zu[2]. Er weist
darauf hin, daß er sie zuvor nur als eng verbundene und
interagierende „Systeme menschlicher Aktion" betrachtet
habe; nun könne er aber mit Sicherheit aussprechen, daß sie
im theoretischen Sinne verschiedene Phasen oder Aspekte
ein- und desselben fundamentalen Aktionssystems seien. Er
illustriert diesen Punkt unter anderem durch ein Beispiel:
er erklärt, daß das, was auf der soziologischen Ebene als eine
Institutionalisierung der „Affektneutralität" betrachtet werden kann, im wesentlichen das gleiche sei, was man auf der
Persönlichkeitsebene als „Auferlegung des Verzichts auf unmittelbare Befriedigung im Interesse der disziplinierten
Organisation und der langfristigen Ziele der Persönlichkeit"
betrachten kann.

Für das Verständnis der folgenden Untersuchungen ist es
vielleicht nicht unnütz, diese spätere Bemühung um die
Lösung solcher Probleme mit der früheren, die hier in einer
unveränderten Neuauflage vorliegt, zu vergleichen. Der entscheidende Unterschied des wissenschaftlichen Vorgehens und
der Vorstellung von den Aufgaben einer soziologischen

Einleitung.

Theorie, tritt selbst an diesem kurzen Beispiel der Behandlung verwandter Probleme durch Parsons deutlich zutage. Was sich in „Über den Prozeß der Zivilisation" mit Hilfe einer ausführlichen empirischen Dokumentation eben als solcher, als Prozeß erwies, wurde von Parsons nachträglich, und, wie mir scheint, ganz unnötigerweise durch statische Begriffsbildungen auf Zustände reduziert. An die Stelle eines relativ komplizierten Prozesses, in dessen Verlauf der Affekthaushalt von Menschen sich allmählich in der Richtung auf eine stärkere und ebenmäßigere Affektkontrolle – aber ganz gewiß nicht im Sinne eines Zustandes totaler Affektneutralität – veränderte, trat bei Parsons eine einfache Gegenüberstellung von zwei Zustandskategorien, Affektivität und Affektneutralität, von denen unterstellt wird, daß sie verschiedenen Gesellschaftstypen in verschiedenen Graden innewohnen, wie etwa chemische Substanzen verschiedenen Gemengen. Durch diese begriffliche Reduzierung dessen, was in „Über den Prozeß der Zivilisation" empirisch als Prozeß aufgezeigt und theoretisch als Prozeß verarbeitet worden war, auf zwei verschiedene Zustände, beraubte sich Parsons der Möglichkeit, herauszufinden, wie die unterscheidenden Eigentümlichkeiten verschiedener Gesellschaften, auf die er anspielt, eigentlich zu erklären sind. Soweit man sehen kann, stellt er sich nicht einmal die Frage nach einer Erklärung. Die verschiedenen Zustände, auf die sich die Gegensatzpaare der „pattern variables" beziehen, sind, wie es scheint, einfach gegeben. Die nuancenreiche und artikulierte Strukturveränderung in der Richtung auf eine größere und ebenmäßigere Affektkontrolle, wie man sie in Wirklichkeit beobachten kann, verschwindet bei dieser Art der Theoriebildung. Die Zerlegung gesellschaftlicher Phänomene, die sich tatsächlich nur als werdend und geworden beobachten lassen, mit Hilfe von Begriffspaaren, die die Analyse auf zwei entgegengesetzte Zustände beschränken, bedeutet eine für die empirische wie für die theoretische Arbeit unnötige Verarmung der soziologischen Wahrnehmung.

Einleitung.

Es ist sicherlich die Aufgabe jeder soziologischen Theorie, über die Eigentümlichkeiten Klarheit zu schaffen, die alle möglichen menschlichen Gesellschaften miteinander gemeinsam haben. Der Begriff des sozialen Prozesses und viele andere Begriffe, die in den folgenden Untersuchungen gebraucht werden, gehören zu den Kategorien mit dieser Funktion. Aber die von Parsons ausgewählten Grundkategorien erscheinen mir in hohem Maße willkürlich. Hinter ihnen steht unausgesprochen und ungeprüft die oft als selbstverständlich erscheinende Vorstellung, daß es die Aufgabe jeder wissenschaftlichen Theorie sei, alles Wandelbare begrifflich auf etwas Unwandelbares zu reduzieren und alle komplexen Erscheinungen durch Zerlegung in ihre einzelnen Komponenten zu vereinfachen.

Das Beispiel der Parsonsschen Theoriebildung selbst aber legt den Gedanken nahe, daß man durch eine systematische gedankliche Reduktion von gesellschaftlichen Prozessen auf gesellschaftliche Zustände und von komplexen, zusammengesetzten Phänomenen auf einfachere, scheinbar nicht zusammengesetzte Komponenten im Rahmen der Soziologie die Theoriebildung eher kompliziert als vereinfacht. Diese Art der Reduktion, dieser Typ der Abstraktion als Methode der Theoriebildung ließe sich allenfalls rechtfertigen, wenn sie unzweideutig zu einer Erhellung und Vertiefung des Verständnisses führen würde, das Menschen für sich selbst als Gesellschaften und als Individuen haben. Statt dessen findet man, daß die Theorien, die mit Hilfe solcher Denkmethoden gebildet werden, wie die Epizyklentheorie des Ptolemäus, unnötig komplizierte Hilfskonstruktionen erforderlich machen, um sie mit den empirisch feststellbaren Fakten in Einklang zu bringen. Sie erscheinen oft wie ein dunkles Gewölk, aus dem hie und da ein paar Lichtstrahlen auf die Erde dringen.

Einleitung.

V.

Ein Beispiel dafür, von dem weiter unten noch etwas ausführlicher die Rede sein wird, ist Parsons' Versuch, ein theoretisches Modell der Beziehung von Persönlichkeitsstrukturen und Gesellschaftsstrukturen auszuarbeiten. Bei Parsons gehen in dieser Hinsicht zwei nicht recht vereinbare Ideen häufig noch recht durcheinander: die Vorstellung, daß Individuum und Gesellschaft – „Ego" und „System" – zwei getrennt voneinander existierende Gegebenheiten sind, von denen die erste, der einzelne Mensch, als die eigentliche Realität zu betrachten ist, die letztere eher als ein Epiphänomen, und die Vorstellung, daß beide verschiedene untrennbare Ebenen des von Menschen gebildeten Universums sind. Überdies sind Begriffe, wie „Ego" und „System" und alle verwandten Begriffe, die sich auf Menschen als Einzelne und auf Menschen als Gesellschaften beziehen, bei Parsons – außer wenn er sich psychoanalytischer Kategorien bedient – so zugeschnitten, als ob ein unveränderlicher Zustand als Normalzustand beider betrachtet werden könne. Die folgenden Untersuchungen lassen sich nicht recht verstehen, wenn man sich durch solche Vorstellungen den Blick für das verstellt, was sich an Menschen tatsächlich beobachten läßt. Man kann sie nicht verstehen, wenn man aus dem Auge verliert, daß sich Begriffe, wie „Individuum" und „Gesellschaft" nicht auf zwei getrennt existierende Objekte, sondern auf verschiedene, aber untrennbare Aspekte der gleichen Menschen beziehen, und daß beide Aspekte, daß Menschen überhaupt normalerweise in einem strukturierten Wandel begriffen sind. Beide haben den Charakter von Prozessen, und es besteht nicht die geringste Notwendigkeit, bei einer Theoriebildung, die sich auf Menschen bezieht, von diesem ihrem Prozeßcharakter zu abstrahieren. In der Tat, es ist unerläßlich, daß man den Prozeßcharakter in soziologische und andere Theorien, die sich auf Menschen beziehen, miteinschließt. Wie sich in den folgenden Untersuchungen zeigt, läßt sich auch das

Einleitung.

Problem der Beziehung von Individualstrukturen und Gesellschaftsstrukturen gerade erst dadurch erhellen, daß man beide als sich wandelnd, als werdend und geworden untersucht. Erst dann hat man die Möglichkeit, wie es im folgenden geschehen, Modellentwürfe ihrer Beziehung zu entwickeln, die mit empirisch belegbaren Tatsachen einigermaßen in Einklang stehen. Man kann es mit großer Sicherheit aussprechen, daß die Beziehung dessen, was man begrifflich als „Individuum" und als „Gesellschaft" verarbeitet, so lange nicht erfaßbar bleiben wird, als man mit diesen Begriffen in Gedanken eo ipso so hantiert, als ob man es mit zwei getrennt existierenden Körpern zu tun hätte und überdies noch mit zwei normalerweise ruhenden Körpern, die erst sozusagen nachträglich miteinander in Berührung kommen. Ohne daß es je ganz klar und unverhohlen ausgesprochen wird, schwebt Parsons und allen Soziologen, die Kinder des gleichen Geistes sind, der Gedanke einer in irgendeinem Sinne getrennten Existenz dessen, worauf sich Begriffe, wie „Einzelmensch" und „Gesellschaft" beziehen ohne Zweifel vor. So nimmt etwa Parsons – um nur ein einzelnes Beispiel zur Illustration des Gedankens hier anzuführen – die bereits von Durkheim entwickelte Vorstellung auf, daß es sich bei der Beziehung von „Individuum" und „Gesellschaft" um eine „gegenseitige Durchdringung", eine „Interpenetration" von Einzelperson und sozialen System handle. Wie man sich auch eine solche „gegenseitige Durchdringung" vorstellen mag, was kann diese Metapher anderes bedeuten, als daß es sich hier um zwei verschiedene Wesenheiten handelt, die zunächst getrennt existieren und die sich dann gewissermaßen nachträglich „interpenetrieren"[3] ?

Man sieht den Unterschied des soziologischen Problemansatzes hier und dort. Die Möglichkeit, die Zusammenhänge zwischen Individualstrukturen und Gesellschaftsstrukturen schärfer herauszuarbeiten, ergab sich bei den folgenden Untersuchungen gerade daraus, daß von dem Wandel beider, von dem Prozeß ihres jeweiligen Werdens und Gewordenseins,

Einleitung.

hier nicht als von etwas Strukturfremdem, etwas „bloß
Historischem" abstrahiert wurde. Denn das Werden von
Persönlichkeits- und Gesellschaftsstrukturen vollzieht sich im
unlösbaren Zusammenhang beider miteinander. Man kann
nie mit Bestimmtheit sagen, daß die Menschen einer Gesellschaft zivilisiert sind. Aber man kann aufgrund von syste-
matischen Untersuchungen unter Hinweis auf nachprüfbare
Belege recht wohl mit hoher Bestimmtheit von einigen
Menschengruppen sagen, daß sie zivilisierter geworden
sind, ohne notwendigerweise damit den Gedanken zu verbinden, daß es besser oder schlechter ist, daß es einen positiven
oder negativen Wert hat, zivilisierter geworden zu sein. Ein
solche Veränderung der Persönlichkeitsstrukturen aber läßt
sich unschwer als ein spezifischer Aspekt des Werdens von
Gesellschaftsstrukturen erweisen. Das ist im folgenden versucht worden.

Es ist nicht besonders verwunderlich, daß man bei Parsons,
wie bei vielen andern zeitgenössischen Theoretikern der
Soziologie, der Tendenz zur Zustandsreduktion selbst dann
begegnet, wenn sie sich ausdrücklich mit dem Problem des
sozialen Wandels beschäftigen. In Übereinstimmung mit dem
vorherrschenden Trend der Soziologie, geht Parsons von der
Hypothese aus, daß sich jede Gesellschaft normalerweise in
einem unveränderlichen, homöostatisch gesicherten Gleichgewichtszustand befindet. Sie wandelt sich, so nimmt er an[4],
wenn dieser Normalzustand des gesellschaftlichen Gleichgewichts, etwa durch eine Verletzung der gesellschaftlich
normierten Verpflichtungen, durch einen Bruch der Konformität gestört wird. Der gesellschaftliche Wandel erscheint
dementsprechend als eine gleichsam zufällige, von außen
herangetragene Störungserscheinung eines normalerweise wohl
ausbalancierten gesellschaftlichen Systems. Überdies strebt
die derart gestörte Gesellschaft nach Anschauung Parsons'
von neuem einem Ruhezustand zu. Früher oder später, so
sieht er es, stellt sich ein anderes „System" mit einem andern
Gleichgewicht her, das sich wiederum trotz aller Schwankungen

XX

Einleitung.

mehr oder weniger automatisch in dem vorhandenen Zustand aufrechterhält. Mit einem Wort, der Begriff des sozialen Wandels bezieht sich hier auf einen durch Störungen herbeigeführten Übergangszustand zwischen zwei Normalzuständen der Wandellosigkeit. Auch in dieser Hinsicht tritt bei dieser Gegenüberstellung die Verschiedenheit zwischen dem Theorienansatz, der durch die folgenden Untersuchungen repräsentiert wird, und dem durch Parsons und seine Schule vertretenen Theorienansatz klar und deutlich hervor. Die folgenden Untersuchungen bestätigen von neuem die auf ein reiches Belegmaterial gestützte Vorstellung, daß Wandlungen zu den normalen Eigentümlichkeiten einer Gesellschaft gehören. Die strukturierte Abfolge eines kontinuierlichen Wandels diente hier als Bezugsrahmen für die Erforschung von Zuständen, die sich auf einen bestimmten Zeitpunkt fixieren lassen. In der vorherrschenden soziologischen Meinung dienen umgekehrt gesellschaftliche Gegebenheiten, die gedanklich so verarbeitet werden, als ob sie sich normalerweise im Zustand der Ruhe befinden, als Bezugsrahmen für alle Wandlungen. So stellt man sich etwa eine Gesellschaft als ein „soziales System" und ein „soziales System" als ein „System im Ruhezustand" vor. Selbst, wenn es sich um eine relativ differenzierte, eine „hochentwickelte" Gesellschaft handelt, sucht man sie oft genug als in sich ruhend und auf sich selbst gestellt zu verstehen. Man betrachtet es nicht als einen integralen Bestandteil der Forschungsaufgabe, zu fragen, wie und warum sich diese hochentwickelte Gesellschaft zu diesem Stand der Differenzierung hin entwickelt hat. Entsprechend dem statischen Bezugsrahmen der vorherrschenden Systemtheorien erscheinen soziale Wandlungen, soziale Prozesse, soziale Entwicklungen, zu denen unter anderem auch die Entwicklung eines Staates oder ein Zivilisationsprozeß gehören, dann lediglich als etwas Zusätzliches, als eine bloße „historische Einleitung", deren Untersuchung und Erklärung man zum Verständnis eines „sozialen Systems", seiner „Struktur", seiner „Funktionszusammenhänge", so wie man sie aus der kurzfristigen

Einleitung.

Zustandsperspektive hier und jetzt zu beobachten vermag,
recht wohl entbehren kann. Die begrifflichen Werkzeuge
selbst, Begriffe wie „Struktur" und „Funktion", wie sie als
Namensschild für die zeitgenössische soziologische Schule der
„structural functionalists" dienen, miteingeschlossen, tragen
den Stempel dieses spezifischen Denkstils der Zustandsreduktion an sich. Gewiß können auch ihre Hersteller sich der
Einsicht, daß sich die als ruhende Zustände vorgestellten
„Strukturen" und „Funktionen" des gesellschaftlichen „Ganzen" oder seiner „Teile" bewegen und verändern, nicht ganz
verschließen. Aber die Probleme, die derart ins Blickfeld
treten, werden dadurch mit dem statischen Denkstil in Einklang gebracht, daß man sie in einem Sonderkapitel, gleichsam
als etwas, das zu den Problemen des normalerweise unveränderlichen Systems noch hinzukommt, unter dem Titel
„Sozialer Wandel" abkapselt. Auf diese Weise wird der „soziale Wandel" selbst begrifflich wie das Attribut eines Ruhe-
zustandes behandelt. Man bringt mit andern Worten die
zustandsorientierte Grundeinstellung dadurch in Einklang
mit den empirischen Beobachtungen gesellschaftlicher Wandlungen, daß man in das theoretische Wachsfigurenkabinett
unbeweglicher gesellschaftlicher Erscheinungen noch ein paar
ebenfalls unbewegliche Sonderfiguren mit Namensschildern
wie „sozialer Wandel" oder „sozialer Prozeß" hineinstellt. Die
Probleme der gesellschaftlichen Veränderungen werden auf
diese Weise gewissermaßen eingefroren und im Sinne der
Zustandssoziologie unschädlich gemacht. So kommt es also
auch, daß der Begriff der „gesellschaftlichen Entwicklung"
zur Zeit aus dem Gesichtskreis der zeitgenössischen Theoretiker der Soziologie so gut wie völlig verschwunden ist —
paradoxerweise in einer Phase der Gesellschaftsentwicklung,
in der sich Menschen in der Praxis des gesellschaftlichen
Lebens und zum Teil auch in der empirischen soziologischen
Forschung mit Problemen der Gesellschaftsentwicklung inten-
siver und bewußter beschäftigen als je zuvor.

XXII

Einleitung.

VI.

Wenn man sich der Aufgabe unterzieht, eine Einleitung zu einem Buche zu schreiben, das von der theoretischen wie von der empirischen Seite her in recht entschiedenem Gegensatz zu weit verbreiteten Tendenzen der zeitgenössischen Soziologie steht, dann hat man eine gewisse Verpflichtung, dem Leser klar und deutlich zu sagen, in welcher Weise und warum sich die Probleme, die hier gestellt werden, und die Schritte, die zu ihrer Lösung unternommen werden, von denen des herrschenden Typs der Soziologie und vor allem der theoretischen Soziologie unterscheiden. Man kann, um das zu tun, der Frage nicht ganz aus dem Wege gehen, wie es zu erklären ist, daß die Soziologie, für deren prominenteste Vertreter im 19. Jahrhundert die Probleme der langfristigen gesellschaftlichen Prozesse im Vordergrund des Forschungsinteresses standen, im 20. Jahrhundert in so hohem Maße zu einer Zustandssoziologie geworden ist, aus deren Forschungsbetrieb das Bemühen um die weitere Aufhellung langfristiger gesellschaftlicher Prozesse so gut wie völlig verschwunden ist. Ich kann mich im Rahmen dieser Einleitung nicht anheischig machen, diese Verlagerung des zentralen Forschungsinteresses von Soziologen und die damit zusammenhängende, radikale Veränderung des ganzen soziologischen Denkstils mit der Gründlichkeit zu erörtern, die sie verdienen. Aber das Problem ist zu wichtig für das Verständnis dessen, was folgt, und darüber hinaus für die Weiterentwicklung der Soziologie, um es hier ganz zu übergehen. Ich werde mich also damit begnügen, aus dem Komplex der Bedingungen, die für diese Rückbildung der soziologischen Denkapparatur und die damit zusammenhängende Verengung des Problemfeldes verantwortlich sind, einige wenige herauszugreifen.

Der offenbarste Grund dafür, daß das Verständnis für die Bedeutsamkeit von Problemen des gesellschaftlichen Werdens, der sozialen Genese, der Entwicklung von gesellschaftlichen Formationen aller Art, sich unter Soziologen weitgehend ver-

Einleitung.

loren hat, und daß der Begriff der Entwicklung unter ihnen in
Verruf geraten ist, liegt in der Reaktion vieler Soziologen und
vor allem der führenden soziologischen Theoretiker des
20. Jahrhunderts gegen bestimmte Aspekte der prominente-
sten soziologischen Theorien des 19. Jahrhunderts. Es hat
sich gezeigt, daß die theoretischen Modelle der langfristigen
gesellschaftlichen Entwicklung, wie sie im 19. Jahrhundert
von Männern, wie Comte, Spencer, Marx, Hobhouse und
vielen andern ausgearbeitet wurden, zum Teil auf Hypothesen
beruhten, die primär durch die politisch-weltanschaulichen
Ideale dieser Männer und bestenfalls sekundär durch ihre
Sachbezogenheit bestimmt waren. Den späteren Generationen
stand ein sehr viel größeres, ein ständig wachsendes Tat-
sachenmaterial zur Verfügung. Die Überprüfung der klassischen Entwicklungstheorien des 19. Jahrhunderts im Lichte
der umfassenderen Erfahrungen der folgenden Generationen
ließ eine ganze Reihe von Aspekten der älteren Prozeßmodelle
als fragwürdig, oder jedenfalls als der Revision bedürftig erscheinen. Viele der selbstverständlichen Glaubensartikel der
Pioniere der Soziologie des 19. Jahrhunderts wurden von den
Vertretern des gleichen Faches im 20. Jahrhundert nicht mehr
akzeptiert. Dazu gehörte vor allem der Glaube, daß die Entwicklung der Gesellschaft notwendigerweise eine Entwicklung
zum besseren, eine Veränderung in der Richtung des Fortschritts sei. Dieser Glaube wurde von vielen späteren Soziologen
entsprechend ihrer eigenen gesellschaftlichen Erfahrung mit
Entschiedenheit abgelehnt. Rückblickend sahen sie deutlicher,
daß die älteren Entwicklungsmodelle eine Mischung von relativ
sachgerechten und von ideologischen Vorstellungen darstellten.

Im Betriebe einer reiferen Wissenschaft hätte man sich in
dieser Situation nun vielleicht zunächst einmal an die Arbeit
gemacht, um die älteren Entwicklungsmodelle zu revidieren
und zu korrigieren. Man hätte versucht, klar und deutlich
herauszuarbeiten, welche Aspekte der älteren Entwicklungs
theorien, im Lichte des umfassenderen Tatsachenwissens, das
man nun besaß, als Forschungsergebnisse dienen konnten, aui

Einleitung.

denen man weiterzubauen vermochte, und welche Aspekte als
Ausdruck zeitbedingter, lediglich politisch-weltanschaulicher
Voreingenommenheiten mit einem entsprechenden Grabmal auf
dem Friedhof der toten Doktrinen ihren Platz finden sollten.

Statt dessen setzte eine überaus scharfe Reaktion gegen den
Typ der soziologischen Theorien ein, die sich mit langfristigen
gesellschaftlichen Prozessen befaßten. Die Beschäftigung mit
der langfristigen Entwicklung der Gesellschaft wurde so gut
wie völlig verworfen und das Zentrum des soziologischen
Interesses verlagerte sich in einer radikalen Reaktion gegen
den älteren Theorietyp auf die Untersuchung von gesellschaftlichen Gegebenheiten, die man sich als normalerweise
ruhend und in einem Zustand des Gleichgewichts befindlich
vorstellte. Hand in Hand damit ging die Verfestigung einer
Reihe von stereotypen Standardargumenten gegen die soziologischen Theorien des älteren Typs und gegen viele ihrer
zentralen Begriffe, besonders gegen den Begriff der Gesellschaftsentwicklung. Da man sich nicht die Mühe nahm,
zwischen den sachgerechten Gedankenmotiven und den ideologischen Gedankenmotiven des Entwicklungsbegriffs zu
unterscheiden, wurde von nun an der ganze Problembereich
der langfristigen gesellschaftlichen Prozesse und besonders der
Entwicklungsprozesse eo ipso mit dem einen oder dem andern
der Glaubenssysteme des 19. Jahrhunderts assoziiert, also vor
allem mit der Vorstellung, daß die Gesellschaftsentwicklung,
ob sie sich nun gradlinig ohne Konflikte oder dialektisch mit
Konflikten vollzieht, automatisch eine Veränderung zum
besseren, ein Wandel im Sinne des Fortschritts sein müsse.
Von nun an erschien es beinahe als altmodisch, sich mit dem
Problembereich der Gesellschaftsentwicklung zu beschäftigen.
Man sagt zuweilen, daß Generäle sich bei der Planung der
Strategie eines neuen Krieges die Strategie des alten Krieges
zum Muster nähmen. Ähnlich verhält man sich, wenn man es
als selbstverständlich unterstellt, daß Begriffe, wie ,,soziale
Entwicklung'' oder ,,sozialer Prozeß'' unausweichlicherweise
den alten Fortschrittsgedanken miteinschließen.

Einleitung.

Man begegnet hier also im Rahmen der Soziologie einer gedanklichen Entwicklung, die mit einem überaus starken Ausschlag des Pendels von einer einseitigen Denkorientierung zu einer entgegengesetzten, aber nicht weniger einseitigen Denkorientierung führte. Einer Phase, in der sich die Theoretiker der Soziologie vorwiegend um Modell der langfristigen Gesellschaftsentwicklung bemühten, ist eine andere gefolgt, in der sie sich vorwiegend um Modelle von Gesellschaften im Zustand der Ruhe und Unveränderlichkeit bemühen. Handelte es sich ehemals um eine Art von heraklitischer Grundvorstellung – alles fließt –, mit dem Unterschied, daß der Fluß in der Richtung zum besseren, in der jeweils erwünschten Richtung, beinahe als selbstverständlich galt, so handelt es sich nun um eine eleatische Grundvorstellung. Den Flug eines Pfeiles stellten sich die Eleaten, wie man sagt, als eine Serie von Ruhezuständen vor; eigentlich, so schien es ihnen, bewegt sich der Pfeil gar nicht; denn in jedem gegebenen Augenblick befindet er sich immer an einer bestimmten Stelle. Die Annahme vieler heutiger Theoretiker der Soziologie, daß sich Gesellschaften gewöhnlich immer in einem Gleichgewichtszustand befinden, so daß die lange Gesellschaftsentwicklung der Menschheit als eine Kette statischer Gesellschaftstypen erscheint, erinnert recht stark an die eleatische Auffassung vom Flug des Pfeiles. Wie kann man sich diesen Ausschlag des Pendels von einem Extrem zum andern in der Entwicklung der Soziologie erklären?

Auf den ersten Blick sieht es so aus, als ob der entscheidende Grund für die Umorientierung des theoretischen Interesses in der Soziologie eine Reaktion von Wissenschaftlern sei, die im Namen des wissenschaftlichen Charakters ihrer Forschungsarbeit gegen die Einmischung politisch-weltanschaulicher Ideale in die Theoriebildung ihres Faches protestieren. Vertreter zeitgenössischer soziologischer Zustandstheorien neigen selbst häufig dieser Erklärung zu. Aber wenn man genauer zusieht, findet man, daß sie ungenügend ist. Die Reaktion auf die Entwicklungssoziologie, die im 19. Jahrhundert vor-

Einleitung.

herrschte, richtete sich nicht einfach gegen den Primat der Ideale, gegen die Herrschaft vorgefaßter gesellschaftlicher Glaubensdoktrinen im Namen der wissenschaftlichen Sachlichkeit. Es war nicht einfach der Ausdruck eines Bemühens, durch den Schleier kurzlebiger Vorstellungen von dem, was eine Gesellschaft sein soll, auf die Sachzusammenhänge, auf das Werden und Funktionieren von Gesellschaften selbst vorzudringen. Es war letzten Endes eine Reaktion gegen das Primat bestimmter Ideale in der soziologischen Theoriebildung im Namen anderer, zum Teil entgegengesetzter Ideale. Führten im 19. Jahrhundert spezifische Vorstellungen von dem, was sein soll oder was man wünschte – spezifische ideologische Vorstellungen – zu dem Zentralinteresse an dem Werden, an der Entwicklung der Gesellschaft, so führen im 20. Jahrhundert andere Vorstellungen, von dem, was sein soll oder was man wünscht – andere ideologische Vorstellungen – zu dem betonten Interesse der führenden Theoretiker der Soziologie an dem Dasein, an dem Zustand der Gesellschaft wie sie ist, und zu ihrer Vernachlässigung der Probleme des Werdens von gesellschaftlichen Formationen, zu ihrem Desinteresse an den Problemen langfristiger Prozesse, und an all den Erklärungschancen, die die Erforschung solcher Probleme eröffnet.

Dieser Umschlag im Charakter der sozialen Ideale, dem man hier in der Entwicklung der Soziologie begegnet, ist keine isolierte Erscheinung. Er ist symptomatisch für einen umfassenderen Umschlag, der in den Ländern, in denen die Hauptarbeit der Soziologie konzentriert ist, vorherrschenden Ideale. Dieser Umschlag seinerseits weist hinter sich auf einen spezifischen Figurationswandel zurück, den die innerstaatlichen und die zwischenstaatlichen Beziehungen der älteren, der entwickelteren Industriestaaten als Ganzes im 19. und 20. Jahrhundert durchlaufen. Es muß hier genügen – als Zusammenfassung einer ausführlicheren Untersuchung – die große Linie dieses Figurationswandels kurz zu präzisieren. Man erleichtert damit das Verständnis für soziologische Unter-

XXVII

suchungen, die, wie die folgenden, die Aufhellung langfristiger Prozesse ins Zentrum der soziologischen Arbeit rücken – nicht, um deren Untersuchung von neuem als Knüppel zu benutzen, mit deren Hilfe man im Namen der eigenen Ideale andere Ideale zu schlagen sucht, sondern in dem Bemühen um ein besseres Verständnis der Struktur solcher Prozesse selbst, um die Emanzipation von dem Primat der gesellschaftlichen Ideale und Glaubensdoktrinen in dem theoretischen Rahmenwerk der soziologischen Forschung. Denn man kann erst dann hoffen, soziologische Erkenntnisse zutage zu fördern, die sachgerecht genug sind, um bei der Bewältigung der akuten gesellschaftlichen Probleme vonnutzen zu sein, wenn man aufhört, vorgefaßten Vorstellungen von dem, was die Lösung dieser Probleme den eigenen Wünschen entsprechend sein soll, bei der Stellung und Lösung von soziologischen Problemen den Vorrang vor der Untersuchung dessen, was ist, zu geben.

VII.

In den industrialisierenden Ländern des 19. Jahrhunderts, in denen die ersten großen Pionierwerke der Soziologie geschaffen wurden, gewannen während dieses Jahrhunderts im Chor der Zeit allmählich diejenigen Stimmen an Stärke, die den sozialen Glauben, die Ideale, die langfristigen Ziele und Hoffnungen der aufsteigenden industriellen Klassen zum Ausdruck brachten, gegenüber den Stimmen, die im Sinne der etablierten höfisch-dynastischen, aristokratischen oder patrizischen Machteliten auf die Erhaltung und Bewahrung der bestehenden Gesellschaftsordnung ausgerichtet waren. Die ersteren waren es, die entsprechend ihrer Lage als aufsteigende Schichten mit hohen Erwartungen einer besseren Zukunft entgegensahen. Und da ihr Ideal nicht in der Gegenwart, sondern in der Zukunft lag, waren sie ganz besonders am Werden der Gesellschaft, an der Gesellschaftsentwicklung interessiert. Im Zusammenhang mit der einen oder der anderen dieser

Einleitung.

aufsteigenden industriellen Klassen suchten die Soziologen
der Zeit nach Gewißheit darüber, daß die Menschheitsentwicklung in der Richtung ihrer Wünsche und Hoffnungen gehen
werde; sie suchten nach Bestätigung für ihre Wünsche und
Hoffnungen durch die Vertiefung in die Richtung und in die
Triebkräfte des bisherigen Gesellschaftsentwicklung. Dabei
förderten sie ohne Zweifel ein recht erhebliches Maß an Sach-
wissen über diese Probleme der Gesellschaftsentwicklung
zutage. Nur ist es beim Rückblick oft recht schwierig, aus der
Vermischung mit heteronomen, durch kurzlebige, zeitgebun-
dene Ideale bestimmten Lehrmeinungen diejenigen gedanklichen Modelle herauszulösen, die auch unabhängig von diesen
Idealen allein im Hinblick auf belegbare und nachprüfbare
Sachzusammenhänge Bedeutung haben.

Auf der anderen Seite hörte man im 19. Jahrhundert die
Stimmen aller deren im Chor der Zeit, die sich aus dem einen
oder anderen Grunde der Transformation ihrer Gesellschaften
im Zuge der Industrialisierung entgegenstemmten, deren
sozialer Glaube an der Erhaltung des Bestehenden, an der
Bewahrung des Herkommens orientiert war, die der sich – im
Sinne ihrer Wertungen – verschlechternden Gegenwart das
Idealbild einer besseren Vergangenheit entgegenhielten. Sie
vertraten nicht nur die vorindustriellen Machteliten der
dynastischen Staaten, sondern auch diejenigen breiteren
Berufsgruppen, vor allem Teile der bäuerlichen und hand-
werklichen Bevölkerung, deren herkömmliche gesellschaftliche
Berufs- und Lebensformen sich im Zuge der fortschreitenden
Industrialisierung entfunktionalisierten. Sie waren die Gegner
aller derer, die aus der Perspektive der beiden aufsteigenden
industriellen Klassen, des industriellen und kommerziellen
Bürgertums und der industriellen Arbeiterschaft sprachen,
und die ihre Inspiration entsprechend der Aufstiegssituation
dieser Schichten aus dem Glauben an die bessere Zukunft, an
den Fortschritt der Menschheit gewannen. Im Gesamtchor
der Zeitstimmen standen so während des 19. Jahrhunderts
der Halbchor derer, die die bessere Vergangenheit priesen,

Einleitung.

und der Halbchor derer, die die bessere Zukunft priesen, einander gegenüber.

Unter den Soziologen, deren Gesellschaftsbild an dem Fortschritt und der besseren Zukunft orientiert war, findet man, wie bekannt, Stimmführer beider industriellen Klassen. Man findet unter ihnen Männer wie Marx und Engels, die sich mit der industriellen Arbeiterklasse identifizierten; und man findet unter ihnen bürgerliche Soziologen, wie etwa Comte am Beginn des 19. Jahrhunderts oder Hobhouse am Ende dieses Jahrhunderts im Übergang zum 20. Jahrhundert. Wortführer beider im Aufstieg begriffener industrieller Klassen fanden Zuversicht in dem Gedanken an die zukünftige Verbesserung der menschlichen Lage, wenn auch das, was ihnen dabei als Verbesserung, als Fortschritt vor Augen stand, je nach der Klassenlage recht verschieden war. Es ist nicht unwichtig, sich dessen bewußt zu werden, wie intensiv im 19. Jahrhundert dieses Interesse an den Problemen der Gesellschaftsentwicklung war, und sich zu fragen, was diesem Interesse zugrunde lag, wenn man verstehen will, warum der Fortschrittsglaube im 20. Jahrhundert verblaßte und warum dementsprechend auch unter Soziologen das Interesse an den Problemen der langen Gesellschaftsentwicklung an Bedeutung verlor.

Aber um diesen Umschlag zu verstehen, genügt es, wie schon angedeutet, nicht, die Klassenfiguration, die innerstaatlichen Beziehungen in Betracht zu ziehen. Der Aufstieg der industriellen Klassen innerhalb der industrialisierenden Staaten Europas ging im 19. Jahrhundert Hand in Hand mit dem weiteren Aufstieg dieser Nationen selbst. Die industrialisierenden europäischen Nationen trieben sich in diesem Jahrhundert in ständiger Rivalität miteinander zu einer intensiveren Ausbreitung ihrer Vormacht über weniger entwicklere Völker der Erde an als je zuvor. Nicht nur Klassen innerhalb ihrer, sondern diese Staatsgesellschaften als Ganzes waren aufsteigende, sich ausbreitende gesellschaftliche Formationen.

Einleitung.

Man könnte geneigt sein, den Fortschrittsglauben im europäischen Schrifttum der dem 20. Jahrhundert vorangehenden Jahrhunderte vor allem auf die Fortschritte in Wissenschaft und Technik zurückzuführen. Aber das ist eine unzureichende Erklärung. Wie wenig die Erfahrung des wissenschaftlichen und technischen Fortschritts allein zu einer Idealisierung des Fortschritts, zu dem zuversichtlichen Glauben an die immer weitere Verbesserung der Lage der Menschen Anlaß gibt, zeigt sich deutlich genug im 20. Jahrhundert. Das tatsächliche Ausmaß und das tatsächliche Tempo des Fortschritts in Wissenschaft und Technik übertrifft in diesem Jahrhundert das Tempo und Ausmaß des Fortschritts in den vorangehenden Jahrhunderte ganz erheblich. Auch der Lebensstandard der Massen der Bevölkerung ist in den Ländern der ersten Industrialisierungswellen im 20. Jahrhundert höher als in den vorangehenden Jahrhunderten. Der Gesundheitszustand hat sich verbessert, die Lebensdauer verlängert. Aber im Gesamtchor der Zeit sind die Stimmen derer, die den Fortschritt als etwas Wertvolles bejahen, die in der Verbesserung der Lage der Menschen das Kernstück eines gesellschaftlichen Ideals sehen und die mit Zuversicht an die bessere Zukunft der Menschheit glauben, erheblich schwächer als in den vorgehenden Jahrhunderten geworden. Der andere Halbchor, die Stimmen derer, die den Wert aller dieser Entwicklungen in Zweifel ziehen, für die sich mit dem Gedanken an die bessere Zukunft der Menschheit oder auch nur an die Zukunft der eigenen Nation, keine besondere Verheißung verbindet und deren zentraler gesellschaftlicher Glaube sich statt dessen auf die Gegenwart, auf die Erhaltung und Bewahrung der eigenen Nation, auf die Idealisierung ihrer existierenden Gesellschaftsform oder auch ihrer Vergangenheit, ihres Herkommens, ihrer überlieferten Ordnung als den höchsten Wert konzentriert, sind im 20. Jahrhundert im Anstieg und gewinnen allmählich die Oberhand. In den vorangehenden Jahrhunderten, in denen die tatsächlichen Fortschritte zwar bereits recht spürbar, aber

Einleitung.

doch noch langsam und relativ begrenzt waren, hatte der Gedanke an den weiteren, den zukünftigen Fortschritt den Charakter eines Ideals, nach dem seine Anhänger strebten und das für sie gerade als Ideal einen hohen Wert besaß. Im 20. Jahrhundert, in dem der tatsächliche Fortschritt in den Wissenschaften, in der Technik, im Gesundheitszustand, im Lebensstandard und nicht zuletzt auch in der Minderung der Ungleichheit zwischen Menschen an Tempo und Ausmaß in den älteren Industrienationen den Fortschritt aller früheren Jahrhunderte weitaus übertrifft, ist dieser Fortschritt zwar eine Tatsache, aber er hört zugleich auch für viele Menschen auf, ein Ideal zu sein. Die Stimmen, die den Wert aller dieser tatsächlichen Fortschritte bezweifeln, mehren sich.

Die Gründe für diesen Umschlag sind vielfältig. Nicht alle brauchen hier in Betracht gezogen zu werden. Die wiederkehrenden Kriege, die nie aufhörende Kriegsgefahr, die Drohung der Kernwaffen und der anderen neuen wissenschaftlichen Waffen tragen ganz gewiß zu dieser Gleichzeitigkeit von beschleunigtem Fortschrittstempo, besonders auf wissenschaftlichem und technischem Gebiet, und verringertem Zutrauen in den Wert dieser Fortschritte oder in den des Fortschritts überhaupt eine erhebliche Rolle.

Aber die Verachtung, mit der man im 20. Jahrhundert nun etwa von dem „flachen Fortschrittsglauben" der vorangehenden Jahrhunderte oder von deren Vorstellung einer fortschreitenden Entwicklung der menschlichen Gesellschaft spricht, die weitgehende Blockierung des Blicks der Gesellschaftswissenschaftler für Probleme langfristiger gesellschaftlicher Prozesse, das beinahe völlige Verschwinden des Begriffs der Gesellschaftsentwicklung aus den Textbüchern der Soziologie, diese und andere Symptome eines extremen Ausschlags des gedanklichen Pendelschlags lassen sich nicht zureichend durch den Hinweis auf die schweren Kriegserschütterungen und verwandte Erscheinungen erklären. Um sie zu verstehen muß man zugleich auch spezifische Veränderungen in der nationalen Gesamtstruktur und der internationalen

Einleitung.

Position in Betracht ziehen, die mit den großen Industrienationen des 19. Jahrhunderts im 20. Jahrhundert vor sich
gehen.

Innerhalb dieser Nationen etablieren sich die Vertreter der
beiden industriellen Klassen, des Industriebürgertums und
der alteingesessenen oder sich als eingesessen empfindenden
Industriearbeiterschaft im Laufe des 20. Jahrhunderts endgültig gegenüber den früheren dynastisch-aristokratisch-mili-
tärischen Machteliten als die herrschenden Gruppen ihrer Staaten. Die beiden industriellen Klassen halten sich in einer oft
prekären und immer labilen Spannungsbalance gegenseitig die
Waage – mit der eingesessenen Arbeiterschaft noch in der
schwächeren Position, die sich langsam verstärkt. Aus den
aufsteigenden Klassen des 19. Jahrhunderts, die in ihren
Staaten um ihren Aufstieg mit den traditionellen dynastischen
Machteliten noch zu kämpfen hatten, und für die die Entwicklung, der Fortschritt, die bessere Zukunft nicht nur eine
Tatsache, sondern auch ein Ideal von großer emotionaler
Bedeutung war, werden im Laufe des 20. Jahrhunderts die
mehr oder weniger aufgestiegenen industriellen Klassen, deren
Repräsentanten institutionell als herrschende oder mitherr-
schende Gruppen etabliert sind. Teils als Partner, teils als
Gegner, bilden nun Vertreter des industriellen Bürgertums
und der eingesessenen industriellen Arbeiterschaft in den
Nationen der ersten Industrialisierungswellen die primären
Machteliten. Dementsprechend spielt in den beiden industriellen Klassen – zunächst vor allem im Industriebürgertum,
dann in zunehmendem Maße auch in der Industriearbeiterschaft –, neben dem Klassenbewußtsein, und zum Teil auch
als dessen Verkleidung, das Nationalbewußtsein, neben
Klassenidealen die eigene Nation als Ideal und höchster Wert
eine wachsende Rolle.

Die Nation aber, als Ideal gesehen, lenkt den Blick auf das
Bestehende, auf das, was ist. Gefühlsmäßig und ideologisch
stellt sich, nun, da Repräsentanten der beiden mächtigen und
menschenreichen industriellen Klassen Zugang zu den Macht-

XXXIII

Einleitung.

positionen des Staates haben, die als Staat organisierte Nation so, wie sie gegenwärtig ist, als höchster Wert dar. Sie erscheint überdies – gefühlsmäßig und ideologisch – als ewig, als in ihren wesentlichen Charakterzügen unveränderlich. Die geschichtlichen Wandlungen betreffen nur das Äußerliche; das Volk, die Nation, so scheint es, verändert sich nicht. Die englische, deutsche, französische, amerikanische oder italienische und alle anderen Nationen sind für das Bewußtsein derer, die sie bilden, unvergänglich. Sie sind ihrem „Wesen" nach immer das gleiche, ob man vom 10. oder vom 20. Jahrhundert spricht.

Überdies sind es nicht nur die beiden industriellen Klassen innerhalb der älteren Industrienationen, die sich im Laufe des 20. Jahrhunderts endgültig aus aufsteigenden in mehr oder weniger aufgestiegene Klassen verwandeln. Auch der jahrhundertelange Aufstieg der europäischen Nationen und ihrer Abkömmlinge in anderen Erdteilen als Ganzes kommt im 20. Jahrhundert langsam zum Stillstand. Ihr tatsächlicher Vorsprung vor den nicht-europäischen Völkern – mit wenigen Ausnahmen – bleibt zwar zunächst noch groß; eine Zeitlang vergrößert er sich sogar noch. Aber die Vorstellung, die sich im Zeitalter des unerschütterten Machtvorsprungs in den europäischen Nationen, wie in allen machtvollen und herrschenden Gruppen der Welt, herangebildet und verfestigt hatte, die Vorstellung, daß die Macht, die sie über andere Völker auszuüben vermögen, auch der Ausdruck einer, sei es von Gott, sei es von der Natur oder von einer historischen Bestimmung vorgegebenen ewigen Mission, einer im eigenen Wesen begründeten Überlegenheit über die weniger Mächtigen, eines selbstverständlichen höheren Eigenwertes sei, diese im Selbstbild, im Wir-ideal der älteren Industrienationen tief verankerte Vorstellung wird im 20. Jahrhundert durch den tatsächlichen Gang der Entwicklung aufs schwerste erschüttert. Der Wirklichkeitsschock, den die von diesem Zusammenstoß zwischen ihrem nationalen Idealbild und der gesellschaftlichen Realität betroffenen Nationen erleiden, wird von

Einleitung.

jeder von ihnen entsprechend ihrer eigenen Entwicklung und der spezifischen Natur ihres nationalen Wir-ideals in verschiedener Weise verarbeitet. Für Deutschland wird die umfassendere Bedeutung des Schocks zunächst durch den unmittelbareren Wirklichkeitsschock von militärischen Niederlagen verschleiert. Aber es ist bezeichnend sowohl für die Festigkeit der alten Nationalideale, wie für die relative Eigenmächtigkeit dieser Gesamtentwicklung, daß auch in den Siegerländern des zweiten europäisch-amerikanischen Krieges unmittelbar nach dem errungenen Sieg, soweit sich sehen läßt, zunächst nur ganz wenige Menschen ahnen, wie schnell und wie gründlich die kriegerischen Auseinandersetzungen zwischen zwei Gruppen der relativ hochentwickelten Länder eine Machteinschränkung der Gesamtgruppe dieser Länder gegenüber den weniger entwickelten Ländern, die sich schon seit geraumer Zeit vorbereitet hatten, auslösen werde. Wie das oft der Fall ist, traf dieser Machtverringerungsschub die zuvor mächtigeren Gruppen recht unvorbereitet und ahnungslos.

Die tatsächlichen Chancen für Fortschritte, für eine bessere Zukunft, sind auch im Falle der älteren Industrienationen – wenn man von der Regressionsmöglichkeit des Krieges absieht – nach wie vor sehr groß. Aber im Sinne ihres herkömmlichen nationalen Selbstbildes, ihres Wir-ideals, in dem sich gewöhnlich die Vorstellung von der eigenen nationalen Zivilisation oder der eigenen nationalen Kultur als dem höchsten Wert der Menschheit niedergeschlagen hat, ist die Zukunft enttäuschend. Die Vorstellung von dem einzigartigen Wesen und Wert der eigenen Nation dient hier oft als Legitimation für den Führungsanspruch der eigenen Nation in der Gesamtheit der Völker. Es ist dieses Selbstbild, dieser Führungsanspruch der älteren Industrienationen, die in der zweiten Hälfte des 20. Jahrhunderts durch einen noch recht begrenzten Machtzuwachs der ärmeren, ehemals abhängigen und zum Teil noch beherrschten vorindustriellen Gesellschaften der anderen Erdteile erschüttert werden[5].

Einleitung.

Dieser Wirklichkeitsschock verstärkt, mit andern Worten, soweit es sich um den Gefühlswert des gegenwärtigen Zustandes der Nation im Verhältnis zu dem der Zukunftsmöglichkeiten handelt, lediglich eine Tendenz, die in dem Nationalgefühl schon immer angelegt ist. Im Sinne der Selbstlegitimierung, als Ausdruck der nationalen Wertordnung und des nationalen Ideals, hat das, was die Nation ist und bleibt, das ewige unveränderliche Erbe der Nation, wie schon erwähnt, einen weit höheren Gefühlswert als irgendein Versprechen, irgendein Ideal, das im Schoße der Zukunft ruht. Der „nationale Gedanke" lenkt den Blick fort von dem, was sich wandelt, auf das, was als bestehend und unveränderlich gilt.

Auch dieser Seite des Wandels, der sich mit den europäischen Staaten und ihren engeren außereuropäischen Verwandten vollzieht, entsprechen spezifische Wandlungen in der Vorstellungswelt und im Denkstil ihrer Intellektuellen. Im 18. und 19. Jahrhundert dachten Philosophen und Soziologen, die von der „Gesellschaft" sprachen, gewöhnlich an die „bürgerliche Gesellschaft", also an Aspekte des gesellschaftlichen Zusammenlebens der Menschen, die jenseits der staatlich-dynastisch-militärischen Aspekte zu liegen schienen. Entsprechend ihrer Lage und ihren Idealen als Wortführer von Gruppen, die vom Zugang zu den zentralen Machtpositionen des Staates im großen und ganzen ausgeschlossen waren, dachten diese Männer, wenn sie von der Gesellschaft sprachen, gewöhnlich an eine alle staatlichen Grenzen übergreifende menschliche Gesellschaft. Mit der weitgehenden Übernahme der Staatsgewalt durch Vertreter der beiden industriellen Klassen und mit der entsprechenden Entwicklung nationaler Ideale in diesen beiden Klassen und besonders in ihren repräsentativen Machteliten ändert sich diese Vorstellung von der Gesellschaft auch in der Soziologie.

Im Gros der Gesellschaft vermischen und durchdringen sich die jeweiligen Klassenideale der industriellen Klassen in zunehmendem Maße mit nationalen Idealen. Gewiß zeigen

Einleitung.

konservativ- und liberal-nationale Ideale eine andere Schattierung des Nationalismus als sozialistisch- oder kommunistisch-nationale Ideale. Aber solche Schattierungen beeinflussen bestenfalls als Gradunterschiede die große Linie der Veränderung, die sich in der Einstellung der eingesessenen industriellen Klassen samt ihrer politischen und intellektuellen Wortführer gegenüber Staat und Nation vollzog, seit sich diese Klassen aus Gruppen, die von der zentralen staatlichen Macht ausgeschlossen waren, in Gruppen verwandelten, die recht eigentlich die Nation bildeten, deren Vertreter selbst die staatliche Macht repräsentierten und ausübten. Es entsprach dieser Entwicklung, daß viele Soziologen des 20. Jahrhunderts, wenn sie von der ,,Gesellschaft'' sprechen, nicht mehr, wie ihre Vorgänger, eine ,,bürgerliche Gesellschaft'' oder eine ,,menschliche Gesellschaft'' jenseits der Staaten, sondern mehr und mehr das etwas verdünnte Idealbild eines Nationalstaates selbst vor Augen haben. Im Rahmen dieser allgemeinen Vorstellung von der Gesellschaft als etwas von der Realität des Nationalstaates abstrahiertem, findet man dann von neuem die oben erwähnten politisch-weltanschaulichen Schattierungen. Auch unter den herrschenden Theoretikern der Soziologie findet man im 20. Jahrhundert konservative und liberale ebenso wie sozialistische und kommunistische Schattierungen dieses Gesellschaftsbildes. Da im Laufe des 20. Jahrhunderts die amerikanische Soziologie bei der Weiterentwicklung der theoretischen Soziologie eine Zeitlang eine führende Rolle übernimmt, so findet man entsprechend dem spezifischen Charakter des vorherrschenden amerikanischen Nationalideals, innerhalb dessen konservative und liberale Züge nicht so scharf getrennt sind und auch nicht in dem Maße als gegensätzlich empfunden werden, wie das in manchen europäischen Nationalstaaten, besonders in Deutschland[6], der Fall ist, die gleiche Tendenz auch in dem herrschenden Theorietyp der Soziologie dieser Zeit.

In soziologischen und auch in philosophischen Diskussionen stellt sich die Ablehnung bestimmter Aspekte der soziolo-

Einleitung.

gischen Theorien des 19. Jahrhunderts, und vor allem ihrer
Orientierung an der Gesellschaftsentwicklung und an dem
Begriff des Fortschritts, oft genug als eine Ablehnung dar, die
allein in der sachlichen Unzulänglichkeit dieser Theorien begründet ist. Der kurze Überblick über eine der zentralen
Strukturlinien der innerstaatlichen und zwischenstaatlichen
Entwicklung der älteren Industrienationen, der hier gegeben
wurde, läßt bestimmte ideologische Seiten dieser Ablehnung
schärfer hervortreten. Dem Ideologiebegriff, der sich im
Strome der Marxschen Tradition entwickelt hat, entspräche
es, daß man die ideologischen Aspekte der Abwendung von
den gesellschaftlichen Entwicklungen und der Zuwendung zu
Zustandsreduktionen, die das Gesellschaftsbild der neueren
soziologischen Theorien beherrschen, allein durch den Hinweis auf Ideale von Klassen zu bestimmen suchte, deren
Hoffnungen, deren Wünsche, deren Ideale sich nicht auf die
Zukunft beziehen, sondern auf die Erhaltung des Bestehenden,
auf die Gesellschaft, wie sie ist. Aber eine solche Klassen-
zuordnung des gesellschaftlichen Glaubens und der gesellschaftlichen Ideale, die sich in die Theoriebildung der Soziologie einmischen, reicht im 20. Jahrhundert nicht mehr aus.
In dieser Periode ist es nötig, zugleich auch die Entwicklung
der jeweiligen gesamtgesellschaftlichen, der nationalen Ideale
in Betracht zu ziehen, um die ideologischen Aspekte der
soziologischen Theorien zu verstehen. Die Integrierung der
beiden industriellen Klassen in das Staatsgefüge, das ehedem
von zahlenmäßig ganz kleinen vorindustriellen Minoritäten
beherrscht wurde, der Aufstieg beider Klassen zu einer Position bei der ihre Vertreter eine mehr oder weniger vorherrschende Rolle in diesen Staaten spielen, bei der ohne
letzliche Zustimmung selbst der sozial noch schwächeren
Industriearbeiterschaft nicht mehr regiert werden kann, und
die entsprechend stärkere Identifizierung beider mit der
Nation, sie alle geben, wie gesagt, dem Glauben an die eigene
Nation als einem der höchsten Werte des menschlichen Lebens
in den gesellschaftlichen Anschauungen der Zeit einen besonde-

Einleitung.

ren Auftrieb. Die zunehmende Verlängerung und Verdichtung
der zwischenstaatlichen Interdependenzketten und die Erhö-
hung spezifischer zwischenstaatlicher Spannungen und Konflikte, die damit zusammenhängt, die schweren Nationalkriege
und die niemals erlöschende Kriegsgefahr, sie alle tragen das ihre
zum Anwachsen der natiozentrischen Denkorientierung bei.

Es ist der Zusammenschluß dieser beiden Entwicklungslinien, der innerstaatlichen und der zwischenstaatlichen, die
in den älteren Industrienationen dem Ideal des Fortschritts,
der Ausrichtung des Glaubens und Wünschens auf eine bessere
Zukunft und damit auch auf das Bild der Vergangenheit als
Entwicklung betrachtet, ihre Kraft nimmt. Beide Entwicklungslinien vereint lassen an die Stelle dieses Idealtyps andere
Ideale treten, die auf Erhaltung und Verteidigung des Bestehenden ausgerichtet sind. Sie beziehen sich auf etwas, das
als unveränderlich und als in der Gegenwart verwirklicht
erlebt wird – auf die ewige Nation. An die Stelle der Stimmen,
die den Glauben an die bessere Zukunft und an den Fortschritt der Menschheit als Ideal proklamieren, treten im ge-
mischten Chor der gesellschaftlichen Stimmen der Zeit als der
vorherrschende Teil des Chores die Stimmen derer, die dem
Glauben an den Wert des Bestehenden und vor allem an den
zeitlosen Wert der eigenen Nation, für die in der Abfolge der
großen und kleinen Kriege viele Menschen ihr Leben ließen,
den Vorrang geben. Das ist – in großen Umrissen skizziert –
die gesamtgesellschaftliche Strukturlinie, die sich unter anderem auch in der Entwicklungslinie der Gesellschaftstheorien
widerspiegelt. An die Stelle von Gesellschaftstheorien, in
denen sich Ideale aufsteigender Schichten von noch mächtiger
werdenden Industriegesellschaften niederschlagen, treten Gesellschaftstheorien, die von Idealen aufgestiegener und mehr
oder weniger etablierter Schichten von hochentwickelten
Industriegesellschaften, deren Expansion ihren Höhepunkt
erreicht oder überschritten hat, beherrscht werden.

Es mag genügen, als Beispiel für diesen soziologischen
Theorietyp einen seiner repräsentativen Begriffe heranzu-

XXXIX

Einleitung.

ziehen, den Begriff des „sozialen Systems", wie er etwa von
Parsons, aber ganz gewiß nicht von ihm allein, gebraucht
wird. Er bringt recht deutlich zum Ausdruck, was man sich
nun unter einer „Gesellschaft" vorstellt. Ein „soziales System"
ist eine Gesellschaft „im Gleichgewicht". Kleine Schwankungen dieses Gleichgewichts kommen vor; aber normalerweise
befindet sich die Gesellschaft im Zustand der Ruhe. Alle ihre
Teile sind, so stellt man es sich vor, normalerweise harmonisch
aufeinander abgestimmt. Alle zugehörigen Individuen sind
normalerweise durch die gleiche Art der Sozialisierung auf die
gleichen Normen abgestimmt. Alle sind normalerweise wohl
integriert, folgen in ihren Handlungen den gleichen Werten,
füllen die vorgegebenen Rollen ohne Schwierigkeiten aus; und
Konflikte zwischen ihnen kommen normalerweise nicht vor;
wie Wandlungen des Systems, so sind auch sie Störungserscheinungen. Kurzum, das Gesellschaftsbild, das einen
repräsentativen theoretischen Ausdruck in diesem Begriff des
sozialen Systems findet, enthüllt sich bei näherem Zusehen als
Idealbild einer Nation: alle Menschen, die zu ihr gehören,
folgen auf Grund der gleichen Sozialisierung den gleichen
Normen, streben den gleichen Werten nach und leben dementsprechend normalerweise wohl integriert und harmonisch
miteinander. In der Vorstellung des „sozialen Systems", die
man hier vor sich hat, zeichnet sich mit andern Worten das
Bild einer Nation als Gemeinschaft ab. Unausgesprochen wird
es dabei als selbstverständlich angesetzt, daß innerhalb eines
solchen „Systems" ein verhältnismäßig hohes Maß an Gleich-
heit zwischen den Menschen besteht; denn die Integration
beruht auf der gleichen Sozialisierung der Menschen, auf der
Einheitlichkeit ihrer Werte und Normen durch das ganze
System hin. Es handelt sich also bei einem solchen „System"
um eine Konstruktion, die von einem als demokratisch gedachten Nationalstaat abstrahiert ist. Von welcher Seite her
man sie auch betrachtet, bei dieser Konstruktion verschwimmt
die Unterscheidung zwischen dem, was eine Nation ist, und
dem, was die Nation sein soll. Wie in den soziologischen

XL

Einleitung.

Entwicklungsmodellen des 19. Jahrhunderts das, was man wünschte, die Entwicklung zum Besseren hin, der gesellschaftliche Fortschritt im Sinne der jeweiligen sozialen Ideale, mit sachlichen Beobachtungen untermischt, als Tatsache hingestellt wurde, so wird auch in den soziologischen Modellen eines normalerweise unveränderlichen „sozialen Systems" im 20. Jahrhundert das, was man wünscht, das Ideal der harmonischen Integration aller Teile der Nation, mit sachlichen Beobachtungen untermischt, zugleich als etwas, das ist, als Tatsache hingestellt. Aber im ersteren Fall ist es die Zukunft, im letzteren die Gegenwart, die hier und jetzt bestehende nationalstaatliche Ordnung, die man idealisiert.

Ein Gemisch von Sein und Sollen, von Sachanalysen und normativen Postulaten, das sich primär auf eine Gesellschaft ganz bestimmten Typs bezieht, auf einen als einigermaßen egalitär gedachten Nationalstaat, präsentiert sich auf diese Weise als Kernstück einer wissenschaftlichen Theorie, die den Anspruch erhebt, als Modell für die wissenschaftliche Erforschung von Gesellschaften aller Zeiten und Räume dienen zu können. Man braucht sich nur die Frage vorzulegen, ob und wie weit sich solche primär von gegenwärtigen Gesellschaften, von mehr oder weniger demokratischen Nationalstaatsgesellschaften abgezogenen soziologischen Theorien, die ein hohes Maß an Integration von Menschen in einem „gesellschaftlichen System" zugleich als selbstverständlich und als wünschenswert voraussetzen, und die eine verhältnismäßig fortgeschrittene Stufe der gesellschaftlichen Demokratisierung implizieren, auf Gesellschaften anderer Entwicklungsstufen beziehen lassen, die weniger zentralisiert und demokratisiert sind, um die Schwäche einer allgemeinen Gesellschaftstheorie aus der Kirchturmperspektive des gegenwärtigen Zustands der eigenen Gesellschaft zu erkennen. Wenn man prüft, ob und wie weit sich solche Modelle eines „sozialen Systems" als theoretische Werkzeuge zur wissenschaftlichen Erschließung von Gesellschaften mit einem hohen Prozentsatz von Sklaven und Unfreien eignen, oder von Feudalstaaten und Ständestaaten, also

Einleitung.

von Gesellschaften, in denen nicht einmal die gleichen Gesetze für alle Menschen gelten, geschweige denn die gleichen Normen und Werte, dann erkennt man recht bald, wie gegenwartszentriert diese zustandssoziologischen Systemmodelle sind.

Was hier am Beispiel des Systembegriffs der Soziologie des 20. Jahrhunderts aufgezeigt wurde, ließe sich unschwer auch für andere Begriffe des herrschenden Typs der zeitgenössischen Soziologie aufzeigen. Begriffe, wie „Struktur", „Funktion", „Norm", „Integration", „Rolle", sie alle stellen in ihrer gegenwärtig vorherrschenden Form eine gedankliche Verwandlung von Aspekten menschlicher Gesellschaften mit Hilfe einer Abstraktion von deren Werden, deren Genese, deren Prozeßcharakter, deren Entwicklung dar. Die Abwendung von der im 19. Jahrhundert vorherrschenden ideologischen Fassung dieser dynamischen Aspekte von Gesellschaften, die sich im Laufe des 20. Jahrhunderts vollzog, ist also, wie man sieht, in der Tat nicht einfach der Ausdruck einer Kritik dieser ideologischen Aspekte im Namen eines wissenschaftlichen Bemühens um die Aufhellung der tatsächlichen Geschehenszusammenhänge, sondern vor allem auch der Ausdruck der Kritik früherer Ideale, die der eigenen gesellschaftlichen Lage und Erfahrung nicht mehr entsprechen und von denen man sich dementsprechend abwendet, im Namen der eigenen späteren Ideale. Diese Ablösung der einen Ideologie durch eine andere[7] erklärt es, daß man im 20. Jahrhundert nicht einfach die ideologischen Elemente des soziologischen Entwicklungskonzepts des 19. in Frage stellt, sondern das Entwicklungskonzept, die Beschäftigung mit den Problemen der langfristigen Gesellschaftsentwicklung der Soziogenese und Psychogenese überhaupt. Man schüttet, mit einem Wort, das Kind mit dem Bade aus.

Es ist naheliegend, anzunehmen, daß man die vorliegende Arbeit, die sich ja nun von neuem mit Gesellschaftsprozessen befaßt, besser verstehen kann, wenn man diese Entwicklungslinie der theoretischen Soziologie vor Augen hat. Die Neigung, von den herrschenden sozialen Ideologietypen des 20. Jahr-

Einleitung.

hunderts her die des 19. zu verdammen, blockiert, wie es scheint, die Möglichkeit, sich vorzustellen, daß man langfristige Prozesse zum Gegenstand einer Untersuchung zu machen vermag, ohne daß der Beweggrund dafür ideologischer Natur ist, ohne daß der Verfasser, unter der Vorgabe, von dem zu sprechen, was ist oder was war, in Wirklichkeit von dem spricht, wovon er glaubt und wünscht, daß es sein soll. Wenn die folgenden Untersuchungen überhaupt eine Bedeutung haben, dann hängt das nicht zuletzt damit zusammen, daß sie dieser Vermischung von dem, was ist und dem, was sein soll, von wissenschaftlicher Tatsachenanalyse und Ideal Widerpart halten. Sie weisen auf die Möglichkeit hin, das Studium der Gesellschaft aus der Knechtschaft der gesellschaftlichen Ideologien zu befreien. Damit ist nicht etwa gesagt, daß eine Erforschung der gesellschaftlichen Probleme unter Ausschaltung der Vormacht politisch-weltanschaulicher Ideale einen Verzicht auf die Möglichkeit bedeutet, den Gang der politischen Ereignisse durch die Ergebnisse der soziologischen Forschung zu beeinflussen. Das Gegenteil ist der Fall. Man verstärkt die Brauchbarkeit der soziologischen Forschungsarbeit als Werkzeug der gesellschaftlichen Praxis dadurch, daß man sich bei der Forschung nicht selbst betrügt, in dem man das, was man wünscht oder von dem man denkt, daß es sein soll, von vornherein in d:e Erforschung dessen, was ist und war, hineinprojiziert.

VII.

Aber um die Blockierung zu verstehen, die die herrschende Denk- und Fühlorientierung der Erforschung langfristiger gesellschaftlicher und individueller Strukturwandlungen – und damit auch dem Verständnis dieses Buches – entgegensetzt, genügt es nicht, die Entwicklungslinie des Bildes von Menschen als Gesellschaften, des Gesellschaftsbildes, zu verfolgen, es ist nötig, gleichzeitig auch die Entwicklungslinie des Bildes von Menschen als Individuen, des Persönlichkeits-

Einleitung.

bildes im Auge zu behalten. Es gehört, wie schon erwähnt, zu den Eigentümlichkeiten des herkömmlichen Menschenbildes, daß Menschen sich selbst, als Einzelne und als Gesellschaften betrachtet, im Sprechen und Denken oft behandeln, als ob es sich um zwei getrennt existierende Erscheinungen handle, von denen die eine überdies noch oft als „real" und die andere als „unreal" betrachtet wird, statt um zwei verschiedene Perspektiven auf die gleichen Menschen.

Auch diese merkwürdige Verirrung des menschlichen Denkens läßt sich nicht verstehen, ohne einen Blick auf die ideologischen Gehalte, die in diese Vorstellung eingehen. Die Aufspaltung des Menschenbildes in ein Bild von den Menschen als Individuen und ein Bild von den Menschen als Gesellschaften, hat ein vielfältig verzweigtes Wurzelwerk. Einer der Zweige ist ein höchst charakteristischer Zwiespalt in den Werthaltungen und Idealen, dem man bei genauerem Hinsehen in allen entwickelteren Nationalstaaten begegnet, und der vielleicht am ausgesprochensten in Nationen mit einer starken liberalen Tradition ist. In der Entwicklung aller solcher nationalstaatlichen Wertsysteme begegnet man auf der einen Seite einer Strömung, die die Gesamtgesellschaft, die Nation, als höchsten Wert erscheinen läßt; man findet in ihnen auf der andern Seite eine Strömung, die den einzelnen ganz auf sich gestellten Menschen, die „geschlossene Persönlichkeit", das freie Individuum als höchsten Wert erscheinen läßt. Es ist nicht immer ganz einfach, diese beiden „höchsten Werte" in Einklang miteinander zu bringen. Es gibt Situationen, in denen die beiden Ideale schlechterdings unvereinbar sind. Aber man sieht dem Problem, das hier liegt, gewöhnlich nicht geradewegs ins Auge. Man spricht oft mit großer Wärme von der Freiheit und Unabhängigkeit des Individuums und spricht mit ebenso großer Wärme von der Freiheit und Unabhängigkeit der eigenen Nation. Das erste Ideal erweckt die Erwartung, daß der einzelne Angehörige einer nationalstaatlichen Gesellschaft trotz seiner Zusammengehörigkeit und Interdependenz mit andern ganz auf sich gestellt und ohne

XLIV

Einleitung.

Rücksicht auf andere Entscheidungen treffen kann, das zweite erweckt die Erwartung, die sich besonders im Kriege, aber oft genug auch in Friedenszeiten erfüllt, daß der Einzelne alles, was sein eigen ist, selbst sein Leben, dem Weiterbestand des „gesellschaftlichen Ganzen" unterordnen soll und muß.

Diese Zwiespältigkeit der Ideale, die inneren Widersprüche des Ethos, mit denen Menschen aufgezogen werden, finden ihren Ausdruck unter anderem auch in den Theorien der Soziologie. Manche dieser Theorien nehmen ihren Ausgang von dem unabhängigen, ganz auf sich gestellten Individuum, andere von dem unabhängigen gesellschaftlichen Ganzen als der „eigentlichen Realität" und dementsprechend als dem eigentlichen Objekt der Gesellschaftswissenschaft. Andere Theorien wiederum versuchen, diese beiden Vorstellungen in Einklang miteinander zu bringen, gewöhnlich ohne anzugeben, wie es möglich ist, den Gedanken eines absolut unabhängigen und freien Einzelmenschen mit dem Gedanken eines ebenso unabhängigen und freien „gesellschaftlichen Ganzen" zu vereinbaren, und oft genug ohne das Problem klar zu sehen. Dem Widerschein des unausgetragenen inneren Zwiespalts der beiden Ideale begegnet man vor allem in den Theorien von Soziologen mit einer konservativ-liberalen Schattierung des nationalen Ideals. Max Webers theoretisches Denken – wenn auch durchaus nicht seine empirischen Untersuchungen – und in dessen Nachfolge die Theorien Talcott Parsons' sind Beispiele dafür.

Es mag genügen, zur Illustration noch einmal auf das, was zuvor bereits über Parsons' Vorstellung der Beziehung von Individuum und Gesellschaft, von dem „einzelnen Handelnden" und dem „sozialen System" gesagt wurde, zurückzukommen. Eine der Beschreibungen ihrer Beziehung ist enthalten in der Metapher der „gegenseitigen Durchdringung" beider, der „Interpenetration", die recht gut veranschaulicht, wie stark hier die Vorstellung von einer getrennten Existenz der beiden menschlichen Perspektiven mitspielt. Die Reifikation des Ideals findet also in diesem Gedankengebäude ihren

Einleitung.

Ausdruck nicht nur in der begrifflichen Fassung des sozialen
Systems als eines spezifischen Idealbildes einer Nation, sondern auch in der des einzelnen Handelnden, des „Ego" als
eines Idealbildes des frei und unabhängig von allen andern
existierenden Individuums. In beiden Fällen verwandelt sich
unter den Händen des Theoretikers unversehens sein Idealbild in ein Faktum, in etwas, das tatsächlich existiert. Auch
im Hinblick auf das Bild von dem einzelnen Menschen wird
das, wovon man glaubt, daß es sein soll, das Bild des absolut
unabhängigen, frei entscheidenden Einzelmenschen, bei dieser
Art der theoretischen Reflexion so behandelt, als ob es das
Bild dessen wäre, was der einzelne Mensch tatsächlich ist.

Nun ist dies ganz gewiß nicht der rechte Ort, um dieser
weitverbreiteten Zwiespältigkeit des Denkens über Menschen
auf den Grund zu gehen. Aber es läßt sich nicht recht verstehen, worum es in den folgenden Untersuchungen geht, solange
man mit Vorstellungen von dem Einzelmenschen, wie sie eben
erwähnt wurden, an die Probleme des Zivilisationsprozesses
herantritt. Im Laufe eines solchen Prozesses verändern sich
die Strukturen der einzelnen Menschen in einer bestimmten
Richtung. Das ist es, was der Begriff „Zivilisation" in dem
faktischen Sinn, in dem er im folgenden gebraucht wird, recht
eigentlich besagt. Das heute weit verbreitete Bild von dem
Einzelmenschen als einem letztlich von allen andern Menschen
absolut unabhängigen und abgeschlossenen, einem ganz für
sich stehenden Wesen, läßt sich schwer mit den Fakten, die
hier verarbeitet sind, vereinbaren. Es blockiert das Verständnis langfristiger Prozesse, die Menschen auf der individuellen
und auf der gesellschaftlichen Ebene gleichzeitig durchlaufen.
Parsons gebraucht gelegentlich einmal zur Illustrierung seines
Persönlichkeitsbildes die alte Metapher von der Persönlichkeit des Handelnden als „black box"[8], also als eines verschlossenen schwarzen Kastens, in dessen „Inneren" sich bestimmte individuelle Prozesse abspielen. Die Metapher stammt
aus dem Werkzeugkasten der Psychologie. Sie besagt im
Grunde, daß alles, was sich wissenschaftlich an einem einzel-

XLVI

Einleitung.

nen Menschen beobachten läßt, sein Verhalten ist. Man kann beobachten, was der „schwarze Kasten" tut. Aber was im Innern des Kastens vor sich geht, also das, was man auch als „Seele" oder „Geist" bezeichnet, als „ghost in the machine", wie es ein englischer Philosoph nannte[9], ist kein Objekt einer wissenschaftlichen Untersuchung. Man kann nicht umhin, einem Bild von dem einzelnen Menschen, das heute in den Menschenwissenschaften eine erhebliche Rolle spielt und das dementsprechend ebenfalls zu der Vernachlässigung langfristiger Veränderungen der Menschen im Zuge der gesellschaftlichen Entwicklung als Forschungsgegenstand beiträgt, in diesem Zusammenhang etwas ausführlicher nachzugehen.

Das Bild des einzelnen Menschen als eines völlig freien, völlig unabhängigen Wesens, als einer „geschlossenen Persönlichkeit", die „innerlich" ganz auf sich gestellt und von allen andern Menschen abgetrennt ist, geht in der Entwicklung europäischer Gesellschaften auf eine lange Tradition zurück. In der klassischen Philosophie tritt diese Figur etwa als das erkenntnistheoretische Subjekt auf die Szene. In dieser Rolle, als homo philosophicus, gewinnt der einzelne Mensch Erkenntnisse über die Welt „außerhalb" seiner ganz aus eigener Kraft. Er braucht sie nicht von andern zu lernen. Von der Tatsache, daß er als Kind auf die Welt gekommen ist, von dem ganzen Prozeß seiner Entwicklung zum Erwachsenen und als Erwachsener, sieht man bei diesem Menschenbild als unwesentlich ab. In der Entwicklung der Menschheit dauerte es viele Tausende von Jahren, ehe Menschen die Zusammenhänge des Naturgeschehens, den Lauf der Gestirne, Regen und Sonnenschein, Donner und Blitz, als Erscheinungsformen eines blinden, unpersönlichen, rein mechanisch und gesetzmäßig verlaufenden Kausalzusammenhangs zu erkennen lernten. Aber die „geschlossene Persönlichkeit" des homo philosophicus nimmt die mechanische und gesetzmäßige Kausalverkettung als Erwachsener, ohne daß er etwas darüber von andern zu lernen braucht, ganz unabhängig von dem in seiner Gesellschaft erreichten Stande des Wissens, scheinbar

Einleitung.

einfach dadurch wahr, daß er die Augen aufmacht. Der Prozeß – der einzelne Mensch als Prozeß im Heranwachsen, die Menschen zusammen als Prozeß der Menschheitsentwicklung – wird in Gedanken auf einen Zustand reduziert. Der einzelne Mensch macht als Erwachsener die Augen auf und erkennt hier und jetzt ganz aus eigener Kraft und ohne von andern zu lernen, nicht allein, was alle diese Objekte sind, die er wahrnimmt, er weiß nicht allein sofort, was er als belebt und als unbelebt, als Stein, als Pflanze oder als Tier zu klassifizieren hat, er erkennt überdies auch ganz unmittelbar hier und jetzt, daß sie kausal und naturgesetzlich miteinander verknüpft sind. Die Frage der Philosophen ist lediglich, ob er diese Erkenntnis der Kausalverknüpfung hier und jetzt aufgrund seiner Erfahrung gewinnt, ob diese Verknüpfung mit andern Worten eine Eigentümlichkeit der beobachtbaren Tatsachen ,,außerhalb seiner'' ist, oder ob sie eine durch die Eigenart der menschlichen Vernunft vorgegebene Zutat des menschlichen ,,Inneren'' zu dem ist, was von ,,außen'' durch die Sinnesorgane in das ,,Innere'' hineinströmt. Von diesem Bild des Menschen, von dem homo philosophicus her, der nie ein Kind war und gleichsam als Erwachsener auf die Welt kam, gibt es keinen Ausweg aus dieser erkenntnistheoretischen Sackgasse. Die Gedanken steuern hilflos zwischen der Scylla irgendeines Positivismus und der Charybdis irgendeines Apriorismus hin und her – eben weil man das, was sich tatsächlich als Prozeß, als Entwicklung des vielmenschlichen Makrokosmos und der des einzelmenschlichen Mikrokosmos innerhalb der ersteren beobachten läßt, beim Denken auf einen Zustand reduziert, auf einen Erkenntnisakt, der sich hier und jetzt abspielt. Hier hat man ein Beispiel dafür, wie eng das Unvermögen, sich langfristige gesellschaftliche Prozesse, also strukturierte Wandlungen der Figurationen, die viele interdependente Menschen miteinander bilden, ebenso wie der Menschen, die sie bilden, mit einem bestimmten Typ des Menschenbildes und der Selbsterfahrung zusammenhängt. Für Menschen, denen die Vorstellung als

Einleitung.

selbstverständlich erscheint, daß ihr eigenes Selbst, ihr Ego,
ihr „Ich" oder wie immer man es nennen mag, sozusagen in
ihrem „Inneren" von allen anderen Menschen und Dingen,
von allem, was „draußen" ist, abgeschlossen und ganz für sich
existiert, ist es schwer, allen jenen Tatsachen Bedeutung
zuzuschreiben, die darauf hinweisen, daß Individuen von
klein auf in Interdependenz mit andern leben; es ist schwer
für sie, sich Menschen als relativ, nicht als absolut autonome,
als relativ, nicht als absolut unabhängige Individuen vorzustellen, die miteinander wandelbare Figurationen bilden.
Da diese Selbsterfahrung als unmittelbar einleuchtend erscheint, ist es von ihr her nicht leicht, Tatsachen Rechnung zu
tragen, die anzeigen, daß diese Erfahrungsform selbst auf
bestimmte Gesellschaften beschränkt ist, daß sie sich im
Zusammenhang mit bestimmten Arten der Interdependenz-
verflechtung, der gesellschaftlichen Bindungen von Menschen
aneinander herausbildet, kurzum, daß sie zu den Struktureigentümlichkeiten einer bestimmten Entwicklungsstufe der
Zivilisation, einer spezifischen Differenzierung und Individualisierung von Menschenverbänden gehört. Wenn man inmitten
eines solchen Verbandes aufwächst, dann kann man sich nicht
recht vorstellen, daß es Menschen geben kann, die sich nicht
in dieser Weise, als im Innern von allen andern Wesen und
Dingen abgeschlossene, völlige auf sich gestellte Individuen
erleben; dann erscheint diese Art der Selbsterfahrung als
selbstverständlich, als Symptom eines ewigen menschlichen
Zustandes, als die schlechthin normale, die natürliche und
gemeinsame Selbsterfahrung aller Menschen. Die Vorstellung
des einzelnen Menschen, daß er ein homo clausus ist, eine
kleine Welt für sich, die letzten Endes ganz unabhängig von
der großen Welt außerhalb seiner existiert, bestimmt dann das
Bild vom Menschen überhaupt. Jeder andere Mensch erscheint
ebenfalls als ein homo clausus; sein Kern, sein Wesen, sein
eigentliches Selbst erscheint ebenfalls als etwas, das in seinem
Innern durch eine unsichtbare Mauer, von allem was draußen
ist, auch von allen andern Menschen, abgeschlossen ist.

Einleitung.

Aber die Natur der Mauer selbst wird kaum je erwogen und nie recht erklärt. Ist der Leib das Gefäß, das in seinem Innern das eigentliche Selbst verschlossen hält? Ist die Haut die Grenze zwischen dem „Innern" und dem „Äußern"? Was ist am Menschen Kapsel und was das Verkapselte? Die Erfahrung des „Innern" und des „Äußern" scheint so unmittelbar einleuchtend, daß man solche Fragen kaum je stellt; sie scheinen keiner Untersuchung zu bedürfen. Man begnügt sich mit den räumlichen Metaphern vom „Innern" und vom „Äußern", aber man macht keinen Versuch, das „Innere" ernstlich im Raume aufzuzeigen; und obgleich dieser Verzicht auf die Untersuchung der eigenen Voraussetzungen durchaus nicht recht zu dem Verfahren von Wissenschaften paßt, beherrscht dieses vorgefaßte Bild des homo clausus nicht nur in der weiteren Gesellschaft, sondern auch in den Menschenwissenschaften in hohem Maße die Szene. Zu seinen Abarten gehört nicht nur der herkömmliche homo philosophicus, das Menschenbild der klassischen Erkenntnistheorie, sondern auch der homo oeconomicus, der homo psychologicus, der homo historicus und nicht zuletzt auch in seiner gegenwärtigen Fassung der homo sociologicus. Das Bild vom Einzelmenschen des Descartes, das Max Webers oder Parsons und vieler anderer Soziologen, sie alle sind aus dem gleichen Holz geschnitzt. Wie ehemals Philosophen, so akzeptieren heute auch viele Theoretiker der Soziologie diese Selbsterfahrung und das Einzelmenschenbild, das ihr entspricht, unbesehen als Grundlage ihrer Theorien. Sie distanzieren sich noch nicht von ihnen, nehmen sie noch nicht, wenn man es so ausdrücken darf, aus ihrem Bewußtsein heraus, um sie sich gegenüberzustellen und auf ihre Angemessenheit hin zu befragen. Dementsprechend stehen Selbsterfahrung und Einzelmenschenbild dieser Art oft unverändert neben Ansätzen zur Aufhebung der Zustandsreduktion, wie etwa bei Parsons das statische Bild des Ego, des handelnden Einzelmenschen, eines Erwachsenen, von dessen Erwachsenwerden er abstrahiert, unverbunden neben dem psychoanalytischen Gedankengut steht, das er in seine

Einleitung.

Theorie übernommen hat, und das sich gerade nicht auf das Erwachsensein sondern auf das Erwachsenwerden, auf den Einzelmenschen als offenen Prozeß in unauflöslicher Interdependenz mit andern Einzelmenschen bezieht. Infolgedessen fahren sich die Gedanken von Gesellschaftstheoretikern immer von neuem in einer Sackgasse fest, aus der es anscheinend keinen Ausweg gibt. Das Individuum oder genauer gesagt, das, worauf sich der gegenwärtige Begriff des Individuums bezieht, erscheint immer wieder als etwas, das „außerhalb" der Gesellschaft existiert. Das, worauf sich der Begriff der Gesellschaft bezieht, erscheint immer wieder als etwas, das außerhalb und jenseits der Individuen existiert. Man scheint nur die Wahl zu haben zwischen Theorieansätzen, die so angelegt sind, als ob die Einzelmenschen jenseits der Gesellschaft als das eigentlich Existierende, das eigentlich „Reale" und die Gesellschaft als eine Abstraktion, als nicht eigentlich existierend zu betrachten seien, und andern Theorieansätzen, die die Gesellschaft als „System", als „soziales Faktum sui generis", als eine Realität eigener Art jenseits der Individuen hinstellen. Allenfalls kann man, wie das neuerdings als ein scheinbarer Ausweg aus der Sackgasse zuweilen geschieht, die beiden Vorstellungen unverbunden nebeneinander stellen, die des einzelnen Menschen als homo clausus, als Ego, als Individuum jenseits der Gesellschaft, und die Gesellschaft als ein System außerhalb und jenseits der einzelnen Menschen. Aber damit wird die Unverträglichkeit dieser beiden Vorstellungen nicht aus der Welt geschafft. Um diese Sackgasse der Soziologie und der Menschenwissenschaften überhaupt zu durchbrechen, ist es nötig, die Unzulänglichkeit beider Vorstellungen, der Vorstellung eines Individuums außerhalb der Gesellschaft und die einer Gesellschaft außerhalb der Individuen gleichermaßen deutlich zu machen. Das ist schwierig, solange das Gefühl der Abkapselung des Selbst im eigenen Innern ungeprüft als Grundlage des Einzelmenschenbildes dient und solange man im Zusammenhang damit die Begriffe „Individuum" und „Gesellschaft" so faßt, als ob sie sich auf unveränderliche Zustände beziehen.

Einleitung.

Man vermag die gedankliche Falle, in der man sich bei dieser statischen Fassung der beiden Begriffe „Individuum" und „Gesellschaft" immer wieder von neuem verfängt, nur dann zu öffnen, wenn man sie, wie es hier geschieht, im Zusammenhang mit empirischen Untersuchungen so weiter entwickelt, daß sich beide Begriffe auf Prozesse beziehen. Aber diese Weiterbildung wird zunächst noch durch die außerordentliche Überzeugungskraft blockiert, die, etwa von der Renaissance an, in europäischen Gesellschaften die Selbsterfahrung der Menschen von der eigenen Vereinzelung, von der Abschließung des eigenen „Innern" gegenüber allem, was „draußen" ist, besitzt. Bei Descartes war die Selbsterfahrung der Vereinzelung des Individuums, das sich als denkendes Ich im Innern seines Kopfes der ganzen Welt gegenüber gestellt findet, noch durch den Gottesbegriff etwas abgeschwächt. In der zeitgenössischen Soziologie findet die gleiche Grunderfahrung ihren theoretischen Ausdruck in dem handelnden Ich, das sich den Menschen „draußen" als „Andern" gegenübergestellt findet. Abgesehen von der Leibnizschen Monadologie gibt es in dieser philosophisch-soziologischen Tradition kaum einen Problemansatz, bei dem man grundsätzlich von einer Vielheit interdependenter Menschen ausgeht. Leibniz, der eben das tat, wußte sich nicht anders zu helfen als dadurch, daß er seine Version des homo clausus, die „fensterlosen Monaden" durch eine metaphysische Konstruktion in Verbindung miteinander brachte. Immerhin stellt die Monadologie einen frühen Vorstoß in der Richtung auf Probleme und auf eine Art der Modellbildung dar, die noch heute recht dringlich gerade auch in der Soziologie der Weiterbildung harrt. Der entscheidende Schritt, den er tat, war der einer Selbstdistanzierung, die es ihm ermöglichte, in diesem einen Falle mit dem Gedanken zu spielen, daß man sich selbst nicht als „Ich" allen andern Menschen und Dingen gegenüber, sondern als ein Wesen unter Anderen erleben könne. Für den vorherrschenden Erfahrungstyp der ganzen Periode war es charakteristisch, daß das geozentrische Weltbild der voran-

Einleitung.

gehenden bestenfalls in den Bereichen des unbelebten Naturgeschehens einem Weltbild wich, das, von Seiten der erfahren-
den Menschen ein höheres Maß von Selbstdistanzierung, ein
„Sich-selbst-aus-dem-Zentrum-rücken", verlangte. Im Denken
der Menschen über sich selbst wurde das geozentrische Weltbild weitgehend in einem egozentrischen aufgehoben. Im
Mittelpunkt des menschlichen Universums, so erschien es von
nun an, steht jeder einzelne Mensch für sich als ein von allen
andern letzten Endes völlig unabhängiges Individuum.

Nichts ist charakteristischer für die Selbstverständlichkeit,
mit der man auch heute noch beim Denken über Menschen
von dem einzelnen Menschen ausgeht, also die Tatsache, daß
man nicht von den „homines sociologiae" oder „oeconomiae"
spricht, wenn man sich mit dem Menschenbild der Gesell-
schaftswissenschaften befaßt, sondern immer wieder von dem
Bild des einzelnen Menschen, das in diesen Wissenschaften
verankert ist, von dem „homo sociologicus" oder „oeconomicus". Von diesem gedanklichen Ausgangspunkt her stellt
sich die Gesellschaft letzten Endes als ein Haufen von einzelnen, völlig voneinander unabhängigen Individuen dar,
deren eigentliches Wesen in ihrem Innern verschlossen ist und
die daher allenfalls äußerlich und von der Oberfläche her
miteinander kommunizieren. Man muß, wie es Leibniz tat,
eine metaphysische Lösung zu Hilfe rufen, um von dem Ausgangspunkt fensterloser, verschlossener menschlicher und
außermenschlicher Monaden her die Vorstellung zu rechtfertigen, daß eine Interdependenz und eine Kommunikation
zwischen ihnen, oder eine Erkenntnis ihrer durch Menschen
möglich ist. Ob es sich um Menschen in ihrer Rolle als „Subjekt" dem „Objekt" gegenüber oder in ihrer Rolle als „Individuum" der „Gesellschaft" gegenüber handelt, in dem einen
wie in dem andern Falle ist das Problem so gestellt, als ob ein
erwachsener Mensch, der ganz allein und für sich dasteht —
also in einer Gestalt, die die in einem objektivierenden Begriff
niedergeschlagene Selbsterfahrung vieler Menschen der neueren Zeit widerspiegelt, – den Bezugsrahmen bildet. In Frage

LIII

Einleitung.

steht seine Beziehung zu einem Etwas „außerhalb" seiner selbst, das wie der vereinzelte Mensch, als Zustand gedacht ist, zu der „Natur" oder zu der „Gesellschaft". Existiert es oder ist es nur etwas, das durch eine Denkoperation zustande kommt, das jedenfalls primär in einer Denkoperation fundiert ist?

VIII.

Man versuche, sich klarzumachen, was eigentlich das Problem ist, das hier zur Diskussion gestellt wird. Es handelt sich nicht darum, die Echtheit der Selbsterfahrung in Zweifel zu ziehen, die in dem Menschenbild des „homo clausus" in seinen mannigfaltigen Verwandlungen ihren Ausdruck findet. Die Frage ist, ob diese Selbsterfahrung und das Menschenbild, in dem sie sich gewöhnlich ganz spontan und unreflektiert niederschlägt, als verläßlicher Ausgangspunkt für das Bemühen dienen kann, ein sachgerechteres Verständnis von Menschen – und damit auch seiner selbst – zu gewinnen, ob es sich nun um ein philosophisches oder ein soziologisches Bemühen handelt. Ist es gerechtfertigt, das ist die Frage, die scharfe Scheidelinie zwischen dem menschlichen „Inneren" und einer „Außenwelt" des Menschen, die in der Selbsterfahrung oft als unmittelbar gegeben erscheint, die überdies in den europäischen Denk- und Sprechtraditionen tiefe Wurzeln geschlagen hat, ohne eine kritische und systematische Prüfung ihrer Sachgerechtheit philosophischen Erkenntnis- und Wissenschaftstheorien, ebenso wie soziologischen und andern menschenwissenschaftlichen Theorien, als selbstverständliche, nicht weiter erklärbare Annahme zugrunde zu legen?

Die Vorstellung selbst besitzt während einer bestimmten Periode der Menschheitsentwicklung eine außerordentliche Beharrlichkeit. Sie zeigt sich im Schrifttum aller Gruppen, deren Reflektionsvermögen und deren Selbstbewußtsein die Stufe erreicht hat, auf der Menschen in der Lage sind, nicht nur zu denken, sondern auch ihrer selbst als denkende Wesen

LIV

Einleitung.

bewußt zu werden und über sich selbst als denkende Wesen nachzudenken. Man findet sie bereits in der platonischen Philosophie und in einigen andern Philosophenschulen der Antike. Man findet die Vorstellung von dem „Selbst im Gehäuse", wie bereits gesagt, als eines der stehenden Leitmotive der neueren Philosophie von dem denkenden Ich des Descartes, von Leibniz' fensterlosen Monaden, von dem Kantischen Subjekt der Erkenntnis, das aus seinem apriorischen Gehäuse nie recht zu dem „Ding an sich" vorzudringen vermag, bis zu der neueren Ausweitung der gleichen Grundvorstellung von dem ganz für sich existierenden Einzelmenschen über den Blickpunkt der zu „Verstand" und „Vernunft" verdinglichten Denk- und Wahrnehmungstätigkeit hinaus auf sein ganzes „Dasein", auf seine „Existenz" in den verschiedenen Varianten der Existenzphilosophie, oder auf sein Handeln, etwa als Ausgangspunkt der Gesellschaftstheorie Max Webers, der – ganz im Sinne des oben erwähnten Zwiespalts – den nicht ganz geglückten Versuch machte, zwischen „sozialem Handeln" des Einzelmenschen und „nicht-sozialem Handeln", also vermutlich „rein individuellem Handeln" des Einzelmenschen zu unterscheiden.

Aber man würde sich eine recht ungenügende Vorstellung von der Natur dieser Selbsterfahrung und dieses Menschenbildes machen, wenn man sie lediglich als eine im gelehrten Schrifttum niedergelegte Idee verstünde. Die Fensterlosigkeit der Monaden, die Problematik des homo clausus, die sich ein Mann wie Leibniz zum mindesten durch einen spekulativen Ausweg, der die Möglichkeit der Beziehung zwischen Monaden aufzeigt, erträglicher zu machen suchte, wird gegenwärtig offenbar durchaus nicht nur von Gelehrten als selbstverständlich hingenommen. Man begegnet Ausdrücken dieser Selbsterfahrung in weniger reflektierter Form in der schönen Literatur, etwa in der Äußerung von Virginia Woolf, die über die Unkommunizierbarkeit der Erfahrungen des Lebens als Ursache der menschlichen Einsamkeit klagt. Man findet ihren Ausdruck in dem Begriff der „Entfremdung", der inner-

Einleitung.

halb und außerhalb des Schrifttums in den verschiedensten Varianten in den letzten Jahrzehnten immer häufiger gebraucht wird. Es wäre nicht uninteressant, mit Hilfe von systematischeren Untersuchungen festzustellen, ob und wieweit es Gradierungen und Variationen dieses Typs der Selbsterfahrung in den verschiedenen Elitegruppen und den verschiedenen breiteren Schichten der entwickelteren Gesellschaften gibt. Aber die angeführten Beispiele genügen, um anzuzeigen, wie beharrlich und wie selbstverständlich in den Gesellschaften der europäischen Neuzeit das Empfinden von Menschen ist, daß ihr eigenes „Ich", ihr eigentliches Selbst, etwas im „Innern" von allen andern Menschen und Dingen „draußen" Abgeschlossenes ist, obgleich, wie gesagt, niemand es besonders einfach findet, klar und deutlich festzustellen, wo und was die greifbaren Wände oder Mauern sind, die dieses Innere, wie ein Gefäß seinen Inhalt, umschließen und von dem, was „draußen" ist, abschließen. Handelt es sich hier, wie es oft erscheint, um eine ewige, keiner weiteren Erklärung zugängliche Grunderfahrung aller Menschen oder handelt es sich um einen Typ der Selbsterfahrung, der für eine bestimmte Stufe in der Entwicklung der von Menschen gebildeten Figurationen und der diese Figurationen bildenden Menschen selbst charakteristisch ist?

Im Zusammenhang dieses Buches hat die Erörterung dieses Problemkomplexes eine doppelte Bedeutung: Auf der einen Seite läßt sich der Prozeß der Zivilisation nicht verstehen, solange man nicht vermag, diesen Typ der Selbsterfahrung zu lockern und das Menschenbild des homo clausus aus seiner Selbstverständlichkeit zu lösen, um sie als etwas Problematisches ausdrücklich der Diskussion zugänglich zu machen. Auf der andern bietet die Theorie der Zivilisation, wie sie im folgenden entwickelt wird, selbst eine Handhabe zur Lösung dieser Probleme. So dient die Erörterung dieses Menschenbildes in erster Linie dem besseren Verständnis der folgenden Untersuchungen des Zivilisationsprozesses. Aber es ist möglich, daß man vom Ende des Buches, von einem umfassen-

Einleitung.

deren Bilde des Zivilisationsprozesses her wiederum ein besseres Verständnis dieser einleitenden Erörterungen gewinnt. Hier mag es genügen, in Kürze anzuzeigen, welche Beziehungen zwischen der Problematik des homo clausus und der des Prozesses der Zivilisation bestehen.

Man kann sich diesen Zusammenhang in relativ einfacher Weise klarmachen, wenn man zunächst auf die Veränderung in der Selbsterfahrung von Menschen zurückgeht, die bei dem Verlassen des geozentrischen Weltbildes eine Rolle spielte. Oft genug stellt sich dieser Übergang einfach als eine Revision und Zunahme des Wissens von den Bewegungen der Gestirne dar. Aber es ist offensichtlich, daß diese veränderte Vorstellung der Menschen von der Figuration der Gestirne nicht möglich gewesen wäre ohne eine starke Erschütterung des zuvor herrschenden Bildes der Menschen von sich selbst, ohne das Vermögen von Menschen, sich selbst in einem andern Lichte zu sehen als zuvor. Primär ist für Menschen überall eine Erfahrungsweise, kraft deren sie selbst im Mittelpunkt des Weltgeschehens stehen, und zwar nicht nur als einzelne, sondern auch als Gruppen. Das geozentrische Weltbild ist der Ausdruck dieser spontanen und unreflektierten Selbstzentriertheit der Menschen, dem man auch heute noch unzweideutig genug im Denken der Menschen außerhalb der Naturbereiche, also zum Beispiel in den natiozentrischen oder in den um das vereinzelte Individuum zentrierten soziologischen Denkweisen begegnet.

Die geozentrische Erfahrung selbst ist auch heute noch als eine Erfahrungsebene jedermann zugänglich. Nur stellt sie im öffentlichen Denken nicht mehr die herrschende Erfahrungsebene dar. Wenn wir davon sprechen und in der Tat, wenn wir „sehen", daß die Sonne im Osten aufgeht und im Westen untergeht, dann erleben wir uns selbst und die Erde, auf der wir leben, spontan als den Mittelpunkt der Welt, als Bezugsrahmen für die Bewegungen der Gestirne. Es bedurfte nicht einfach neuer Entdeckungen, einer kumulativen Zunahme des Wissens von den Objekten des menschlichen Nachdenkens,

LVII

Einleitung.

um den Übergang von einem geozentrischen zu einem helio-
zentrischen Weltbild zu ermöglichen. Es bedurfte dazu vor
allem auch eines erhöhten Vermögens der Menschen, sich im
Denken von sich selbst zu distanzieren. Wissenschaftliche
Denkweisen können nicht entwickelt und können nicht Ge-
meingut werden, ohne daß Menschen sich von der primären
Selbstverständlichkeit lösen, mit der sie alles Erfahrene zunächst unreflektiert und spontan aus seinem Zweck und Sinn
für sich selbst zu verstehen suchen. Die Entwicklung, die zu
einer sachgerechteren Erkenntnis und zu einer wachsenden
Kontrolle von Naturzusammenhängen durch Menschen führte,
war also von einer andern Seite her betrachtet zugleich auch
eine Entwicklung zu größerer Selbstkontrolle der Menschen.

Es ist nicht möglich, hier ausführlicher auf die Zusammenhänge zwischen der Entwicklung des wissenschaftlichen Typs
des Wissenserwerbs von Objekten auf der einen Seite und der
Entwicklung von neuen Haltungen der Menschen zu sich selbst,
von neuen Persönlichkeitsstrukturen, vor allem auch von
Schüben in der Richtung auf größere Affektkontrolle und
Selbstdistanzierung auf der andern Seite, genauer einzugehen.
Vielleicht trägt es zum Verständnis dieser Probleme bei, wenn
man sich an die Spontaneität der unreflektierten Selbstzentriertheit des Denkens erinnert, die man noch jederzeit an
Kindern unserer eigenen Gesellschaft beobachten kann. Eine
in Gesellschaft entwickelte, individuell erlernte, erhöhte
Affektkontrolle und vor allem auch eine in erhöhtem Maße
selbsttätige Affektkontrolle war nötig, um das Weltbild, in
dessen Mittelpunkt die Erde und die darauf lebenden Menschen standen, durch ein Weltbild zu überwinden, das, wie
das heliozentrische, zwar mit den beobachtbaren Tatsachen
besser übereinstimmte, das aber emotional zunächst einmal
weit weniger befriedigend war; denn es versetzte die Menschen aus ihrer Position im Zentrum des Weltalls auf einen
von vielen Planeten, die um das Zentrum kreisen. Der Übergang von einer zentral durch einen herkömmlichen Glauben
legitimierten zu einer auf wissenschaftlicher Forschung be-

Einleitung.

ruhenden Naturerkenntnis und der Schub in der Richtung
größerer Affektkontrollen, den dieser Übergang einschloß,
stellte also einen Aspekt des im folgenden von andern Seiten
her untersuchten Zivilisationsprozesses dar.

Aber es war auf der damaligen Stufe der Entwicklung von
mehr sach- als selbstbezogenen Denkwerkzeugen für den Aufschluß der außermenschlichen Natur anscheinend noch nicht
möglich, gleichzeitig auch diesen zivilisatorischen Schub,
die Veränderung im Sinne stärkerer, und stärker „inter-
nalisierter", Selbstkontrollen, die mit Menschen selbst vor
sich ging, ebenfalls bereits in die Untersuchung der Erkennt-
nisprobleme miteinzubeziehen und zum Gegenstand des
Nachdenkens zu machen. Was mit ihnen selber im Zuge
der wachsenden Naturerkenntnis vor sich ging, blieb der
wissenschaftlichen Erkenntnis der Menschen zunächst noch
unzugänglich. Es ist nicht wenig charakteristisch für diese
Stufe des Selbstbewußtseins, daß man sich in den klassischen
Erkenntnistheorien, die sie repräsentiert, weitaus mehr mit
der Problematik des erkenntnistheoretischen Objekts als
mit der des erkenntnistheoretischen Subjekts selbst, mehr
mit der Gegenstandserkenntnis als mit der Selbsterkenntnis
befaßte. Aber wenn man die letztere nicht in die erkenntnistheoretische Problemstellung miteinbezieht, führt der
Problemansatz in eine Sackgasse gleichermaßen unzuläng-
licher Alternativen.

Die Entwicklung der Vorstellung eines rein mechanischen,
rein naturgesetzlichen Umlaufs der Erde um die Sonne, also
eines Umlaufs, der überhaupt nicht durch irgendeinen Zweck
für Menschen bestimmt ist, und der dementsprechend auch
keine große emotionale Bedeutung mehr für Menschen besitzt,
setzte voraus und förderte zugleich eine Entwicklung der
Menschen selbst in der Richtung erhöhter emotionaler Kontrolle, eine gesteigerte Zurückhaltung ihres spontanen Gefühls, daß alles, was sie erleben und besonders alles, was sie
betrifft, auch auf sie selbst gemünzt ist, auch der Ausdruck
einer Absicht, einer Bestimmung, eines Zweckes ist, die sich

Einleitung.

auf sie selbst, auf die erlebenden und betroffenen Menschen beziehen. Nun, in der Periode, die wir die „Neuzeit"nennen, erreichen die Menschen eine Stufe der Selbstdistanzierung, die es ihnen ermöglicht, das Naturgeschehen gedanklich als einen eigengesetzlichen Zusammenhang zu verarbeiten, der sich ohne Absicht, ohne Zweck und ohne Bestimmung, rein mechanisch oder kausal vollzieht, und der einen Sinn und einen Zweck für sie selbst nur dann hat, wenn sie in der Lage sind, ihn auf Grund ihrer Sachkenntnis zu kontrollieren und ihm auf diese Weise selbst einen Sinn und einen Zweck zu geben. Aber sie können sich auf dieser Stufe zunächst noch nicht in genügendem Maße von sich selbst distanzieren, um auch die eigene Selbstdistanzierung, die eigene Affektzurückhaltung, kurzum die Bedingungen ihrer eigenen Rolle als Subjekt der wissenschaftlichen Naturerkenntnis zum Gegenstand der Erkenntnis, zum Objekt der Forschung zu machen.

Hier liegt einer der Schlüssel zu der Frage, warum das Problem der wissenschaftlichen Erkenntnis die heute wohlvertraute Fassung der klassischen europäischen Erkenntnistheorie annahm. Die Distanzierung des Denkenden von seinen Objekten im Akt des erkennenden Denkens und die Affektzurückhaltung, die sie erforderte, stellt sich auf dieser Stufe beim Nachdenken darüber zunächst nicht als solche, nicht als ein Akt der Distanzierung dar, sondern als eine tatsächlich vorhandene Distanz, als ein ewiger Zustand der räumlichen Trennung eines scheinbar im „Inneren" des Menschen verschlossenen Denkapparates, eines „Verstandes", einer „Vernunft", die durch eine unsichtbare Mauer von den Objekten „draußen" abgetrennt ist.

Sah man zuvor, wie sich Ideale beim Nachdenken unter der Hand in etwas tatsächlich Existierendes, wie sich ein Sollen in ein Sein verwandelt, so begegnet man hier einer Verdinglichung anderer Art. Der Akt des gedanklichen Abstandnehmens von den Objekten des Nachdenkens, den jede in höherem Maße gefühlskontrollierte Reflexion einschließt, den insbesondere die wissenschaftliche Denk- und Beobachtungs-

Einleitung.

arbeit verlangt – und der sie zugleich möglich macht –, stellt
sich in der Selbsterfahrung auf dieser Stufe als ein tatsächlich
existierender Abstand des Denkenden von den Objekten seines
Denkens dar; und die stärkere Zurückhaltung affektgeladener,
Impulse gegenüber den Gegenständen des Denkens und
Beobachtens, die mit jedem Schritt auf dem Wege der
stärkeren gedanklichen Distanzierung Hand in Hand geht,
stellt sich in der Selbsterfahrung der Menschen hier als ein
tatsächlich existierender Käfig dar, der das „Selbst“, das
„Ich“ oder jenachdem auch die „Vernunft“ und „Existenz“,
von der Welt „außerhalb“ des Individuums ab- und aus-
schließt.

Daß und zum Teil auch warum vom späten Mittelalter und
der frühen Renaissance an ein besonders starker Schub der
individuellen Selbstkontrolle, und vor allem auch der von
Fremdkontrollen unabhängigen, als selbsttätiger Automatismus eingebauten Selbstkontrolle, auf die man heute bezeich-
nenderweise mit Begriffen, wie „verinnerlicht“ oder „inter-
nalisiert“ hinweist, wird von andern Seiten her in den folgenden Untersuchungen ausführlicher dargelegt. Diese nun in
höherem Maße einsetzende Verwandlung zwischenmensch-
licher Fremdzwänge in einzelmenschliche Selbstzwänge führt
dazu, daß viele Affektimpulse weniger spontan auslebbar sind.
Die derart im Zusammenleben erzeugten selbsttätigen, individuellen Selbstkontrollen, etwa das „rationale Denken“ oder
das „moralische Gewissen“, schieben sich nun stärker und
fester gebaut als je zuvor zwischen Trieb- und Gefühlsimpulse
auf der einen Seite, die Skelettmuskeln auf der andern Seite
ein und hindern die ersteren mit größerer Strenge daran, die
letzteren, das Handeln, direkt, also ohne Zulassung durch
diese Kontrollapparaturen, zu steuern.

Das ist der Kern der individuellen Strukturveränderung
und der individuellen Struktureigentümlichkeiten, die bei der
reflektierenden Selbsterfahrung, etwa von der Renaissance an,
ihren Ausdruck in der Vorstellung von dem einzelnen „Ich“
im verschlossenen Gehäuse findet, von dem „Selbst“, das

Einleitung.

durch eine unsichtbare Mauer von dem, was „draußen" vor sich geht, abgetrennt ist. Es sind die zum Teil automatisch funktionierenden zivilisatorischen Selbstkontrollen, die in der individuellen Selbsterfahrung nun als Mauer, sei es zwischen „Subjekt" und „Objekt", sei es zwischen dem eigenen „Selbst" und den anderen Menschen, der „Gesellschaft", erfahren werden.

Der Schub in der Richtung höherer Individualisierung, der sich in der Renaissance vollzieht, ist bekannt genug. Hier gewinnt man ein etwas detaillierteres Bild von dieser Entwicklung der Persönlichkeitsstrukturen. Es weist zugleich auf Zusammenhänge hin, die bisher noch nicht recht geklärt worden sind. Der Übergang zum Erlebnis der Natur als Landschaft dem Betrachter gegenüber, der Übergang zum Erleben der Natur als Objekt der Erkenntnis, das von dem Subjekt der Erkenntnis wie durch eine unsichtbare Wand getrennt ist, der Übergang zu der verstärkten Selbsterfahrung des einzelnen Menschen als eines ganz auf sich gestellten, von andern Menschen und Dingen unabhängigen und abgeschlossenen Individuums, sie und viele andere Entwicklungserscheinungen der Zeit, tragen die Strukturmerkmale des gleichen Zivilisationsschubes an sich. Sie alle zeigen die Merkmale des Übergangs zu einer weiteren Stufe des Selbstbewußtseins, auf der die als Selbstzwang eingebaute Kontrolle der Affekte stärker, die reflektive Distanzierung grösser, die Spontaneität des Affekthandelns geringer wird, und auf der man diese Eigentümlichkeiten seiner selbst zwar spürt, aber noch ohne auch von ihnen bereits in Gedanken Abstand zu nehmen, um sie selbst zum Gegenstand einer Untersuchung zu machen.

Damit kommt man dem Kern der individuellen Struktureigentümlichkeiten, die bei der Selbsterfahrung von Menschen als homo clausus Pate stehen, etwas näher. Wenn man von neuem fragt, was eigentlich zu dieser Vorstellung eines „Inneren" des Einzelmenschen Anlaß gibt, das von allem, was außerhalb seiner existiert, abgekapselt ist und was nun eigentlich an Menschen die Kapsel, was das Abgekapselte ist, hier sieht man die Richtung, in der man die Antwort suchen

Einleitung.

muß. Die festere, allseitigere und ebenmäßigere Zurückhaltung der Affekte, die für diesen Zivilisationsschub charakteristisch ist, die verstärkten Selbstzwänge, die unausweichlicher als zuvor alle spontaneren Impulse daran hindern, sich direkt, ohne Dazwischentreten von Kontrollapparaturen, motorisch in Handlungen auszuleben, sind das, was als Kapsel, als unsichtbare Mauer erlebt wird, die die „Innenwelt" des Individuums von der „Außenwelt" oder je nachdem auch das Subjekt der Erkenntnis von den Objekten, das „Ego" von dem „Anderen", das „Individuum" von der „Gesellschaft" trennt, und das Abgekapselte sind die zurückgehaltenen, am unmittelbaren Zugang zu den motorischen Apparaturen verhinderten Trieb- und Affektimpulse der Menschen. Sie stellen sich in der Selbsterfahrung als das vor allen Anderen Verborgene und oft als das eigentliche Selbst, als Kern der Individualität dar. Der Ausdruck „das Innere des Menschen" ist eine bequeme Metapher, aber es ist eine Metapher, die in die Irre führt.

Es hat einen guten Sinn, zu sagen, daß das Gehirn des Menschen sich im Inneren seines Schädels befindet und das Herz im Inneren seines Brustkorbes. In diesem Falle kann man klar und deutlich sagen, was der Behälter ist und was das darin Enthaltene, was sich innerhalb seiner Wände, was sich außerhalb ihrer befindet, und woraus die abschließenden Wände bestehen. Aber wenn man die gleichen Redewendungen auf Persönlichkeitsstrukturen bezieht, sind sie nicht am Platze. Die Beziehung von Triebkontrollen und Triebimpulsen, um nur dieses Beispiel zu nennen, ist keine räumliche Beziehung. Die ersteren haben nicht die Gestalt eines Gefäßes, das die letzteren in seinem Inneren enthält. Es gibt unter Menschen Gedankenrichtungen, die die Kontrollapparaturen, die etwa Gewissen oder Ratio für wichtiger halten, es gibt andere, die die menschlichen Trieb- oder Gefühlsregungen für wichtiger halten. Aber wenn man sich nicht um Werte streiten will, wenn man sich in seinem Bemühen auf die Erforschung dessen, was ist, beschränkt, dann findet man keine Struktur-

Einleitung.

eigentümlichkeit des Menschen, die es rechtfertigt, zu sagen, daß das eine der Kern des Menschen ist und das andere die Schale. Genau betrachtet handelt es sich bei dem ganzen Komplex der Spannungsachsen, wie Fühlen und Denken, Triebverhalten und Kontrollverhalten, um Tätigkeiten des Menschen. Wenn man statt der üblichen Substanzbegriffe, also etwa statt „Gefühl" und „Verstand", Tätigkeitsbegriffe gebraucht, läßt es sich leichter verstehen, daß das Bild von dem „Äußeren" und dem „Inneren", von der Fassade eines Gehäuses, das etwas in seinem Inneren enthält, zwar auf die physischen Teilaspekte eines Menschen, die oben erwähnt wurden, anwendbar ist, aber nicht auf die Struktur der Persönlichkeit, auf die des lebenden Menschen als Ganzem. Auf dieser Ebene gibt es nichts, was einem Behälter ähnelt, – nichts, das Metaphern, wie die von dem „Inneren" des Menschen rechtfertigen könnte. Dem Gefühl einer Mauer, die irgendetwas im „Innern" des Menschen von der „Außenwelt" abtrennt, wie echt es auch als Gefühl sein mag, entspricht nichts am Menschen, das den Charakter einer wirklichen Mauer hat. Man erinnert sich daran, daß Goethe einmal dem Gedanken Ausdruck gab, die Natur habe weder Kern noch Schale und es gebe in ihr kein Drinnen und kein Draußen. Das gilt auch von den Menschen.

Auf der einen Seite hilft also die Zivilisationstheorie, um deren Entwicklung sich die folgende Arbeit bemüht, das irreführende Menschenbild der Periode, die wir die Neuzeit nennen, aus seiner Selbstverständlichkeit zu erlösen und Abstand von ihm zu gewinnen, so daß die Arbeit an einem Menschenbild beginnen kann, das weniger an dem eigenen Fühlen und den damit verbundenen Wertungen und in höherem Maße an Menschen als dem Objekt ihres eigenen Denkens und Beobachtens orientiert ist. Auf der andern Seite ist eine Kritik des neuzeitlichen Menschenbildes nötig, um den Prozeß der Zivilisation zu verstehen. Denn im Laufe dieses Prozesses verändert sich die Struktur der einzelnen Menschen; sie werden „zivilisierter". Und solange man sich den einzelnen Menschen

Einleitung.

wie einen von Natur verschlossenen Behälter mit einer äußeren
Schale und einem in seinem Innern verborgenen Kern vorstellt, muß es unverständlich bleiben, wie ein viele Menschen-
generationen umfassender Prozeß der Zivilisation möglich ist,
in dessen Verlauf sich die Persönlichkeitsstruktur des einzelnen Menschen wandelt, ohne daß sich die Natur der Menschen
wandelt.

Damit muß es fürs erste genug sein, um die Umorientierung
des individuellen Selbstbewußtseins und die entsprechende
Weiterentwicklung des Menschenbildes einzuleiten, ohne die
das Vermögen, sich einen Zivilisationsprozeß oder einen langfristigen Prozeß der Gesellschafts- und Persönlichkeitsstrukturen überhaupt vorzustellen, weitgehend blockiert
bleibt. Solange sich der Begriff des Individuums mit der Selbsterfahrung des „Ich" im verschlossenen Gehäuse verbindet,
kann man im Grunde unter „Gesellschaft" kaum etwas anderes verstehen, als einen Haufen fensterloser Monaden. Begriffe, wie „Gesellschaftsstruktur", wie „soziale Prozesse"
oder „Gesellschaftsentwicklungen" können dann bestenfalls
als Kunstprodukte der Soziologen erscheinen, als „ideal-
typische" Konstruktionen, die der Forscher braucht, um
wenigstens in Gedanken etwas Ordnung in die scheinbar
realiter völlig unordentliche und strukturlose Häufung von
absolut unabhängig handelnden Individuen zu bringen.

Wie man sieht, verhält sich die Sache selbst genau umgekehrt. Die Vorstellung von den absolut unabhängig voneinander entscheidenden, agierenden und „existierenden" Einzelmenschen, ist ein Kunstprodukt der Menschen, das für eine
bestimmte Stufe in der Entwicklung ihrer Selbsterfahrung
charakteristisch ist. Es beruht zum Teil auf einer Verwechs-
lung von Ideal und Tatsache, zum Teil auf einer Verdinglichung der individuellen Selbstkontrollapparaturen und der
Absperrung individueller Affektimpulse von der motorischen
Apparatur, von der unmittelbaren Steuerung der Körper-
bewegungen, von Handlungen.

Diese Selbsterfahrung der eigenen Vereinzelung, der un-

LXV

Einleitung.

sichtbaren Mauer, die das eigene „Innen" von allen Menschen und Dingen „draußen" absperrt, gewinnt im Laufe der Neuzeit für eine große Anzahl von Menschen die gleiche unmittelbare Überzeugungskraft, die im Mittelalter die Bewegung der Sonne um die Erde als Mittelpunkt der Welt besaß. Wie ehemals das geozentrische Bild des physikalischen Universums, so läßt sich ganz gewiß auch das egozentrische Bild des gesellschaftlichen Universums durch ein sachgerechteres, wenn auch gefühlsmäßig weniger ansprechendes Bild überwinden. Das Gefühl mag bleiben oder nicht – es ist eine offene Frage, wie weit das Gefühl der Vereinzelung und Entfremdung auf Ungeschick und Unwissenheit bei der Entwicklung individueller Selbstkontrollen, wie weit es auf Struktureigentümlichkeiten entwickelterer Gesellschaften zurückgeht. Wie die öffentliche Herrschaft emotional weniger ansprechender, nicht um die Erde zentrierter Bilder des physikalischen Universums die privatere selbstzentrierte Erfahrung des Kreisens der Sonne um die Erde ganz und gar nicht auslöschte, so mag auch der Anstieg eines sachbezogeneren Menschenbildes im öffentlichen Denken die privatere selbstzentrierte Erfahrung einer unsichtbaren Mauer, die die eigene „Innenwelt" von der Außenwelt trennt, nicht notwendigerweise zum Erlöschen bringen. Aber es ist gewiß nicht unmöglich, diese Erfahrung und das Menschenbild, das ihr entspricht, aus ihrem selbstverständlichen Gebrauch in der Forschungsarbeit der Menschenwissenschaften zu entfernen. Man sieht hier und im folgenden zumindestens die Ansätze eines Menschenbildes, das mit unbehinderten Menschenbeobachtungen besser übereinstimmt und das aus diesem Grunde den Zugang zu Problemen erleichtert, die, wie etwa die des Zivilisationsprozesses oder des Staatsbildungsprozesses, von der Basis des alten Menschenbildes her mehr oder weniger unzugänglich bleiben oder die, wie etwa das Problem des Verhältnisses von Individuum und Gesellschaft, von dieser Basis her immer wieder von neuem zu unnötig komplizierten und nie recht überzeugenden Lösungsversuchen Anlaß geben.

Einleitung.

An die Stelle des Bildes vom Menschen als einer „geschlossenen Persönlichkeit" – trotz seiner etwas andern Bedeutung ist der Ausdruck bezeichnend – tritt dann das Bild des Menschen als einer „offenen Persönlichkeit", die im Verhältnis zu andern Menschen einen höheren oder geringeren Grad von relativer Autonomie, aber niemals absolute und totale Autonomie besitzt, die in der Tat von Grund auf Zeit ihres Lebens auf andere Menschen ausgerichtet und angewiesen, von andern Menschen abhängig ist. Das Geflecht der Angewiesenheiten von Menschen aufeinander, ihre Interdependenzen, sind das, was sie aneinander bindet. Sie sind das Kernstück dessen, was hier als Figuration bezeichnet wird, als Figuration aufeinander ausgerichteter, voneinander abhängiger Menschen. Da Menschen erst von Natur, dann durch gesellschaftliches Lernen, durch ihre Erziehung, durch Sozialisierung, durch sozial erweckte Bedürfnisse gegenseitig voneinander mehr oder weniger abhängig sind, kommen Menschen, wenn man es einmal so ausdrücken darf, nur als Pluralitäten, nur in Figurationen vor. Das ist der Grund, aus dem es, wie zuvor gesagt, nicht besonders fruchtbar ist, wenn man unter einem Menschenbild das Bild von einem einzelnen Menschen versteht. Es ist angemessener, wenn man sich unter einem Menschenbild ein Bild vieler interdependenter Menschen vorstellt, die miteinander Figurationen, also Gruppen oder Gesellschaften verschiedener Art, bilden. Von dieser Grundlage her verschwindet die Zwiespältigkeit der herkömmlichen Menschenbilder, die Spaltung in Bilder von einzelnen Menschen, von Individuen, die oft so geformt sind, als ob es Individuen ohne Gesellschaften gäbe, und in Bilder von Gesellschaften, die oft so geformt sind, als ob es Gesellschaften ohne Individuen gäbe. Der Begriff der Figuration ist gerade darum eingeführt worden, weil er klarer und unzweideutiger als die vorhandenen begrifflichen Werkzeuge der Soziologie zum Ausdruck bringt, daß das, was wir „Gesellschaft" nennen, weder eine Abstraktion von Eigentümlichkeiten gesellschaftslos existierender Individuen, noch ein „System" oder eine

Einleitung.

„Ganzheit" jenseits der Individuen ist, sondern vielmehr das von Individuen gebildete Interdependenzgeflecht selbst. Es ist gewiß durchaus möglich, von einem von Individuen gebildeten sozialen System zu sprechen. Aber die Untertöne, die sich im Rahmen der zeitgenössischen Soziologie mit dem Begriff des sozialen Systems verbinden, lassen eine solche Ausdrucksweise als gezwungen erscheinen. Überdies ist der Begriff des Systems allzu stark mit der Vorstellung der Unveränderlichkeit belastet.

Der Begriff der Figuration lässt sich leicht veranschaulichen durch den Hinweis auf gesellschaftliche Tänze. Sie sind in der Tat das einfachste Beispiel, das man wählen kann, um sich zu vergegenwärtigen, was man unter einer von Menschen gebildeten Figuration versteht. Man denke an eine Mazurka, ein Menuett, eine Polonaise, einen Tango, einen Rock'n Roll. Das Bild der beweglichen Figurationen interdependenter Menschen beim Tanz erleichtert es vielleicht, sich Staaten, Städte, Familien, oder auch kapitalistische, kommunistische und Feudalsysteme als Figurationen vorzustellen. Bei dieser Begriffsbildung verschwindet, wie man sieht, die letzten Endes auf verschiedenen Wertungen und Idealen beruhende Gegensätzlichkeit, die gewöhnlich heute mitschwingt, wenn man die Worte „Individuum" und „Gesellschaft" gebraucht. Man kann gewiß von einem Tanz im allgemeinen sprechen, aber niemand wird sich einen Tanz als ein Gebilde außerhalb der Individuen vorstellen oder als eine bloße Abstraktion. Die gleiche Tanzfiguration kann gewiß von verschiedenen Individuen getanzt werden; aber ohne eine Pluralität von aufeinander ausgerichteten, voneinander abhängigen Individuen, die miteinander tanzen, gibt es keinen Tanz; wie jede andere gesellschaftliche Figuration ist eine Tanzfiguration relativ unabhängig von den spezifischen Individuen, die sie hier und jetzt bilden, aber nicht von Individuen überhaupt. Es wäre unsinnig, zu sagen, daß Tänze Gedankengebilde sind, die man auf Grund von Beobachtungen an einzelnen, für sich betrachteten Individuen abstrahiert. Das gleiche gilt von allen ande-

Einleitung.

ren Figurationen. Wie sich die kleinen Tanzfigurationen wandeln – bald langsamer, bald schneller –, so wandeln sich auch – langsamer oder schneller – die großen Figurationen, die wir Gesellschaften nennen. Die folgenden Untersuchungen beschäftigen sich mit solchen Wandlungen. So ist der Ausgangspunkt, von dem aus hier der Staatsbildungsprozeß untersucht wird, eine Figuration, die von vielen relativ kleinen miteinander in freier Konkurrenz stehenden Gesellschafteinheiten gebildet wird. Die Untersuchung zeigt, wie und warum sich diese Figuration wandelt. Sie demonstriert zugleich, daß es Erklärungen gibt, die nicht den Charakter einer Kausalerklärung haben. Denn die Wandlung der Figuration erklärt sich zum Teil aus der endogenen Dynamik der Figuration selbst, aus der immanenten Tendenz einer Figuration frei konkurrierender Einheiten zur Monopolbildung. Die Untersuchung zeigt dementsprechend, wie sich im Laufe der Jahrhunderte die ursprüngliche Figuration in eine andere verwandelt, bei der sich mit einer einzelnen sozialen Position, der des Königs, monopolistische Machtchancen verbinden, die so groß sind, daß kein Inhaber einer andern sozialen Position innerhalb des Interdependenzgeflechts mit dem Inhaber dieser Position konkurrieren kann. Sie weist zugleich darauf hin, daß und wie die Persönlichkeitsstrukturen der Menschen sich im Zuge einer solchen Figurationsänderung ebenfalls ändern.

Viele Fragen, die in einer Einleitung der Erörterung wert wären, müssen hier beiseite gelassen werden; sonst würde die Einleitung zu einem gesonderten Band. Aber begrenzt, wie sie sind, diese Überlegungen zeigen vielleicht, daß das Verständnis der folgenden Untersuchungen eine ziemlich weitgehende Umorientierung des heute vorherrschenden soziologischen Denkens und Vorstellungsvermögens verlangt. Sich von der Vorstellung seiner selbst und des einzelnen Menschen überhaupt als eines homo clausus zu lösen, ist gewiß nicht einfach. Aber ohne die Loslösung von dieser Vorstellung ist es nicht möglich, zu verstehen, was gemeint ist, wenn man einen Zivilisationsprozeß als eine Wandlung der Individual-

LXIX

Einleitung.

strukturen bezeichnet. Es ist ebenfalls nicht einfach, die eigene Vorstellungskraft so zu entwickeln, daß man in Figurationen zu denken vermag und überdies noch in Figurationen, zu deren normalen Eigentümlichkeiten es gehört, sich zu wandeln, manchmal sogar in einer bestimmten Richtung.

Ich habe mich bemüht, in dieser Einleitung einige der grundlegenderen Probleme zu erörtern, deren Nichterörterung, wie ich fand, dem Verständnis dieses Buches im Wege steht. Die Gedanken sind nicht alle ganz einfach, aber ich habe versucht, sie so einfach darzulegen, wie ich es vermochte. Ich hoffe, sie erleichtern und vertiefen das Verständnis und vielleicht auch das Vergnügen an diesem Buch.

Leicester, im Juli 1968   N. E.

Vorwort.

Im Zentrum dieser Untersuchung stehen Verhaltensweisen, die man als typisch für die abendländisch zivilisierten Menschen ansieht. Die Frage, die sie uns aufgeben, ist einfach genug. Die Menschen des Abendlandes haben sich nicht von jeher in der Weise verhalten, die wir heute als typisch für sie und als Kennzeichen von „zivilisierten" Menschen anzusehen pflegen. Könnte sich einer der abendländisch-zivilisierten Menschen unserer Tage unmittelbar in eine vergangene Periode seiner eigenen Gesellschaft zurückversetzen, etwa in die mittelalterlich-feudale Periode, so würde er vieles von dem wiederfinden, was er heute an anderen Gesellschaften als „unzivilisiert" bewertet; sein Empfinden würde sich kaum sehr wesentlich von dem unterscheiden, das die Verhaltensweisen von Menschen feudaler Gesellschaften außerhalb des Abendlandes gegenwärtig bei ihm auslösen. Er würde, je nach seiner Lage und seinen Neigungen, bald mehr von dem wilderen, ungebundneren und abenteuerreichen Leben der Oberschichten in dieser Gesellschaft angezogen werden, bald sich abgestoßen fühlen von den „barbarischen" Gebräuchen, von der Unsauberkeit und Rohheit, denen er in dieser Gesellschaft begegnet. Und was immer er unter seiner eigenen „Zivilisation" versteht, jedenfalls würde er ganz unzweideutig spüren, daß er es hier, in dieser vergangenen Periode der abendländischen Geschichte, nicht mit einer Gesellschaft zu tun hat, die in dem gleichen Sinne und dem gleichen Maße „zivilisiert" ist, wie die abendländische Gesellschaft von heute.

Dieser Sachverhalt mag für das Bewußtsein vieler Menschen gegenwärtig offen zutage liegen und es könnte unnötig

Vorwort.

scheinen, hier noch einmal von ihm zu sprechen. Aber er fordert eine Frage heraus, von der man nicht mit dem gleichen Recht sagen kann, daß sie sich schon deutlich und klar im Bewußtsein der lebenden Generationen heraushebt, obgleich sie für das Verständnis unserer selbst nicht ganz ohne Bedeutung ist. Wie ging eigentlich diese Veränderung, diese „Zivilisation" im Abendlande vor sich? Worin bestand sie? Und welches waren ihre Antriebe, ihre Ursachen oder Motoren?

Das sind die Hauptfragen, zu deren Lösung diese Arbeit beizutragen sucht.

Um den Weg zu ihrem Verständnis zu ebnen, also gewissermaßen als Einleitung zu der Fragestellung selbst, schien es notwendig, der verschiedenen Bedeutung und Bewertung nachzugehen, mit der man den Begriff „Zivilisation" in Deutschland und in Frankreich gebraucht. Dieser Aufgabe dient das erste Kapitel. Es mag helfen, der Gegenüberstellung von „Kultur" und „Zivilisation" etwas von ihrer Verhärtung und Selbstverständlichkeit zu nehmen. Und es mag zugleich sein kleines Teil dazu beitragen, dem Deutschen das historische Verständnis für das Verhalten von Franzosen und auch von Engländern zu erleichtern, Franzosen und Engländern für das Verhalten von Deutschen. Aber es wird am Ende auch zur Verdeutlichung bestimmter typischer Figuren des Zivilisationsprozesses selbst dienen.

Um den Hauptfragen näher zu kommen, galt es zunächst ein klareres Bild davon zu gewinnen, wie sich Verhalten und Affekthaushalt der abendländischen Menschen vom Mittelalter her langsam wandeln. Das zu zeigen, ist die Aufgabe des zweiten Kapitels. Es sucht auf einem einfachen Wege und so anschaulich als möglich den Weg zum Verständnis des psychischen Prozesses der Zivilisation offen zu legen. Mag sein, daß der Gedanke an einen psychischen Prozeß, der sich über viele Generationen hin erstreckt, beim heutigen Stand des geschichtlichen Denkens als gewagt und fragwürdig erscheint. Aber es läßt sich nicht rein theoretisch

Vorwort.

oder spekulativ entscheiden, ob sich die Veränderungen des psychischen Habitus, die im Lauf der abendländischen Geschichte zu beobachten sind, in einer bestimmten Ordnung und Richtung vollziehen; die Prüfung des geschichtlichen Erfahrungsmaterials allein kann lehren, was daran richtig ist und was nicht. Deshalb ist es auch nicht möglich, hier, wo die Kenntnis dieses Anschauungsmaterials noch nicht vorausgesetzt werden kann, Aufbau und Leitgedanken der ganzen Arbeit in Kürze vorwegzunehmen; sie haben selbst erst ganz allmählich festere Gestalt angenommen, in einer ständigen Beobachtung von geschichtlichen Tatsachen, in einer fortwährenden Kontrolle und Revision des Vorhergesehenen durch das, was später in das Beobachtungsfeld trat; und so mag auch der einzelne Teil dieser Arbeit, so mögen ihr Aufbau und ihre Methode wohl erst völlig verständlich werden, wenn man sie als Ganzes vor Augen hat. Hier muß es genügen, um dem Leser das Verständnis zu erleichtern, ein paar Probleme herauszugreifen.

Man findet in dem zweiten Kapitel eine Anzahl von Beispielreihen. Sie dienen als eine Art von Zeitraffer. Man sieht hier auf wenigen Seiten, wie sich durch die Jahrhunderte hin bei immer den gleichen Gelegenheiten ganz allmählich der Standard des menschlichen Verhaltens in einer bestimmten Richtung verschiebt. Man erblickt die Menschen bei Tisch; man sieht sie schlafen gehen oder beim feindlichen Zusammenstoß im Kampf. Langsam wandelt sich bei diesen und bei anderen elementaren Verrichtungen die Art, wie der Einzelne sich verhält und empfindet; sie wandelt sich im Sinne einer allmählichen „Zivilisation"; aber erst die geschichtliche Erfahrung macht deutlicher, was dieses Wort eigentlich meint. Sie zeigt zum Beispiel, welche entscheidende Rolle bei diesem Vorgang der „Zivilisation" eine ganz bestimmte Änderung des Scham- und Peinlichkeitsempfindens spielt. Der Standard des gesellschaftlich Geforderten und Verbotenen ändert sich; ihm entsprechend verlagert sich die Schwelle der gesellschaftlich gezüchteten Unlust und Angst;

Vorwort.

und die Frage der soziogenen menschlichen Ängste erweist sich so als eines der Kernprobleme des Zivilisationsprozesses.

Im engsten Zusammenhang damit steht ein weiterer Fragenkreis. Die Distanz zwischen dem Verhalten und dem ganzen psychischen Aufbau der Kinder auf der einen, der Erwachsenen auf der anderen Seite vergrößert sich im Laufe des Zivilisationsprozesses; hier liegt zum Beispiel der Schlüssel zu der Frage, weshalb uns manche Völker oder Völkergruppen als „jünger" oder auch als „kindlicher", andere als „älter" oder „erwachsener" erscheinen; was wir auf diese Weise auszudrücken suchen, sind Unterschiede in der Art und der Stufe des Zivilisationsprozesses, den diese Gesellschaften durchlaufen haben; aber das ist eine Frage für sich, die im Rahmen dieser Arbeit zurückgestellt werden mußte. Die Beispielreihen und die Erläuterungen des zweiten Kapitels zeigen zunächst eines mit großer Deutlichkeit: Der spezifische Prozeß des psychischen „Erwachsenwerdens" in den abendländischen Gesellschaften, der den Psychologen und Pädagogen heute oft genug Anlaß zum Nachdenken gibt, ist nichts anderes als der individuelle Zivilisationsprozeß, dem jeder Heranwachsende in den zivilisierten Gesellschaften als Folge des jahrhundertelangen, gesellschaftlichen Zivilisationsprozesses von klein auf automatisch in höherem oder geringerem Grade und mit mehr oder weniger Erfolg unterworfen wird. Man kann daher die Psychogenese des Erwachsenenhabitus in der zivilisierten Gesellschaft nicht verstehen, wenn man sie unabhängig von der Soziogenese unserer „Zivilisation" betrachtet. Nach einer Art von „soziogenetischem Grundgesetz*)" durchläuft das Individuum während seiner kleinen Geschichte noch einmal etwas

---

*) Man darf diesen Ausdruck nicht dahin mißverstehen, als fänden sich in der Geschichte des „zivilisierten" Individuums nun auch alle einzelnen Phasen der Gesellschaftsgeschichte wieder. Nichts könnte unsinniger sein als etwa nach einer „naturalwirtschaftlichen Feudalzeit" oder nach einer „Renaissance" und einer „höfisch-absolutistischen Periode" im Leben des Individuums zu

Vorwort.

von den Prozessen, die seine Gesellschaft während ihrer großen Geschichte durchlaufen hat.

Bestimmte Prozesse dieser großen Geschichte dem Verständnis zugänglicher zu machen, ist die Aufgabe des dritten Kapitels, das den größeren Teil des zweiten Bandes ausfüllt. Es sucht für einige, genau umgrenzte Bereiche Klarheit darüber zu schaffen, wie und warum sich im Laufe ihrer Geschichte kontinuierlich der Aufbau der abendländischen Gesellschaft verändert, und es zeigt damit zugleich den Weg zur Beantwortung der Frage, warum sich in denselben Bereichen der Verhaltensstandard und der psychische Habitus der abendländischen Menschen ändert.

Man sieht hier zum Beispiel die gesellschaftliche Landschaft des frühen Mittelalters. Da ist die Fülle der großen und kleinen Burgen; selbst die städtischen Siedlungen von ehemals haben sich feudalisiert; auch ihr Zentrum bilden Burgen und Wirtschaftshöfe der Herren aus dem Kriegerstand. Die Frage ist, welche gesellschaftlichen Verflech-

---

suchen. Alle Begriffe dieser Art beziehen sich auf die Struktur von ganzen Gesellschaftsgruppen.

Worauf hier hingewiesen werden soll, ist die einfache Tatsache, daß auch in der zivilisierten Gesellschaft kein Menschenwesen zivilisiert auf die Welt kommt und daß der individuelle Zivilisationsprozeß, dem es zwangsläufig unterliegt, eine Funktion des gesellschaftlichen Zivilisationsprozesses ist. Wohl hat daher die Affekt- und Bewußtseinsstruktur des Kindes eine gewisse Verwandtschaft mit der von „unzivilisierten" Völkern und das gleiche gilt von derjenigen Schicht in den Erwachsenen, die mit der fortschreitenden Zivilisation einer mehr oder weniger starken Zensur unterworfen ist und die sich dann zum Beispiel noch in Träumen Ausdruck schafft. Aber da in unserer Gesellschaft jedes menschliche Wesen vom ersten Augenblick seines Daseins an den Einwirkungen und dem modellierenden Zugriff „zivilisierter" Erwachsener ausgesetzt ist, so muß es zwar in der Tat von neuem einen Zivilisationsprozeß zu dem von seiner Gesellschaft im Laufe ihrer Geschichte erreichten Standard hin durchlaufen, aber keineswegs alle einzelnen, geschichtlichen Abschnitte des gesellschaftlichen Zivilisationsprozesses.

Vorwort.

tungen eigentlich zur Ausbildung dessen drängen, was wir das „Feudalsystem" nennen; und es wird versucht, einige dieser „Mechanismen der Feudalisierung" aufzuzeigen. Man sieht weiter, wie sich langsam aus der Burgenlandschaft zugleich mit einer Reihe von freien, städtischen Handwerker- und Händlersiedlungen auch eine Reihe größerer und reicherer Feudalhöfe herausheben; es bildet sich innerhalb des Kriegerstandes selbst immer deutlicher eine Art von Oberschicht; und deren Wohnsitze sind die eigentlichen Zentren des Minnesangs und der Troubadourlyrik auf der einen, der „courtoisen" Umgangs- und Verhaltensformen auf der anderen Seite. Wenn zuvor der „courtoise" Verhaltensstandard an den Ausgangspunkt einer Anzahl von Beispielreihen gestellt wurde, die ein Bild von der Wandlung des psychischen Habitus zu geben vermögen, so findet man hier den Zugang zur Soziogenese dieser courtoisen Verhaltensformen.

Oder man sieht zum Beispiel, wie sich langsam die Frühform dessen herausbildet, was wir einen „Staat" nennen. Es hatte sich vorher gezeigt, daß sich im Zeitalter des „Absolutismus" unter dem Schlagwort der „Civilité" das Verhalten besonders spürbar in der Richtung zu jenem Standard hin verändert, den wir heute mit einem Abkömmling des Wortes „Civilité" als „zivilisiertes" Verhalten bezeichnen; und es schien daher für die Aufhellung dieses Zivilisationsprozesses zunächst einmal nötig, ein klareres Bild davon zu gewinnen, wie es zur Bildung eines solchen absolutistischen Regimes und damit des absolutistischen Staates kommt; nicht nur die Beobachtung der Vergangenheit wies diesen Weg; auch eine Fülle von aktuellen Beobachtungen legte die Vermutung nahe, daß der Aufbau des „zivilisierten" Verhaltens aufs engste mit der Organisierung der abendländischen Gesellschaften in der Form von „Staaten" zusammenhängt. Wie wird, das war mit anderen Worten die Frage, aus jener reichlich dezentralisierten Gesellschaft des frühen Mittelalters, in der viele, größere und kleinere Krieger, die wahren Herren der abendländischen Gebiete sind, eine

Vorwort.

jener im Inneren mehr oder weniger befriedeten, nach außen gerüsteten Gesellschaften, die wir „Staat" nennen? Welche gesellschaftlichen Verflechtungen drängen hier zur Integrierung immer größerer Gebiete unter einer relativ stabilen und zentralisierten Herrschaftsapparatur?

Vielleicht mag es auf den ersten Blick als eine unnötige Komplizierung erscheinen, wenn bei jedem geschichtlichen Gebilde nach seiner Genese gefragt wird. Aber da nun jede geschichtliche Erscheinung, menschliche Haltungen ebenso, wie gesellschaftliche Institutionen tatsächlich einmal „geworden" sind, wie könnten sich Denkformen als einfach und als zureichend zu deren Aufschluß erweisen, die alle diese Erscheinungen durch eine Art von künstlicher Abstraktion aus ihrem natürlichen, geschichtlichen Fluß herauslösen, die ihnen ihren Bewegungs- und Prozeßcharakter nehmen und sie wie statische Gebilde unabhängig von dem Wege zu fassen suchen, auf dem sie entstanden sind und sich verändern? Nicht irgendeine theoretische Voreingenommenheit, sondern die Erfahrung selbst drängt dahin, nach Denkmitteln und -wegen zu suchen, die unser Bewußtsein zwischen der Scylla dieses „Statismus", der alles geschichtlich Bewegte wie etwas Bewegungsloses und Ungewordenes auszudrücken neigt, und der Charybdis jenes „historischen Relativismus" hindurchzusteuern, der in der Geschichte nur einen beständigen Wechsel sieht, ohne zu der Ordnung dieses Wechsels und zu der Formungsgesetzlichkeit der geschichtlichen Gebilde vorzudringen. Das ist es, was hier versucht wird. Die soziogenetische und psychogenetische Untersuchung geht darauf aus, die Ordnung der geschichtlichen Veränderungen, ihre Mechanik und ihre konkreten Mechanismen aufzudecken; und es scheint, daß damit eine ganze Menge von Problemen, die sich heute zunächst als kompliziert oder selbst als unangreifbar für das Nachdenken darstellen, eine ziemlich einfache und präzise Antwort finden können.

In diesem Sinne wird hier also auch nach der Soziogenese des „Staates" gefragt. Da ist, um eine Seite seiner Bildungs-

LXXVII

Vorwort.

und Strukturgeschichte herauszugreifen, das Problem des „Gewaltmonopols". Bereits Max Weber hat, zunächst rein definitorisch, darauf hingewiesen, daß zu den konstituierenden Einrichtungen der Gesellschaftsorganisation, die wir „Staat" nennen, ein Monopol der körperlichen Gewaltausübung gehört. Hier wird versucht, etwas von den konkreten, geschichtlichen Vorgängen sichtbar zu machen, die von jener Zeit her, in der die Gewaltausübung Privileg einer Fülle von frei rivalisierenden Kriegern war, allmählich zu einer solchen Zentralisierung und Monopolisierung der körperlichen Gewaltausübung und ihrer Instrumente hindrängen. Es läßt sich zeigen, daß die Tendenz zu einer solchen Monopolbildung in dieser vergangenen Epoche unserer Geschichte nicht leichter und nicht schwerer zu verstehen ist, als etwa die starke Tendenz zu Monopolbildungen in unserer eigenen Epoche; und es ist schließlich dann auch nicht sehr schwer zu begreifen, daß sich mit dieser Monopolisierung der körperlichen Gewalttat als einer Art von Knotenpunkt für eine Fülle von gesellschaftlichen Verflechtungen die ganze Prägungsapparatur des Individuums, die Wirkungsweise der gesellschaftlichen Forderungen und Verbote, die den sozialen Habitus in dem Einzelnen herausmodellieren, und vor allem auch die Art der Ängste, die im Leben des Individuums eine Rolle spielen, entscheidend ändern.

Die Zusammenfassung endlich, der „Entwurf zu einer Theorie der Zivilisation" unterstreicht noch einmal diese Zusammenhänge zwischen den Wandlungen im Aufbau der Gesellschaft und den Wandlungen im Aufbau des Verhaltens und des psychischen Habitus. Vieles von dem, was vorher bei der Darstellung der konkreten geschichtlichen Prozesse nur angedeutet werden konnte, wird hier ausgesprochen. Man findet hier zum Beispiel einen kurzen Abriß über die Struktur der Scham- und Peinlichkeitsängste als eine Art von theoretischem Fazit aus dem, was sich zuvor unmittelbar in der Anschauung der geschichtlichen Materialien selbst gezeigt hatte; man findet eine Erklärung dafür, weshalb gerade

Vorwort.

Ängste dieser Art beim Fortschreiten des Zivilisationsprozesses eine besonders große Rolle spielen; und es fällt dabei zugleich einiges Licht auf die Bildung des „Über-Ich", auf das Verhältnis der bewußten und der unbewußten Regungen im Seelenhaushalt des „zivilisierten" Menschen. Hier erhält das Problem der geschichtlichen Prozesse eine Antwort, die Frage, wie es zu verstehen, daß alle diese Prozesse aus nichts bestehen als aus Aktionen einzelner Menschen, und daß dennoch in ihnen Institutionen und Formationen entstehen, die so, wie sie tatsächlich werden, von keinem einzelnen Individuum beabsichtigt oder geplant waren. Und schließlich findet man hier in einem „Überblick" diese Einsichten in die Vergangenheit mit Erfahrungen der Gegenwart zu einem Bilde zusammengefaßt.

Diese Arbeit stellt und entwickelt also ein sehr umfassendes Problem; sie gibt nicht vor es zu lösen.

Sie steckt ein Beobachtungsfeld ab, dem man bisher verhältnismäßig wenig Beachtung geschenkt hat, und sie unternimmt die ersten Schritte zu seiner Aufhellung. Andere müssen folgen.

Vielen Fragen und Aspekten, die sich im Laufe der Untersuchung ergeben, bin ich mit Bewußtsein nicht nachgegangen. Es kam mir nicht so sehr darauf an, eine allgemeine Theorie der Zivilisation in die Luft zu bauen und dann nachträglich zu prüfen, ob sie mit der Erfahrung übereinstimmt; sondern es erschien mir als die nächstliegende Aufgabe, zuerst einmal für einen begrenzten Bezirk die verlorene Anschauung von dem Prozeß, von dem eigentümlichen Wandel des menschlichen Verhaltens zurückzugewinnen, dann ein gewisses Verständnis für dessen Ursachen zu suchen und am Ende einzusammeln, was sich auf diesem Wege an theoretischen Einsichten ergeben hat. Wenn es gelang, für das Nachdenken und die Weiterarbeit in dieser Richtung ein einigermaßen sicheres Fundament zu schaffen, ist alles erreicht, was diese Arbeit erreichen sollte. Es wird des Nachdenkens vieler Menschen bedürfen und der Kooperation verschiedener Wissenschafts-

Vorwort.

zweige, die heute oft durch künstliche Schranken getrennt sind, um die Fragen, die im Laufe der Untersuchung auftauchen, nach und nach zu beantworten. Sie gehen Psychologie, Philologie, Ethnologie oder Anthropologie nicht weniger an als Soziologie oder die verschiedenen Spezialzweige der Geschichtsforschung.

Die Fragestellung selbst entspringt allerdings weniger der wissenschaftlichen Tradition im engeren Sinne des Wortes, als den Erfahrungen, unter deren Eindruck wir alle leben, den Erfahrungen von der Krise und der Umbildung der bisherigen, abendländischen Zivilisation und dem einfachen Bedürfnis zu verstehen, was es eigentlich mit dieser „Zivilisation" auf sich hat. Aber bei der Untersuchung hat mich weder die Vorstellung geleitet, daß unsere zivilisierte Art des Verhaltens die fortgeschrittenste aller menschenmöglichen Verhaltensweisen sei, noch die Meinung, daß die „Zivilisation" die übelste Lebensform und zum Untergang verurteilt sei. Alles, was sich heute sehen läßt, ist, daß mit der allmählichen Zivilisation eine Reihe von spezifischen Zivilisationsnöten auftreten. Aber man kann nicht sagen, daß wir schon ganz verstehen, warum wir uns eigentlich quälen. Wir fühlen, daß wir mit der Zivilisation in bestimmte Verstrickungen hineingeraten sind, die weniger zivilisierte Menschen nicht kennen; aber wir wissen auch, daß diese weniger „zivilisierten" Menschen ihrerseits oft von Nöten und Ängsten geplagt werden, unter denen wir nicht mehr oder jedenfalls nicht mehr in gleich starkem Maße leiden. Vielleicht kann man das alles etwas klarer sehen, wenn man versteht, wie eigentlich solche Zivilisationsprozesse vor sich gehen. Jedenfalls war das einer der Wünsche, mit denen ich an diese Arbeit heranging. Mag sein, daß es später einmal gelingt, solche Prozesse, die sich heute in uns und um uns nicht viel anders als Naturereignisse vollziehen, und denen wir auch gegenüberstehen, wie mittelalterliche Menschen den Naturkräften, durch ein klareres Verständnis einer bewußteren Lenkung zugänglich zu machen.

Vorwort.

Ich habe selbst während der Untersuchung lernen müssen, in einer ganzen Reihe von Punkten umzudenken, und ich konnte es dem Leser nicht ersparen, sich mit einer Reihe von ungewohnten Aspekten und Ausdrücken vertraut zu machen. Vor allem das Wesen geschichtlicher Prozesse, die ,,Entwicklungsmechanik der Geschichte", wenn man es einmal so nennen darf, ist mir klarer geworden, und ihr Zusammenhang mit seelischen Prozessen. Begriffe wie Sozio- und Psychogenese, Affekthaushalt und Triebmodellierung, Fremdzwänge und Selbstzwänge, Peinlichkeitsschwelle, gesellschaftliche Stärke, Monopolmechanismus und einige andere geben dem Ausdruck. Aber von der Notwendigkeit, das Neue, was sichtbar wurde, durch neue Worte auszudrücken, ist so beschränkter Gebrauch als möglich gemacht worden.

Soviel zum Thema der Arbeit.

Ich habe für die vorliegende Untersuchung ebenso wie für eine Reihe von Vorarbeiten, die notwendig waren, von vielen Seiten Rat und Unterstützung erhalten. Es ist mein Wunsch und mein Bedürfnis, allen den Menschen und Institutionen, die mir geholfen haben, an dieser Stelle ausdrücklich zu danken.

Der Ausbau meiner Habilitationsschrift, einer größeren Untersuchung über Adel, Königtum und die höfische Gesellschaft Frankreichs, die dieser Arbeit hier zugrunde liegt, wurde mir durch die Unterstützung des Steun-Fond, Amsterdam, ermöglicht. Ich habe ihm ebenso, wie Prof. Frijda, Amsterdam und Prof. Bouglé, Paris, für die große Freundlichkeit und das Interesse zu danken, die sie mir während meiner Pariser Arbeit bewiesen.

Für die Zeit meiner Londoner Arbeit habe ich die großzügige Unterstützung des Woburn-House, London, erhalten. Ich bin ihm und vor allem auch Prof. Ginsberg, London, Prof. H. Loewe, Cambridge und A. Makower M. A., London, zu sehr großem Dank verpflichtet. Die Arbeit wäre ohne ihre Hilfe nicht zustande gekommen. Prof. K. Mannheim, London, danke ich für die Hilfe und den Rat, mit denen er mir zur

Vorwort.

Seite stand. Und nicht zuletzt bin ich meinen Freunden Gisèle Freund, Dr. phil., Paris, M. Braun, Dr. phil., Ph. D., Cambridge, A. Glücksmann, Dr. med., Cambridge, H. Rosenhaupt, Dr. phil. Chicago, und R. Bonwit, London, für ihre Hilfe verpflichtet, für die Gespräche, in denen sich manches geklärt hat, und danke ihnen.

Im September 1936.   **Norbert Elias.**

Erstes Kapitel.

Zur Soziogenese
der Begriffe „Zivilisation" und „Kultur".

Erster Teil.
Zur Soziogenese des Gegensatzes von „Kultur" und „Zivilisation" in Deutschland.

Einleitung.

1. Der Begriff „Zivilisation" bezieht sich auf sehr verschiedene Fakten: auf den Stand der Technik, auf die Art der Manieren, auf die Entwicklung der wissenschaftlichen Erkenntnis, auf religiöse Ideen und Gebräuche. Er kann sich auf die Art des Wohnens oder des Zusammenlebens von Mann und Frau, auf die Form der gerichtlichen Bestrafung oder der Zubereitung des Essens beziehen, genau besehen gibt es beinahe nichts, was sich nicht in einer „zivilisierten" und in einer „unzivilisierten" Form tun ließe; und es erscheint deshalb immer als etwas schwierig, mit wenigen Worten alles, was als „Zivilisation" bezeichnet werden kann, zusammenzufassen.

Aber wenn man prüft, welches eigentlich die allgemeine Funktion des Begriffs „Zivilisation" ist, und um welcher Gemeinsamkeit willen man alle diese verschiedenen menschlichen Haltungen und Leistungen gerade als „zivilisiert" bezeichnet, findet man zunächst etwas sehr Einfaches: dieser Begriff bringt das Selbstbewußtsein des Abendlandes zum Ausdruck. Man könnte auch sagen: das Nationalbewußtsein. Er faßt alles zusammen, was die abendländische Gesellschaft der letzten zwei oder drei Jahrhunderte vor früheren oder

Zur Soziogenese der Begriffe „Zivilisation" und „Kultur".

vor „primitiveren" zeitgenössischen Gesellschaften voraus zu
haben glaubt. Durch ihn sucht die abendländische Gesellschaft zu charakterisieren, was ihre Eigenart ausmacht, und
worauf sie stolz ist: den Stand ihrer Technik, die Art ihrer
Manieren, die Entwicklung ihrer wissenschaftlichen Erkenntnis oder ihrer Weltanschauung und vieles andere mehr.

2. Aber „Zivilisation" bedeutet verschiedenen Nationen
des Abendlandes nicht das gleiche. Vor allem zwischen
dem englischen und französischen Gebrauch dieses Wortes
auf der einen, dem deutschen Gebrauch auf der anderen
Seite besteht ein großer Unterschied: Dort faßt der Begriff
den Stolz auf die Bedeutung der eigenen Nation auf den
Fortschritt des Abendlandes und der Menschheit in einem
Ausdruck zusammen. Hier, im deutschen Sprachgebrauch,
bedeutet „Zivilisation" wohl etwas ganz Nützliches, aber
doch nur einen Wert zweiten Ranges, nämlich etwas, das
nur die Außenseite des Menschen, nur die Oberfläche des
menschlichen Daseins umfaßt. Und das Wort, durch das
man im Deutschen sich selbst interpretiert, durch das man
den Stolz auf die eigene Leistung und das eigene Wesen in
erster Linie zum Ausdruck bringt, heißt „Kultur".

3. Eigentümliches Phänomen: Worte, wie das französische
und englische „Zivilisation" oder das deutsche „Kultur"
erscheinen völlig klar im inneren Gebrauch der zugehörigen
Gesellschaft. Aber die Art, wie ein Stück Welt in ihnen zusammengefaßt ist, die Selbstverständlichkeit, mit der sie
bestimmte Bereiche umgrenzen und andern entgegensetzen,
die geheimen Wertungen, die sie unausgesprochen mit sich
tragen, alles das macht sie schwer erklärbar für jeden Nicht-
Zugehörigen.

Der französische und der englische Begriff „Zivilisation"
kann sich auf politische oder wirtschaftliche, auf religiöse
oder technische, auf moralische oder gesellschaftliche Fakten
beziehen. Der deutsche Begriff „Kultur" bezieht sich im
Kern auf geistige, künstlerische, religiöse Fakten, und er hat
eine starke Tendenz, zwischen Fakten dieser Art auf der einen

Einleitung.

Seite, und den politischen, den wirtschaftlichen und gesellschaftlichen Fakten auf der anderen, eine starke Scheide-
wand zu ziehen. Der französische und englische Begriff
,,Zivilisation" kann sich auf Leistungen beziehen, aber er
bezieht sich ebensosehr auf die Haltung, auf das ,,Behaviour"
von Menschen, gleichgültig, ob sie etwas geleistet haben oder
nicht. In dem deutschen Begriff ,,Kultur" dagegen ist die
Beziehung auf das ,,Behaviour", auf Werte, die ein Mensch
ohne jede Leistung, durch sein bloßes Sein und Verhalten
hat, sehr zurückgetreten, und der spezifisch deutsche Sinn des
Begriffs ,,Kultur" kommt am reinsten in seinem Derivat, dem
Eigenschaftswort ,,kulturell" zum Ausdruck, das nicht Seins-
Werte eines Menschen, sondern Wert und Charakter bestimmter menschlicher Produkte bezeichnet. Dieses Wort aber,
der Begriff ,,kulturell" ist ins Französische und Englische unmittelbar nicht übertragbar.

Das Wort ,,kultiviert" steht dem westlichen Zivilisationsbegriff ganz nah. Es repräsentiert gewissermaßen die höchste
Form des ,,Zivilisiertseins". ,,Kultiviert" können auch Menschen oder Familien sein, die ,,kulturell" nichts ,,geleistet"
haben. Genau wie ,,zivilisiert" bezieht sich ,,kultiviert" in
erster Linie auf die Form des Verhaltens oder Gebarens
von Menschen. Es bezeichnet eine gesellschaftliche Qualität
von Menschen, ihrer Wohnung, ihrer Umgangsformen, ihrer
Sprache, ihrer Kleidung, zum Unterschied von ,,kulturell",
das sich nicht unmittelbar auf Menschen selbst, sondern ausschließlich auf bestimmte Leistungen der Menschen bezieht.

4. Damit hängt aufs engste ein anderer Unterschied der
beiden Begriffe zusammen. ,,Zivilisation" bezeichnet einen
Prozeß oder mindestens das Resultat eines Prozesses. Es
bezieht sich auf etwas, das ständig in Bewegung ist, das
ständig ,,vorwärts" geht. Der deutsche Begriff ,,Kultur",
wie er gegenwärtig gebraucht wird, hat eine andere Bewegungsrichtung: er bezieht sich auf Produkte des Menschen, die da
sind, wie ,,Blüten auf den Feldern[1]", auf Kunstwerke,
Bücher, religiöse oder philosophische Systeme, in denen die

Eigenart eines Volkes zum Ausdruck kommt. Der Begriff „Kultur" grenzt ab.

Der Zivilisationsbegriff läßt die nationalen Differenzen zwischen den Völkern bis zu einem gewissen Grade zurücktreten; er akzentuiert, was allen Menschen gemeinsam ist, oder — für das Gefühl seiner Träger — sein sollte. In ihm spricht sich das Selbstbewußtsein von Völkern aus, deren nationale Grenzen und deren nationale Eigenart seit Jahrhunderten nicht mehr in besonderem Maße zur Diskussion stehen, weil sie völlig gefestigt sind, von Völkern, die seit langem über ihre Grenzen hinaus expandieren und jenseits ihrer kolonisieren.

Der deutsche Kulturbegriff dagegen hebt die nationalen Unterschiede, die Eigenart der Gruppen, besonders hervor; und vor allem kraft dieser Funktion hat er, z. B. im Forschungsbereich der Ethnologie und Anthropologie, weit über das deutsche Sprachgebiet und weit über seine Ursprungssituation hinaus Bedeutung erlangt. Seine Ursprungssituation aber ist die Situation eines Volkes, das im Vergleich zu den westlichen Völkern erst außerordentlich spät zu einer politischen Einigung und Festigung kam, an dessen Grenzen seit Jahrhunderten bis in die Gegenwart hinein immer wieder Gebiete abbröckelten und abzubröckeln drohten. Im Gegensatz zu der Funktion des Zivilisationsbegriffs, einer ständigen Ausbreitungstendenz kolonisierender Gruppen und Nationen Ausdruck zu geben, spiegelt sich in dem Kulturbegriff das Selbstbewußtsein einer Nation, die immer wieder fragen mußte: „Was ist eigentlich unsere Eigenart?", die immer von neuem und auf allen Seiten ihre Grenzen im politischen wie im geistigen Sinne suchen und zusammenhalten mußte. Die Bewegungsrichtung des deutschen Kulturbegriffs, die Tendenz zur Abgrenzung, zum Hervorheben, zum Herausarbeiten der Gruppen-Unterschiede, entspricht diesem geschichtlichen Prozeß. Die Frage: „Was ist eigentlich französisch? Was ist eigentlich englisch?" ist im Selbstbewußtsein der Franzosen und Engländer seit langem kaum

Einleitung.

noch zur Diskussion gestellt. Die Frage: „Was ist eigentlich deutsch?" ist seit Jahrhunderten nicht zur Ruhe gekommen. Eine Antwort auf diese Frage — eine unter anderen — gibt in einer bestimmten Phase der Begriff der „Kultur".

5. Der Aufbau des nationalen Selbstbewußtseins, der durch Begriffe wie „Kultur" oder „Zivilisation" repräsentiert wird, ist also sehr verschieden. Aber wie verschieden dieses Selbstbewußtsein auch immer ist, der Deutsche, der mit Stolz von seiner „Kultur" spricht, ebenso wie der Franzose und Engländer, die mit Stolz an ihre „Zivilisation" denken, sie alle betrachten es als vollkommen selbstverständlich, daß dies die Art sei, in der die Menschenwelt als Ganzes betrachtet und bewertet sein will. Der Deutsche kann dem Franzosen und Engländer allenfalls zu erklären versuchen, was er mit dem Begriff „Kultur" meint. Aber er kann kaum etwas von der spezifisch nationalen Erfahrungstradition, von dem selbstverständlichen Gefühlswert vermitteln, der für ihn das Wort umgibt.

Der Franzose und Engländer kann dem Deutschen allenfalls sagen, welche Gehalte für ihn den Begriff „Zivilisation" zum Inbegriff des nationalen Selbstbewußtseins machen, aber so vernünftig, so rational ihnen dieser Begriff erscheinen mag, auch er wächst aus einer spezifischen Reihe von geschichtlichen Situationen hervor, auch er ist von einer emotionalen und traditionalen Atmosphäre umgeben, die sich schwer definieren läßt, und die dennoch ein integrales Element seines Sinnes darstellt. Und erst recht verliert sich die Diskussion ins Leere, wenn etwa der Deutsche dem Franzosen und Engländer zeigen wollte, warum für ihn der Begriff „Zivilisation" zwar ein Wert, aber nur ein Wert zweiten Ranges ist.

6. Begriffe, wie diese beiden, haben etwas von jenen Worten an sich, die zuweilen in irgendeiner engeren Gruppe, in einer Familie oder in einer Sekte, in einer Schulklasse oder in einem „Bund" aufkommen, und die dem Eingeweihten viel, den Außenstehenden wenig sagen. Sie bilden sich auf Grund gemeinsamer Erlebnisse. Sie wachsen und wandeln

sich mit der Gruppe, deren Ausdruck sie sind. Deren Situation, deren Geschichte spiegelt sich in ihnen. Und sie bleiben blaß, sie werden nie im vollen Maß lebendig für andere, die diese Erfahrungen nicht teilen, die nicht aus der gleichen Tradition und nicht aus der gleichen Situation heraus sprechen.

Hinter „Kultur" und „Zivilisation" stehen gewiß als prägende Gesellschaften nicht Sekten oder Familien, sondern ganze Völker oder vielleicht auch zunächst nur bestimmte Schichten dieser Völker. Aber es gilt von ihnen in vieler Hinsicht das gleiche wie von den spezifischen Worten kleinerer Gruppen: Sie sprechen in erster Linie aus Menschen und zu Menschen einer bestimmten Tradition und einer bestimmten Situation.

Mathematische Begriffe mögen von dem sprechenden Kollektiv loslösbar sein. Dreiecke mögen erklärbar sein ohne Rücksicht auf geschichtliche Situationen. Begriffe wie „Zivilisation" und „Kultur" sind es nicht.

Es kann sein, daß Einzelne sie aus dem vorhandenen Wortmaterial ihrer Gruppe geformt oder wenigstens mit einem neuen Sinn gefüllt haben. Aber sie schlugen ein. Sie setzten sich durch. Andere nahmen sie in ihrem neuen Sinn, in ihrer neuen Gestalt auf, trugen sie fort, schliffen sie zurecht, in Gesprächen oder in Schriften. Einer warf sie dem anderen zu, bis sie brauchbare Instrumente wurden, das auszudrücken, was man gemeinsam erfahren hatte, und worüber man sich zu verständigen wünschte. Sie wurden zu Modeworten, zu gängigen Begriffen der Umgangssprache einer bestimmten Gesellschaft. Das zeigt: sie entsprachen dem Ausdrucksbedürfnis nicht nur des Einzelnen, sondern eines Kollektivs. Dessen Geschichte hat in ihnen einen Niederschlag gefunden und klingt in ihnen nach. Der Einzelne findet diesen Niederschlag in ihnen vor als Möglichkeiten ihres Gebrauchs. Er weiß nicht sehr genau, warum sich diese Bedeutung und diese Begrenzung mit den Worten verbindet, warum gerade diese Nuancierung und jene neue Möglichkeit sich aus ihnen herausholen läßt. Er bedient sich ihrer, weil es ihm selbst-

Über den Entwicklungsgang des Gegensatzpaares.

verständlich ist, weil er von klein auf die Welt durch die
Brille dieser Begriffe sehen lernt. Der Prozeß ihrer gesellschaftlichen Genese mag längst vergessen sein, eine Generation reicht sie der anderen weiter, ohne daß der verändernde
Prozeß als Ganzes ihr gegenwärtig bleibt, und sie leben, solange dieser Niederschlag der vergangenen Erfahrungen und
Situationen einen Aktualitätswert, eine Funktion im aktuellen Dasein der Gesellschaft behält, solange die auf ein-
anderfolgenden Generationen aus dem Sinn der Worte ihre
eigenen Erfahrungen heraushören können; sie sterben allmählich, wenn sich aus dem aktuellen gesellschaftlichen
Leben keine Funktion, keine Erfahrung mehr mit ihnen verbindet. Zuweilen ruhen sie auch nur oder es ruhen bestimmte
Bereiche in ihnen und erhalten aus einer neuen gesellschaftlichen Situation heraus wieder einen neuen Aktualitätswert.
Man erinnert sich ihrer, weil etwas in der gegenwärtigen
Situation der Gesellschaft durch den Niederschlag der vergangenen in den Worten Ausdruck erhält.

Über den Entwicklungsgang des Gegensatzpaares: „Zivilisation" und „Kultur"[2]).

7. Es ist klar, daß die Funktion des deutschen Begriffs
„Kultur", einen Gegensatz gegen die „Zivilisation" zu bedeuten, in dem Jahre 1919 und auch schon in den Jahren
vorher u. a. deswegen wieder auflebte, weil im Namen der
„Zivilisation" gegen Deutschland ein Krieg geführt wurde,
und weil das Selbstbewußtsein der Deutschen sich in der
durch den Friedensschluß geschaffenen, neuen Situation von
neuem zurechtfinden mußte.

Aber es ist ebenso klar und es ist festzustellen, daß damit
aus dieser historischen Situation Deutschlands nach dem
Kriege gewissermaßen nur ein neuer Impuls in eine Antithese einströmte, die schon lange, schon seit dem 18. Jahrhundert durch diese beiden Begriffe ihren Ausdruck gefunden hat.

7

Zur Soziogenese der Begriffe „Zivilisation" und „Kultur".

Es scheint Kant gewesen zu sein, der einer bestimmten Erfahrung und Antithese seiner Gesellschaft zuerst in verwandten Begriffen Ausdruck gab.

„Wir sind", sagt er 1784 in seinen ‚Ideen zu einer allgemeinen Geschichte in weltbürgerlicher Absicht', „in hohem Grade durch Kunst und Wissenschaft kultiviert, wir sind zivilisiert bis zum Überlästigem zu allerlei gesellschaftlicher Artigkeit und Anständigkeit . . ."

„Die Idee der Moralität", sagt er weiter, „gehört zur Kultur. Der Gebrauch dieser Idee aber, welcher nur auf das Sittenähnliche in der Ehrliebe und die äußere Anständigkeit hinausläuft, macht bloß die Zivilisierung aus."

So verwandt die Formulierung dieser Antithese hier bereits, im Moment ihrer Genese, unserer Formulierung zu sein scheint, ihr konkreter Ausgangspunkt, die Erfahrungen und die Situation, auf die sie sich bezieht, sind, obwohl nicht ohne geschichtlichen Zusammenhang mit den Erfahrungen, auf die sich ihr heutiger Gebrauch gründet, in diesem ausgehenden 18. Jahrhundert doch erheblich andere.

Die Gegenüberstellung bezieht sich hier, wo die Sprecher des sich formierenden deutschen Bürgertums, die mittelständische, deutsche Intelligenz[3]), zum guten Teil noch „in weltbürgerlicher Absicht" redet, erst vage und bestenfalls erst in zweiter Linie auf einen nationalen Gegensatz. Und im Vordergrund steht als begründende Erfahrung ein innerer gesellschaftlicher, ein sozialer Gegensatz, der allerdings den Keim des nationalen auf merkwürdige Weise in sich trägt: der Gegensatz zwischen dem vorwiegend französisch sprechenden, nach französischen Mustern „zivilisierten", höfischen Adel auf der einen Seite und einer deutsch sprechenden, mittelständischen Intelligenzschicht, die sich vor allem aus dem Kreise der bürgerlichen „Fürstendiener" oder Beamten im weitesten Sinne des Wortes rekrutiert und gelegentlich auch aus Elementen des Landadels, auf der andern.

Hier also steht eine Schicht, die weitgehend von jeder politischen Tätigkeit abgedrängt ist, die kaum in politischen

Über den Entwicklungsgang des Gegensatzpaares.

und erst zaghaft in nationalen Kategorien denkt, deren ganze
Legitimation zunächst in ihrer geistigen, ihrer wissenschaftlichen oder künstlerischen Leistung liegt; dort, ihr gegenüber, steht eine Oberschicht, die im Sinne der anderen nichts
„leistet", sondern bei der die Formung des distinguierten
und distinguierenden Verhaltens im Mittelpunkt des Selbstbewußtseins und der Selbstrechtfertigung steht. Und dies
ist die Schicht, die Kant vor Augen hat, wenn er von der
„Zivilisiertheit bis zum Überlästigem", von der bloßen „gesellschaftlichen Artigkeit und Anständigkeit", von dem
„Sittenähnlichen in der Ehrliebe" redet. Es ist die Polemik
der deutschen, mittelständischen Intelligenzschicht gegen die
Gesittung der herrschenden, höfischen Oberschicht, die bei
der Bildung des begrifflichen Gegensatzes von Kultur und
Zivilisation in Deutschland Pate steht. Aber diese Polemik
ist älter und breiter als ihr Niederschlag in diesen beiden
Begriffen.

8. Schon lange vor der Mitte des 18. Jahrhunderts ist sie
spürbar, wenn auch gleichsam nur als Unterton der Gedanken
und gedämpfter als in der Zeit nach der Jahrhundertmitte.
Die Artikel in dem Zedlerschen Universallexikon[4]) von 1736
über „Hof, Höflichkeit, Hofmann" — zu lang, um hier als
Ganzes wiedergegeben zu werden — geben einen guten Begriff davon.

„Höflichkeit", heißt es da, „hat ohne Zweifel vom Hofe, Hofleben
seine Benennung. Großer Herren Höfe sind ein Schauplatz, wo
jeder sein Glück machen will. Dieses läßt sich nicht anders tun
als wenn man des Fürsten und derer Vornehmsten am Hofe Zuneigung gewinnet. Man giebt sich also alle ersinnliche Mühe, denen-
selben sich beliebt zu machen. Hierinnen vermag nichts mehr, als
wenn man den andren Glauben machet, daß wir bey aller Gelegenheit nach äußersten Kräften ihm zu dienen bereyt seyen. Gleichwohl sind wir dazu nicht allezeit vermögend, wollen auch wohl
nicht, und dieses viel Mahls aus gerechten Ursachen. Dieses alles
ersetzet die Höflichkeit. Da geben wir dem andern durch unsere
äuserliche Bezeigung so viel Versicherung, das er eine gute Hoffnung von uns fasset, wie wir ihm zu dienen willig. Dieses erwirbt
uns bey dem andern ein Vertrauen zu uns, woraus denn unver-

merckt eine Liebe gegen uns sich erzeuget, nach welcher er uns gutes zu thun begierig wird. Dieses ist bey der Höflichkeit so allgemein, daß sie dadurch dem, der sie besietzet, einen sonderbaren Vorzug zu Wege bringet. Geschicklichkeit und Tugend sollten zwar eigentlich dieses seyn, welches uns derer Menschen Hochachtung erwerben solle. Wie wenig sind aber derer beyder rechte Kenner? Ja wie noch wenigere halten sie einiger Ehren werth? Das, was äuserlich in die Sinne fällt, rühret die auf das äuserliche alszusehr geworfene Menschen weit mehr, zu Mahl wenn noch solche Umstände dabey vorkommen, welche ihren Willen sonderbar rühren. Dieses trifft bey einem Höflichen gantz genau ein."

Hier ist simpel, ohne philosophische Ausdeutung und klar in ihrer Beziehung auf bestimmte gesellschaftliche Formationen die gleiche Antithese ausgesprochen, die bei Kant verfeinert und vertieft in die Gegenüberstellung von ,,Cultur und Zivilisiertheit" einmündet: die trügende, äußerliche ,,Höflichkeit" und die wahre ,,Tugend". Aber von dieser spricht der Autor nur im Vorbeigehen mit einem Seufzer der Resignation. Nach der Jahrhundertmitte wurde allmählich die Tonart anders. Die Selbstlegitimierung der Mittelschichten durch Tugend und Bildung wird präziser und nachdrücklicher, und die Polemik gegen das äußerliche, oberflächliche Gebahren, das an den Höfen sein Wesen treibt, wird deutlicher.

Beispiele für die höfische Anschauungsweise in Deutschland.

9. Es ist nicht leicht, von Deutschland im allgemeinen zu sprechen; denn in jedem der vielen Staaten dieser Zeit gibt es Besonderheiten. Aber nur wenige sind schließlich für die Gesamtentwicklung bestimmend; die anderen folgen. Und es gibt gewisse, allgemeine Erscheinungen, die sich mehr oder weniger deutlich überall finden.

Da ist zunächst die Entvölkerung und die entsetzliche wirtschaftliche Erschöpfung des Landes nach dem Dreißigjährigen Kriege. Verglichen mit Frankreich und England ist Deutschland und vor allem das deutsche Bürgertum im 17. und auch noch im 18. Jahrhundert arm, der Handel,

Beispiele für die höfische Anschauungsweise in Deutschland.

vor allem der Fernhandel, der noch im 16. Jahrhundert in einzelnen Gebieten Deutschlands mächtig entwickelt war, verfallen, die riesigen Vermögen der großen Handelshäuser, z. T. durch die Verlagerung der Handelswege als Folge der überseeischen Entdeckung, z. T. unmittelbar infolge der langen Kriegswirren, verstreut. Was übrigbleibt, ist klein-städtisches Bürgertum mit engem Horizont, das im wesent-lichen von der Deckung der lokalen Bedürfnisse lebt.

Es ist nicht viel Geld für Luxusbedürfnisse, wie Literatur und Kunst, vorhanden. An den Höfen, wo immer man das Geld dazu hat, ahmt man mit unzureichenden Mitteln den Hofhalt Ludwig XIV. nach und spricht französisch. Das Deutsche, die Sprache der unteren und mittleren Schichten, ist schwerfällig und ungelenk. Leibniz, der einzige, höfische Philosoph Deutschlands, der einzige, große, deutsche Mann dieser Zeit, dessen Name in der weiteren, höfischen Gesell-schaft Klang gewinnt, spricht und schreibt französisch oder lateinisch, wenig deutsch. Und das Sprachproblem, das Problem, was man mit dieser ungelenken, deutschen Sprache anfangen könne, beschäftigt ihn, wie viele andere.

Von den Höfen breitet sich das Französische in der Ober-schicht des Bürgertums aus. Alle «honettes gens», alle Leute von «considération» sprechen es. Französisch zu sprechen ist Standesmerkmal aller gehobenen Schichten.

,,Nichts ist plebejischer als Briefe in deutscher Sprache zu schreiben." 1730 schreibt diese Worte Gottscheds Braut an ihren Verlobten [5]).

Spricht man deutsch, dann gilt es als guter Ton, möglichst viel französische Worte einzuflechten. ,,Es ist nur wenige Jahre her", sagt 1740 E. de Mauvillon in seinen «Lettres Françoises et Germaniques», ,,da sagte man nicht vier Worte deutsch ohne zwei französische Worte. Das war «de bel Usage» [6])." Und er spricht des längeren über das Barbarische in der deutschen Sprache. Ihre Natur ist, so sagt er, «d'être rude et barbare [7])». Da sind es die Sachsen, die behaupten «qu'on parle mieux l'Allemand en Saxe, qu'en aucun autre

Zur Soziogenese der Begriffe „Zivilisation" und „Kultur".

endroit de l'Empire». Das gleiche behaupten die Österreicher von sich, das gleiche die Bayern, Brandenburger oder Schweizer. Ein paar Gelehrte, fährt Mauvillon fort, wollen Sprachregeln aufstellen, aber «il est difficile, qu'une Nation, qui contient dans son sein tant de Peuples indépendans les uns des autres, se soumette aux décisions d'un petit nombre de Savans».

Es ist hier wie auf vielen anderen Gebieten: Gruppen einer kleinen, machtlosen, mittelständischen Intelligenzschicht fallen in Deutschland Aufgaben zu, die in Frankreich und England weitgehend vom Hof, von der aristokratischen Oberschicht übernommen wurden. Gelehrte, mittelständische „Fürstendiener" der verschiedensten Art sind es zunächst, die versuchen, in einer bestimmten, geistigen Schicht Modelle für das, was Deutsch ist, zu schaffen, und so wenigstens in dieser geistigen Sphäre eine deutsche Einheit herzustellen, die in der politischen noch nicht verwirklichbar scheint. Der Begriff der Kultur hat die gleiche Funktion.

Zunächst aber erscheint dem französisch zivilisierten Betrachter Mauvillon das meiste, was er in Deutschland sieht, roh und zurückgeblieben: Nicht nur von der Sprache, auch von der Literatur sagte er das gleiche: „Milton, Boileau, Pope, Racine, Tasso, Molière, so gut wie alle Poeten von Rang, sind in die meisten europäischen Sprachen übersetzt worden, Eure Poeten sind meistens selbst nur Übersetzer."

«Nommez-moi», fährt er fort, «un Esprit créateur sur votre Parnasse, nommez-moi un Poëte Allemand, qui ait tiré de son propre fond un Ouvrage de quelque réputation; je vous en défie[8]).»

10. Man könnte sagen, das sei die unmaßgebliche Meinung eines schlecht orientierten Franzosen gewesen. Aber im Jahre 1780, 40 Jahre nach Mauvillon und neun Jahre vor der französischen Revolution, als Frankreich und England entscheidende Phasen ihrer kulturellen und nationalen Prägung bereits hinter sich haben, als die Sprache der beiden westlichen Länder längst ihre klassische, ihre feste Form gefunden hat, läßt Friedrich der Große eine Schrift «De la

Beispiele für die höfische Anschauungsweise in Deutschland.

littérature Allemande» erscheinen [9]), in der er die geringe und unzulängliche Entwicklung des deutschen Schrifttums beklagt, in der er noch immer ungefähr das gleiche von der deutschen Sprache behauptet wie Mauvillon, und in der er darlegt, wie etwa seiner Meinung nach diesem bedauerlichen Zustand abzuhelfen sei.

«Je trouve», sagte er von der deutschen Sprache, «une langue à demi-barbare, qui se divise en autant de dialectes différentes que l'Allmagne contient de Provinces. Chaque cercle se persuade que son Patois est le meilleur.» Er schildert den Tiefstand der deutschen Literatur, beklagt die Pedanterei der deutschen Gelehrten und die geringe Entwicklung der deutschen Wissenschaft. Allerdings sieht er auch die Gründe dafür: Er spricht von der Verarmung Deutschlands infolge der dauernden Kriege, von der unzureichenden Entwicklung des Handels und Bürgertums.

«Ce n'est donc», sagt er, «ni à l'esprit, ni au génie de la nation qu'il faut attribuer le peu de progrès que nous avons fait, mais nous ne devons nous en prendre qu'à une suite de conjonctures fâcheuses, à un enchaînement de guèrres qui nous ont ruinés et appauvris autant d'hommes que d'argent.»

Er spricht von der langsam beginnenden Wiederherstellung des Wohlstands: «Le tiers—état ne languit plus dans un honteux avilissement. Les Péres fournissent à l'Etude de leurs enfants sans obérer. Voilà les prémices établies de l'heureuse révolution que nous attendons.» Und er prophezeit, daß mit dem wachsenden Wohlstand auch eine Blüte der deutschen Kunst und Wissenschaft kommen wird, eine Zivilisierung der Deutschen, die sie gleichwertig neben die anderen Nationen stellen wird — das ist die glückliche Revolution, von der er spricht —, und er vergleicht sich mit Moses, der die neue Blüte seines Volkes nahen sieht, ohne sie zu erleben.

11. Hatte er recht?

Ein Jahr nach dem Erscheinen seiner Schrift, im Jahre 1781, erschienen Schillers „Räuber" und die „Kritik der

Zur Soziogenese der Begriffe „Zivilisation" und „Kultur".

reinen Vernunft" von Kant, 1787 Schillers „Don Carlos" und Goethes „Iphigenie". Es folgt die ganze Entfaltung der deutschen Literatur und Philosophie, die wir kennen. Alles das scheint seine Voraussicht zu bestätigen.

Aber diese neue Blüte hatte sich seit langem vorbereitet. Nicht in zwei oder drei Jahren erwuchs die deutsche Sprache zu ihrer neuen Ausdruckskraft. In dem Jahre 1780, in dem die Schrift «De la litterature Allemande» erschien, war diese Sprache längst nicht mehr nur das halbbarbarische «Patois», von dem Friedrich der Große spricht. Eine ganze Reihe von Werken, denen wir rückblickend heute beträchtliche Bedeutung beimessen, war erschienen. Sieben Jahre zuvor war Goethes „Götz von Berlichingen" aufgeführt worden, der „Werther" lag vor, Lessing hatte bereits den größten Teil seiner dramatischen und theoretischen Schriften veröffentlicht, darunter 1766 den „Laokoon", 1767 „Die Hamburgische Dramaturgie". 1781, ein Jahr nach der Veröffentlichung von Friedrichs Schrift, starb er bereits. Lange Zeit zurück lag schon die Produktion Klopstocks; dessen „Messias" erschien 1748. Ganz zu schweigen von den Stücken des „Sturm und Drang", von Herder, von einer ganzen Reihe von Romanen, die weite Verbreitung gefunden hatten. „Das Fräulein von Sternheim" der Sophie de la Roche ist ein Beispiel dafür. Längst hatte sich eine Käuferschicht, ein bürgerliches Publikum in Deutschland herausgebildet, das an solchen Werken Interesse nahm, wenn diese Schicht auch noch immer verhältnismäßig klein war. Wellen großer, geistiger Erregung waren über Deutschland hingegangen und hatten in Schriften, Artikeln, Büchern und Dramen ihren Ausdruck gefunden. Die deutsche Sprache war reich und beweglich geworden.

Von alledem erwähnt Friedrich in seiner Schrift nichts. Er sieht es nicht oder er mißt ihm keine Bedeutung bei. Ein einziges Werk der jungen Generation, das größte Werk der Sturm- und Drangzeit und der Shakespearebegeisterung erwähnt er: den „Götz von Berlichingen". Er erwähnt ihn charakteristischerweise im Zusammenhang mit der Erziehung

Beispiele für die höfische Anschauungsweise in Deutschland.

und den Unterhaltungsformen der «basses classes», der unteren Schichten des Volkes:

«Pour vous convaincre du peut de goût qui jusqu'à nos jours règne en Allemagne, vous n'avez qu'à vous rendre aux Spectacles publics. Vous y verrez représenter les abominables pièces de Schakespear, traduites en notre langue et tout l'Auditoire se pâmer d'aise en entendant ces farces ridicules et dignes des Sauvages du Canada. Je les appelle telles parcequ'elles pèchent contre toutes les règles du Théatre. Ces règles ne sont point d'arbitraires.

Voilà des Crocheteurs et des Fossoyeurs qui paroissent et qui tiennent des propos dignes d'eux; ensuite viennent des Princes et des Reines. Comment ce mêlange bizarre de bassesse et de grandeur, de bouffonerie et de tragique peut-il toucher et plaire?

On peut pardonner à Schakespear ces écarts bizarres; car la naissance des arts n'est jamais le point de leur maturité.

Mais voilà encore un Goetz de Berlichingen qui paroit sur la Scène, imitation déstestable de ces mauvaises pièces angloises, et le Parterre applaudit et demande avec enthousiasme la répétition de ces dégoûtantes plattitudes.»

Und er fährt fort: «. . . Après vous avoir parlé des basses Classes, il faut que j'en agisse avec la même franchise à l'égard des universités.»

12. Der Mann, der so spricht, ist der Mann, der in dieser Zeit für die politische und ökonomische Entwicklung Preußens und mittelbar vielleicht für die politische Entwicklung Deutschlands mehr getan hat als irgendein anderer einzelner seiner Zeitgenossen. Aber die geistige Tradition, in der er aufgewachsen ist, und die aus ihm spricht, ist die gemeinsame Tradition der „guten Gesellschaft" Europas, die aristokratische Tradition der vornationalen, höfischen Gesellschaft. Deren Sprache spricht er: Das Französische. An deren Geschmack mißt er das deutsche Geistesleben. Deren vorgegebene Modelle bestimmen sein Urteil. Ganz ähnlich, wie er, sprechen seit langem andere Menschen aus dieser Ge-

sellschaft über Shakespeare. Voltaire z. B. hat in seinem «Discours sur la Tragédie» als Einleitung zu der Tragödie «Brutus» bereits im Jahre 1730 ganz verwandten Gedanken Ausdruck gegeben:

«Je ne prétends pas assurément approuver les irrégularités barbares dont elle (sc. Shakespeare Tragödie ,,Julius Cäsar") est remplie. Il est seulement étonnant qu'il ne s'en trouve pas davantage dans un ouvrage composé dans un siècle d'ignorance par un homme qui même ne savait pas latin et qui n'eut de maître que son génie.»

Was Friedrich der Große über Shakespeare sagt, ist in der Tat eine Modell- und Standardmeinung der französisch sprechenden Oberschicht Europas. Er ,,schreibt nicht etwas ab", er ,,plagiiert" nicht etwa Voltaire; was er sagt, ist seine aufrichtige, persönliche Überzeugung. Er findet kein Vergnügen an den ,,rohen", unzivilisierten Späßen von Totengräbern und ähnlichem Volk, noch dazu wenn sie sich in die großen, tragischen Empfindungen von Prinzen und Königen mischen. Das alles hat für sein Gefühl keine klare und konzise Form, es sind ,,Vergnügungen der unteren Klassen". In diesem Sinne sind seine Äußerungen zu verstehen: Sie waren so individuell und so wenig individuell wie seine französische Sprache. Sie waren, wie diese, Zeugnisse für seine Zugehörigkeit zu einer bestimmten Gesellschaft. Und die Paradoxie, die darin liegt, daß seine Politik eine preußische und seine Geschmackstradition eine französische, genauer gesagt, eine absolutistisch-höfische war, ist weniger groß, als es die heute geltenden Anschauungen von nationaler Geschlossenheit erscheinen lassen. Sie hängt mit der eigentümlichen Struktur dieser höfischen Gesellschaft zusammen, deren politische Lagerung und Interessen vielfach in sich gespalten, deren gesellschaftlich ständische Lagerung, deren Geschmack, deren Stil, deren Sprache im großen und ganzen über Europa hin die gleichen waren.

Die Eigentümlichkeit dieser Lage hat in der Jugend Friedrichs des Großen gelegentlich innere Konflikte ausgelöst, als er langsam gewahr wurde, daß sich die Interessen des preußischen Herrschers mit der Verehrung für Frankreich und der Bindung an die höfische Gesittung nicht immer in Einklang bringen ließen[10]), und sie hat sein Leben lang eine gewisse Disharmonie zwischen dem, was er als Herrscher tat, und dem, was er als Mensch, als Philosoph, schrieb, hervorgebracht.

Auch die Empfindungen der deutschen, bürgerlichen Intelligenz waren ihm gegenüber zuweilen ganz entsprechend paradox: seine kriegerischen und politischen Erfolge gaben ihrem deutschen Selbstbewußtsein eine Stärkung, die sie seit langem entbehrt hatte, und für viele wurde er zum nationalen Heros. Seine Haltung in Fragen der Sprache und des Geschmacks, wie sie in seiner Schrift über die deutsche Literatur, aber keineswegs nur dort zum Ausdruck kam, war genau das, wogegen die deutsche Intelligenz, gerade als deutsche Intelligenz, zu kämpfen hatte.

Ihre Situation war fast in allen größeren, deutschen Staaten, und auch in vielen der kleineren, eine ganz analoge. Fast überall gab es an der Spitze einzelne Menschen oder Kreise von Menschen, welche französisch sprachen und die Politik in Deutschland bestimmten; und es gab auf der anderen Seite eine mittelständische Gesellschaft, eine deutschsprechende Intelligenzschicht, die im großen und ganzen auf die politische Entwicklung ohne jeden Einfluß war; aus ihr im wesentlichen kamen die Menschen, um deretwillen man Deutschland als das Land der Dichter und Denker bezeichnet hat. Und von ihr erhielten Begriffe wie ,,Bildung'' und ,,Kultur'' ihre spezifisch deutsche Prägung und Richtung.

Über Mittelstand und höfischen Adel in Deutschland.

13. Es wäre eine Aufgabe für sich und eine der fesselndsten Aufgaben überdies, zu zeigen, wie sehr in der klassischen Tragödie Frankreichs, die Friedrich der Große den Shakespeareschen Tragödien und dem ,,Götz'' als Muster gegenüberstellt, tatsächlich die spezifische Seelenlage und die Ideale

Zur Soziogenese der Begriffe „Zivilisation" und „Kultur".

einer höfisch-absolutistischen Gesellschaft ihren Ausdruck finden. Die Wichtigkeit der guten Form, spezifisches Kennzeichen jeder echten "Society", die Mäßigung der individuellen Affekte durch die Vernunft, Lebensnotwendigkeit für jeden Hofmann, die Abgemessenheit der Haltung und die Ausschaltung jedes plebejischen Ausdrucks, spezifische Kennzeichen einer bestimmten Phase auf dem Wege der „Zivilisation", alles das bringt die klassische Tragödie zum reinsten Ausdruck. Was sich im Hofleben verstecken muß, alle vulgären Gefühle und Attitüden, alles das, wovon „man" nicht spricht, kommt auch in der Tragödie nicht vor. Menschen niedrigen Standes, und das heißt für das Gefühl dieser Schicht auch niedriger Gesinnung, haben in ihr nichts zu suchen. Ihre Form ist klar, durchsichtig, genau geregelt, wie die Etikette und das höfische Leben überhaupt[11]). Sie zeigt die höfischen Menschen, wie sie sein möchten und zugleich, wie der absolute Fürst sie sehen will. Und wer immer im Banne dieser gesellschaftlichen Situation lebte, ob es Engländer, Preußen oder Franzosen waren, ihr Geschmack wurde in die gleiche Richtung gedrängt. Auch Dryden, neben Pope, der bekannteste, höfische Dichter Englands, sagt in dem Epilog zur „Eroberung von Granada" ganz Ähnliches über das frühere, englische Drama, wie Friedrich der Große und Voltaire:

„Ein so feines und gebildetes Zeitalter, welches das Vorbild eines galanten Königs und eines so prächtigen und geistreichen Hofes hatte, konnte die rohe Derbheit der alten, englischen Tragiker nicht mehr ganz unbedingt bewundern."

Der Zusammenhang mit der gesellschaftlichen Lagerung ist in diesem Geschmacksurteil ganz besonders sichtbar. Auch Friedrich wehrt sich gegen die Geschmacklosigkeit, die «grandeur tragique des Princes et des Reines» mit der «bassesse des crocheteurs et des fossoyeurs» zusammen auf die Bühne zu stellen. Wie hätte er eine dramatische und literarische Produktion verstehen und billigen können, in deren Zentrum gerade der Kampf gegen die ständischen

Über Mittelstand und höfischen Adel in Deutschland.

Unterschiede stand, eine Produktion, die zu zeigen wünschte,
daß auch die Schmerzen der sozial niedriger Stehenden ihre
Größe und ihre Tragik haben, nicht nur die der Fürsten und
Könige, der höfischen Aristokratie.

Die bürgerlichen Kreise werden auch in Deutschland langsam wohlhabender. Der König von Preußen sieht es und
verspricht sich davon ein Erwachen der Künste und Wissenschaften, eine ,,glückliche Revolution". Aber dieses Bürgertum spricht eine andere Sprache als der König. Ideale und
Geschmack der bürgerlichen Jugend, die Modelle, nach denen
sie sich verhalten, sind den seinen fast entgegengesetzt.

,,Wir waren in Straßburg", schreibt Goethe in ,Dichtung
und Wahrheit' (Buch 9), ,,an der französischen Grenze, selbst
unmittelbar befreit von dem Geist der Franzosen. Wir
fanden ihre Art zu leben viel zu bestimmt und zu aristo-
kratisch, ihre Poesie kalt, ihre Kritik destruktiv, ihre Philosophie abstrus und ungenügend."

Aus dieser Stimmung schreibt er den Götz. Wie hätte Friedrich der Große, der Mann des aufgeklärten, des rationalen
Absolutismus und des aristokratisch-höfischen Geschmacks ihn
verstehen können? Wie hätte der König die Dramen und
Theorien Lessings billigen können, der an Shakespeare
geradezu rühmt, was er an ihm tadelt: daß er den Geschmack
des Volkes weit mehr für sich hat als die französischen
Klassiker?

,,Wenn man die Meisterstücke des Shakespear . . . unseren
Deutschen übersetzt hätte, ich weiß gewiß, es würde eine
bessere Folge gewesen seyn, als daß man sie mit dem Cor-
neille oder Racine so bekannt gemacht hat. Erstlich würde
das Volk an jenem weit mehr Geschmack gefunden haben,
als es an diesen nicht finden kann."

1759 schreibt das Lessing in seinen ,,Briefen die neueste
Literatur betreffend" (Teil I, 17. Brief), und entsprechend dem
neuerwachenden Selbstbewußtsein bürgerlicher Schichten fordert und schreibt er bürgerliche Dramen, weil die höfischen
Menschen nicht allein das Vorrecht haben, groß zu sein.

Zur Soziogenese der Begriffe „Zivilisation" und „Kultur".

„Die Natur", sagt er, „kennt diesen hassenswerten Unterschied nicht, den die Menschen zwischen sich machten. Sie teilt die Qualitäten des Herzens ohne Vorzug für die Adeligen und Reichen aus[12]."

Die ganze literarische Bewegung der zweiten Hälfte des 18. Jahrhunderts wird getragen von einer sozialen Schicht und dementsprechend von Geschmacksidealen, die Friedrichs Gesellschafts- und Geschmacksdisposition entgegengesetzt sind. Deshalb sagen sie ihm nichts, deshalb übersieht er, was an lebendigen Kräften schon um ihn regsam geworden ist und verdammt, was er nicht übersehen kann, wie den „Götz".

Diese deutsche, literarische Bewegung, zu deren Exponenten Klopstock, Herder, Lessing, die Dichter des „Sturm und Drang", der Empfindsamkeit, des Hainbundes, der junge Goethe, der junge Schiller und viele andere gehören, diese Bewegung ist gewiß keine politische Bewegung. Bis 1789 findet man in Deutschland mit ganz vereinzelten Ausnahmen keine Idee einer konkreten, politischen Aktion, nichts was an eine politische Parteibildung oder an ein politisches Parteiprogramm erinnern könnte. Man findet, besonders im preußischen Beamtentum, Vorschläge und auch den praktischen Beginn von Reformen im Sinne des aufgeklärten Absolutismus. Man findet bei Philosophen wie Kant die Entwicklung von allgemeinen Grundsätzen, die z. T. im strikten Widerspruch zu den herrschenden Verhältnissen stehen. Man findet in den Schriften der jungen Generation des Hainbundes Äußerungen eines wilden Hasses gegen Fürsten, Höfe, Aristrokraten, gegen Französlinge, höfische Unmoral und Verstandeskälte, und man findet überall in der mittelständischen Jugend vage Träume von einem neuen, geeinten Deutschland, einem natürlichen Leben, „natürlich" gegenüber der „Unnatur" des höfisch gesellschaftlichen Lebens, und immer wieder die gewaltige Lust an dem eigenen Gefühlsüberschwang.

Gedanken, Gefühle, nichts, was in irgend einem Sinne zu einer konkreten, politischen Aktion führen konnte. Der klein-

Über Mittelstand und höfischen Adel in Deutschland.

staatlich absolutistische Aufbau dieser Gesellschaft bot keine Handhabe dazu. Bürgerliche Elemente gewinnen an Selbstbewußtsein, doch das Gefüge der absoluten Staaten war völlig unerschüttert. Die bürgerlichen Elemente sind abgedrängt von jeder politischen Betätigung. Sie durften allenfalls selbstständig „denken und dichten", selbständig handeln durften sie nicht. In dieser Situation wird das Schreiben zur wichtigsten Entladung. Hier findet das neue Selbstgefühl und die vage Unzufriedenheit mit dem Bestehenden einen mehr oder weniger verdeckten Ausdruck. Hier, in einer Sphäre, die die Apparatur der absolutistischen Staaten bis zu einem gewissen Grade freigab, stellte die junge, mittelständische Generation sich selbst, ihre neuen Träume, ihre oppositionellen Ideale, den höfischen Idealen entgegen, in ihrer, der deutschen Sprache.

Die literarische Bewegung der zweiten Hälfte des 18. Jahrhunderts ist, wie gesagt, keine politische, aber im eminentesten Sinn des Wortes Ausdruck einer sozialen Bewegung, einer Transformation der Gesellschaft. In ihr äußerte sich ganz gewiß noch nicht das Bürgertum als Ganzes. In ihr äußerte sich zunächst eine Art von bürgerlicher Vorhut, eben das, was hier als mittelständische Intelligenz bezeichnet worden ist, nämlich viele, über das Land verstreute Einzelne in gleicher Lage und von verwandter, sozialer Herkunft, Einzelne, die sich verstanden, weil sie in der gleichen Lage waren. Nur gelegentlich finden sich für kürzere oder längere Zeit Menschen dieser Vorhut an irgendeinem Ort als Kreis zusammen; oft leben sie vereinzelt oder einsam, Elite gegenüber dem Volk und Menschen zweiten Ranges in den Augen der höfischen Aristokratie.

Der Zusammenhang zwischen dieser sozialen Situation und den Idealen, von denen sie reden, der Natur- und Freiheitsliebe, dem einsamen Schwärmen, der Hingabe an die Erregung des eigenen Herzens, ungehindert durch die „kalte Vernunft", wird immer wieder in diesen Werken sichtbar. Im „Werther", dessen Erfolg zeigt, wie typisch diese Emp-

21

Zur Soziogenese der Begriffe „Zivilisation" und „Kultur".

findungen für eine bestimmte Generation waren, ist es gelegentlich ganz unzweideutig gesagt.

Unter dem 24. Dezember 1771 heißt es da: „Das glänzende Elend, die Langeweile unter dem garstigen Volke, das sich hier nebeneinandersieht, die Ranksucht unter ihnen, wie sie nur wachen und aufpassen, einander ein Schrittchen abzugewinnen . . ."

Unter dem 8. Januar: „Was das für Menschen sind, deren ganze Seele auf dem Zeremoniell ruht, deren Dichten und Trachten jahrelang dahin geht, wie sie um einen Stuhl weiterhinauf bei Tisch sich einschicken wollen."

Unter dem 15. März 1772: „Ich knirsche mit den Zähnen, Teufel, . . . Ich speise bei dem Grafen und nach Tisch gehen wir in dem großen Park auf und ab. So rückt die Stunde der Gesellschaft heran. Ich denke, weiß Gott, an nichts." Er bleibt, die hochadelige Gesellschaft kommt. Die Frauen flüstern, es zirkuliert unter den Männern. Schließlich bittet ihn der Graf, etwas verlegen, zu gehen. Die Adelsgesellschaft fühlt sich beleidigt, einen Bürgerlichen unter sich zu sehen. „Sie wissen", sagt der Graf, „die Gesellschaft ist unzufrieden, merke ich, Sie hier zu sehen . . . Ich strich mich sachte aus der vornehmen Gesellschaft, fuhr nach M., dort vom Hügel die Sonne untergehen zu sehen und dabei in meinem Homer den herrlichen Gesang zu lesen, wie Ulysses von dem trefflichen Schweinehirten bewirtet wird."

Oberflächlichkeit, Zeremoniell, äußerliche Konversation auf der einen Seite, auf der anderen Seite Verinnerlichung, Tiefe des Gefühls, Versenkung ins Buch, Bildung der einzelnen Persönlichkeit, es ist der gleiche Gegensatz, der sich bei Kant in der Antithese von Kultur und Zivilisiertheit einen Ausdruck schafft, bezogen auf eine ganz bestimmte soziale Situation.

Und zugleich zeigt Goethe im Werther gelegentlich besonders deutlich die zwei Fronten zwischen denen diese Schicht lebt:

„Was mich am meisten neckt", heißt es unter dem 24. Dezember 1771, „sind die fatalen bürgerlichen Verhältnisse.

Über Mittelstand und höfischen Adel in Deutschland.

Zwar weiß ich so gut als einer, wie nötig der Unterschied der Stände ist, wieviel Vorteile er mir selbst verschafft, nur soll er mir nicht eben gerade im Wege stehen."

Nichts ist charakteristischer für das mittelständische Bewußtsein als diese Äußerung: Die Tore nach unten sollen verschlossen bleiben. Die Tore nach oben sollen sich öffnen. Und wie jede mittelständische Schicht so war auch diese auf eigentümliche Weise gefangen: Sie konnte nicht daran denken, die Mauern, die den Weg nach oben verschlossen, zu zerbrechen, aus Angst, die Mauer, die sie selbst von dem unteren Volke trennte, würde beim Sturm mitzerfallen.

Die ganze Bewegung war die Bewegung aufsteigender Elemente: Goethes Urgroßvater war Hufschmied[13]), sein Großvater Schneider, dann Wirt mit höfischer Kundschaft und höfisch-bürgerlichen Umgangsformen, schon begütert, der Vater wird Kaiserlicher Rat, reicher bürgerlicher Rentner mit einem Titel, seine Mutter ist die Tochter einer Frankfurter Patrizierfamilie.

Schillers Vater war Wundarzt, später schlecht bezahlter Major, sein Großvater, Urgroßvater, Ururgroßvater Bäcker. Aus ähnlicher sozialer Lage, bald näher, bald ferner, aus Handwerk und mittlerem Beamtentum, stammen: Schubart, Bürger, Winkelmann, Herder, Kant, Friedrich August Wolff, Fichte und viele andere Menschen dieser Bewegung.

14. Es gab in Frankreich eine analoge Bewegung. Auch dort gingen im Zusammenhang mit einer ähnlichen, sozialen Veränderung aus Mittelstandskreisen eine Fülle von bedeutenden Menschen hervor. Voltaire und Diderot gehören zu ihnen. Aber in Frankreich wurden diese Talente ohne große Schwierigkeiten von der weiten, höfischen Gesellschaft, von der Pariser "Society", rezipiert und assimiliert. In Deutschland dagegen blieben die durch Talent und Geist ausgezeichneten Söhne des aufsteigenden Mittelstandes in ihrer großen Mehrzahl von dem höfisch-aristokratischen Leben abgesperrt. Einigen wenigen, wie Goethe, gelingt eine Art von Aufstieg in diesen Kreis. Aber ganz abgesehen davon, daß der Hof

Zur Soziogenese der Begriffe „Zivilisation" und „Kultur".

von Sachsen-Weimar klein und relativ arm war, Goethe gehört zu den Ausnahmen. Im ganzen blieben die Mauern
zwischen der mittelständischen Intelligenz und der aristokratischen Oberschicht in Deutschland, verglichen mit den
westlichen Ländern, sehr hoch. 1740 notiert der Franzose
Mauvillon bei der Beobachtung der deutschen Verhältnisse[14]):
„On remarque chez le Gentilhomme Allemande cet air rogue
et fier, qui va jusqu'à l'humeur brusque. Enflés de leurs seize
quartiers, qu'ils sont toujours prèts à prouver, ils méprisent
tout ce qui n'a pas la même faculté. — Es ist selten", fährt er
fort, „daß sie Mesalliancen eingehen. Aber es ist nicht weniger
selten, sie einfach und freundlich mit Bürgerlichen umgehen
zu sehen. Und wenn sie schon das Connubium mit ihnen ver-
schmähen, so machen sie sich erst recht nichts daraus, ihre
Gesellschaft zu suchen, welche Verdienste sie auch immer
haben mögen."

Diese besonders starke, gesellschaftliche Trennung von
Adel und Bürgertum, die durch unzählige Zeugnisse belegt
ist, war ohne Zweifel entscheidend mitbestimmt durch die
relative Lebensenge und den vergleichsweise geringen Wohlstand beider; sie drängten den Adel zur stärksten Abschließung
und zur Ahnenprobe als den wesentlichsten Instrumenten zur
Aufrechterhaltung ihrer priviligierten, sozialen Existenz, und
sie versperrten auf der anderen Seite dem deutschen Bürgertum den Hauptweg, auf dem sich in den westlichen Ländern
der Aufstieg bürgerlicher Elemente, Konnubium und Rezeption durch die Aristrokatie vollzogen: den Geldweg.

Aber welches auch immer die z. T. sicher recht komplizierten Ursachen für diese besonders betonte Trennung waren,
die geringe Verschmelzung der höfisch-aristokratischen Modelle und „Seins-Werte" mit den bürgerlichen Modellen und
Leistungswerten, die aus dieser Trennung folgte, hat das, was
weiterhin als Nationalcharakter der Deutschen in Erscheinung tritt, für lange Phasen entscheidend bestimmt. Auf sie
geht es zurück, daß ein Hauptstrom der deutschen Sprache,
die deutsche Gebildeten-Sprache, und fast die ganze im

Über Mittelstand und höfischen Adel in Deutschland.

Schrifttum niedergelegte, neuere, geistige Tradition die entscheidenden Impulse und das Gepräge von einer mittelständischen Intelligenzschicht empfing, die reiner und weit spezifischer mittelständisch war, als beispielsweise die entsprechende französische Intelligenzschicht und selbst als die englische, die in gewisser Weise eine Mittelstellung zwischen der französischen und der deutschen einzunehmen scheint.

Die Geste des Abschließens, die Akzentuierung des Spezifischen und Unterscheidenden, die sich bereits beim Vergleich des deutschen Kulturbegriffs mit dem westlichen Zivilisationsbegriff zeigte, findet sich auch hier wieder als Merkmal der deutschen Entwicklung.

Frankreich expandiert und kolonisiert nicht nur, mit Deutschland verglichen, frühzeitig nach außen. Auch im Innern zeigen sich durch die neuere Geschichte hin sehr oft ähnliche Bewegungen; besonders wichtig ist in diesem Zusammenhang die Ausbreitungsbewegung der höfisch-aristokratischen Gesittung, die Tendenz der höfischen Aristokratie, Elemente anderer Schichten zu assimilieren, wenn man will, zu kolonisieren. Der ständische Stolz der französischen Aristokratie ist immer beträchtlich, und die Betonung der ständischen Unterschiede behält für sie immer ihr Gewicht. Aber die Mauern, von denen sie umgeben ist, haben mehr Tore, der Zugang zu ihr und dadurch die Assimilation anderer Gruppen spielt hier eine weit größere Rolle, als in Deutschland.

Die stärkste Expansion des deutschen Imperiums dagegen fällt noch ins Mittelalter. Von dieser Zeit an wird das deutsche Reich langsam immer kleiner. Die deutschen Gebiete sind z. T. schon vor dem Dreißigjährigen Krieg, ganz stark aber danach, von allen Seiten beengt, und auf fast allen äußeren Grenzen liegt ein starker Druck. Dementsprechend ist auch im Innern bei den verschiedenen, sozialen Gruppen der Kampf um die engen Chancen, um die Selbstbehauptung und damit die Tendenz, sich zu unterscheiden und gegeneinander abzuschließen, im allgemeinen größer als in den expandierenden westlichen Ländern. Nicht weniger als die Zerteilung des

Zur Soziogenese der Begriffe „Zivilisation" und „Kultur".

deutschen Gebiets in eine Fülle von souveränen Staaten
steht die relativ starke Abschließung großer Teile des Adels
von den deutschen Mittelschichten der Bildung einer einheitlichen, vorbildgebenden, zentralen «Society», entgegen, die
in anderen Ländern mindestens als Station auf dem Wege der
Nationsbildung entscheidende Bedeutung erlangt hat, und
die dort der Sprache, den Künsten, der Affektlage und den
Manieren in bestimmten Phasen ihren Stempel aufge-
drückt hat.

Literarische Beispiele für das Verhältnis der deutschen, mittelständischen Intelligenz zu den höfischen Menschen.

15. Die Bücher der mittelständischen Schichten, die nach
der Mitte des 18. Jahrhunderts, also in der Zeit, in der diese
Schichten an Wohlstand und Selbstbewußtsein gewinnen,
großen Publikumserfolg haben, zeigen sehr deutlich, wie
stark diese Verschiedenheit empfunden wurde. Sie demon-
strieren zugleich, daß den Unterschieden im Aufbau und
Leben der mittelständischen Schicht auf der einen, der höfischen Oberschicht auf der anderen Seite, Unterschiede im
Aufbau des Verhaltens, des Gefühlslebens, der Wünsche und
der Moral entsprachen; sie zeigen — notwendigerweise ein-
seitig —, wie man im Lager des Mittelstandes diese Unterschiede sah.

Ein Beispiel dafür bietet etwa der bekannte Roman der
Sophie de la Roche „Das Fräulein von Sternheim[15]", der
seine Verfasserin zu einer der gefeiertsten Frauen ihrer Zeit
machte. „Mein ganzes Ideal von einem Frauenzimmer",
schreibt nach der Lektüre der „Sternheim" Caroline Flachsland an Herder, „sanft, zärtlich, wohltätig, stolz und tugend-
haft und betrogen. Ich habe köstliche, herrliche Stunden
beim Durchlesen gehabt. Ach wie weit bin ich noch von
meinem Ideal, von mir selbst weg[16])."

Die eigentümliche Paradoxie, die darin liegt, daß Caroline
Flachsland, wie viele andere Existenzen verwandter Lagerung,

Verhältnis der deutschen Intelligenz zu den höfischen Menschen.

ihren eigenen Schmerz liebt, daß sie zu den Zügen der idealen Heldin, der sie zu gleichen wünscht, neben Wohltätigkeit, Stolz und Tugend auch das Betrogensein rechnet, ist nicht wenig bezeichnend für die Gefühlslage der mittelständischen Intelligenz und besonders ihrer Frauen in der Phase der Empfindsamkeit. Betrogen wird die mittelständische Heldin von dem aristokratischen Höfling. Die Warnung, die Angst vor dem sozial-überlegenen „Verführer", der das Mädchen wegen der sozialen Distanz nicht heiraten kann, und der heimliche Wunsch, er möge kommen, der Reiz, der in der Vorstellung liegt, man könne in dem verschlossenen und gefährlichen Zirkel verkehren, schließlich das identifizierende Mitgefühl mit der Betrogenen, alles das gibt ein Beispiel für die spezifische Ambivalenz, in der das Gefühlsleben der mittelständischen Menschen — und nicht nur der Frauen — mit Bezug auf die Aristokratie gefangen war. „Das Fräulein von Sternheim" stellt in dieser Hinsicht gewissermaßen das weibliche Pendant zum „Werther" dar. Beide weisen auf spezifische Verstrickungen ihrer Schicht hin, die in Sentimentalität, Empfindsamkeit und verwandten Gefühlstönungen zum Ausdruck kommen.

Das Problem des Romans: Ein edles Mädchen vom Lande, ländlicher Adel aus aufgestiegener, bürgerlicher Familie, kommt an den Hof. Der Fürst, ihr hochadeliger Verwandter mütterlicherseits, wünscht sie zur Mätresse. Ohne Ausweg, rettet sie sich zu dem „Bösewicht" des Romans, einem englischen Lord, der am Hofe lebt, der in allem so spricht, wie sich viele mittelständischen Kreise den „aristokratischen Verführer", den „verruchten Bösewicht" vorgestellt haben mögen, und der deswegen so komisch wirkt, weil er die Vorwürfe des Mittelstandes gegen seinen Typus als seine eigenen Gedanken ausspricht. Aber auch ihm gegenüber wahrt die Heldin ihre Tugend, ihre moralische Überlegenheit, Kompensation der ständischen Unterlegenheit, und stirbt.

So spricht die Heldin, das Fräulein von Sternheim, die Tochter des geädelten Obersten[17]):

27

Zur Soziogenese der Begriffe „Zivilisation" und „Kultur".

„Wie der Hofton, der Modegeist, die edelsten Bewegungen
eines von Natur vortrefflichen Herzens unterdrückt, wie um
das Auszischen der Modeherren und Modedamen zu vermeiden,
mit ihnen lachen und beystimmen heißt, dies erfüllt mich mit
Verachtung und Mitleiden. Der Durst nach Ergötzlichkeit,
nach neuem Putz, nach Bewunderung eines Kleides, eines
Meubles, einer neuen schädlichen Speise — oh meine Emilie,
wie bange, wie übel wird meiner Seele . . . Ich will von dem
falschen Ehrgeiz nicht reden, der so viele niedrige Intrigen
anspinnt, vor dem im Glück sitzenden Laster kriecht, Tugend
und Verdienste mit Verachtung ansieht, ohne Empfindung
elend macht."

„Ich bin überzeugt, meine Frau Tante", sagt sie nach ein
paar Tagen des Hoflebens[18]), „daß das Hofleben für meinen
Charakter nicht taugt. Mein Geschmack, meine Neigungen,
gehen in allem davon ab. Und ich bekenne der gnädigen
Tante, daß ich froher abreisen würde, als ich hergekommen bin."

„Liebste Sophie", sagt ihr die Tante, „Du bist wirklich eines
der reizendsten Mädchen, aber der alte Pfarrer hat Dir eine
Menge pedantischer Ideen gegeben. Laß Dich ein wenig davon
zurückbringen."

Und an einer anderen Stelle schreibt sie:

„Letzthin wurde ich durch meine Liebe zu Deutschland in
ein Gespräch verflochten, worin ich die Verdienste meines
Vaterlandes zu verteidigen suchte, ich tat es mit Eifer, meine
Tante sagte mir nachher, ich hätte einen schönen Beweis dafür gegeben, daß ich die Enkelin eines Professors sei . . .
Dieser Vorwurf ärgerte mich. Die Asche meines Vaters und
meines Großvaters war beleidigt."

Der Pfarrer und der Professor, das sind in der Tat zwei
der wichtigsten Repräsentanten dieser mittelständischen Be-
amtenintelligenz, zwei soziale Figuren, die an der Ausbreitung und Formung der neuen, deutschen Gebildeten-Sprache
den entscheidendsten Anteil hatten. Man sieht an diesem
Beispiel ganz deutlich, wie das vage, ins Geistig-Unpolitische
gewandte Nationalgefühl dieser Kreise der kleinhöfischen

Verhältnis der deutschen Intelligenz zu den höfischen Menschen.

Aristokratie als bürgerlich erscheint. Zugleich weisen beide, Pfarrer und Professor, auf den sozialen Ort hin, der das wichtigste Präge- und Ausstrahlungszentrum der deutschen Mittelstandskultur war: auf die Universität. Von ihr aus trugen immer neue Generationen von Studierten als Lehrer, Pfarrer, mittlere Beamte, eine bestimmt geprägte Ideenwelt und bestimmte Ideale ins Land. Die deutsche Universität war gewissermaßen das mittelständische Gegenzentrum des Hofes.

Folgendermaßen aber — nämlich mit den Worten, in denen etwa der Pfarrer von der Kanzel her gegen ihn eifert — äußert sich in der Vorstellung des Mittelstandes der höfische Bösewicht selbst[19]):

,,Du weißt, daß ich der Liebe niemals keine andere Gewalt als über meine Sinne gelassen habe, deren feinstes und lebhaftestes Vergnügen sie ist . . . Alle Klassen von Schönheit haben mir gefröhnet . . . Ich wurde ihrer satt . . . Die Moralisten . . . mögen Anmerkungen über die feinen Netze und Schlingen machen, in denen ich die Tugend und den Stolz, die Weisheit oder den Kaltsinn, die Coquetterie und selbst die Frömmigkeit der ganzen weiblichen Welt gefangen habe . . . Amor lachte meiner Eitelkeit. Er führte aus einem elenden Landwinkel die Tochter eines Obersten herbei, deren Figur, Geist und Charakter so reizend ist, daß . . .''

Noch fünfundzwanzig Jahre später sind es ähnliche Antithesen, verwandte Ideale und Probleme, die einem Buche Erfolg gewinnen. 1796 erschien in Schillers ,,Horen'' ,,Agnes von Lilien[20])'' von Caroline von Wolzogen. Da sagt die hochadlige Mutter, die ihr Kind aus geheimnisvollen Gründen außerhalb des höfischen Kreises aufziehen lassen muß:

,,Beinahe möchte ich der Vorsicht danken, daß sie mich zwang, Dich von dem Kreise entfernt zu halten, in welchem ich unglücklich wurde. Eine ernste, feste Bildung des Geistes ist selten im Zirkel der großen Welt möglich. Du wärest vielleicht ein Püppchen gewesen, das an der Seite der Meinung hin- und hergetanzt hätte.''

Zur Soziogenese der Begriffe „Zivilisation" und „Kultur".

Und die Heldin selbst sagt von sich[21]):

„Ich kannte nur wenig vom konventionellen Leben und der Sprache der Weltleute. Meine einfachen Grundsätze fanden so manches paradox, womit der durch Gewohnheit geschmeidige Sinn sich ohne Mühe aussöhnet. Es war mir so natürlich, als daß die Nacht auf den Tag folgt, den Betrogenen zu beklagen und den Betrüger zu hassen, die Tugend der Ehre, und die Ehre dem eigenen Vorteil vorzuziehen. In dem Urteil dieser Gesellschaft sah ich alle diese Begriffe umgestoßen."

Dann wird von ihr der französisch-zivilisierte Fürst abgezeichnet[22]):

„Der Fürst war zwischen sechzig und siebzig Jahre und belästigte sich und andere noch mit der steifen, altfranzösischen Etiquette, die die deutschen Fürstensöhne am Hofe des französischen Königs erlernt und auf ihren Boden, freilich in etwas verminderten Dimensionen, verpflanzt hatten. Der Fürst hatte durch Alter und Gewohnheit sich beinahe natürlich unter dieser schweren Rüstung des Zeremoniells bewegen lernen. Gegen die Frauen beobachtete er die feine hochgespannte Höflichkeit der alten Ritterzeit, so daß sein Äußeres für diese nicht ungefällig war, aber aus der Sphäre der feinen Manieren durfte er keinen Moment geraten, um erträglich zu sein. Seine Kinder . . . fanden in dem Vater nur den Despoten.

Die Karikaturen unter den Hofleuten schienen mir bald lächerlich, bald beweinenswert. Die Ehrfurcht, die sie sogleich beim Erscheinen ihres Herrn aus ihrem Herzen in ihre Hände und Füße rufen konnten, ein gnädiger oder zorniger Blick, der wie ein elektrischer Schlag durch ihren Körper fuhr . . . Das augenblickliche Beugen ihrer Meinung nach der letzten Äußerung der fürstlichen Lippen, dies alles schien mir unbegreiflich. Ich stand wie vor einem Puppenkasten."

Höflichkeit, Geschmeidigkeit, feine Manieren auf der einen Seite, feste Bildung, die Tugend der Ehre vorziehen, auf der anderen: das deutsche Schrifttum in der zweiten Hälfte des 18. Jahrhunderts ist voll von solchen Gegenüberstellungen.

Verhältnis der deutschen Intelligenz zu den höfischen Menschen.

Noch am 23. Oktober 1828 sagt Eckermann zu Goethe: „Eine so gründliche Bildung, wie sie der Großherzog gehabt zu haben scheint, mag bei fürstlichen Personen selten vorkommen." „Sehr selten", erwiderte Goethe, „es gibt zwar viele, die fähig sind, über alles mögliche sehr geschickt mitzureden, aber sie haben es nicht im Innern und krabbeln nur an der Oberfläche. Und es ist kein Wunder, wenn man die entsetzlichen Zerstreuungen und Zerstückelungen bedenkt, die das Hofleben mit sich führt."

Gelegentlich gebraucht er auch ganz ausdrücklich in diesem Zusammenhang den Begriff der Kultur.

„Die Leute", sagt er[23]), „mit denen ich umgeben war, hatten keine Ahnung von Wissenschaft. Es waren deutsche Hofleute und diese Klasse hatte damals nicht die mindeste Cultur."

Und Knigge stellt einmal ausdrücklich fest: „Wo machte mehr als hier (in Deutschland) das Korps der Hofleute eine ganz eigene Gattung aus."

16. In allen diesen Äußerungen zeichnet sich eine ganz bestimmte gesellschaftliche Situation ab. Es ist die gleiche Situation, die hinter Kants Gegenüberstellung von Kultur und Zivilisiertheit spürbar wird. Aber auch unabhängig von diesen Begriffen hat sich diese Phase und die Erfahrungen, die aus ihr stammten, der deutschen Tradition tief eingeprägt. Was sich in diesem Kulturbegriff, in der Antithese von Tiefe und Oberflächlichkeit und in vielen verwandten Begriffen zunächst ausspricht, ist das Selbstbewußtsein einer mittelständischen Intelligenzschicht. Es handelt sich um eine verhältnismäßig kleine Schicht, die weit über das ganze Gebiet verstreut und daher in hohem Maße und in eigentümlicher Form individualisiert ist. Sie bildet keineswegs etwa wie die höfische Gesellschaft einen geschlossenen Verkehrskreis, eine "Society". Sie setzt sich vorwiegend aus Beamten, aus Staatsdienern im weitesten Sinne des Wortes zusammen, also aus Menschen, die direkt oder indirekt ihre Einkünfte vom Hofe bezogen, ohne selbst, von wenigen Ausnahmen abgesehen,

Zur Soziogenese der Begriffe „Zivilisation" und „Kultur".

zur höfischen „guten Gesellschaft", zur aristokratischen Oberschicht zu gehören. Es ist eine Intelligenzschicht ohne breites bürgerliches Hinterland. Das kommerzielle Berufsbürgertum, das der schreibenden Intelligenz als Publikum dienen könnte, ist in den meisten Staaten Deutschlands im 18. Jahrhundert noch relativ wenig entwickelt. Der Aufstieg zum Wohlstand beginnt erst in dieser Zeit. Die schreibende, deutsche Intelligenz schwebt also etwas in der Luft. Der Geist und das Buch sind ihre Zuflucht und ihre Domäne, Leistungen in Wissenschaft und Kunst ihr Stolz. Raum für politische Aktivität, für politische Zielsetzung ist dieser Schicht kaum gegeben. Kaufmännische Probleme, Fragen der Wirtschaftsordnung sind, entsprechend dem Aufbau ihres Lebens und ihrer Gesellschaft, Randprobleme für sie. Handel, Verkehr und Industrie sind noch vergleichsweise unentwickelt und brauchen zum guten Teil noch eher den Schutz und die Förderung durch eine merkantilistische Fürstenpolitik als die Befreiung von deren Zwängen. Das, wodurch sich diese mittelständische Intelligenz des 18. Jahrhunderts legitimiert, was ihr Selbstbewußtsein, ihren Stolz begründet, liegt jenseits von Wirtschaft und Politik: in dem, was man gerade deswegen im Deutschen „Das rein Geistige" nennt, in der Ebene des Buches, in Wissenschaft, Religion, Kunst, Philosophie und in der inneren Bereicherung, der „Bildung" des Einzelnen, vorwiegend durch das Medium des Buches, in der Persönlichkeit. Dem entspricht es, daß die Parolen, in denen dieses Selbstbewußtsein der deutschen Intelligenzschicht zum Ausdruck kommt, Parolen wie „Bildung" oder „Kultur", eine so starke Tendenz zeigen, zwischen Leistungen auf den genannten Gebieten, zwischen diesem rein Geistigen, als dem eigentlich Wertvollen, und dem Politischen, Wirtschaftlichen, Gesellschaftlichen einen starken Strich zu ziehen, ganz im Gegensatz zu den Parolen des aufsteigenden Bürgertums in Frankreich und England. Das eigentümliche Schicksal des deutschen Bürgertums, seine lange politische Ohnmacht, die späte Einigung zur Nation, alles das hat dann

Verhältnis der deutschen Intelligenz zu den höfischen Menschen.

immer von neuem Impulse in der gleichen Richtung gegeben und die Begriffe, die Ideale in dieser Richtung verfestigt. Was sie zunächst in dieser Form auf den Weg schickte, war diese eigentümliche, deutsche Intelligenzschicht ohne größeres gesellschaftliches Hinterland, die als erste bürgerliche Formation in Deutschland ein ausgesprochen bürgerliches Selbstbewußtsein, spezifisch mittelständische Ideale und ein prägnantes, gegen die höfische Oberschicht gerichtetes Begriffsarsenal entwickelte.

Ihrer Situation entsprach auch das, was diese Intelligenz als das Bekämpfenswerte, als Gegenbild zur Bildung und Kultur bei der Oberschicht vor sich sah. Die Attacke richtet sich nur selten, nur zaghaft und meistens resigniert gegen die politischen oder gesellschaftlichen Vorrechte der höfischen Aristokratie. Sie richtet sich vorwiegend gegen deren menschliches Verhalten.

Man findet eine sehr bezeichnende Schilderung des Unterschieds, der zwischen dem Aufbau dieser deutschen und dem der entsprechenden französischen Intelligenz-Schicht bestand, ebenfalls in Goethes Gesprächen mit Eckermann: Ampère ist nach Weimar gekommen. Goethe kannte ihn nicht persönlich. Aber er hatte ihn schon öfters Eckermann gegenüber gerühmt. Zum Erstaunen aller stellt sich der weithin bekannte Herr Ampère als ein ,,lebensfroher Jüngling von einigen zwanzig Jahren" dar. Eckermann gibt seiner Verwunderung Ausdruck, und Goethe antwortet ihm (Donnerstag, den 3. Mai 1827):

,,Ihnen in ihrer Heyde ist es freilich nicht so leicht geworden und auch wir anderen im mittleren Deutschland haben unser bißchen Weisheit schwer genug erkaufen müssen. Denn wir führen doch im Grunde ein isoliertes, armseliges Leben! Aus dem eigentlichen Volk kommt uns sehr wenig Cultur entgegen, und unsere sämtlichen Talente und guten Köpfe sind über ganz Deutschland ausgesäet. Da sitzt einer in Wien, ein anderer in Berlin, ein anderer in Königsberg, ein anderer in Bonn oder Düsseldorf, alle durch fünfzig bis hundert Meilen

Zur Soziogenese der Begriffe „Zivilisation" und „Kultur".

voneinander getrennt, so daß persönliche Berührung und ein persönlicher Austausch von Gedanken zu Seltenheit gehört. Was dies aber wäre, empfinde ich, wenn Männer wie Alexander von Humboldt hier durchkommen und mich in dem, was ich suche und mir zu wissen nöthig, in einem einzigen Tage weiterbringen, als ich sonst auf meinem einsamen Wege im Jahre nicht erreicht hätte.

Nun aber denken Sie sich eine Stadt wie Paris, wo die vorzüglichsten Köpfe eines ganzen Reiches auf einem einzigen Fleck beisammen sind und in täglichem Verkehr, Kampf und Wetteifer, sich gegenseitig belehren und steigern, wo das Beste aus allen Reichen der Natur und Kunst, des ganzen Erdbodens, der täglichen Anschauung offen steht; diese Weltstadt denken Sie sich, wo jeder Gang über eine Brücke oder einen Platz an eine große Vergangenheit erinnert. Und zu diesem allem denken Sie sich nicht das Paris einer dumpfen geistlosen Zeit, sondern das Paris des 19. Jahrhunderts, in welchem seit drei Menschenaltern durch Männer wie Molière, Voltaire, Diderot und desgleichen eine solche Fülle von Geist in Kurs gesetzt ist, wie sie sich auf der ganzen Erde auf einem einzigen Fleck nicht zum zweiten Mal findet und sie werden begreifen, daß ein guter Kopf, wie Ampère, in solcher Fülle aufgewachsen, in seinem vierundzwanzigsten Jahr wohl etwas sein kann."

Und etwas weiter sagt Goethe mit Bezug auf Merimé:

„In Deutschland soll einer es wohl bleiben lassen, so jung etwas so Reifes hervorzubringen. Daran ist nicht der Einzelne schuld, sondern der Culturzustand seiner Nation und die große Schwierigkeit, die wir alle erfahren, uns auf einsamen Wege durchzuhelfen."

Aus solchen Äußerungen, die in diesen einleitenden Gedanken als Beleg und Hinweis genügen müssen, wird dem Rückschauenden außerordentlich deutlich, wie mit der politischen Zerrissenheit Deutschlands ein ganz spezifischer Aufbau der deutschen Intelligenzschicht und zugleich ein spezifischer Aufbau ihres menschlichen Verhaltens und ihres geistigen Gepräges zusammenhängt. In Frankreich sammelt sich die Intelligenz an einem Orte; sie ist zusammengehalten im Verkehrskreise einer mehr oder weniger einheitlichen und zentralen guten Gesellschaft; in Deutschland mit seinen vielen, relativ kleinen Hauptstädten gibt es keine zentrale und einheitliche gute Gesellschaft. Hier ist die Intelligenz über das ganze Land verstreut. Dort ist immer die Unterhaltung eines der wichtigsten Kommunikationsmittel und überdies seit Jahrhunderten eine Kunst; hier ist das wichtigste Kommunikationsmittel das Buch, und es ist mehr eine einheitliche Schriftsprache als eine einheitlich gesprochene Sprache, die diese deutsche Intelligenzschicht entwickelt. Dort lebt bereits der junge Mensch im Medium einer reichen und anregenden Geistigkeit; hier muß sich der mittelständische, junge Mensch vergleichsweise einsam und allein hocharbeiten. Die Aufstiegsmechanismen sind hier und dort verschieden. Und schließlich zeigt diese Äußerung Goethes auch sehr deutlich, was das heißt: eine mittelständische Intelligenzschicht ohne Hinterland. Oben ist eine Äußerung von ihm zitiert worden, nach der die Hofleute wenig Kultur hatten. Hier sagt er nun das gleiche von dem Volk. Kultur und Bildung sind in der Tat Parolen und Charakteristika einer schmalen Schicht in der Mitte, die sich aus dem Volke heraushebt. Nicht nur die kleine, höfische Schicht darüber, auch die breiteren Schichten darunter bringen den Bemühungen der eigenen Elite noch verhältnismäßig wenig Verständnis entgegen.

Gerade dies aber, die relativ geringe Entwicklung der breiteren, berufsbürgerlichen Schichten, ist eine der Ursachen dafür, daß der Kampf des mittelständischen Vortrupps, der bürgerlichen Intelligenzschicht gegen die höfische Oberschicht sich so gut wie vollständig jenseits der politischen Sphäre abspielt, und daß der Angriff sich vorwiegend gegen das menschliche Verhalten der Oberschicht, gegen allgemein menschliche Charaktere wie „Oberflächlichkeit", „äußere Höflichkeit", „Unaufrichtigkeit" und Ähnliches richtet. Die wenigen Zitate, die hier angeführt werden konnten, zeigen diese Zusammenhänge bereits recht deutlich. Allerdings

Zur Soziogenese der Begriffe „Zivilisation" und „Kultur".

kondensiert der Angriff sich nur selten und ohne große Betonung in bestimmten, spezifischen Gegenbegriffen zu jenen anderen, die der Selbstlegitimierung der deutschen Intelligenzschicht dienen, wie Bildung oder Kultur. Einer der wenigen spezifischen Gegenbegriffe, die sich finden lassen, ist „Zivilisiertheit" im Sinne Kants.

Das Zurücktreten des sozialen und das Hervortreten des nationalen Gegensatzes in der Gegenüberstellung von „Kultur" und „Zivilisation".

17. Gleichgültig indessen, ob die Antithese sich in diesen oder in anderen Begriffen ausdrückt, eines wird in alledem deutlich: Die Gegenüberstellung von bestimmten menschlichen Charakteren, die später vorwiegend dem Ausdruck eines nationalen Gegensatzes dienen, erscheint hier noch in erster Linie als Ausdruck eines sozialen Gegensatzes. Als maßgebende Erfahrung für die Bildung solcher Gegensatzpaare wie „Tiefe" und „Oberflächlichkeit", „Aufrichtigkeit" und „Falschheit", „äußere Höflichkeit" und „wahre Tugend", als Erlebniszusammenhang, aus dem dann unter anderem auch die Gegenüberstellung von Zivilisation und Kultur hervorwächst, erweist sich in einer bestimmten Phase der deutschen Entwicklung die Spannung zwischen mittelständischer Intelligenz und höfischer Aristokratie. Gewiß fehlt dabei niemals das Bewußtsein ganz, daß höfisch und französisch verwandte Dinge sind. G. C. H. Lichtenberg bringt das in seinen Aphorismen einmal sehr deutlich zum Ausdruck, wenn er von dem Unterschied zwischen dem französischen «promesse» und der deutschen „Versprechung" spricht (III. Heft, 1775—1779)[24]). „Die letztere", sagt er, „wird gehalten und die erstere nicht. Vom Nutzen der französischen Wörter im Deutschen. Ich wundere mich, daß man das nicht gemerkt hat. Das französische Wort gibt die deutsche Idee mit einem Zusatz von Wind oder in der Hofbedeutung ... Eine Erfindung ist etwas Neues. Und eine decouverte etwas

Zurücktreten d. sozialen u. Hervortreten d. nationalen Gegensatzes.

Altes mit einem neuen Namen. Columbus hat Amerika entdeckt und Americus Vesputius hat es decouvriert. Ja, goût und Geschmack stehen einander fast entgegen und Leute von goût haben selten viel Geschmack."

Aber ganz eindeutig tritt in dem Begriff ,,Zivilisation" und in dem verwandten Begriffsbereich der Gedanke an die deutsche, höfische Aristokratie erst zurück, und es tritt stärker der Gedanke an Frankreich, an die westlichen Mächte überhaupt, darin in den Vordergrund nach der französischen Revolution.

Ein Beispiel für viele: Im Jahre 1797 erschien ein kleines Buch eines französischen Emigranten Menuret, Essay sur la ville d'Hambourg. Ein Hamburger, der Domherr Meyer, gibt dazu in seinen ,,Skizzen" folgende Kommentare:

«Hambourg est encore en arrière. Il a fait depuis une époque très fameuse (famos genug, wo die Emigrantenschwärme auch bei uns sich niederlassen), des progrès (also doch, wirklich?) pour les augmenter, pour completer, je ne dis pas son bonheur (das hieß ihn sein Gott sprechen), mais sa civilisation, son avencement dans la carrière des sciences, des arts (worin, wie ihr wißt, wir noch im Norden sind) dans celle du luxe, des aisances, des frivolités (das, das ist die Sache!); il faut encore quelques années, ou des évènements qui lui amènent des nouveaux essaims d'étrangers (nur keine neuen Schwärme seiner zivilisierten Landsleute) et un accroissement d'opulence.»

Hier haben sich also die Begriffe ,,zivilisiert" und ,,Zivilisation" schon ganz eindeutig mit dem Bild des Franzosen verbunden.

Mit dem langsamen Aufstieg des deutschen Bürgertums aus einer zweitrangigen Schicht zum Träger des deutschen Nationalbewußtseins und schließlich — sehr spät und bedingt — zur herrschenden Schicht, aus einer Schicht, die sich zunächst vorwiegend in der Abhebung gegen die höfisch-aristokratische Oberschicht, dann vorwiegend in der Abgrenzung gegen konkurrierende Nationen sehen oder legitimieren mußte, ändert auch die Antithese ,,Kultur und Zivilisation"

Zur Soziogenese der Begriffe „Zivilisation" und „Kultur".

mit dem ganzen Bedeutungsgehalt, der dazu gehört, ihren Sinn und ihre Funktion: Aus einer vorwiegend sozialen wird eine vorwiegend nationale Antithese.

Und ganz entsprechend ist der Entwicklungsgang dessen, was als spezifisch deutsch gilt: Hier ebenfalls wird vieles von dem, was ursprünglich mittelständischer Sozialcharakter war, ausgeprägt in den Menschen durch ihre soziale Situation, zum Nationalcharakter. Aufrichtigkeit und Offenheit z. B. stehen nun als deutsche Charaktere der verdeckenden Höflichkeit gegenüber. Aber Aufrichtigkeit, wie sie hier gemeint ist, tritt ursprünglich als spezifischer Zug des mittelständischen Menschen im Vergleich mit dem Benehmen des Weltmanns oder des Hofmanns hervor. Auch das tritt in einem Gespräch Eckermanns mit Goethe gelegentlich einmal sehr klar zu Tage.

„Ich trage", sagt Eckermann am 2. Mai 1824, „in die Gesellschaft gewöhnlich meine persönlichen Neigungen und Abneigungen und ein gewisses Bedürfnis zu lieben und geliebt zu werden. Ich suche eine Persönlichkeit, die meiner eigenen Natur gemäß sei; dieser möchte ich mich ganz hingeben und mit den andern nichts zu tun haben."

„Diese ihre Naturtendenz", antwortet Goethe, „ist freilich nicht geselliger Art; allein was wäre alle Bildung, wenn wir unsre natürlichen Richtungen nicht wollten zu überwinden suchen. Es ist eine große Torheit zu verlangen, daß die Menschen zu uns harmonieren sollen, ich habe es nie getan. Dadurch habe ich es dahingebracht mit jedem Menschen umgehen zu können, und dadurch allein entsteht die Kenntnis menschlicher Charaktere, sowie die nötige Gewandtheit im Leben. Denn grade bei widerstrebenden Naturen muß man sich zusammennehmen, um mit ihnen durchzukommen. So sollten Sie es auch machen. Das hilft nun einmal nichts, Sie müssen in die große Welt hinein. Sie mögen sich stellen, wie Sie wollen."

Die Soziogenese und Psychogenese der menschlichen Verhaltensweisen ist im großen und ganzen noch unbekannt. Die Fragestellung selbst mag fremdartig erscheinen. Immerhin ist sichtbar, daß die Menschen verschiedener, gesellschaft-

Zurücktreten d. sozialen u. Hervortreten d. nationalen Gegensatzes.

licher Einheiten sich in ganz bestimmter Weise verschieden verhalten. Man ist gewöhnt, davon wie von etwas Selbstverständlichem zu sprechen. Man spricht von dem Bauern oder dem Hofmann, von dem Engländer oder dem Deutschen, von dem mittelalterlichen Menschen oder dem Menschen des 20. Jahrhunderts und meint damit, daß die Menschen der gesellschaftlichen Einheiten, auf die durch solche Begriffe hingewiesen wird, sich über alle individuellen Verschiedenheiten hinweg in bestimmter Weise einheitlich verhalten, gemessen an den Individuen der Gruppen, die ihnen jeweils gegenübergestellt sind: Der Bauer verhält sich in gewisser Hinsicht anders als der Hofmann, der Engländer oder Franzose anders als der Deutsche, der mittelalterliche Mensch anders als beispielsweise der Mensch des 20. Jahrhunderts, so viel im übrigen auch ihnen allen, da sie ja alle Menschen sind, gemeinsam sein mag.

Verschiedene Verhaltensweisen in diesem Sinne zeichnen sich auch in dem zitierten Gespräch Eckermanns mit Goethe ab. Goethe ist gewiß ein in besonders hohem Maße individualisierter Mensch. Verhaltensweisen verschiedener sozialer Herkunft verschmelzen in ihm, seinem sozialen Schicksal entsprechend, zu einer spezifischen Einheit. Er, seine Meinungen, sein Verhalten ist gewiß nie restlos typisch für eine der gesellschaftlichen Gruppen und Situationen, durch die er hindurchgegangen ist. Aber hier spricht er ganz ausdrücklich als Weltmann, als Hofmann aus Erfahrungen, die Eckermann notwendigerweise fremd sind. Er sieht den Zwang zur Zurückhaltung der eigenen Gefühle, zur Unterdrückung von Antipathien und Sympathien, den der Verkehr in der «monde», in der großen Welt mit sich bringt, und der von Menschen einer anderen sozialen Situation und dementsprechend einer anderen Affektlagerung oft als Falschheit, als Unaufrichtigkeit bemerkt wird. Und mit der Bewußtheit, die ihn als relativen Außenseiter aller sozialer Gruppen auszeichnet, sucht er das Förderliche, das Menschliche dieser Mäßigung der individuellen Affekte hervorzuheben. Seine

Zur Soziogenese der Begriffe „Zivilisation" und „Kultur".

Bemerkung gehört zu den wenigen deutschen Äußerungen dieser Zeit, in denen etwas von dem gesellschaftlichen Sinn der „Höflichkeit" gesehen ist und in denen etwas Positives über gesellschaftliche Gewandtheit gesagt ist. In Frankreich und auch in England, wo die „große Welt", die "Society", für die Gesamtentwicklung der Nation eine weit größere Rolle spielt, spielen — weniger reflektiert als bei ihm —, auch die Verhaltenstendenzen, von denen er spricht, eine weit größere Rolle. Und Gedanken ähnlicher Art, die Idee, daß die Menschen suchen müssen, miteinander zu harmonieren und aufeinander Rücksicht zu nehmen, daß der Einzelne seinen Affekten nicht immer nachgeben darf, mit dem spezifisch gesellschaftlichen Sinn, den das alles bei Goethe hat, kehren beispielsweise in der höfischen Literatur Frankreichs ziemlich häufig wieder. Als Reflexion waren diese Gedanken individuelles Gut Goethes. Aber verwandte gesellschaftliche Situationen, das Leben in der «monde», hat überall in Europa zu verwandten Verhaltensvorschriften und verwandten Verhaltensweisen geführt.

Und ganz Entsprechendes gilt auch für das, was Eckermann als seine Verhaltensweise kennzeichnet. Sie ist gemessen an jener anderen, an jener äußeren Gelassenheit und Freundlichkeit auch bei entgegenstehendem Gefühl, wie sie in dieser Phase zunächst in der höfisch-aristokratischen Welt entwickelt wird, hier deutlich in ihrem Ursprung aus der kleinstädtisch-mittelständischen Lebenssphäre dieser Zeit zu erkennen. Und sie findet sich in dieser Sphäre ganz gewiß nicht nur in Deutschland. Aber hier, in Deutschland werden diese und verwandte Attituden entsprechend der besonders reinen Repräsentation mittelständischer Haltungen durch eine Intelligenzschicht in besonderem Maße in der Literatur sichtbar. Und vor allem kehren sie hier, kraft der strengeren Scheidung höfischer und mittelständischer Kreise, in dieser relativ reinen Form im Nationalverhalten der Deutschen wieder.

Die gesellschaftlichen Einheiten, die wir Nationen nennen, unterscheiden sich in hohem Maße durch die Art ihrer Affekt-

Zurücktreten d. sozialen u. Hervortreten d. nationalen Gegensatzes.

Ökonomie, durch die Schemata, nach denen das Affektleben des einzelnen unter dem Druck der institutionell gewordenen Tradition und der aktuellen Situation jeweils modelliert wird. Was typisch an dem Verhalten ist, das Eckermann beschreibt, ist eine spezifische Form der Affektmodellierung, jenes offene Freigeben individueller Zuneigungen, das Goethe als ungesellig und dem für die „große Welt" notwendigen Schema der Affektgestaltung entgegengesetzt empfindet.

Für Nietzsche, viele Jahrzehnte später, ist dann diese Haltung längst typisch nationale Haltung der Deutschen. Sie hat durch den Gang der Geschichte gewiß Modifikationen erfahren und nicht mehr den gleichen gesellschaftlichen Sinn, wie zur Zeit Eckermanns. Nietzsche spottet über sie: „Der Deutsche", sagt er in ‚Jenseits von Gut und Böse' (Stück 244), „liebt die ‚Offenheit' und ‚Biederkeit'. Wie bequem ist es offen und bieder zu sein. Es ist heute vielleicht die gefährlichste und glücklichste Verkleidung, auf die sich der Deutsche versteht, dies Zutrauliche, Entgegenkommende, dieses Karten-Aufdeckende der deutschen Redlichkeit. Der Deutsche läßt sich gehen, blickt dazu mit treuen blauen leeren deutschen Augen — und sofort verwechselt das Ausland ihn mit seinem Schlafrock." Das ist — wenn man von der einseitigen Wertung absieht — einer der vielen Hinweise darauf, wie mit dem langsamen Aufstieg mittelständischer Schichten deren spezifische Sozialcharaktere allmählich Nationalcharaktere werden.

Und das gleiche wird deutlich, wenn man etwa das folgende Urteil Fontanes über England liest, zu finden in „Ein Sommer in London" (Dessau 1852).

„England und Deutschland verhalten sich zueinander, wie Form und Inhalt, wie Schein und Sein. Im Gegensatz zu den Dingen, die in keinem Land der Welt eine ähnliche, auf den Kern gerichtete Gediegenheit aufweisen, wie in England, entscheidet unter den Menschen die Form, die alleräußerlichste Verpackung. Du brauchst kein Gentleman zu sein, du mußt nur die Mittel haben als solcher zu erscheinen, und du bist es. Du brauchst nicht recht zu haben,

Zur Soziogenese der Begriffe „Zivilisation" und „Kultur".

du mußt nur innerhalb der Formen des Rechts dich befinden
und du hast recht . . . Überall Schein. Nirgends ist man
geneigter dem bloßen Glanz und Schimmer eines Namens
sich blindlings zu überliefern.

Der Deutsche lebt um zu leben, der Engländer lebt, um
zu repräsentieren. Der Deutsche lebt um seinetwegen, der
Engländer um der andern willen."

Vielleicht ist es notwendig darauf hinzuweisen, wie genau
dieser letzte Gedanke mit der Antithese zwischen Eckermann
und Goethe übereinstimmt: „Ich gebe offen meiner persönlichen Zuneigung und Abneigung Ausdruck", meint Eckermann. „Man muß, selbst wiederstrebend, suchen, mit den
andern zu harmonieren", meint Goethe.

„Der Engländer", sagt Fontane, „hat tausend Bequemlich-
keiten, aber keine Bequemlichkeit. An die Stelle der Bequemlichkeit tritt der Ehrgeiz. Er ist immer bereit zu empfangen,
Audienz zu erteilen . . . er wechselt dreimal des Tages seinen
Anzug; er beobachtet bei Tisch — im Sitting- und im
Drawingroom — bestimmte vorgeschriebene Anstandsgesetze,
er ist ein feiner Mann, eine Erscheinung, die uns imponiert,
ein Lehrer, bei dem wir in die Schule gehen. Aber mitten in
unser Staunen hinein mischt sich eine unendliche Sehnsucht
zurück nach unserm kleinbürgerlichen Deutschland, wo man
so garnicht zu repräsentieren, aber so prächtig, so bequem
und gemütlich zu leben versteht."

Der Begriff „Zivilisation" wird hier nicht erwähnt. Und
der Gedanke an die deutsche Kultur erscheint in dieser Darstellung nur von ferne. Aber man sieht aus ihr, wie aus allen
diesen Überlegungen: Die deutsche Antithese „Zivilisation
und Kultur" steht nicht für sich; sie gehört in einen größeren
Zusammenhang. Sie ist ein Ausdruck des deutschen Selbstbewußtseins. Und sie weist hinter sich zurück auf Unterschiede der Selbstlegitimierung, des Gepräges, des gesamten
Verhaltens zunächst vorwiegend, wenn auch nicht ausschließlich, zwischen bestimmten deutschen Schichten, dann
zwischen der deutschen Nation und anderen Nationen.

Zweiter Teil.

Zur Soziogenese des Begriffs «civilisation» in Frankreich.

Über die soziale Genese des französischen Begriffs „Zivilisation".

1. Es wäre nicht zu verstehen, daß in der deutschen Gegenüberstellung von echter Bildung und Kultur auf der einen, bloßer äußerer Zivilisiertheit auf der anderen Seite das Bild des inneren, gesellschaftlichen Gegensatzes zurücktreten und das des nationalen dominant werden konnte, wenn nicht die Entwicklung des französischen Bürgertums in gewisser Hinsicht genau umgekehrt verlaufen wäre wie die des deutschen.

In Frankreich wurden die bürgerliche Intelligenz und die Spitzengruppen des Mittelstandes verhältnismäßig frühzeitig in den Kreis der höfischen Gesellschaft hineingezogen. Das alte Distinktionsmittel des deutschen Adels, die Ahnenprobe, das dann, bürgerlich transformiert, in der deutschen Rassengesetzgebung wieder auflebte, fehlte in der französischen Tradition keineswegs ganz, aber es spielte hier vor allem seit der Durchsetzung und Festigung der „absoluten Königsherrschaft" keine sehr entscheidende Rolle mehr als Barriere zwischen den Schichten. Die Durchdringung bürgerlicher Kreise mit spezifisch aristokratischem Traditionsgut, die in Deutschland bei der strengeren Trennung der Stände nur in bestimmten Bereichen, etwa im militärischen Bereich, wirklich tiefgehend, im übrigen aber wenig intensiv war, hatte in Frankreich ein ganz anderes Ausmaß. Es gab hier bereits im 18. Jahrhundert zum mindesten zwischen den bürgerlichen Spitzengruppen und der höfischen Aristokratie

Zur Soziogenese der Begriffe „Zivilisation" und „Kultur".

keine beträchtliche Gesittungsdifferenz mehr. Und wenn sich auch mit dem stärkeren Auftrieb mittelständischer Kreise von der Mitte des 18. Jahrhunderts ab oder, anders ausgedrückt, mit der Ausweitung der höfischen Gesellschaft durch die stärkere Einbeziehung mittelständischer Spitzengruppen Verhalten und Gesittung langsam änderten, so geschah das ohne Bruch in unmittelbarer Fortführung der höfisch-aristokratischen Tradition des 17. Jahrhunderts. Beide, das höfische Bürgertum und die höfische Aristokratie, sprachen die gleiche Sprache, lasen die gleichen Bücher, hatten, in einer bestimmten Abstufung, die gleichen Manieren, und als die sozialen und ökonomischen Disproportionalitäten das institutionelle Gefüge des «ancien régime» sprengten, als das Bürgertum zur Nation wurde, wurde auch vieles von dem, was im Ursprung spezifisch höfisch und gewissermaßen unterscheidender Sozialcharakter der höfischen Aristokratie, dann auch der höfischen Bürgergruppen war, in einer immer intensiveren Ausbreitungsbewegung und ganz gewiß in bestimmter Weise umgebildet zum Nationalcharakter: Die Art der Stilkonvention, der Umgangsformen, der Affektmodellierung, die Wertschätzung der Höflichkeit, die Wichtigkeit des Gutsprechens und der Konversation, die Artikuliertheit der Sprache und anderes mehr, alles das bildet sich in Frankreich zunächst innerhalb der höfischen Gesellschaft, und wird in einer kontinuierlichen Ausbreitungsbewegung langsam aus einem Sozial- zum Nationalcharakter.

Nietzsche hat auch hier den Unterschied sehr deutlich gesehen: „Überall wo es einen Hof gab", sagt er in ‚Jenseits von Gut und Böse' (Stck. 101), „hat es das Gesetz des Gutsprechens und damit auch das Gesetz des Stils für alle Schreibenden gegeben. Die höfische Sprache ist aber die Sprache des Höflings, der kein Fach hat, und der sich selbst im Gespräch über wissenschaftliche Dinge alle bequemen technischen Ausdrücke verbietet, weil sie nach dem Fach schmekken; deshalb ist der technische Ausdruck und alles, was den Spezialisten verrät, in den Ländern der höfischen Cultur

Über die soziale Genese des französischen Begriffs „Zivilisation".

ein Flecken des Stils. Man ist jetzt, wo alle Höfe Carica-
turen . . . geworden sind, erstaunt, selbst Voltaire in diesem
Punkte unsäglich spröde und peinlich zu finden.
Wir sind eben alle von dem höfischen Geschmack emanzi-
piert, während Voltaire dessen Vollender war!"
In Deutschland bildete sich die aufstrebende, mittelständische Intelligenzschicht des 18. Jahrhunderts, geschult an
den fachwissenschaftlich spezialisierten Universitäten, in
Künsten und Wissenschaften ihren eigenen Ausdruck, ihre
spezifische Kultur heran. In Frankreich war das Bürgertum
bereits in ganz anderem Maße entwickelt und wohlhabend.
Die aufsteigende Intelligenz hatte neben dem aristokratischen
auch ein breiteres, bürgerliches Publikum. Sie selbst, die
Intelligenz, ebenso wie bestimmte andere, mittelständische
Formationen wurden von dem höfischen Kreis assimiliert.
Und auf diese Weise kam es dann, daß die deutschen, mittelständischen Schichten mit dem sehr allmählichen Aufstieg
zur Nation jene Verhaltensweisen, die sie zuerst vorwiegend
bei ihren eigenen Höfen beobachtet und als zweitrangig bewertet oder — als ihrer Affektlage zuwider — abgelehnt
hatten, immer stärker als Nationalcharakter bei der Nachbar-
nation beobachteten und mehr oder weniger mißbilligten.
2. Es ist nur scheinbar paradox, daß in Deutschland, wo
die soziale Mauer zwischen Mittelstand und Aristokratie
höher, die gesellschaftlich-geselligen Kontakte seltener und
die Gesittungsdifferenz beträchtlicher waren, die Standes-
differenz, die Spannung zwischen den Schichten lange Zeit
hindurch keinen politischen Ausdruck fand, während sich in
Frankreich, wo die Standesbarrieren niedriger, die gesellschaftlich-geselligen Kontakte zwischen den Ständen unvergleichlich viel inniger waren, die politische Aktivität des
Bürgertums eher entwickelte, und die Spannung zwischen
den Ständen frühzeitig zum politischen Austrag kam.
Es ist nur scheinbar paradox: Die lange Abdrängung des
französischen Adels von politischen Funktionen durch die
Königspolitik, der frühe Anteil bürgerlicher Elemente an

Zur Soziogenese der Begriffe „Zivilisation" und „Kultur".

Regierung und Verwaltung, ihr Zutritt selbst zu den höchsten
Regierungsfunktionen, ihr Einfluß und Aufstieg am Hof hatte
beides zur Folge: dauernde enge gesellschaftliche Berührung
von Elementen verschiedener, sozialer Herkunft auf der einen
Seite und auf der anderen Chancen zu politischer Aktivität
für bürgerliche Elemente, als die gesellschaftliche Situation
reif wurde, und zuvor schon eine stärkere, politische Schulung,
Denken in politischen Kategorien. In den deutschen Staaten
verhielt es sich im großen und ganzen genau umgekehrt. Die
höchsten Regierungsposten blieben meistens dem Adel vorbehalten. Zum mindesten spielte der Adel, anders als in
Frankreich, in der höheren Verwaltung der Länder eine entscheidende Rolle. Seine Kraft als selbständiger Stand war
kaum je so radikal gebrochen, wie in Frankreich. Demgegenüber war entsprechend der wirtschaftlichen auch die ständische, die gesellschaftliche Kraft des Bürgertums bis ins
19. Jahrhundert hinein in Deutschland relativ gering. Daß die
deutschen, mittelständischen Elemente von dem gesellschaftlich-geselligen Verkehr mit der höfischen Aristokratie stärker
abgeschnitten waren als die französischen, entsprach dieser
relativen ökonomischen Schwäche und diesem Abgedrängtsein
von den meisten Schlüsselpositionen der Staaten.

3. Der Gesellschaftsaufbau Frankreichs machte es möglich,
daß die gemäßigte Opposition, die etwa von der Mitte des
18. Jahrhunderts ab langsam wächst, im engsten höfischen
Kreise selbst mit einem gewissen Erfolg vertreten werden
konnte. Ihre Vertreter bildeten noch nicht eine Partei. Dem
institutionellen Aufbau des «ancien régime» entsprachen andere Formen des politischen Kampfes. Sie bildeten eine
Clique am Hofe ohne feste Organisation, aber gestützt auf
Menschen und Gruppen in der weiteren, höfischen Gesellschaft und im Lande selbst. Die Verschiedenheit der gesellschaftlichen Interessen kam in den Kämpfen solcher Cliquen
am Hofe zum Ausdruck, gewiß in etwas vager Form und stark
vermischt mit persönlichen Fragen der verschiedensten Art,
aber immerhin, sie kamen zum Ausdruck und zum Austrag.

Über die soziale Genese des französischen Begriffs „Zivilisation".

Der französische Zivilisationsbegriff bildete sich genau wie der entsprechende deutsche Kulturbegriff in dieser Oppositionsbewegung der zweiten Hälfte des 18. Jahrhunderts. Der Prozeß seiner Bildung, seine Funktion und sein Sinn sind so verschieden von denen des deutschen Begriffs, wie die Verhältnisse und das Verhalten der Mittelschichten hier und dort.

Es ist nicht uninteressant zu sehen, wie ähnlich der Zivilisationsbegriff dort, wo man ihm zuerst im französischen Schrifttum begegnet, jenem Begriff ist, dem Kant viele Jahre später seinen Kulturbegriff entgegenstellt. Das erste, literarische Zeugnis für die Fortbildung des Verbs «civiliser» zum Begriff der «civilisation» findet sich nach den heutigen Feststellungen[25]) bei dem älteren Mirabeau im ersten Jahrzehnt nach der Jahrhundertmitte.

«J'admire», sagt er da[26]), «combien nos vues de recherches fausses dans tous les points le sont sur ce que nous tenons pour être la civilisation. Si je demandais à la plupart en quoi faites-vous consister la civilisation on me repondrait, la civilisation d'un peuple est l'adoucissement de ses mœurs, l'urbanité, la politesse et les connaissances répandues de manière, que les bienséances y soient et y tiennent lieu de lois de détail: tout cela ne me présente que le masque de la vertu et non son visage, et la civilisation ne fait rien pour la société, si elle ne lui donne le fond et la forme de la vertu.» Verfeinerung der Sitten, Höflichkeit, gutes Benehmen, das alles, meint Mirabeau, ist ja nur die Maske der Tugend, nicht ihr Gesicht, und die Zivilisation tut nichts für die Gesellschaft, wenn sie ihr nicht die Basis und die Gestalt der Tugend gibt. Das klingt ganz ähnlich wie das, was auch in Deutschland gegen die höfische Gesittung gesagt wurde. Auch hier wird dem, was nach Mirabeaus Angabe die Mehrzahl der Menschen für die Zivilisation hält, eben der Höflichkeit und den guten Umgangsformen, jenes Ideal entgegengestellt, in dessen Namen überall in Europa die mittleren Schichten gegen die höfisch-aristokratische Oberschicht Front

Zur Soziogenese der Begriffe „Zivilisation" und „Kultur".

machten, und durch die sie sich selbst legitimierten, im Namen der Tugend. Auch hier verbindet sich der Zivilisationsbegriff, ganz wie bei Kant, mit den spezifischen Charakteren der höfischen Aristokratie, folgerichtig: denn als «homme civilisé» bezeichnete man nichts anderes, als eine etwas erweiterte Spielart jenes Menschentyps, der das eigentliche Ideal der höfischen Gesellschaft darstellte, des «honnêt homme».

«Civilisé» war wie «cultivé», wie «poli» oder «policé» einer der vielen, oft fast wie Synonyme gebrauchten Begriffe, mit denen die höfischen Menschen bald im engeren, bald im weiteren Sinn das Spezifische ihres eigenen Verhaltens kennzeichnen wollten, und mit denen sie zugleich die Höhe ihrer eigenen gesellschaftlichen Gesittung, ihren „Standard", der Gesittung anderer, einfacherer und sozial niedrigerer Menschenarten entgegenstellten.

Begriffe, wie «politesse» oder «civilité» hatten, bevor der Begriff «civilisation» sich formte und durchsetzte, geradezu die gleiche Funktion wie er: Das Selbstbewußtsein der europäischen Oberschicht gegenüber anderen, die sie für einfacher oder primitiver hielt, auszudrücken, und zugleich die spezifische Art des Verhaltens zu charakterisieren, durch das sich diese Oberschicht von allen primitiveren und einfacheren Menschen unterschieden fühlte. Mirabeaus Äußerung zeigt ganz deutlich, wie unmittelbar zunächst der Zivilisationsbegriff die anderen Inkarnationen des höfischen Selbstbewußtseins fortführt: „Wenn man sie fragte, was ‚Zivilisation' ist, würden die Menschen antworten: «adoucissement des mœurs» «politesse» und Ähnliches", sagt er. Und wie für Rousseau, wenn auch gemäßigter, so kehren sich auch für Mirabeau die vorhandenen Wertungen um: Ihr und Eure Zivilisation, sagt er, das, worauf Ihr so stolz seid und wodurch Ihr euch über den einfachen Menschen zu erheben glaubt, alles das ist gar nicht soviel wert[27]):

«Dans toutes les langues . . . . . de tous les âges la peinture de l'amour des bergers pour leurs troupeaux et pour leurs

Über die soziale Genese des französischen Begriffs „Zivilisation".

chiens trouve le chemin de notre âme, toute émoussée qu'elle
est par la recherche du luxe et d'une fausse civilisation.»

Die Einstellung zum „einfachen Menschen" und vor allem
auch zum „einfachen Menschen" in seiner ausgeprägtesten
Gestalt, zum „Wilden", ist überall in der zweiten Hälfte des
18. Jahrhunderts ein Symbol für die Stellung eines Menschen
in der inneren, gesellschaftlichen Auseinandersetzung. Rousseau
hatte die herrschende Wertordnung seiner Zeit am radikalsten
angegriffen, und gerade deswegen war seine unmittelbare Bedeutung für die höfisch-mittelständische Reformbewegung der
französischen Intelligenz geringer, als es sein Widerhall bei
der unpolitischen, doch im Geistigen radikaler mittelständischen Intelligenz Deutschlands vermuten läßt. Aber
Rousseau hatte sich bei aller Radikalität in seiner Gesellschaftskritik noch keinen zusammenfassenden, keinen einheitlichen Gegenbegriff geschaffen, gegen den er die angesammelten
Vorwürfe schleudert. Mirabeau schafft ihn oder benutzt ihn
wenigstens als erster in seinen Schriften; vielleicht war er in
Gesprächen schon vor ihm da. Er macht aus dem «homme
civilisé» einen allgemeinen Charakter der Gesellschaft: Zivilisation. Aber seine Gesellschaftskritik, wie die der anderen
Physiokraten, ist gemäßigt. Sie hält sich durchaus im Rahmen
des bestehenden Gesellschaftssystems. Es ist in der Tat die
Kritik von Reformatoren. Während die deutsche, mittelständische Intelligenz wenigstens im Geiste, im Tagtraum ihrer
Bücher, Begriffe schmiedet, die von den Modellen der Oberschicht absolut verschieden sind, und in dieser Weise, auf politisch neutralem Boden, alle jene Schlachten schlägt, zu deren
Verwirklichung in der politischen und gesellschaftlichen Ebene
ihr die bestehenden Institutionen und Machtverhältnisse keine
Instrumente und nicht einmal Angriffspunkte geben, während
sie in ihren Büchern dem menschlichen Gepräge der Oberschicht, ihrer Zivilisiertheit, eigene neue Ideale und Verhaltensmodelle entgegenstellt, hält sich die höfische Reform-
Intelligenz Frankreichs lange Zeit durchaus im Rahmen der
höfischen Tradition. Sie wünscht zu bessern, zu modifizieren,

Zur Soziogenese der Begriffe „Zivilisation" und „Kultur".

umzubilden. Sie setzt, von wenigen Außenseitern, wie Rousseau, abgesehen, nicht ein radikal anderes Ideal und Modell dem herrschenden entgegen, sondern ein Reformideal und Reformmodelle des herrschenden selbst. In der Formulierung «fausse civilisation» wird bereits der ganze Unterschied zu der deutschen Bewegung spürbar. Sie schließt den Gedanken in sich, man müsse an Stelle der falschen eine echte Zivilisation setzen. Sie stellt dem «homme civilisé» nicht ein radikal anderes Menschenmodell entgegen, wie die deutsche bürgerliche Intelligenz durch ihren „gebildeten Menschen" und die Idee der „Persönlichkeit", sondern sie nimmt die höfischen Modelle auf, um sie fortzubilden und zu transformieren. Sie weist hinter sich auf eine kritische Intelligenz, die mittelbar oder unmittelbar in dem weit ausgesponnenen Verkehrsgeflecht der höfischen Gesellschaft selbst schreibt und kämpft.

Zur Soziogenese des Physiokratismus und der französischen Reformbewegung.

4. Man erinnere sich an die Situation Frankreichs nach der Mitte des 18. Jahrhunderts.

Die Grundsätze, nach denen Frankreich regiert und nach denen vor allem die Steuer- und Zollgesetzgebung gehandhabt wurde, waren im großen und ganzen noch die gleichen, wie zu den Zeiten Colberts. Aber die Macht- und Interessenverhältnisse im Innern, der gesellschaftliche Aufbau Frankreichs selbst hatte sich in entscheidenden Punkten verschoben. Der strenge Protektionismus, der Schutz der nationalen Manufaktur- und Handelstätigkeit vor der ausländischen Konkurrenz hatte tatsächlich zur Entwicklung des französischen Wirtschaftslebens und damit zur Förderung dessen, worauf es dem König und seinen Vertretern vor allem ankam, zur Förderung der Steuerkraft des Landes, entscheidend beigetragen. Die Schranken des Getreidehandels, die Monopole, das Speichersystem, die Zollmauern zwischen den Provinzen hatten einen Teil der lokalen Interessenten geschützt, und

Zur Soziogenese des Physiokratismus u. d. franz. Reformbewegung.

sie hatten vor allem das für die Ruhe des Königs und vielleicht ganz Frankreichs wichtigste Gebiet, Paris, zuweilen vor den äußersten Folgen von Mißernte und Teuerung, vor Hungersnot und Hungerrevolten bewahrt.

Aber inzwischen war die Kapitalkraft des Landes und die Bevölkerung gewachsen. Das Handelsnetz war dichter und ausgedehnter, die Industrietätigkeit lebhafter, die Verkehrswege besser, die wirtschaftliche Verflechtung und Interdependenz des französischen Gebietes — im Vergleich mit Colberts Zeit — enger geworden. Teile des Bürgertums begannen das traditionelle Steuersystem und das Zollsystem, unter dessen Schutz sie groß geworden, als störend und widersinnig zu empfinden. Fortschrittliche Landadlige und Gutsbesitzer, wie Mirabeau, sahen in den merkantilistischen Bindungen der Getreidewirtschaft mehr eine Schädigung, als eine Förderung der landwirtschaftlichen Produktion; sie profitierten dabei nicht wenig von den Lehren, die das freiere, englische Handelssystem dem Beobachter gab. Und vor allem erkannte ein Teil der höheren Verwaltungsbeamten selbst die Schäden des bestehenden Systems, an ihrer Spitze deren fortschrittlichster Typus, eine Reihe von Provinzintendanten, Vertreter der einzigen, modernen Form des Beamtentums, die das «ancien régime» hervorgebracht hat, der einzigen Beamtenfunktion, die nicht in der Art der übrigen käuflich und damit vererblich war. Diese fortschrittlichen Elemente der Verwaltung bildeten eine der wichtigsten Brücken zwischen dem Reformverlangen, das sich im Lande bemerkbar machte, und dem Hof. Sie spielten direkt oder indirekt in dem höfischen Cliquenkampf um die Besetzung der Posten, der politischen Schlüsselstellen, voran der Ministerstellen, eine nicht unbeträchtliche Rolle.

Daß diese Kämpfe noch nicht in dem gleichen Grade relativ unpersönliche, politische Auseinandersetzungen waren, wie später, wenn die verschiedenen Interessenrichtungen durch Parteien im Rahmen von Parlamenten vertreten werden, ist schon gesagt worden. Aber die höfischen Gruppen,

Zur Soziogenese der Begriffe „Zivilisation" und „Kultur".

die miteinander aus den verschiedensten Gründen um den Einfluß am Hof und um die Besetzung der Posten kämpften, bildeten zugleich gesellschaftliche Kernformationen, durch die Interessen breiterer Gruppen und Schichten bei der Zentrale des Landes Ausdruck finden konnten. Auf diese Weise waren auch die Reformtendenzen bei Hofe vertreten.

Die Könige waren in der zweiten Hälfte des 18. Jahrhunderts schon längst nicht mehr nach Gutdünken entscheidende Monarchen. Sie waren weit spürbarer als etwa Ludwig XIV Gefangene der gesellschaftlichen Prozesse und abhängig von diesen Cliquen, diesen Fraktionen des Hofes, die z. T. weit ins Land und tief in mittelständische Kreise hineinreichten. Der Physiokratismus ist einer der theoretischen Ausdrücke dieser Fraktionskämpfe. Er ist keineswegs nur ein ökonomisches, er ist ein groß angelegtes politisches und soziales Reformsystem. Er enthält zugespitzt, abstrakt und dogmatisch verfestigt, Ideen, die in weniger theoretischer, weniger dogmatischer und konsequenter Form, nämlich als praktische Reformforderungen für jene ganze Bewegung charakteristisch ist, als deren Exponent dann Turgot eine Zeit lang an die Spitze der Finanzen trat. Man könnte sie, wenn man dem, was keinen einheitlichen Namen hatte, und kein einheitlich organisiertes Gebilde war, einen Namen geben will, die Richtung der Reformbeamten nennen. Aber diese Reformbeamten hatten ohne Zweifel auch Teile der Intelligenz und des kaufmännischen Bürgertums hinter sich.

Übrigens gab es innerhalb der Reformwilligen und Reformverlangenden selbst erhebliche Meinungsverschiedenheiten über die Art der Reform. Es gab Männer darunter, die durchaus eine Reform des Steuersystems und des Staatsapparates wünschten, die aber zugleich in einem ganz anderen Maße protektionistisch eingestellt waren, als etwa die Physiokraten. Forbonnais ist einer der markantesten Vertreter dieser Richtung. Und man kann ihn, man kann seine Gesinnungsgenossen nicht ganz verstehen, wenn man sie wegen ihrer stärker betonten, schutzzöllnerischen Einstellung ohne weiteres noch zu

Zur Soziogenese des Physiokratismus u. d. franz. Reformbewegung.

den „Merkantilisten" rechnet. In der Debatte zwischen Forbonnais und den Physiokraten kommt bereits die Differenz innerhalb der modernen, industriellen Gesellschaft zu einem frühen Ausdruck, die von nun ab immer von neuem zu Kämpfen zwischen stärker freihändlerischen und stärker protektionistischen Interessengruppen geführt hat. Zu der mittelständischen Reformbewegung gehören beide.

Auf der anderen Seite verhielt es sich keineswegs so, daß etwa das ganze Bürgertum reformwillig und die Aristokratie ausschließlich Gegnerin der Reform war. Es gab eine genau zu kennzeichnende Reihe von mittelständischen Gruppen, die jedem ernsthaften Reformversuch den stärksten Widerstand entgegensetzten, und deren Existenz in der Tat an die Konservierung des «ancien régime» in seiner unreformierten Gestalt gebunden war. Zu diesen Gruppen gehörte vor allem der größere Teil der höheren Beamtenschaft, die noblesse de robe, deren Ämter in dem gleichen Sinne Familienbesitztum waren, in dem heute eine Fabrik oder irgendein Geschäft vererbliches Eigentum sind; dazu gehörte außerdem das Zunfthandwerk und ein guter Teil der Steuerpächter, der financiers. Und wenn die Reform in Frankreich tatsächlich scheiterte, wenn die Disproportionalitäten der Gesellschaft den institutionellen Bau des «ancien régime» schließlich gewaltsam sprengten, so hat der Widerstand dieser mittelständischen Gruppen gegen die Reform einen erheblichen Anteil daran.

Dieser ganze Überblick zeigt eines mit voller Klarheit, was für diesen Zusammenhang wichtig ist: In Frankreich spielten bürgerliche Schichten zu dieser Zeit bereits eine politische Rolle, in Deutschland nicht. Hier, in Deutschland, ist die Intelligenzschicht auf die Sphäre des Geistes und der Ideen beschränkt, dort, in Frankreich, bieten sich mit allen übrigen menschlichen Fragen zugleich gesellschaftliche, ökonomische, administrative und politische Fragen dem Nachdenken der höfisch-bürgerlichen Intelligenz. Die deutschen Gedankensysteme sind in ganz anderem Maße reine Forschung. Ihr sozialer Ort ist die Universität. Der soziale Ort, aus dem

53

Zur Soziogenese der Begriffe „Zivilisation" und „Kultur".

der Physiokratismus hervorging ist der Hof und die höfische
Gesellschaft mit ihren spezifischen, auf konkreten Einfluß,
etwa auf Beeinflussung des Königs oder seiner Freundin, gerichteten Denkaufgaben.

5. Die Grundideen Quesnays und der Physiokraten sind
bekannt. Quesnay stellt in seinem «Tableau économique»
das Wirtschaftsleben der Gesellschaft als einen mehr oder
weniger selbsttätigen Prozeß, als einen geschlossenen Kreislauf von Produktion, Zirkulation und Reproduktion der
Güter dar. Er spricht von natürlichen Gesetzen des Zusammenlebens im Einklang mit der Vernunft. Von dieser
Idee aus kämpft Quesnay dagegen, daß die Regierenden
willkürlich in den ökonomischen Kreislauf eingreifen. Er
wünscht, daß sie dessen Gesetzlichkeit kennen, um die Prozesse zu lenken, und er wünscht nicht, daß sie ahnungslos nach
Gutdünken Verordnungen erlassen. Er verlangt Freiheit
des Handels, besonders des Getreidehandels, weil die selbsttätige Regulierung, das freie Spiel der Kräfte, seiner Meinung
nach eine für Konsumenten und Produzenten wohltätigere
Ordnung schaffen als die traditionellen Regulierungen von
oben und die unzähligen Handelsbarrieren zwischen Provinz
und Provinz, zwischen Land und Land.

Aber er ist durchaus der Meinung, daß die selbsttätigen
Prozesse von einer weisen und aufgeklärten Beamtenschaft
gekannt und aus dieser Kenntnis heraus gelenkt werden
müssen. Hier vor allem liegt der Unterschied zwischen der
Art, in der die französischen Reformer und jener, in der die
englischen Reformer die Erfahrung der selbsttätigen Regulierung des Wirtschaftslebens verarbeiten. Quesnay und die
Seinen halten sich durchaus im Rahmen des bestehenden mo-
narchischen Systems. An die Grundelemente des «ancien
régime» und seines institutionellen Gefüges rührt er nicht.
Und das gilt erst recht von dem Teil der Beamtenschaft und
der Intelligenz, die ihm nahestehen, und die weniger abstrakt, weniger zugespitzt und stärker aufs Praktische ausgerichtet zu ähnlichen Resultaten kommen, wie die physio-

kratische Kerngruppe. Im Grunde ist die Erfahrung und der Gedankengang, der ihnen allen gemeinsam ist, höchst einfach: es stimmt nicht — so etwa kann man ihn formulieren —, daß die Regierenden allmächtig sind und nach Gutdünken alle menschlichen Verhältnisse regeln können. Die Gesellschaft, die Wirtschaft hat ihre eigenen Gesetzmäßigkeiten, sie setzt den unvernünftigen Einflüssen der Regierung und der Gewalt Widerstand entgegen. Deshalb muß man eine aufgeklärte, eine vernünftige Verwaltung schaffen, die entsprechend den „Naturgesetzen" der gesellschaftlichen Prozesse und d. h. zugleich, entsprechend der Vernunft, verwaltet und regiert.

6. Einer der Ausdrücke und ein deutliches Spiegelbild dieser Reformideen ist im Moment seiner Bildung der Begriff «civilisation». Wenn hier der Gedanke an den «homme civilisé» zur Konzeption eines Begriffs führt, der das Ganze der Gesittung und des bestehenden Gesellschaftszustandes bezeichnet, so ist das zunächst einmal Ausdruck für die spezifische Hellsicht des Oppositionellen, des Gesellschaftskritikers.

Aber es kommt etwas anderes hinzu, eben jene Erfahrung, daß die Regierung nicht nach Belieben Anordnungen treffen könne, sondern daß ihr anonyme, gesellschaftliche Kräfte automatisch Widerstand entgegensetzen, falls die Anordnungen nicht von einer genauen Kenntnis dieser Kräfte und Gesetzmäßigkeiten gelenkt sind; es ist die Erfahrung der Hilflosigkeit auch der abolutesten Regierungen gegenüber den Dynamismen der gesellschaftlichen Entwicklung und des Unheils, der sichtbaren Verwirrung, des Elends und der Not, die willkürgelenkte, „naturwidrige", „unvernünftige" Regierungsmaßnahmen stiften. Diese Erfahrung findet, wie gesagt, ihren Ausdruck in der physiokratischen Idee, daß gesellschaftliche Vorgänge, wie Naturerscheinungen, in einem gesetzmäßigen Prozeß verlaufen. Und dies ist zugleich die Erfahrung, die in der Fortbildung des älteren «civilisé» zum Substantiv «civilisation» Gestalt annimmt, und die dazu beiträgt, ihm über den individuellen Gebrauch hinaus Bedeutung zu geben.

Zur Soziogenese der Begriffe „Zivilisation" und „Kultur".

Die Wehen der industriellen Revolution, die nicht mehr als Ergebnis einer Lenkung zu fassen waren, lehrten die Menschen, für eine kurze Zeit zum erstenmal auch sich selbst, ihr eigenes gesellschaftliches Dasein, als Prozeß zu sehen und zu denken. Wenn man den Gebrauch des Begriffs «civilisation» zunächst bei Mirabeau weiterverfolgt, sieht man deutlich, wie diese Erfahrung ihm die ganze Gesittung seiner Zeit in einem neuen Licht erscheinen läßt. Auch diese Gesittung, auch das „Zivilisiert-Sein" empfindet und erkennt er als Ausdruck eines Kreislaufs und er wünscht, daß die Regierenden diese Gesetzmäßigkeit sehen, um sie nutzen zu können. Das ist der Sinn des Begriffs „Zivilisation" in diesem frühen Stadium seines Gebrauchs.

Mirabeau spricht in seinem «Ami des hommes» einmal davon[28]), wie ein Zuviel an Geld die Bevölkerung vermindere, und zwar in dem Maße, in dem sich der Verbrauch jedes einzelnen Individuums vermehrt. Dieser Überfluß an Geld, so ist seine Meinung, «bannit l'industrie et les arts, et jette en conséquence les états dans la pauvreté et la dépopulation», wenn er allzu groß wird. Und er fährt fort: «De là naîtrait comment le cercle de la barbarie à la décadence par la civilisation et la richesse peut être repris par un ministre habile et attentif et la machine remontée avant que d'être à sa fin.»

In diesem Satz ist eigentlich alles beisammen, was dann ganz allgemein für die Grundhaltung der Physiokraten kennzeichnend ist: Die Selbstverständlichkeit, mit der die Entwicklungsgänge der Wirtschaft, der Bevölkerung, schließlich der gesamten Gesittung als ein großer Zusammenhang betrachtet werden, die Konsequenz, mit der das alles als ein Kreislauf, ein ständiges Auf und Ab gesehen wird, und die politische Tendenz, der Reformwille, kraft dessen dieses Wissen letzten Endes für die Regierenden bestimmt ist, damit sie aus der Einsicht in diese Gesetzmäßigkeiten die gesellschaftlichen Prozesse besser, aufgeklärter, vernünftiger, zu regeln und zu lenken imstande seien als bisher.

Zur Soziogenese des Physiokratismus u. d. franz. Reformbewegung.

In Mirabeaus Widmung seiner «Théorie de l'impôt» an den König vom Jahre 1760, mit der er dem Monarchen das physiokratische Projekt der Steuerreform anempfiehlt, findet sich noch ganz der gleiche Gedanke:

«L'exemple de tous les empires, qui ont précédé le vôtre, et qui ont parcouru le cercle de la civilisation, serait dans le détail une preuve de ce que je viens d'avancer.»

Die kritische Einstellung des Landedelmanns Mirabeau gegenüber Reichtum, Luxus und der ganzen herrschenden Gesittung, gibt seiner Konzeption eine besondere Färbung. Die echte Zivilisation, so meint er, steht im Kreislauf zwischen der Barbarei und der falschen, der „dekadenten" Zivilisation, die durch einen Überfluß an Geld erzeugt wird. Sache einer aufgeklärten Regierung ist es, diesen Automatismus so zu steuern, daß die Gesellschaft auf der mittleren Linie zwischen Barbarei und Dekadenz gedeihen kann. Die ganze Problematik der „Zivilisation" ist im Moment der Entstehung des Begriffs bereits spürbar. Schon damals verbindet sich mit diesem Begriff die Idee der Dekadenz oder des „Untergangs", die seitdem offen oder verschleiert im Rhythmus der Krisenzyklen immer von neuem auftaucht. Aber man sieht zugleich auch ganz deutlich: der Reformwille hält sich durchaus im Rahmen des bestehenden, von oben manipulierten Gesellschaftssystems, und er stellt dem, was er an der gegenwärtigen Gesittung als schlecht empfindet, nicht ein absolut neues Bild und einen neuen Begriff entgegen, sondern er knüpft an das Bestehende an, er wünscht es zu bessern: aus der „falschen Zivilisation" soll durch geschickte und aufgeklärte Maßnahmen der Regierung wieder eine „gute und wahre Zivilisation" werden.

7. An dieser Konzeption der «civilisation» mag zunächst vieles individuelle Nuancierung sein. Aber sie enthält Elemente, die dem allgemeinen Bedürfnis und den allgemeinen Erfahrungen der reformwilligen und fortschrittlichen Kreise in der Pariser Gesellschaft entsprechen. Und der Begriff kommt in diesen Kreisen um so mehr in Gebrauch, je stärkeren

Zur Soziogenese der Begriffe „Zivilisation" und „Kultur".

Auftrieb die Reformbewegung im Zuge der wachsenden Komerzialisierung und Industrialisierung erhält.

Die letzte Zeit Ludwigs XV. ist eine Zeit sichtbarer Schwäche und Unordnung des alten Systems. Die Spannungen innen und außen wachsen. Die Signale der gesellschaftlichen Transformation häufen sich.

1773 werden im Hafen von Boston Kisten mit Tee ins Meer versenkt, und 1775 erfolgt die Unabhängigkeitserklärung der amerikanischen Kolonie Englands: Die Regierung, heißt es, ist eingesetzt für das Glück des Volkes. Wenn sie dem Zweck nicht entspricht, hat eine Majorität des Volkes das Recht, sie abzusetzen.

Die reformfreundlichen, mittelständischen Kreise in Frankreich beobachten, was jenseits des Meeres vor sich geht, mit größter Aufmerksamkeit und mit einer Sympathie, in der ihre gesellschaftlichen Reformtendenzen mit der nationalen, der wachsenden Feindseligkeit gegen England sich mischen, wenn auch ihre führenden Köpfe an alles andere als an eine Sprengung der Monarchie denken.

Zugleich verstärkt sich von 1774 ab merkbar das Gefühl, es müsse zu einer Auseinandersetzung mit England kommen, und man müsse sich zum Kriege vorbereiten. Im gleichen Jahre 1774 stirbt Ludwig XV. Unter dem neuen König setzt sofort der Kampf um die Reform des Verwaltungs- und Steuersystems in dem engeren und weiteren Kreis des Hofes mit verstärkter Gewalt ein. Und als Resultat dieser Kämpfe wird noch im gleichen Jahre Turgot «Contrôleur général des finances», begrüßt von allen reformwilligen und fortschrittlichen Elementen des Landes.

«Enfin voici l'heure tardive de la justice», schreibt der Physiokrat Baudeau zu Turgots Ernennung. Wenn jetzt, so schreibt d'Alembert dazu, «le bien ne se fait pas, c'est que le bien est impossible». Und Voltaire bedauert, an der Pforte des Todes zu sein, jetzt, wo er bemerke «en place la vertu et la raison[29])».

In den gleichen Jahren erscheint der Begriff «civilisation» zum erstenmal als ein völlig geläufiger und seinem Sinn nach

58

Zur Soziogenese des Physiokratismus u. d. franz. Reformbewegung.

bereits ziemlich fixierter Begriff im Munde von vielen. In der ersten Auflage von Raynals «Histoire philosophique et politique des établissements et de commerce des Européens dans les deux Indes» aus dem Jahre 1770 kommt das Wort noch nicht ein einziges Mal vor; in der zweiten vom Jahre 1774 wird es ,,häufig und ohne jede Bedeutungsschwankung als ein offenbar allgemein vorauszusetzender und unentbehrlicher Terminus gebraucht[30]''.

Holbachs «Système de la nature» vom Jahre 1770 enthält das Wort Zivilisation noch nicht. In seinem «Système sociale» 1774, ist «civilisation» ein häufig gebrauchtes Wort.

Es gibt nichts, sagt er da z. B.[31]), «qui mette plus d'obstacle à la félicité publique, aux progrès de la raison humaine, à la civilisation complète des hommes que les guerres continuelles dans lequels les princes inconsidérés se laissent entraîner à tous moments».

Oder an einer anderen Stelle:

«La raison humaine n'est pas encore suffisamment excercée; la civilisation des peuples n'est pas encore terminée; des obstacles sans nombre se sont opposés jusqu'ici aux progrès des connaissances utiles, dont la marche peut seuls contribuer à perfectionner nos gouvernements, nos lois, notre éducation, nos institutions et nos mœurs[32]).»

Die Grundkonzeption dieser aufgeklärten gesellschaftskritischen Reformbewegung ist immer die gleiche: Durch den Fortschritt des Wissens — nicht der ,,Wissenschaft'' im deutschen Sinne des 18. Jahrhunderts, denn es sind keine Universitätsleute die sprechen, sondern freie Schriftsteller, Beamte, Intelligenzler, höfische Bürger der verschiedensten Art, geeint durch das Medium der guten Gesellschaft, der Salons —, also in erster Linie durch Überzeugung der Könige, Aufklärung der Regierenden im Sinne der ,,Vernunft'' oder, was das gleiche besagt, der ,,Natur'', durch Besetzung der leitenden Stellen mit aufgeklärten, d. h. reformwilligen Männern soll die Verbesserung der Institutionen, der Erziehung, der Gesetze ins Werk gesetzt werden. Für einen be-

Zur Soziogenese der Begriffe „Zivilisation" und „Kultur".

stimmten Aspekt dieses ganzen, fortschreitenden Reform-
prozesses hat man sich im gesellschaftlichen Verkehr einen
festen Begriff geschaffen: «civilisation». Was schon bei Mirabeau in seiner individuellen und noch nicht gesellschaftlich
abgeschliffenen Fassung des Begriffs sichtbar war, was für
jede Reform-Bewegung charakteristisch ist, findet sich auch
hier: die halbe Bejahung und die halbe Verneinung des Bestehenden. Die Gesellschaft, das ist die Meinung, hat auf
dem Wege der «civilisation» schon eine gewisse Stufe erreicht.
Aber sie ist unzureichend. Man darf auf ihr nicht stehen-
bleiben. Der Prozeß schreitet fort und soll weiter fort getrieben werden: «La civilisation des peuples n'est pas encore
terminée.»

Zwei Vorstellungen sind in dem Begriff «civilisation» miteinander verschmolzen: In ihm schafft man sich einmal ganz
allgemein einen Gegenbegriff zu einer anderen Stufe der Gesellschaft, zu dem Zustand der „Barbarei". Dieses Gefühl
durchdrang schon seit langem die höfische Gesellschaft. Es
hatte in Ausdrücken, wie «politesse» oder wie «civilité» seinen
höfisch-aristokratischen Ausdruck gefunden.

Aber die Völker sind noch nicht genug zivilisiert, sagen die
Männer der höfisch-mittelständischen Reformbewegung.
Zivilisiert-Sein ist nicht nur ein Zustand, es ist ein Prozeß,
der weitergeführt werden muß. Das ist das Neue, was in dem
Begriff «civilisation» zum Ausdruck kommt. Er nimmt vieles
von dem, was von jeher der höfischen Gesellschaft das Gefühl gab, gegenüber den einfacher, unzivilisierter oder barbarisch Lebenden eine Gesellschaft höherer Art zu sein, in
sich auf: den Gedanken an den Stand der «mœurs» oder der
Gesittung, also an Manieren, gesellschaftlichen Takt, an die
Rücksicht, die einer dem andern schuldet, und an viele verwandte Komplexe. Aber in den Händen des aufsteigenden
Mittelstandes, im Munde der Reformbewegung erweitern sich
die Vorstellungen von dem, was dazu gehört, um eine Gesellschaft zu einer zivilisierten Gesellschaft zu machen. Die
Zivilisierung des Staates, der Verfassung, der Erziehung und

Zur Soziogenese des Physiokratismus u. d. franz. Reformbewegung.

damit breiterer Schichten des Volkes, die Befreiung von alledem, was noch barbarisch oder vernunftwidrig an den bestehenden Zuständen ist, ob es nun die Gerichtsstrafen sind
oder die ständischen Schranken des Bürgertums oder die
Barrieren, die eine freiere Entfaltung des Handels verhindern,
diese Zivilisierung muß der Sitten-Verfeinerung und der Befriedung des Landes im Innern durch die Könige folgen.

«Le roi parvint» — sagt Voltaire einmal mit Bezug auf das
Zeitalter Ludwig XIV[33]) — «à faire d'une nation jusque là
turbulente un peuple paisible qui ne fut dangereux qu'aux
ennemis . . . Les mœurs s'adoucirent . . .» Es wird noch genauer zu zeigen sein, welche enorme Bedeutung diese Pazifizierung im Innern in der Tat für den Prozeß der Zivilisation
hatte.   Condorcet aber, gegenüber Voltaire Reformist der
jüngeren Generation und schon erheblich oppositioneller als
er, bemerkt in einer Anmerkung zu diesem Gedanken Voltaires folgendes:

«Malgré la barbarie d'une partie des lois, malgré les vices
des principes d'administration, l'augmentation des impôts,
leur forme onéreuse, la dureté des lois fiscales, malgré les mauvaises maximes, qui dirigèrent le gouvernement dans la législation de commerce et des manufactures, enfin malgré les
persécutions contre les protestants, on peut observer, que les
peuples de l'intérieur du royaume ont vécu en paix à l'abri
des lois.»

Diese Aufzählung, wiederum nicht ganz ohne Bejahung
des Bestehenden, gibt ein Bild davon, was alles als reformbedürftig empfunden wurde. Gleichgültig, ob dabei der Begriff «civilisation» ausdrücklich gebraucht wird oder nicht, er
bezieht sich auf alles dies, auf alles, was noch „barbarisch" ist.

Der Unterschied zu dem deutschen Entwicklungsgang und
damit der Unterschied zu der deutschen Begriffsapparatur
wird in alledem sehr deutlich: Man sieht, wie die aufsteigende,
mittelständische Intelligenz Frankreichs auf der einen Seite
im höfischen Kreise und damit im Zuge der höfisch-aristokratischen Tradition steht. Sie spricht die Sprache dieses

Zur Soziogenese der Begriffe „Zivilisation" und „Kultur".

Kreises und bildet sie fort. Ihr Verhalten und ihre Affekte sind mit bestimmten Modifikationen im Sinne dieser Tradition modelliert. Ihre Begriffe und Ideen sind keineswegs schlechthin Gegenbegriffe zu denen der höfischen Aristokratie. Sie kristallisiert entsprechend ihrer gesellschaftlichen Stellung im höfischen Kreise um die höfisch-aristokratischen Begriffe, etwa um die Idee des „Zivilisiert-Seins", weitere Vorstellungen aus dem Bereich ihrer politischen und wirtschaftlichen Forderungen, Vorstellungen, die der deutschen Intelligenz entsprechend ihrer anderen gesellschaftlichen Situation und damit ihres anderen Erfahrungsbereiches zum guten Teil fernlagen, die jedenfalls für sie nicht den gleichen Aktualitätswert hatten.

Das französische Bürgertum, politisch relativ aktiv, reformfreudig wenigstens in gewissen Teilen und schließlich kurze Zeit hindurch revolutionär, war und blieb in seinem Verhalten und seiner Affektmodellierung in hohem Maße an die höfische Tradition gebunden, auch nachdém das Gefüge des alten Regimes gesprengt war, weil durch die engeren Kontakte von aristokratischen und mittelständischen Kreisen vieles von der höfischen Gesittung schon lange vor der Revolution mittelständische Gesittung geworden war. So ist es zu verstehen, daß die bürgerliche Revolution in Frankreich zwar das alte, politische Gefüge, nicht aber die Einheit der Gesittungstradition zerbrach.

Die deutsche, mittelständische Intelligenz, politisch völlig ohnmächtig, aber radikal im Geistigen, bildete die Prägestätte einer eigenen, reiner bürgerlichen Tradition, die von der höfisch-aristokratischen Tradition und ihren Modellen weitgehend verschieden war; und wenn es auch gewiß in dem, was als deutscher Nationalcharakter im 19. Jahrhundert langsam in Erscheinung trat, an bürgerlich gewordenem Adelsgut nicht fehlte, so blieb doch für weite Bezirke der deutschen Kultur-Tradition und des deutschen Verhaltens dieses spezifisch mittelständische Gepräge vorherrschend, zumal die betontere, gesellschaftliche Scheidung zwischen bürgerlichen

Zur Soziogenese des Physiokratismus u. d. franz. Reformbewegung.

und aristokratischen Kreisen und mit ihr eine relativ große Uneinheitlichkeit der deutschen Gesittung sich noch lange über das 18. Jahrhundert hinaus erhielt.

Der französische Begriff «civilisation» spiegelt genau in dem gleichen Maße das spezifische, soziale Schicksal des französischen Bürgertums, wie der Begriff der ,,Kultur'' das des deutschen. Auch der Begriff «civilisation» stellt zunächst, wie der Kultur-Begriff, ein Instrument oppositioneller, mittelständischer Kreise, vor allem der mittelständischen Intelligenz, in der inneren, gesellschaftlichen Auseinandersetzung dar. Und auch er wird mit dem Aufstieg des Bürgertums zum Inbegriff der Nation, zum Ausdruck des nationalen Selbstbewußtseins. In der Revolution selbst spielt der Begriff «civilisation», der ja im wesentlichen auf einen allmählichen Prozeß, auf eine Evolution hinweist und seinen ursprünglichen Sinn als Reform-Parole noch nicht verleugnet, keine sehr beträchtliche Rolle unter den revolutionären Parolen. Als die Revolution sich mäßigt, kurz vor der Jahrhundertwende, beginnt er seinen Weg als Schlagwort durch die Welt zu nehmen. Schon um diese Zeit hat er seinen Sinn als Rechtfertigungsbegriff der nationalen Ausbreitungs- und Kolonisationsbestrebungen Frankreichs. Schon als Napoleon sich 1798 auf den Weg nach Ägypten macht, ruft er seiner Truppe zu: ,,Soldaten, Ihr unternehmt eine Eroberung, deren Folgen für die Zivilisation unberechenbar sind.'' Anders als im Moment der Genese des Begriffs erscheint von nun ab den Völkern der Prozeß der Zivilisation im Innern der eigenen Gesellschaft als vollendet; sie fühlen sich im wesentlichen als Überbringer einer bestehenden oder fertigen Zivilisation zu anderen, als Bannerträger der Zivilisation nach außen. Von dem ganzen vorangehenden Prozeß der Zivilisation bleibt in ihrem Bewußtsein nichts als ein vager Niederschlag. Man nimmt sein Ergebnis einfach als einen Ausdruck der eigenen, höheren Begabung; die Tatsache, daß und die Frage, wie man im Verlauf vieler Jahrhunderte zu seinem zivilisierten Verhalten gekommen ist, interessiert nicht. Und das Bewußtsein

63

Zur Soziogenese der Begriffe „Zivilisation“ und „Kultur“.

der eigenen Überlegenheit, das Bewußtsein dieser „Zivilisation“ dient von nun ab zum mindesten denjenigen Nationen, die zu kolonisierenden Eroberern und damit zu einer Art von Oberschicht für weite Teile der außereuropäischen Erde geworden sind, im gleichen Maße zur Rechtfertigung ihrer Herrschaft, wie zuvor die Ahnen des Zivilisationsbegriffs, «politesse» und «civilité», der höfisch-aristokratischen Oberschicht zur Rechtfertigung der ihren.

In der Tat ist eine wesentliche Phase des Prozesses der Zivilisation in eben jener Zeit abgeschlossen, in der das Bewußtsein der Zivilisation, das Bewußtsein von der Überlegenheit des eigenen Verhaltens und seiner Substantialisierungen in Wissenschaft, Technik oder Kunst sich über ganze Nationen des Abendlandes hin auszubreiten beginnt.

Von dieser Phase des Prozesses der Zivilisation, von der Phase, in der das Bewußtsein des Prozesses noch kaum und noch gar nicht der Begriff der Zivilisation vorhanden ist, wird im folgenden die Rede sein.

Zweites Kapitel.

Über die „Zivilisation" als eine spezifische Veränderung des menschlichen Verhaltens.

Zur Geschichte des Begriffs «Civilité».

1. Die entscheidende Antithese, in der sich das abendländische Selbstbewußtsein während des Mittelalters ausspricht, ist die Antithese von Christentum und Heidentum oder genauer gesagt von rechtgläubigem, römisch-lateinischem Christentum auf der einen Seite, Heidentum und Häresie auf der anderen, das griechisch-morgenländische Christentum mit eingeschlossen[1]).

Im Namen des Kreuzes, wie später im Namen der Zivilisation, führt während des Mittelalters die abendländische Gesellschaft ihre Kolonisierungs- und Ausbreitungskriege. Und bei aller Säkularisierung bleibt in dieser Parole, der Zivilisation, doch immer ein Nachklang jener, des lateinischen Christentums und der ritterlich-feudalen Kreuzzugsidee, spürbar. Die Erinnerung daran, daß Rittertum und römisch-lateinischer Glauben Zeugen einer bestimmten Station der abendländischen Gesellschaft sind, einer Station, die alle großen Völker des Abendlandes gleichermaßen durchlaufen haben, ist gewiß nicht verschwunden.

Der Begriff «civilité» erhielt seine Bedeutung für die abendländische Gesellschaft in jener Zeit, in der die Rittergesellschaft und die Einheit der katholischen Kirche zerbrach. Er ist die Inkarnation einer Gesellschaft, die als Station, als Prägestock für die spezifische Gestalt der abendländischen Gesittung oder „Zivilisation" nicht weniger wichtig wurde als zuvor die Feudalgesellschaft. Auch der Begriff «civilité»

65

„Zivilisation" als eine Veränderung des menschlichen Verhaltens.

ist Ausdruck und Symbol einer gesellschaftlichen Formation, die die verschiedensten Nationalitäten umgreift, und in der, wie in der Kirche, eine gemeinsame Sprache gesprochen wird, zuerst das Italienische, dann in stärkerem Maße das Französische. Diese Sprachen übernehmen die Funktion, die bisher die lateinische Sprache hatte. In ihnen manifestiert sich auf einer neuen, gesellschaftlichen Grundlage die Einheit Europas und zugleich die neue, gesellschaftliche Formation, die nun gewissermaßen ihr Rückgrat bildet, die höfische Gesellschaft. Deren Situation, deren Selbstbewußtsein, deren Charaktere sind es, die in dem Begriff «civilité» einen Ausdruck finden.

2. Der Begriff «civilité» erhielt die spezifische Prägung und Funktion, von der hier die Rede ist, im zweiten Viertel des 16. Jahrhunderts. Sein individueller Ausgangspunkt läßt sich genau bestimmen. Er verdankte seine Ausprägung zu dem spezifischen Sinn, in dem er dann von der Gesellschaft rezipiert wurde, einer kleinen Schrift des Erasmus von Rotterdam „De civilitate morum puerilium", die im Jahre 1530 erschien. Offenbar behandelte sie ein Thema, über das zu reden an der Zeit war. Denn sie fand sofort eine außerordentliche Verbreitung. Sie erlebte Auflage über Auflage. Noch bis zum Tode des Erasmus, also im Verlauf der ersten sechs Jahre nach ihrem Erscheinen wurde sie mehr als dreißigmal aufgelegt[2]). Und im ganzen lassen sich mehr als 130 Auflagen feststellen, davon noch im 18. Jahrhundert 13. Die Fülle der Übersetzungen, Nachahmungen und Weiterbildungen ist kaum übersehbar. Zwei Jahre nach dem Erscheinen der Schrift kam die erste, englische Übersetzung heraus. Vier Jahre nach dem Erscheinen wurde sie in Katechismusform gebracht, und in dieser Zeit begann sie sich auch bereits als Schulbuch im Unterricht der Knaben einzuführen. Eine deutsche und eine tschechische Übersetzung folgte. 1537, 1559, 1569, 1613 erschienen immer wieder neue, französische Übersetzungen.

Nach einer französischen Schrift von Mathurin Cordier, in der Lehren aus der Schrift des Erasmus zusammen mit

Zur Geschichte des Begriffs «Civilité».

solchen eines anderen Humanisten, Johannes Sulpicius, verarbeitet sind, erhielt ein bestimmter Typus von französischen
Druckbuchstaben schon im 16. Jahrhundert den Namen
«Civilité». Und die ganze Gattung der Bücher, die dann
mittelbar oder unmittelbar von Erasmus' Schrift beeinflußt,
unter dem Titel «civilité» oder «civilité puerile» erschienen,
wurde bis ans Ende des 18. Jahrhunderts mit diesen ,,Civilité-
Typen'' gedruckt[3]).

3. Hier, wie so oft in der Geschichte der Worte, wie später
wieder bei der Fortbildung des Begriffs «civilité» zu dem der
«civilisation» gab ein Einzelner den Anstoß. Erasmus gab
dem alt bekannten und oft gebrauchten Wort «civilitas» durch
seine Schrift eine neue Zuspitzung und einen neuen Impuls.
Aber ob er es nun wußte oder nicht, er sprach offenbar damit
etwas aus, was in dieser Zeit einem gesellschaftlichen Bedürfnis entsprach. Der Begriff «civilitas» verfestigte sich von
nun ab im Bewußtsein der Menschen in jenem speziellen
Sinne, den er durch das Thema dieser Schrift erhielt. Und
es entwickelten sich entsprechende Modeworte in den verschiedenen, populären Sprachen, das französische «civilité»,
das englische ,,civility'', das italienische «civiltà», dann
auch das deutsche ,,Zivilität'', das sich allerdings nie so ein-
bürgerte wie die entsprechenden Worte in den anderen
großen Kulturen.

Ein solches, mehr oder weniger plötzliches Aufflammen von
Worten inmitten der Sprache deutet fast immer auf Veränderungen im Leben der Menschen selbst hin, besonders
wenn es sich um Begriffe handelt, die bestimmt sind, so ins
Zentrum zu treten und so lange zu leben, wie dieser.

Erasmus selbst wird seiner kleinen Schrift ,,De civilitate
morum puerilium'' vielleicht keine allzu große Bedeutung im
Ganzen seines Werkes beigemessen haben. Er sagt in seiner
Einleitung, daß die Kunst, junge Menschen zu formen, verschiedene Disziplinen habe, daß die ,,civilitas morum'' nur
eine davon sei, und er leugne nicht, sie sei ,,crassissima philosophiae pars''. Weniger als Einzelphänomen, weniger als

„Zivilisation" als eine Veränderung des menschlichen Verhaltens.

individuelles Werk, erhält diese Schrift ihre ganz besondere Bedeutung, sondern als Symptom einer Veränderung, als Substantialisierung gesellschaftlicher Vorgänge; es ist vor allem ihr Widerhall, der Aufstieg ihres Titelworts zu einem zentralen Ausdruck der Selbstinterpretation in der europäischen Gesellschaft, der den Blick auf diese Schrift lenkt.

4. Wovon handelt die Schrift?

Ihr Thema muß verständlich machen, wofür und in welchem Sinne man den neuen Begriff brauchte. Es muß Hinweise auf die gesellschaftlichen Veränderungen und Prozesse enthalten, die ihn als Modewort hoch trugen.

Das Buch des Erasmus handelt von etwas sehr Simplem: Von dem Benehmen des Menschen in der Gesellschaft, vor allem, aber nicht allein, von dem „externum corporis decorum".

Es ist einem adligen Knaben, einem Fürstensohn gewidmet, und zur Belehrung von Knaben geschrieben.

Es enthält einfache Gedanken, die mit großem Ernst, zugleich mit viel Spott und Ironie in einer klaren, geschliffenen Sprache und mit beneidenswerter Präzision vorgetragen werden. Man kann sagen, daß keine ihrer Nachfolgerinnen diese Schrift an Kraft, Klarheit und persönlicher Formung je wieder erreicht hat. Wenn man genauer hinsieht, dann erblickt man hinter ihr eine Welt, eine Art des Lebens, die der unseren in vielem gewiß schon nahe ist, in anderem aber noch ganz fern; und sie weist auf Haltungen hin, die uns verlorengegangen sind, die manche von uns vielleicht „barbarisch" nennen würden oder auch „unzivilisiert". Sie trägt vieles vor, was inzwischen unaussprechlich geworden, vieles andere, was selbstverständlich geworden ist[4]).

Erasmus spricht beispielsweise von dem Blick des Menschen. Was er sagt, sind Anweisungen für andere, die lernen sollen, aber es sind zugleich Zeugnisse der unmittelbaren und lebendigen Menschenbeobachtung, die er selbst zu üben verstand „Sint oculi placidi, verecundi, compositi," sagt er, „non torvi, quod est truculentiae . . . non vagi ac volubiles, quod,

68

Zur Geschichte des Begriffs «Civilité».

est insaniae, non limi quod est suspiciosorum et insidias molientium . . ."

Es läßt sich ohne eine beträchtliche Veränderung der Tonart nur mit Mühe übersetzen: Weit aufgerissene Augen sind ein Zeichen von Stupidität, zu starren ein Zeichen von Trägheit, allzu scharf blicken zum Zorn Geneigte, allzu lebhaft und beredt ist der Blick von Schamlosen; zeigt er einen ruhigen Geist und respektvolle Freundlichkeit, das ist das Beste. Nicht zufällig sagten die Alten: Der Sitz der Seele sei in den Augen. ,,Animi sedem esse in oculis."

Die Haltung des Körpers, Gebärden, Kleidung, Gesichtsausdruck, dieses ,,äußere" Verhalten, von dem die Schrift handelt, ist Ausdruck des inneren, des ganzen Menschen. Erasmus weiß es und sagt es zuweilen ausdrücklich: ,,Quamquam autem externum illud corporis decorum ab animo bene composito proficiscitur, tamen incuria praeceptorum (aus Mangel an Belehrung) nonnunquam fieri videmus, ut hanc interim gratiam in probis et eruditis hominibus desideremus."

An den Nasenlöchern soll kein Schleim sein, sagt er etwas später. Ein Bauer schneuzt sich in Mütze und Rock, mit Arm und Ellbogen ein Wurstmacher. Nicht sehr viel anständiger ist es, die Hand zu nehmen und dann am Kleid abzustreichen. Dezenter ist es den Nasenschleim in ein Tuch aufzunehmen, möglichst mit abgewandtem Körper: ,,Strophiolis accipere narium recrementa, decorum." Wenn beim Schneuzen mit zwei Fingern etwas auf die Erde fällt, muß es sofort mit dem Fuß ausgetreten werden: ,,Si quid in solum dejectum est emuncto duobus digitis naso, mox pede proterrendum est." Das gleiche gilt vom Speichel: ,,Aversus expuito, ne quem conspuas aspergasve. Si quid purulentius in terram rejectum erit, pede proteratur, ne cui nauseam moveat. Id si non licet linteolo excipito."

Mit der gleichen, unendlichen Sorgfalt und Selbstverständlichkeit, mit der diese Dinge gesagt sind, deren bloßes Aussprechen den ,,zivilisierten" Menschen einer späteren Stufe

„Zivilisation" als eine Veränderung des menschlichen Verhaltens.

entsprechend einer anderen Affektmodellierung schokiert, wird z. B. auch dargelegt, wie man sitzen soll, wie man zu grüßen hat; es werden Gesten beschrieben, die uns fremd geworden sind, z. B. das Stehen auf einem Bein. Und man mag daran denken, daß manche der fremdartigen Gesten beim Gehen und Tanzen, die wir auf mittelalterlichen Bildern oder Statuen sehen, nicht nur der „Manier" der Maler und Bildhauer zuzuschreiben sind, sondern ein tatsächliches Gebaren und Gebärden aufbewahren, die uns fremd geworden sind, Substantialisierungen einer anderen Seelen- oder Affektlage.

Je weiter man sich in die kleine Schrift vertieft, desto deutlicher wird dieses Bild einer Gesellschaft mit Verhaltensformen, die uns in manchem verwandt, in vielem fern sind.

Man sieht die Menschen bei Tisch sitzen: «A dextris sit poculum, et cultellus escarius rite purgatus, ad laevam panis», sagt Erasmus. Der Becher und das gut gesäuberte Messer zur Rechten, zur Linken das Brot. Das ist das Tafelgedeck. Messer tragen die meisten bei sich, daher wohl die Vorschrift, sie sauber zu halten. Gabeln gibt es kaum, oder allenfalls nur zum Herübernehmen des Fleisches von der Platte. Messer und Löffel werden sehr oft gemeinsam verwandt. Es ist nicht immer für jeden ein gesondertes Gerät da: Wenn man Dir etwas Flüssiges reicht, sagt Erasmus, koste es und gib den Löffel zurück, nachdem Du ihn abgewischt hast.

Wenn Platten mit Fleisch hereingebracht werden, schneidet sich gewöhnlich jeder ein Stück davon ab, nimmt es mit der Hand und legt es auf seinen Teller, wenn Teller vorhanden sind, sonst auf eine dicke Brotscheibe. Der Ausdruck „quadra", den Erasmus verwendet, kann offenbar bei ihm sowohl eine Metallscheibe, wie eine Brotscheibe bezeichnen.

„Quidam ubi vix bene consederint mox manus in epulas conjiciunt." Manche greifen mit der Hand auf die Platte, kaum daß sie sitzen, sagt Erasmus. Wölfe machen das oder ein Vielfraß. Greif nicht als erster auf die Platte, die man hereinbringt. Die Finger in die Brühe zu tauchen, überlaß

Zur Geschichte des Begriffs «Civilité».

den Bauern. Such nicht in der ganzen Platte herum, sondern nimm das erste Stück, das sich bietet. Und wie es ein Zeichen mangelnder Zurückhaltung ist, die ganze Schüssel mit der Hand zu durchsuchen — „in omnes patinae plagas manum mittere" —, so ist es auch nicht sehr anständig, die Schüssel herumzudrehen, damit ein besseres Stück zu dir kommt.

„Quod digitis excipi non potest, quadra excipiendum est." Was du nicht mit Händen nehmen kannst, nimm auf deine „quadra". Wenn jemand ein Stück Kuchen oder Pastete mit dem Löffel herüberreicht, nimm es entweder mit deiner „quadra" oder nimm den Löffel, den man dir reicht, lege die Speise auf die «quadra» und gib den Löffel zurück: „Si quis e placenta vel artocrea porrexerit aliquid cochleari, aut quadra excipe, aut cochleare porrectum accipe, et inverso in quadram cibo, cochleare reddito."

Wie gesagt, auch Teller sind rar. Die Bilder mit Tafelszenen aus dieser oder aus früheren Zeiten bieten immer den gleichen, uns ungewohnten Anblick, auf den Erasmus' Schrift hinweist: Der Tisch ist zuweilen mit reichen Tüchern gedeckt, zuweilen auch nicht, aber immer steht wenig darauf, Trinkgefäße, Salzfaß, Messer, Löffel, das ist alles, zuweilen sieht man die Brotscheiben, die quadrae, die im französischen «tranchoir» oder auch «tailloir» heißen. Alle, vom König und der Königin bis zum Bauern und der Bauersfrau, essen mit den Händen. In der Oberschicht gibt es dafür gewähltere Formen. Man soll sich die Hände vor der Mahlzeit waschen, sagt Erasmus. Aber es gibt noch kaum Seife dafür. Meist hält der Gast die Hände hin und ein Page schüttet etwas Wasser darüber. Das Wasser ist zuweilen mit Kamille oder Rosmarin leicht duftend gemacht[5]). Man greift in guter Gesellschaft nicht mit beiden Händen in die Schüssel. Am vornehmsten ist es, nur drei Finger der Hand zu benutzen. Das ist eines der Distinktionsmerkmale zwischen den oberen und den unteren Schichten.

Die Finger werden fettig. „Digitos unctos vel ore praelingere vel ad tunicam extergere . . . incivile est", sagt Eras-

„Zivilisation" als eine Veränderung des menschlichen Verhaltens.

mus. Es ist nicht höflich, sie abzulecken oder am Rock abzustreichen.

Oft bietet man andern sein Glas zum Trinken an oder es trinken alle aus einem gemeinsamen Krug. Erasmus ermahnt: „Wisch dir den Mund vorher ab." Aber man bietet jemandem, den man gut leiden kann, auch von dem Fleisch an, das man gerade ißt. „Laß das lieber," sagt Erasmus, „es ist nicht sehr anständig, Halbverzehrtes einem andern zu offerieren". Und weiter heißt es: „Brot, von dem man schon abgebissen hat, wieder in die Sauce zu tauchen, ist bäurisch, wenig elegant ist es, gekaute Speisen aus dem Mund zu nehmen und wieder auf die ‚quadra' zu legen. Wenn du etwas nicht herunterbekommst, dreh dich unauffällig um und wirf es irgendwohin."

Dann sagt er wieder: „Es ist gut, wenn eine abwechselnde Unterhaltung Intervalle in das Essen bringt. Manche essen und trinken ohne aufzuhören, nicht, weil sie Hunger oder Durst haben, sondern weil sie auf andere Weise ihre Haltung nicht beherrschen können. Sie müssen sich am Kopf kratzen oder in den Zähnen bohren oder mit den Händen herumgestikulieren und mit dem Messer spielen, oder sie müssen husten und schnauben und spucken. Alles das kommt im Grunde von einer bäurischen Verlegenheit und sieht aus, wie eine Art von Verrücktheit."

Aber es ist auch nötig, es ist möglich für Erasmus zu sagen: Entblöße dich nicht ohne Notwendigkeit. „Membra quibus natura pudorem addidit, retegere citra necessitatem, procul abesse debet ab indole liberali. Quin, ubi necessitas hoc cogit, tamen id quoque decente verecundia faciendum est."

Einige schreiben vor, sagt er, daß der Knabe „compressis natibus ventris flatum retineat". Aber man kann sich dadurch eine Krankheit zuziehen.

Und an einer anderen Stelle: „Reprimere sonitum, quem natura fert, ineptorum est, qui plus tribuunt civilitati, quam saluti." Übergib dich ruhig, wenn du mußt: „Vomiturus

Zur Geschichte des Begriffs «Civilité».

secede: nam vomere turpe non est, sed ingluvie vomitum accersisse, deforme est."

5. Mit großer Sorgfalt schreitet Erasmus in seiner Schrift den Umkreis des menschlichen Verhaltens, die Hauptsituationen des gesellig-gesellschaftlichen Lebens ab. Er spricht von dem Allerelementarsten mit der gleichen Selbstverständlichkeit, wie von den subtilsten Fragen des menschlichen Umgangs. Er handelt im ersten Kapitel „de decente ac indecente totius corporis habitu", im zweiten „de cultu corporis", im dritten „de moribus in templo", im vierten „de conviviis", im fünften „de congressibus", im sechsten „de lusu", und im siebenten „de cubiculo".

Das ist der Fragenkreis, mit dessen Behandlung Erasmus dem Begriff der „civilitas" seinen neuen Auftrieb gab.

Nicht immer kann unser Bewußtsein die Rückerinnerung an diese andere Stufe der eigenen Geschichte ganz ohne Zögern vollziehen. Die unbefangene Offenheit, mit der Erasmus und seine Zeit alle Bezirke des menschlichen Verhaltens besprechen konnte, ist uns verlorengegangen. Mit vielem überschreitet er unsere Peinlichkeitsschwelle.

Aber gerade das gehört zu den Problemen, von denen hier zu reden ist. Indem man dem Wandel der Begriffe nachgeht, durch die sich verschiedene Gesellschaften auszudrücken suchten, indem man vom Begriff der „Zivilisation" zu seinem Ahnen, dem Begriff der «civilité», hinabsteigt, gerät man mit einem Mal auf die Spuren des Zivilisationsprozesses selbst, auf die Spuren der tatsächlichen Verhaltensänderung, die sich im Abendlande vollzogen hat. Daß uns von vielem, was Erasmus behandelt, zu reden oder auch nur zu hören peinlich ist, gehört zu den Symptomen dieses Zivilisationsprozesses. Das laute oder leise Unbehagen, das uns gegenüber Menschen befällt, die ihre körperlichen Verrichtungen offener besprechen oder benennen, die diese Verrichtungen weniger verdecken und zurückhalten als wir, ist eine der dominanten Empfindungen, die in dem Urteil „barbarisch" oder „unzivilisiert" zum Ausdruck kommen. Und dies ist

„Zivilisation" als eine Veränderung des menschlichen Verhaltens.

also das „Unbehagen an der Barbarei" oder, um es richtiger und weniger wertbetont zu sagen, das Unbehagen an jener anderen Affektlage, an jenem anderen Peinlichkeitsstandard, der heute noch bei vielen Gesellschaften anzutreffen ist, die wir als „unzivilisiert" bezeichnen, an jenem Peinlichkeitsstandard, der dem unseren vorausging, und der dessen Voraussetzung ist. Es erhebt sich die Frage, wie und warum eigentlich die abendländische Gesellschaft von dem einen zum anderen Standard gelangte, wie sie sich „zivilisierte". Man kann es nicht vermeiden, bei der Betrachtung dieses Prozesses der Zivilisation Unbehagen und Peinlichkeitsgefühle solcher Art wachzurufen. Es ist gut, sich ihrer bewußt zu sein. Es ist notwendig, wenigstens beim Betrachten den Versuch zur Ausschaltung aller jener Peinlichkeits- und Überlegenheitsgefühle, aller jener Wertungen und Zensuren zu machen, die sich mit dem Begriff „Zivilisation" oder „unzivilisiert" verbinden. Unsere Art des Verhaltens ist aus jener, die wir „unzivilisiert" nennen, hervorgegangen. Aber die Begriffe fassen die tatsächliche Veränderung zu statisch und zu unnuanciert. In Wahrheit handelt es sich bei dem, was wir als „zivilisiert" und „unzivilisiert" einander gegenüberstellen, nicht um einen Gegensatz von der Art des Gegensatzes zwischen „Gutem" und „Schlechtem", sondern ganz offenbar hat man es hier mit Stufen einer Entwicklungsreihe zu tun, überdies einer Entwicklungsreihe, die weitergeht. Es könnte gut sein, daß den später Kommenden unsere Stufe der Zivilisation, unser Verhalten ähnliche Peinlichkeitsgefühle auslöst, wie uns zuweilen das Verhalten jener, deren Nachkommen wir sind. Die Affektäußerungen und das Verhalten in der Gesellschaft gingen von einer Gestalt und einem Standard, der kein Anfang war, nichts, was sich in einem absoluten und unnuancierten Sinne als „unzivilisiert" bezeichnen ließe, zu unserem, den wir durch das Wort „zivilisiert" charakterisieren. Und wir müssen, um diesen zu verstehen, in der geschichtlichen Rückerinnerung zu jenem zurückkehren, aus dem er hervorging. Die „Zivili-

Über mittelalterliche Umgangsformen.

sation", die wir gewöhnlich als ein Besitztum betrachten, das uns so, fertig, wie sie uns erscheint, einfach zukommt, ohne zu fragen, wie wir eigentlich dazu gekommen sind, ist ein Prozeß oder Teil eines Prozesses, in dem wir selbst stehen. Alles Einzelne, was wir zu ihr rechnen, Maschinen, wissenschaftliche Entdeckungen, Staatsformen, was immer es sei, es sind Zeugnisse für einen bestimmten Aufbau der menschlichen Beziehungen, der Gesellschaft, und für eine bestimmte Art des menschlichen Verhaltens. Es bleibt zu fragen, ob sich diese Veränderungen des Verhaltens, der gesellschaftliche Prozeß der „Zivilisation" des Menschen, wenigstens für einzelne Phasen und in seinen elementaren Zügen dem nachdenkenden Bewußtsein mit einiger Präzision zugänglich machen läßt.

Über mittelalterliche Umgangsformen.

1. In der Schrift des Erasmus von Rotterdam „De civilitate morum puerilium" zeichnet sich eine bestimmte Art des gesellschaftlichen Verhaltens ab. Schon ihm gegenüber ist es schwer, mit der einfachen Gegenüberstellung „zivilisiert" und „unzivilisiert" auszukommen.

Was ging ihm voraus? War er der erste, der sich mit solchen Fragen beschäftigte?

Keineswegs. Verwandte Fragen haben schon die Menschen des Mittelalters beschäftigt, schon die Menschen der griechischrömischen Antike und sicherlich auch schon die Menschen der verwandten, der vorangehenden „Zivilisationen".

Es ist nicht möglich, unbegrenzt in den anfanglosen Prozeß hineinzusteigen. Wo immer man beginnt, ist Bewegung, ist etwas, das vorausging. Für die rückblickende Untersuchung ist es nötig, sich Grenzen zu setzen, möglichst Grenzen, die den Phasen des tatsächlichen Prozesses entsprechen. Es muß hier genügen, von dem mittelalterlichen Standard auszugehen — ohne ihn selbst genauer zu untersuchen —, um die Bewegung, die Entwicklungskurve zu verfolgen, die von dort zu der neueren Zeit hinüberführt.

„Zivilisation" als eine Veränderung des menschlichen Verhaltens.

Das Mittelalter hat uns eine Fülle von Mitteilungen über das hinterlassen, was man jeweils als gesellschaftsfähiges Verhalten betrachtete. Auch hier spielten die Vorschriften für das Verhalten beim Essen eine besondere Rolle. Essen und Trinken standen noch in ganz anderem Maße im Mittelpunkt des geselligen Lebens als heute, wo sie — oft, nicht immer — mehr den Rahmen und die Einleitung für Unterhaltung und geselliges Beieinander bilden.

Gelehrte Kleriker haben in lateinischer Sprache zuweilen Vorschriften über das Benehmen, Zeugnisse für den Standard ihrer Gesellschaft, niedergeschrieben. Hugo v. St. Victor († 1141) beschäftigt sich in seiner Schrift „De institutione novitiarum" unter anderem auch mit solchen Fragen. Der getaufte, spanische Jude Petrus Alphonsi handelt davon in seiner „Disciplina clericalis" aus dem frühen, zwölften Jahrhundert, Johannes v. Garland widmet in seinen sechshundertzweiundsechzig lateinischen Versen mit dem Titel „Morale scolarium" aus dem Jahre 1241 einige auch den Umgangsformen, speziell den Umgangsformen bei Tisch.

Neben solchen Verhaltensvorschriften aus der lateinisch sprechenden Klerikergesellschaft gibt es etwa vom 13. Jahrhundert ab entsprechende Zeugnisse in den verschiedenen Laiensprachen, zunächst vor allem aus dem Umkreis der ritterlich-höfischen Gesellschaft.

Die frühesten Aufzeichnungen der in der weltlichen Oberschicht üblichen Umgangsformen stammen wohl aus der Provence und dem benachbarten, kulturell mit ihr verbundenen Italien. Auch die früheste, deutsche Courtoisieschrift ist von einem „Welschen", von Thomasin v. Zirklaria geschrieben und heißt „Der wälsche Gast" (Übertragung v. Rückert). Eine andere Courtoisieschrift des Thomasin, die in „welscher" Sprache geschrieben war, überliefert im deutschen Titel eine frühe Form des Begriffs „Höflichkeit". Er erwähnt diese Schrift, die verlorengegangen ist, als ein „buoch von der hüfscheit".

Aus dem gleichen, ritterlich-höfischen Kreis stammen die

Über mittelalterliche Umgangsformen.

fünfzig Curtesien des Bonvicino da Riva und die Tannhäuser
zugeschriebene „Hofzucht". Gelegentlich finden sich auch
in den großen, epischen Gesängen der ritterlich-höfischen
Gesellschaft solche Vorschriften z. B. im «Roman de la Rose[6])»
aus dem 14. Jahrhundert. John Russels "Boke of Nurture",
wahrscheinlich aus dem 15. Jahrhundert, gibt in englischen
Versen bereits ein ganzes Kompendium des Verhaltens für
den jungen Adligen im Dienste eines großen Herrn, ähnlich
auch in kürzerer Form "The Babees Book[7])".

Daneben gibt es, hauptsächlich in der Fassung des 14. oder
15. Jahrhunderts, aber im Kern z. T. wohl älter, eine ganze
Reihe von kürzeren oder längeren Memoriergedichten, von
„Tischzuchten" in den verschiedensten Sprachen. Das
Auswendiglernen spielte in der mittelalterlichen Gesellschaft,
in der Bücher seltener und teurer waren, als Erziehungs- oder
Konditionierungsmittel eine ganz andere Rolle als heute,
und diese gereimten Vorschriften waren eines der Mittel,
durch die man dem Gedächtnis der Menschen einzuprägen
suchte, was sie in Gesellschaft, vor allem beim Tafeln, zu
tun und zu lassen hätten.

2. Diese „Tischzuchten" sind ebensowenig, wie die nicht-
anonymen Manierenschriften des Mittelalters individuelle
Produkte im modernen Sinne des Wortes, Niederschriften
persönlicher Einfälle von Einzelnen innerhalb einer reichlich
individualisierten Gesellschaft. Was da schriftlich auf uns
gekommen ist, sind Fragmente einer großen, mündlichen
Tradition, Spiegelbilder dessen, was tatsächlich in dieser
Gesellschaft Brauch war, und gerade deswegen bedeutsam,
weil es nicht das Große, Außergewöhnliche, sondern das
Typische einer Gesellschaft weiterträgt. Selbst die einzelnen,
unter einem bestimmten Namen überlieferten Gedichte, wie
Tannhäusers „Hofzucht" oder John Russels "Book of Nurture" sind nichts anderes als individuelle Fassungen eines der
vielen Überlieferungsströme, die durch diese Gesellschaft entsprechend ihrer Gliederung hingingen. Die sie niederschrieben,
waren nicht Gesetzgeber oder Schöpfer dieser Vorschriften,

77

„Zivilisation" als eine Veränderung des menschlichen Verhaltens.

sondern Sammler, Ordner gesellschaftsüblicher Gebote und
Tabus; deswegen kehren in fast allen diesen Schriften, ob sie
nun literarisch zusammenhängen oder nicht, verwandte Vorschriften wieder, Spiegelungen gleicher Bräuche, Zeugnisse
eines bestimmten Verhaltens- und Affektstandards im Leben
der Gesellschaft selbst.

Man könnte bei näherer Untersuchung vielleicht gewisse
Verschiedenheiten der Gebräuche in den einzelnen, nationalen
Traditionen aufzeigen und innerhalb ihrer wieder, soweit das
Material es ermöglicht, Unterschiede des sozialen Standards.
Oder auch gewisse Umbildungen innerhalb der gleichen
Traditionsströme. Es scheint z. B., daß die Tonart und vielleicht auch die Gebräuche im 14. oder 15. Jahrhundert mit
dem Aufstieg zunftbürgerlicher Elemente gewisse Veränderungen erfahren, ähnlich wie in der neueren Zeit, wenn die
ursprünglich höfisch-aristokratischen Verhaltensmodelle von
bürgerlichen Kreisen weitergetragen werden.

Diese Modifikationen innerhalb des mittelalterlichen Verhaltens selbst genauer zu untersuchen, bleibt eine Aufgabe. Hier
muß es genügen, auf sie hinzuweisen und daran zu erinnern,
daß dieser mittelalterliche Standard nicht ohne innere Bewegung, und ganz gewiß nicht ein „Anfang" oder gar „die
unterste Stufe" des Prozesses der „Zivilisation" darstellt, auch
nicht, wie es gelegentlich behauptet worden ist, den „Stand
der Barbarei" oder den der „Primitivität".

Es war ein anderer Standard als der unsere, ob besser oder
schlechter steht hier nicht zur Diskussion. Und wenn die
„Suche nach der verlornen Vergangenheit" Schritt für Schritt
vom 18. ins 16. und vom 16. bis ins 12. und 13. Jahrhundert
führt, so geschieht das, wie gesagt, nicht in der Meinung,
hier liege der „Beginn" des Prozesses der Zivilisation, sondern
weil die Rückkehr zu uns, der kleine Weg vom Standard des
Mittelalters zum Standard der frühen Neuzeit, und der Versuch zu verstehen, was eigentlich da mit den Menschen vor
sich ging, fürs erste dem begrenzten Nachdenken Stoff genug bietet.

Über mittelalterliche Umgangsformen.

3. Der Standard des „guten Benehmens" im Mittelalter ist, wie alle späteren, durch einen ganz bestimmten Begriff repräsentiert. Durch ihn bringt die weltliche Oberschicht des Mittelalters oder wenigstens einige ihrer Spitzengruppen ihr Selbstbewußtsein, das, was sie für ihr Gefühl auszeichnet, zum Ausdruck. Dieser Inbegriff des Selbstbewußtseins und des „gesellschaftsfähigen" Verhaltens hieß im französischen «courtoisie», im englischen "courtesy", im italienischen «cortezia» — neben anderen verwandten Begriffen, und oft in abweichender Fassung —, er hieß in Deutschland, ebenfalls in verschiedenen Fassungen, etwa „hövescheit" oder „hübescheit" oder auch „zuht". Alle diese Begriffe weisen ganz unmittelbar und weit unverdeckter als die funktionsgleichen, späteren auf einen bestimmten, sozialen Ort hin. Sie sagen: Das ist die Art, wie man sich an den Höfen benimmt. Durch sie bezeichnen zunächst bestimmte Spitzengruppen der weltlichen Oberschicht, nicht etwa die Ritterschaft als Ganzes, sondern in erster Linie die ritterlich-höfischen Kreise um die großen Feudalherrn, das, was sie für ihr Gefühl unterscheidet, die spezifischen Gebote und Verbote, die sich zunächst an den großen Feudalhöfen herausgebildet haben, und die dann in etwas breitere Schichten übergehen; aber diese Differenzierung mag hier beiseite bleiben. Gemessen an der späteren Zeit spürt man zunächst eine große Einheitlichkeit der Sitten und Unsitten, von denen die Rede ist, eben das, was hier ein bestimmter „Standard" genannt wird.

Wie sieht dieser Standard aus? Was zeigt sich als typisches Verhalten, als durchgehender Charakter der Vorschriften?

Zunächst etwas, das man, verglichen mit der späteren Zeit, ihre Einfalt, ihre Naivität nennen könnte. Es gibt, wie in allen Gesellschaften, in denen die Affekte jäher und unmittelbarer spielen, weniger psychologische Nuancierungen und Komplizierungen in dem Gedankengut. Es gibt Freund und Feind, Lust und Unlust, gute und böse Menschen.

> „Dem vrumen soltu volgen,
> dem boesen wis erbolgen."

',,Zivilisation" als eine Veränderung des menschlichen Verhaltens.

heißt es in einer deutschen Übertragung der ,,Disticha Catonis[8])", der Verhaltensvorschriften, die unter dem Namen Catos durchs Mittelalter gingen. Oder an einer anderen Stelle:

> ,,Svenne dîn gesinde dich
> erzürne, lieber sun, sô sich
> daz dir werde iht sô gâch
> daz dich geriuve dar nâch[9])."

Alles ist einfacher, Triebe und Neigungen sind weniger verhalten, als später, auch beim Essen:

> ,,Kein edeler man selbander sol
> mit einem leffel sufen niht;
> daz zimet hübschen liuten wol,
> den dicke unedellich geschiht."

heißt es in Tannhäusers Hofzucht[10]). ,,Hübsche Leute" sind die edlen, die ,,höfischen" Leute. Die Vorschriften der Hofzucht sind ausdrücklich für die Oberschicht, die ritterlichhöfischen Menschen bestimmt. Das edle, das hoveliche Benehmen wird immer wieder den ,,geburischen siten", dem Verhalten der Bauern gegenübergestellt.

> ,,Sümliche bizent ab der sniten
> und stozents in die schüzzel wider
> nach geburischen siten;
> sülh unzuht legent diu hübschen nider[11])."

Wenn du vom Brot abgebissen hast, tunke es nicht wieder in die gemeinsame Schüssel. Das können Bauern tun, nicht die ,,hübschen Leute".

> ,,Etlicher ist also gemuot,
> swenn er daz bein genagen hat,
> daz erz wider in die schüzzel tuot;
> daz habet gar für missetat[12])."

Wirf die abgenagten Knochen nicht in die gemeinsame Schüssel zurück. Aus anderen Nachrichten wissen wir, daß es üblich war, sie auf den Boden zu werfen.

Über mittelalterliche Umgangsformen.

> „Der riuspet, swenne er ezzen sol,
> und in daz tischlach sniuzet sich,
> diu beide ziment niht gar wol,
> als ich des kan versehen mich[13])."

lautet eine der Vorschriften. Oder eine andere:

> „Swer ob tem tische sniuzet sich,
> ob er ez ribet an die hant,
> der ist ein gouch, versihe ich mich,
> dem ist niht besser zuht bekannt[14])."

Sich der Hand zum Schneuzen zu bedienen, war selbstverständlich. Taschentücher gab es noch nicht. Aber bei
Tisch sollte eine gewisse Vorsicht walten; und man sollte
sich auch nicht ins Tischtuch schneuzen.

Schmatze und schnaube nicht beim Essen, heißt es weiter:

> „Swer snudet als ein wazzerdahs,
> so er izzet, als etlicher phliget,
> und smatzet als ein Beiersahs,
> wie gar der sich der zuht verwiget[15])."

Wenn du dich kratzen mußt, tue es nicht mit der bloßen
Hand, sondern nimm den Rock dazu:

> „Ir sült die kel ouch jucken niht,
> so ir ezrt, mit blozer hant;
> ob ez aber also geschiht,
> so nemet hovelich daz gewant[16])."

Mit der Hand nahm jeder das Essen aus der gemeinsamen
Platte. Deshalb sollte man sich auch nicht in Ohren, Nase
oder Augen greifen:

> „In diu oren grifen niht enzimt
> und ougen, als etlicher tuot,
> swer den unflat von der nasen nimt,
> so er izzet, diu driu sint niht guot[17])."

Vor dem Essen soll man die Hände waschen:

"Zivilisation" als eine Veränderung des menschlichen Verhaltens.

> "ich hoere von sümlichen sagen
> (ist daz war, daz zimet übel),
> daz si ezzen ungetwagen;
> den selben müezen erlamen die knübel[18]".

Und in einer anderen "Tischzucht", die manche Verwandtschaft mit Tannhäusers "Hofzucht" hat, und in der vieles
wörtlich an diese anklingt, "ein spruch der ze tische kêrt[19]",
wird gefordert, man solle nur mit einer Hand essen und zwar,
wenn man mit einem anderen von dem gleichen Teller oder
der gleichen Schnitte aß, was oft vorkam, mit der äußeren
Hand:

> "man sol ouch ezzen alle frist
> mit der hant diu engegen ist;
> sitzt der gesell ze der rehten hant,
> mit der tenken iz zehant;
> man sol sich geren wenden
> daz man ezz mit beiden henden[20]".

Wenn du kein Handtuch hast, wisch dir die Hände nicht an
deinem Rock ab, sondern laß sie so trocknen, heißt es in dem
gleichen Spruch[21]. Oder auch:

> "schaffe vor, swaz dir sî nôt,
> daz du iht sitzest schamerôt[22]".

Es ist auch nicht schön, den Gürtel bei Tisch weiter zu
machen[23].

Alles das ist hier zu Erwachsenen gesagt, nicht etwa nur
zu Kindern. Es sind für unser Gefühl sehr elementare Vorschriften, die hier den Menschen der Oberschicht für ihr Benehmen gegeben werden, elementarer vielfach als das, was
auf der heutigen Stufe des Verhaltens im allgemeinen in
ländlich-bäuerlichen Kreisen als Sitte und Brauch gilt. Und
der gleiche Standard zeichnet sich mit gewissen Variationen
auch in den courtoisen Schriften anderer Sprachkreise ab.

4. Für einen der verschiedenen Traditionsströme, der von
bestimmten lateinischen hauptsächlich zu französischen,

82

Über mittelalterliche Umgangsformen.

vielleicht auch zu italienischen und zu einer provenzalischen
Tischzucht hinführt, sind die Gebote und Verbote, die in den
meisten oder in allen Varianten wiederkehren, zusammengestellt worden[24]). Es sind im großen und ganzen die gleichen,
wie in den deutschen Tischzuchten. Da ist zunächst die Vorschrift, das Tischgebet zu sprechen, die sich auch bei Tannhäuser findet. Immer wieder kehrt die Vorschrift, sich auf
den angewiesenen Platz zu setzen, oder nicht Nase und Ohren
bei Tisch anzufassen. Lege nicht die Ellbogen auf den Tisch,
heißt es häufig. Zeige eine heitere Miene. Rede nicht zu viel.
Sehr oft wird daran erinnert, sich nicht zu kratzen und nicht
sofort gierig über das Essen herzufallen. Man soll auch das
Stück, das man schon im Munde gehabt hat, nicht wieder
auf die allgemeine Schüssel legen; das wird oft wiederholt.
Nicht weniger häufig kommt die Mahnung vor, sich die Hände
vor dem Essen zu waschen, oder auch die andere, nicht die
Kost ins Salzfaß zu tauchen. Dann wird immer wieder gesagt: Reinige dir die Zähne nicht mit dem Messer. Spucke
nicht auf oder über die Tafel. Verlange nicht noch einmal
von der Platte, die man schon fortgetragen hat. Laß dich
nicht bei Tisch gehen, heißt es oft. Wisch dir die Lippen ab,
bevor du trinkst. Sage nichts Schlechtes über die Gerichte
und auch nichts, was andere reizen kann. Wenn du Brot in
den Wein getunkt hast, trinke ihn aus oder gieße den Rest
fort. Mach deine Zähne nicht mit dem Tischtuch sauber.
Biete nicht anderen den Rest deiner Suppe an oder das Brot,
von dem du schon abgebissen, schneuz dich nicht zu laut.
Schlaf nicht bei Tisch ein. Und Ähnliches.

Vorschriften und Hinweise auf den gleichen Stand der Sitten
und Unsitten finden sich auch in anderen Reihen miteinander
verwandter Merkverse über die Umgangsformen, in Traditions-
strömen, die unmittelbar mit dieser aus Frankreich bekannten
Reihe nicht in Zusammenhang stehen. Bei ihnen allen handelt
es sich um Zeugnisse für einen bestimmten Standard der
Beziehungen von Mensch und Mensch, um Zeugnisse für
den Aufbau der mittelalterlichen Gesellschaft und der mittel-

„Zivilisation" als eine Veränderung des menschlichen Verhaltens.

alterlichen „Seelen". Die Verwandtschaft, die zwischen ihnen besteht, ist eine soziogenetische und psychogenetische Verwandtschaft; es kann, aber es muß nicht zwischen ihnen, zwischen allen diesen französischen, englischen, italienischen, deutschen, lateinischen Verhaltensvorschriften eine literarische Verwandtschaft bestehen. Die Unterschiede zwischen ihnen treten an Bedeutung gegenüber den Gemeinsamkeiten zurück, die der Einheit des tatsächlichen Verhaltens in der mittelalterlichen Oberschicht — gemessen an dem der neuzeitlichen — entsprechen.

Die Curtesien des Bonvicino da Riva z. B., eine der relativ persönlichsten und, entsprechend der italienischen Entwicklung, „fortgeschrittensten" Tischzuchten, enthalten neben vielen auch in der erwähnten, französischen Reihe enthaltenen Vorschriften noch die Gebote, sich beim Husten und Niesen umzudrehen oder sich nicht die Finger abzulecken. Man soll sich, heißt es da, nicht die besten Stücke aus der Platte heraussuchen und das Brot anständig schneiden. Man soll nicht mit den Fingern den Rand des gemeinsamen Glases anfassen und das Glas mit zwei Händen halten. Aber der Tenor der Courtoisie, der Standard, das Brauchtum sind im großen und ganzen auch hier die gleichen. Und es ist nicht uninteressant, daß ein Umarbeiter der Curtesien des Bonvicino da Riva, drei Jahrhunderte nach ihm, von den ganzen Regeln, die da Riva gibt, nur zwei, nicht sehr wesentliche geändert hat[25]): Er rät, das Glas nur dann mit zwei Händen zu fassen, wenn es nicht zu voll ist, und wenn Mehrere aus dem gleichen Glas trinken, soll man es überhaupt unterlassen, Brot einzubrocken, während da Riva nur vorschrieb, das Eingebrockte wegzuschütten oder auszutrinken.

Ähnliches ließe sich aus der deutschen Traditionsreihe zeigen. Deutsche Tischzuchten, von denen wir Niederschriften aus dem 15. Jahrhundert haben, sind vielleicht im Ton etwas derber als „Der wälsche Gast" des Thomasin von Zirklaria oder als Tannhäusers „Hofzucht" aus dem 13. Jahrhundert. Aber der Standard der Sitten und Unsitten scheint

Über mittelalterliche Umgangsformen.

sich kaum in beträchtlichem Maße geändert zu haben. Gelegentlich ist darauf hingewiesen worden, daß in einer der späteren Vorschriften, die mit den erwähnten, früheren vieles gemein hat, als neu die Mahnung auftaucht, nicht auf den Tisch, sondern nur unter den Tisch und an die Wand zu spucken. Und man hat das als ein Symptom der Sittenvergröberung gedeutet. Aber es ist mehr als fraglich, ob es in den vorangehenden Jahrhunderten wesentlich anders damit gehalten worden ist, zumal ähnliche Vorschriften aus früherer Zeit etwa in der französischen Traditionsreihe überliefert sind. Und was aus der Literatur im weitesten Sinne des Wortes zu erschließen ist, wird durch die Bilder belegt. Auch hierfür bedarf es noch genauerer Untersuchungen; aber, verglichen mit der späteren Zeit, zeigen uns auch die Bilder von Tafelnden bis ins 15. Jahrhundert hinein durchgehend wenig Tafelgeschirr, wenn auch im einzelnen gewiß mancherlei Änderungen zu verzeichnen sind. In den Häusern der Reicheren werden die Platten gewöhnlich vom Kredenztisch aufgetragen, sehr oft ohne bestimmte Reihenfolge. Jeder nimmt sich — oder läßt sich kommen —, wonach er gerade Verlangen hat. Man bedient sich aus den gemeinsamen Schüsseln. Man nimmt feste Stoffe, vor allem Fleisch, mit der Hand, flüssige mit Kellen oder Löffeln. Aber sehr oft werden Suppen und Soßen noch getrunken. Man hebt Teller und Schüsseln zum Mund. Lange Zeit hindurch gibt es auch nicht gesonderte Geräte für verschiedene Speisen. Man bedient sich der gleichen Messer, der gleichen Löffel. Man trinkt aus den gleichen Gläsern. Häufig essen zwei der Tafelnden von der gleichen Unterlage.

Das ist, wenn man es so nennen darf, der Standard der Eßtechnik während des Mittelalters, der einem ganz bestimmten Standard der menschlichen Beziehungen und der Affektgestaltung entspricht.

Es gibt innerhalb dieses Standards, wie gesagt, eine Fülle von Modifikationen und Differenzierungen. Wenn Menschen verschiedenen Ranges zugleich essen, dann läßt man z. B.

„Zivilisation" als eine Veränderung des menschlichen Verhaltens.

den höher Rangierenden beim Waschen der Hände oder beim
Griff in die Platte den Vorzug. Die Form der Geräte ändert
sich im Laufe der Jahrhunderte ganz beträchtlich. Es gibt
Moden und auch einen ganz bestimmten „Entwicklungstrend",
der durch die Modeschwankungen durchgeht. Die weltliche
Oberschicht treibt z. T. einen außerordentlichen Tafelluxus.
Es ist nicht Armut an Geräten, der diesen Standard aufrechterhält, sondern man hat ganz einfach nicht das Bedürfnis nach etwas anderem. So zu essen ist selbstverständlich.
Es entspricht diesen Menschen. Aber es entspricht ihnen
ebenso, ihren Reichtum und ihren Rang durch den Reichtum ihres Gerätes und des Tafelschmuckes sichtbar zu machen.
Die Löffel sind bei den reichen Tafeln des 13. Jahrhunderts
aus Gold, Kristall, Koralle, Serpentinstein. Gelegentlich wird
erwähnt, daß man in der Fastenzeit Messer mit Ebenholzgriff
verwendet, Ostern Messer mit Elfenbeingriff und eingelegte
Messer zur Pfingstzeit. Die Kellen sind anfangs gerundet und
ziemlich flach, man ist also beim Gebrauch zum Aufsperren
des Mundes gezwungen. Vom 14. Jahrhundert ab nimmt die
Kelle ovale Form an.

Am Ausgang des Mittelalters taucht die Gabel als Instrument zum Herübernehmen der Speisen aus der gemeinsamen
Schüssel auf. Ein volles Dutzend Gabeln befindet sich unter
den Kostbarkeiten Karls V. Das Inventar Karls v. Savoyen,
das sehr reich an prunkvollem Tafelgerät ist, zählt eine
einzige Gabel[26]).

5. Man kann sagen: „Welchen Fortschritt haben wir diesem
Standart gegenüber gemacht", wobei meist nicht ganz klar
ist, wer eigentlich dieses „wir" ist, mit dem der Sprechende
sich in solchen Äußerungen identifiziert, als ob ihm selbst
ein Teil des Verdienstes dabei zukäme.

Aber auch das entgegengesetzte Urteil ist möglich: „Was
hat sich denn geändert? Ein paar Gebräuche, nicht mehr."
Und mancher Beobachter scheint geneigt zu sein, diese Gebräuche zu beurteilen, etwa wie man sie heute bei Kindern
beurteilen würde: „Wenn ein vernünftiger Mann gekommen

Über mittelalterliche Umgangsformen.

wäre und diesen Menschen gesagt hätte: Das ist unappetitlich und unhygienisch, wenn man ihnen beigebracht hätte, mit Messer und Gabel zu essen, wären diese Unsitten sehr schnell verschwunden."

Aber die Verhaltensformen beim Essen sind nichts Isolierbares. Sie sind ein Ausschnitt — ein sehr charakteristischer Ausschnitt — aus dem Ganzen der gesellschaftlich gezüchteten Verhaltensformen. Ihr Standard entspricht einer ganz bestimmten Gesellschaftsstruktur. Es bleibt zu prüfen, welche Struktur das ist. Diese Verhaltensformen der mittelalterlichen Menschen waren nicht weniger fest mit ihren gesamten Lebensformen, mit dem ganzen Aufbau ihres Daseins verknüpft, als unsere Art des Verhaltens und unser gesellschaftlicher Code mit unserer Lebensweise und dem Aufbau unserer Gesellschaft.

Zuweilen wirft eine kleine Mitteilung etwas Licht auf die Festigkeit dieser Gebräuche und macht sichtbar, daß sie nicht nur als etwas „Negatives" verstanden werden können, als ein „Mangel an Zivilisation" oder auch an „Wissen", wie es von uns aus leicht erscheint, sondern als etwas, das dem Bedürfnis dieser Menschen entsprach, und das ihnen genau in dieser Form als sinnvoll und notwendig erschien.

Ein venezianischer Doge heiratete im 11. Jahrhundert eine griechische Prinzessin. In deren byzantinischem Kreis war die Gabel offenbar in Gebrauch. Jedenfalls hören wir, daß sie ihre Nahrung zum Munde führte «au moyen de petites fourches en or et à deux dents[27])».

Das gab in Venedig einen furchtbaren Skandal: «Cette nouveauté passa pour une marque de raffinement si outré, que la dogaresse fut sévérement objurguée par les ecclésiastiques, qui attirèrent sur elle le courroux divin. Peu après, elle était atteinte d'une maladie repoussante et Saint Bonaventure n'hésita pas à déclarer que c'était un châtiment de Dieu.»

Es hat noch fünf Jahrhunderte gedauert, bis der Aufbau der menschlichen Beziehungen sich so änderte, daß der Gebrauch dieses Instruments einem allgemeineren Bedürfnis

„Zivilisation" als eine Veränderung des menschlichen Verhaltens.

entsprach. Vom 16. Jahrhundert ab kommt die Gabel von Italien her zunächst in Frankreich, dann auch in England und Deutschland, mindestens in der Oberschicht, langsam als Eßinstrument in Gebrauch, nachdem sie vorher eine Zeitlang nur zum Herübernehmen der festen Speisen aus der Platte gedient hatte. Heinrich III. brachte sie, wahrscheinlich aus Venedig, nach Frankreich. Man verspottete seine Höflinge nicht wenig wegen dieser „affektierten" Art zu essen, und sie waren mit dem Gebrauch dieses Instrumentes zunächst auch noch nicht ganz vertraut. Wenigstens erzählte man sich, daß die Hälfte der Speisen auf dem Wege der Gabel vom Teller zum Mund wieder herunterfielen. Was wir als das Selbstverständlichste empfinden, weil wir von klein auf in diesen Standard der Gesellschaft eingepaßt und auf ihn hin konditioniert werden, mußte von der Gesellschaft als Ganzem erst mühsam und langsam erworben und durchformt worden. Das gilt von so kleinen und scheinbar unbedeutenden Dingen, wie der Gabel, nicht anders als von Verhaltensformen, die uns größer und wesentlicher erscheinen[28]).

Noch im 17. Jahrhundert war die Gabel im wesentlichen ein Luxusgegenstand der Oberschicht, meist aus Gold oder Silber.

Die beschriebene Haltung zu dieser „Neuerung" aber zeigt eines mit besonderer Deutlichkeit: Menschen, die so miteinander essen, wie es im Mittelalter Brauch ist, Fleisch mit den Fingern aus der gleichen Schüssel, Wein aus dem gleichen Becher, Suppen aus dem gleichen Topf oder dem gleichen Teller mit all den anderen Eigentümlichkeiten, von denen Proben gegeben wurden und noch andere zu geben sind, standen in einer anderen Beziehung zueinander, als wir; und zwar nicht nur in der Schicht ihres klar und präzise begründenden Bewußtseins, sondern offenbar hatte ihr emotionales Leben eine andere Struktur und einen anderen Charakter. Ihr Affekthaushalt war auf Formen der Beziehung und des Verhaltens hin konditioniert, die, entsprechend der Konditionierung in unserer Welt, heute als peinlich, mindestens als

88

wenig anziehend empfunden werden. Was in dieser courtoisen Welt fehlte oder sich jedenfalls nicht in der gleichen Stärke ausgebildet hatte, war jene unsichtbare Mauer von Affekten, die sich gegenwärtig zwischen Körper und Körper der Menschen, zurückdrängend und trennend, zu erheben scheint, der Wall der heute oft bereits bei der bloßen Annäherung an etwas spürbar ist, das mit Mund oder Händen eines anderen in Berührung gekommen ist, und der als Peinlichkeitsgefühl bei dem bloßen Anblick vieler körperlicher Verrichtungen eines anderen in Erscheinung tritt, oft auch nur bei deren bloßer Erwähnung, oder als Schamgefühl, wenn eigene Verrichtungen dem Anblick anderer ausgesetzt sind, und gewiß nicht nur dann.

Das Problem der Verhaltensänderung in der Renaissance.

1. Rücken Peinlichkeitsschwelle und Schamgrenze in der Zeit des Erasmus vor? Enthält seine Schrift Anzeichen dafür, daß die Empfindlichkeit der Menschen und die Zurückhaltung, die man voneinander erwartet, größer wird? Man könnte es vermuten. Die Manierenschriften der Humanisten bilden gewissermaßen die Brücke zwischen denen des Mittelalters und denen der neueren Zeit. Auch Erasmus Schrift, Gipfelpunkt in der Reihe der humanistischen Manierenschriften, hat dieses Doppelgesicht. Sie steht in vielem durchaus im Zuge der mittelalterlichen Tradition. Ein guter Teil der Regeln und Vorschriften aus dem Überlieferungsstrom der courtoisen Schriften kehrt auch bei ihm wieder. Aber zugleich sind in ihr offenbar Ansätze zu etwas Neuem enthalten. Mit ihr entwickelt sich allmählich jener Begriff, der den ritterlich-feudalen Begriff von Höflichkeit in den Hintergrund drängte. Im Laufe des 16. Jahrhunderts tritt der Gebrauch des Begriffs «courtoisie» in der Oberschicht langsam zurück, der des Begriffs «civilité» wird häufiger und gewinnt dann schließlich im 17. Jahrhundert, zum mindesten in

„Zivilisation" als eine Veränderung des menschlichen Verhaltens.

Frankreich, die Oberhand. Das ist ein Anzeichen für eine
Verhaltensänderung von beträchtlichem Ausmaß. Sie vollzog
sich gewiß nicht so, daß einem Ideal des guten Benehmens
plötzlich ein anderes, radikal verschiedenes gegenüber trat. Die
„civilitas morum puerilium" des Erasmus — um zunächst
bei dieser zu bleiben — steht, wie gesagt, in vielem durchaus
noch im Zuge der mittelalterlichen Tradition. Fast alle die
Regeln der courtoisen Gesellschaft kehren auch in ihr noch
wieder. Immer noch ißt man das Fleisch mit den Händen,
wenn auch Erasmus hervorhebt: Man soll es mit drei Fingern
nehmen, nicht mit der ganzen Hand. Die Vorschrift, nicht über
das Essen herzufallen, wie ein Vielfraß, ist wieder da, das Gebot des Händewaschens vor Tisch, die Vorschriften über
das Spucken, über das Schneuzen, über den Gebrauch des
Messers und viele andere kehren wieder. Mag sein, daß Erasmus die eine oder andere der gereimten Tischzuchten gekannt
hat oder die Klerikerschriften, in denen solche Fragen behandelt waren. Ein guter Teil dieser Schriften war sicherlich
sehr verbreitet. Unwahrscheinlich, daß sie Erasmus entgangen sein sollen. Genauer belegbar ist seine Beziehung
zu der Hinterlassenschaft der Antike. Sie ist für diese Schrift
z. T. schon von seinen zeitgenössischen Kommentatoren aufgezeigt worden. Ihre Stellung in der reichen, humanistischen
Diskussion über diese Probleme der Menschenformung und
des Anstands bleibt im einzelnen noch genauer zu untersuchen [29]). Aber welches auch immer die literarischen Verflechtungen sein mögen, was in diesem Zusammenhang interessiert, sind wiederum vor allem die soziogenetischen. Auch
Erasmus hat diese Schrift ganz gewiß nicht nur aus anderen
Büchern zusammenkompiliert, auch er, wie jeder andere der
über solche Fragen nachdenkt, hat einen ganz bestimmten Code
der Gesellschaft, einen bestimmten Standard der Sitten und
Unsitten unmittelbar vor Augen. Auch diese Manierenschrift
ist eine Sammlung von Beobachtungen aus dem Leben ihrer
Gesellschaft selbst. Auch sie ist, wie später jemand gesagt hat,
„ein wenig das Werk von aller Welt". Und wenn nichts an-

Das Problem der Verhaltensänderung in der Renaissance.

deres, dann zeigt ihr Erfolg, ihre rasche Ausbreitung, ihre
Funktion als Lehrbuch zur Erziehung der Knaben, wie sehr
sie einem gesellschaftlichen Bedürfnis entsprach, und wie in
ihr diejenigen Verhaltensmodelle aufgezeichnet sind, die an
der Zeit waren, die ringsum die Gesellschaft oder, genauer
gesagt, zunächst die Oberschicht verlangte.

2. Die Gesellschaft war „im Übergang". So waren es auch
die Manierenschriften. Man spürt schon am Ton, an der Art
des Sehens, daß bei aller Verbundenheit mit dem Mittelalter
doch etwas Neues im Werden ist. Das, was wir als „Einfalt"
empfinden, ist verlorengegangen, die schlichte Gegenüberstellung von „gut" und „schlecht", von „fromm" und „böse".
Man sieht differenzierter, d. h. mit stärkerer Zurückhaltung
der eigenen Affekte.

Was einen Teil der verwandten, humanistischen Schriften,
was vor allem die Schrift des Erasmus von den Niederschriften
der courtoisen Codes unterscheidet, sind nicht so sehr oder
jedenfalls nicht ausschließlich die Regeln selbst, die sie geben, und die Sitten und Unsitten, auf die sie sich beziehen;
es ist zunächst einmal der Ton, in dem sie geschrieben sind,
die Art, in der sie sehen. Die gleichen, gesellschaftlichen
Spielregeln, die im Mittelalter als ein unpersönlicheres Gut
von Mund zu Mund gingen, werden jetzt auf eine neue Weise
und mit einer Betonung gesagt, die fühlen läßt: Hier spricht
jemand, der nicht nur Traditionsgut weitergibt, so viel mittelalterliche und vor allem antike Schriften er auch verarbeitet
haben mag, sondern der alles das persönlich beobachtet hat,
der seine Erfahrungen niederschrieb.

Sähe man es nicht in „de civilitate morum puerilium"
selbst, man wüßte es schon aus früheren Schriften des Erasmus, in denen diese Durchtränkung des mittelalterlichen
und antiken Traditionsguts mit der eigenen Erfahrung vielleicht noch deutlicher, noch unmittelbarer zum Ausdruck
kommt. Schon in seinen „Colloquia", die z. T. ganz gewiß auf
antike Modelle, vor allem wohl auf Lukian zurückgehen,
und besonders in dem Gespräch „Diversoria" (Basel 1523)

„Zivilisation" als eine Veränderung des menschlichen Verhaltens.

hat Erasmus gelegentlich unmittelbar etwas von den Erfahrungen geschildert, die er dann in der „civilitas morum" verarbeitet.

Die „Diversoria" handeln von dem Unterschied zwischen den Sitten in den deutschen und den französischen Herbergen. Er schildert da z. B. das Gastzimmer einer deutschen Herberge: Vielleicht 80 bis 90 Menschen sitzen beieinander, und zwar, wie hervorgehoben wird, nicht nur niederes Volk, sondern auch Reiche und Edelleute, Männer, Frauen, Kinder, alles durcheinander. Und jeder verrichtet, was ihm notwendig erscheint. Der eine wäscht seine Kleider und hängt die durchnäßten Sachen am Ofen aus. Der andere wäscht seine Hände. Aber der Napf ist so sauber, sagt der Sprecher, daß man einen zweiten braucht, um sich von dem Wasser zu reinigen. Knoblauchdüfte und andere üble Gerüche steigen auf. Überall spuckt man hin. Einer reinigt seine Stiefel auf dem Tisch. Dann wird aufgetragen. Jeder taucht sein Brot in die allgemeine Platte, beißt ab und tunkt von neuem. Die Teller sind schmutzig, der Wein ist schlecht, und wenn man besseren haben will, sagt der Wirt: Ich habe genug Edelleute und Grafen beherbergt. Wenn es euch nicht paßt, sucht euch ein anderes Quartier. Der Landsfremde hat es besonders schwer. Erstens starren ihn die anderen ununterbrochen an, wie ein Wundertier aus Afrika. Und dann lassen diese Leute als Menschen überhaupt nur die Adligen ihres eignen Landes gelten.

Der Raum ist überheizt, alles schwitzt und dünstet und wischt sich den Schweiß ab. Es gibt sicher viele Leute darunter, die irgendeine verborgene Krankheit haben. „Wahrscheinlich, sagt der Sprecher, haben die meisten die spanische Krankheit, sind also nicht weniger zu fürchten als Aussätzige."

„Tapfere Leute, sagt der andere, sie machen sich lustig darüber und kümmern sich nicht darum."

„Aber diese Tapferkeit hat schon viele das Leben gekostet."

Das Problem der Verhaltensänderung in der Renaissance.

„Was sollen sie machen ? Sie sind daran gewöhnt und ein Mann von Herz bricht nicht mit seinen Gewohnheiten."

3. Man sieht: Erasmus ebenso, wie die anderen, die vor ihm oder nach ihm über das Verhalten und die Art des Umgangs geschrieben haben, sind zunächst einmal Sammler von Sitten und Unsitten, die sie im gesellschaftlichen Leben selbst vorfinden. Auf diese in erster Linie geht die Übereinstimmung zwischen ihnen zurück, auf diese ebenso die Verschiedenheiten. Daß diese Schriften weniger als andere, denen wir Aufmerksamkeit zu schenken gewohnt sind, die außerordentlichen Ideen eines einzelnen Hervorragenden enthalten, daß sie durch ihr Thema selbst gezwungen sind, sich eng an die gesellschaftliche Wirklichkeit zu halten, gibt ihnen als Nachrichtenquelle über gesellschaftliche Prozesse ihre besondere Bedeutung.

Aber die Bemerkungen des Erasmus über dieses Thema gehören neben einigen wenigen andrer Autoren aus der gleichen Phase dennoch zu den Ausnahmeerscheinungen in der Traditionsreihe der Manierenschriften; denn hier wird die Darlegung dieser z. T. sehr alten Vorschriften und Gebote von einem ganz individuellen Temperament durchdrungen. Und gerade das ist seinerseits wiederum ein „Zeichen der Zeit", ein Ausdruck für eine Umbildung der Gesellschaft, ein Symptom für das, was man etwas mißverständlich als „Individualisierung" bezeichnet. Es weist außerdem noch auf einen anderen Punkt hin: Das Problem des Verhaltens in der Gesellschaft war in dieser Zeit offenbar so wichtig geworden, daß selbst Menschen von außerordentlicher Begabung und von großem Ruf die Beschäftigung mit ihm nicht verschmähten. Später sinkt diese Aufgabe im allgemeinen wieder zu den Geistern zweiten und dritten Ranges herab, die nachschreiben, fortführen, ausweiten, und es bildet sich wieder, wenn auch nicht ganz so stark wie im Mittelalter, eine unpersönlichere Tradition der Manierenbücher.

Von den gesellschaftlichen Bewegungen, mit denen die Wandlungen des Verhaltens, der Umgangsformen und der

93

„Zivilisation" als eine Veränderung des menschlichen Verhaltens.

Peinlichkeitsgefühle zusammenhängen, wird noch gesondert zu reden sein. Ein Hinweis, notwendig zum Verständnis der Stellung des Erasmus und damit seiner Art, über Umgangsformen zu reden, sei hier vorweggenommen.

Erasmus' Schrift fällt in die Zeit einer sozialen Umgruppierung: Sie ist der Ausdruck jener fruchtbaren Übergangszeit nach der Lockerung der mittelalterlichen und vor der Stabilisierung der anderen neuzeitlichen Gesellschaftshierarchie. Sie gehört in jene Phase, in der die alte, ritterlich-feudale Adelsschicht noch im Niedergang, die neue höfisch-absolutistische noch in der Bildung begriffen war. Diese Situation gab unter anderem den Vertretern einer kleinen, weltlich-bürgerlichen Intelligenzschicht, den Humanisten, sie gab Erasmus Chancen sowohl des Aufstiegs, der Möglichkeit, Ansehen und geistige Macht zu gewinnen, wie des Freimuts und der Distanzierung, die weder vorher noch nachher in dem gleichen Maße vorhanden waren. Diese besondere Chance der Distanzierung, die es einzelnen Vertretern der Intelligenzschicht erlaubte, sich mit keiner der gesellschaftlichen Gruppen ihrer Welt völlig und bedingungslos zu identifizieren, wenn sie natürlich auch immer der einen, der fürstlich-höfischen, näherstanden als anderen, sie findet ihren Ausdruck auch in dieser Schrift „de civilitate morum puerilium". Erasmus übersieht oder verdeckt keineswegs die sozialen Unterschiede. Er sieht sehr genau, daß die eigentliche Pflanzstätte dessen, was als gute Umgangsform in seiner Zeit gilt, die Fürstenhöfe sind. Er sagt z. B. dem jungen Prinzen, dem er die „civilitas morum" widmet: „Ich will zu deiner Jugend von der Gesittung der Knaben sprechen, nicht weil du diese Vorschriften so sehr brauchst; du bist ja von klein auf unter Hofleuten erzogen worden und hast frühzeitig einen ausgezeichneten Erzieher bekommen ... oder weil sich etwa alles, was in dieser Schrift gesagt ist, auf dich bezieht; du stammst ja von Prinzen und bist zur Herrschaft geboren."

Aber Erasmus zeigt dabei immer, und zwar besonders stark ausgeprägt, das charakteristische Selbstbewußtsein des

Das Problem der Verhaltensänderung in der Renaissance.

Intelligenzlers, des durch den Geist, durch Wissen und
Schreiben Aufgestiegenen, durch das Buch Legitimierten,
das Selbstbewußtsein eines Angehörigen der humanistischen
Intelligenzschicht, der auch gegenüber herrschenden Schichten
und Meinungen Distanz zu wahren vermag, so sehr er ihnen
vielleicht verbunden ist. ,,In primis pueros decet omnis mo-
destia, sagt er am Schluß der Widmungsworte zu dem jungen
Prinzen, et in his praecipue nobiles. Pro nobilibus autem
habendi sunt omnes qui studiis liberalibus excolunt animum.
Pingant alii in clypeis suis leones, aquilas, tauros et leopardos:
plus habent verae nobilitatis, qui pro insignibus suis tot pos-
sunt imagines depingere, quot perdidicerunt artes liberales.‘‘
Mögen andere Löwen, Adler und sonstiges Getier auf ihre
Wappenschilder malen. Mehr wahren Adel besitzen die, die
auf ihr Wappenschild alles das als Bild einzeichnen können,
was sie durch Pflege in Kunst und Wissenschaften geleistet
haben.

Dies ist die Sprache, dies das typische Selbstbewußtsein
des Intellektuellen in der bezeichneten Phase der gesellschaftlichen Entwicklung. Die soziogenetische, die psychogenetische Verwandtschaft solcher Gedanken mit denen
der deutschen Intelligenzschicht des 18. Jahrhunderts, mit
ihrer Selbstlegitimierung durch Begriffe, wie ,,Kultur‘‘ und
,,Bildung‘‘ ist ohne weiteres sichtbar. Aber in der Periode
unmittelbar nach der Zeit des Erasmus hätten nur wenige
Menschen noch den Freimut oder auch nur die gesellschaftliche Möglichkeit gehabt, solche Gedanken unverhüllt und
direkt in der Widmung an einen Adligen selbst zu sagen.
Mit der zunehmenden Stabilisierung der Gesellschaftshierarchie wäre eine solche Äußerung in zunehmendem Maße
als Taktlosigkeit, vielleicht sogar als Angriff empfunden
worden. Daß man den Rangunterschieden im Benehmen
genauste Beachtung schenkt, wird von nun ab grade zum
Inbegriff der Höflichkeit, zur Grundforderung der «Civilité»,
wenigstens in Frankreich. Aristokratie und bürgerliche
Intelligenz verkehren miteinander, aber es ist zu einem

Gebot des Taktes gemacht, die Standesunterschiede zu beachten und ihnen im Verkehr unzweideutig Ausdruck zu geben. In Deutschland dagegen gibt es von der Zeit der Humanisten ab immer eine bürgerliche Intelligenz, die von der höfisch-aristokratischen Gesellschaft, abgesehen von wenigen Ausnahmen, mehr oder weniger getrennt lebt, eine Intelligenzschicht mit spezifisch mittelständischem Charakter.

4. Der Entwicklungsgang der deutschen Manierenschriften, ihr Unterschied von den französischen, gibt dafür eine ganze Reihe deutlicher Belege. Es führt zu weit, hier genauer auf ihn einzugehen, aber man braucht nur an ein Werk, wie Dedekinds „Grobianus[30]" und an dessen weitverbreitete und weitwirkende deutsche Übertragung durch Conradt Scheidt zu denken, um den Unterschied zu spüren. Die ganze deutsche „grobianische" Literatur, in der, mit Spott und Hohn gewürzt, ein sehr ernsthaftes Bedürfnis nach „Milderung der Sitten" zum Ausdruck kommt, zeigt unzweideutig und reiner als irgendeine der entsprechenden, anderen Nationaltraditionen diesen spezifischen bürgerlich-mittelständischen Charakter der Schreibenden, die z. T. protestantische Pfarrer oder Lehrer sind. Und ähnlich verhält es sich mit dem meisten, was in der folgenden Zeit über „Manieren" und „Umgangsformen" in Deutschland geschrieben worden ist. Gewiß werden auch hier die Höfe mehr und mehr zu ihrer primären Prägestätte; aber da hier die sozialen Mauern zwischen Bürgertum und höfischem Adel verhältnismäßig hoch sind, so sprechen die bürgerlichen Verfasser von Manierenbüchern später meist davon, wie von einer fremden Sache, die man lernen muß, weil es nun einmal an den Höfen so Brauch ist. Sie sprechen bei aller Vertrautheit dennoch, wie Außenstehende davon, und sehr oft mit einer merklichen Unbeholfenheit. Es ist eine relativ gedrückte, eine regional, ständisch und wirtschaftlich enger lebende Intelligenzschicht, die in der folgenden Zeit und besonders nach dem Dreißigjährigen Krieg in Deutschland schreibt. Und erst, als in der zweiten Hälfte des 18. Jahrhunderts die

Das Problem der Verhaltensänderung in der Renaissance.

deutsche, bürgerliche Intelligenz gleichsam als Vortrupp des
kaufmännischen Bürgertums neue Aufstiegschancen und
etwas mehr Bewegungsfreiheit erlangt, hört man wieder eine
Sprache und Ausdrücke eines Selbstbewußtseins, das dem der
Humanisten, besonders dem des Erasmus verwandt ist, obgleich
selbst dann kaum je so unverdeckt zu dem Adel gesagt wird:
Eure ganzen Wappentiere sind weniger wert, als die Pflege
der «artes liberales», die Leistungen in Kunst und Wissenschaft, wenn es im Grunde auch oft genug so gemeint ist.

Was oben einleitend für die Bewegung des späten 18. Jahrhunderts gezeigt wurde, geht auf eine weit ältere Tradition,
auf eine Art von durchgehender Aufbaugesetzlichkeit der
deutschen Gesellschaft seit der besonders starken und mächtigen Entfaltung der deutschen Städte und des deutschen
Bürgertums am Ausgang des Mittelalters zurück. In Frankreich, periodenweise auch in England und Italien, fühlt sich
immer ein Teil der bürgerlichen Schreibenden im höfisch-
aristokratischen Kreis als zugehörig, in Deutschland ist das
weit weniger der Fall. Dort schreiben bürgerliche Schriftsteller
nicht nur zum guten Teil für höfisch-aristokratische Kreise, sie
identifizieren sich auch in hohem Maße mit deren Sitten,
Gebräuchen und Anschauungen. In Deutschland ist diese
völlige Identifizierung der Intelligenz mit der höfischen Oberschicht weit schwächer, unselbstverständlicher und seltener.
Die zweifelhafte Stellung und ein gewisses Mißtrauen gegenüber denen, die sich vorwiegend durch ihre Umgangsformen,
durch Höflichkeit und Manieren, durch Gewandtheit und Un-
gezwungenheit des Benehmens legitimieren, geht hier auf eine
lange Tradition zurück, zumal alle diese ,,Seinswerte'' in der
deutschen, höfischen Aristokratie, die in viele kleinere und
größere Kreise zerspalten, die nicht in einer großen, zentralen
,,Society'' zusammengefaßt ist, und die überdies frühzeitig
verbeamtet wird, nicht in dem Maße vollkommen ausgebildet werden, wie in den westlichen Ländern. Statt dessen
bildet sich hier stärker als in den westlichen Ländern
das heraus, was dann auf der einen Seite als Beamten-,

„Zivilisation" als eine Veränderung des menschlichen Verhaltens.

Universitäts- und Kulturtradition des Mittelstandes, auf der anderen Seite als Beamten- und Militärtradition des Adels in Erscheinung tritt.

5. Von Erasmus' Manierenschrift gehen Einflüsse sowohl nach Deutschland, wie nach England, Frankreich und Italien herüber. Was seine Haltung mit der der späteren, deutschen Intelligenz verbindet, ist das Fehlen der Identifizierung mit der höfischen Oberschicht, und seine Bemerkung, daß die Behandlung der „Zivilität" ohne Zweifel die „crassissima Philosophiae pars" sei, weist auf eine Wertskala hin, die mit der späteren Bewertung von „Zivilisation" und „Kultur" in der deutschen Tradition nicht ohne eine gewisse Verwandtschaft ist.

Dementsprechend faßt auch Erasmus seine Verhaltensvorschriften nicht als Vorschriften für einen bestimmten Stand. Er legt keinen besonderen Akzent auf soziale Distinktionen, wenn man von gelegentlichen Abhebungen gegen Bauern und kleine Händler absieht. Gerade diese fehlende Zuordnung der Vorschriften zu einer bestimmten sozialen Schicht, ihre Fassung als allgemeinmenschliche Regeln unterscheidet aber seine Schrift zugleich von ihren Nachfolgerinnen in der italienischen und vor allem in der französischen Tradition.

Erasmus sagt etwa einfach: „Incessus nec fractus sit, nec praeceps." Der Schritt sei nicht zu langsam und nicht zu schnell. Wenig später, in seinem „Galateo" sagt der Italiener della Casa das gleiche (Kap. VI 5, Teil III). Aber bei ihm hat die gleiche Vorschrift ganz unmittelbar und mit voller Selbstverständlichkeit den Sinn eines sozialen Distinktionsmittels: «Non dee l'huomo nobile correre per via, ne troppo affrettarsi, che cio conviene a palafreniere e non a gentilhuomo. Ne percio si dee andare sì lento, ne sì contegnosò come femmina o come sposa.» Der Edelmann soll nicht rennen, wie ein Lakai, und er soll nicht so langsam gehen, wie Frauen oder Bräute. Bezeichnend und mit allen übrigen Beobachtungen übereinstimmend ist es dabei, daß eine

Das Problem der Verhaltensänderung in der Renaissance.

deutsche Übersetzung des „Galateo" — in einer fünfsprachigen Ausgabe aus dem Jahre 1609 (Genf) —, ebenso übrigens wie die lateinische Übersetzung, mit ziemlicher Regelmäßigkeit und im Gegensatz zu allen übrigen die soziale Differenzierung des Originals wieder zu verwischen sucht. Die zitierte Stelle z. B. wird (S. 562) folgendermaßen übersetzt: „So soll auch einer vom Adel oder auch sonst erbarer mann nicht über die gassen lauffen, noch alzu sehr eilen, dieweil solchs einem lackeyen und nicht einem fürnemmen mann gebüret ... Man soll auch hinwiderumb nit zu gar langsam gehen wie eine prächtige matrone oder junge braut."
„Erbarer mann" ist hier eingefügt, möglicherweise mit Bezug auf die bürgerlichen Räte, und ähnliches findet man an vielen, anderen Stellen; wenn im italienischen einfach «gentilhuomo», im französischen nur «gentilhomme» gesagt ist, heißt es im deutschen etwa: „sittsamer, ehrbarer Mensch", im lateinischen „homo honestus et bene moratus". Die Beispiele ließen sich häufen.

Erasmus verhält sich ähnlich. Infolgedessen erscheinen immer wieder die Vorschriften, die er ohne soziale Charaktere gibt, in der italienischen und dann in der französischen Tradition mit stärkerer Begrenzung auf die Oberschicht, während im Deutschen zum mindesten die Tendenz lebendig bleibt, die sozialen Charaktere zu verwischen, wenn auch für lange Zeit kaum noch ein Schreibender das Maß von sozialer Distanzierung erreicht, das Erasmus besitzt. Er nimmt in dieser Hinsicht in der ganzen Reihe derer, die über dieses Thema schrieben, eine einzigartige Stellung ein. Sie entspringt seinem persönlichen Charakter. Aber sie weist zugleich hinter sich zurück auf diese relativ begrenzte Phase der Lockerung zwischen zwei großen Epochen, die durch festere Gesellschaftshierarchien charakterisiert sind.

Die ganze Fruchtbarkeit dieser lockernden Übergangssituation ist immer von neuem in seiner Art, die Menschen zu beobachten, spürbar. Sie ermöglichte es ihm, auf der einen Seite, das „Bäurische", „Vulgäre", „Rohe" zu kritisieren,

„Zivilisation" als eine Veränderung des menschlichen Verhaltens.

ohne auf der anderen Seite, wie die meisten Späteren, das
Gebaren der großen höfischen Herren, deren Kreis schließlich, wie er selbst sagt, die Pflanzstätte des gesitteten Benehmens ist, bedingungslos zu akzeptieren. Er sieht sehr
genau auch das Übertriebene, Gezwungene vieler höfischer
Sitten, und er scheut sich nicht, es auszusprechen. Wenn er
über die Haltung der Lippen spricht, sagt er z. B.: „Noch
weniger schön ist es, von Zeit zu Zeit die Lippen zu spitzen
und sozusagen vor sich hin zu pfeifen. Das kann man den
großen Herren überlassen, wenn sie durch die Menge spazieren." Oder er sagt: „Man soll einigen Höflingen das Vergnügen lassen, ihr Brot mit der Hand zu pressen und dann
mit den Fingerspitzen abzubrechen. Du schneide es dezent
mit dem Messer."

6. Aber man sieht hier zugleich auch wieder sehr deutlich
den Unterschied zwischen dieser und der mittelalterlichen
Art, Anweisungen für das Verhalten zu geben. Früher hieß
es, um ein Beispiel zu geben, einfach: "The breade cut fayre
and do not breake[31]." Schneide dein Brot anständig und
brich es nicht. Von Erasmus werden die Gebote und Verbote
unmittelbarer in die Erfahrung, in die Beobachtung der
Menschen eingebettet. Die traditionellen Vorschriften, Spiegel
der immer wiederkehrenden Gebräuche, erwachen inmitten
dieser Beobachtung aus einer Art von Versteinerung. Eine
alte Regel lautete: „Fall nicht gierig über die Speisen her[32]."

> „Ne mangue mie je te commande,
> avant que on serve de viande,
> car il sembleroit que tu feusses
> trop glout, ou que trop fain eüsses.
>
> . . . .
>
> Vuiddier et essever memoire
> aies ta bouche, quant veulz boire."

Erasmus gibt die gleiche Anweisung, aber er sieht dabei
unmittelbar die Menschen vor sich: Manche, sagt er, schlingen
mehr als sie essen, so als ob man sie, wie es heißt, sofort ins

Das Problem der Verhaltensänderung in der Renaissance.

Gefängnis abführen würde oder wie Diebe, die ihre Beute verzehren. Andere stecken so viel in den Mund, daß ihre Backen aufschwellen, wie Blasebälge. Wieder andere reißen beim Kauen die Lippen derartig auseinander, daß sie einen Ton von sich geben wie Schweine. Und dann folgt die allgemeine Regel, die immer wieder gesagt wurde und offenbar immer wieder gesagt werden mußte: „Ore pleno vel bibere vel loqui, nec honestum, nec tutum."

In alledem steckt neben der mittelalterlichen Tradition ganz gewiß auch viel antikes Gut. Aber das Lesen hat das Sehen, das Sehen Lesen und Schreiben bereichert.

Die Kleidung, heißt es gelegentlich, ist gewissermaßen der Körper des Körpers. Man kann von ihr auf die Haltung der Seele schließen. Und dann gibt Erasmus Beispiele dafür, welche Art, sich zu kleiden zu dieser oder jener Seelenlage gehört. Es sind die Anfänge jener Betrachtungsweise, die man auf einer späteren Stufe als „psychologisch" bezeichnen wird. Die neue Stufe der Höflichkeit und ihre Darstellung, zusammengefaßt durch den Begriff der «civilité», ist aufs engste mit ihr verbunden und wird es allmählich immer mehr. Um wirklich im Sinne der «civilité» „höflich" sein zu können, muß man in gewissem Maße beobachten, um sich sehen, auf die Menschen und ihre Motive achten. Auch darin kündigt sich eine neue Beziehung von Mensch zu Mensch, eine neue Integrationsform an.

Nicht ganz 150 Jahre später, wenn die «civilité» eine feste und stabile Form des Verhaltens in der höfischen Oberschicht Frankreichs, in der „Monde" geworden ist, beginnt einer ihrer Angehörigen seine Darlegungen über die «Science du monde» mit den Worten[33]: «Il me semble que pour acquerir ce qu'on appelle la Science du Monde: il faut premierement s'appliquer à bien connoître les hommes tel qu'ils sont en general et entrer ensuite dans la connoissance particuliere de ceux avec qui nous avons à vivre, c'est à dire, de leurs inclinations et de leurs opinions bonnes et mauvaises, de leurs vertus et de leurs defauts.»

"Zivilisation" als eine Veränderung des menschlichen Verhaltens.

Das, was hier mit voller Präzision und Bewußtheit gesagt ist, kündigt sich bei Erasmus an. Aber diese verstärkte Neigung der Gesellschaft und damit der Schreibenden, zu beobachten, Einzelheit und Regel, Sehen und Lesen zu verbinden, findet sich nicht nur bei Erasmus, sie zeigt sich auch in den anderen Manierenbüchern der Renaissance, und ganz gewiß nicht nur in den Manierenbüchern.

7. Wenn man also nach den neuen Tendenzen[34]) fragt, die in Erasmus' Art, das Verhalten der Menschen zu betrachten, in Erscheinung tritt, — hier ist eine von ihnen. Gewiß änderte sich in dem Um- und Neubildungsprozeß, den wir durch den Begriff "Renaissance" charakterisieren, bis zu einem gewissen Grade auch das, was im Verkehr der Menschen als "ziemlich" und "unziemlich" galt. Aber der Einschnitt wird ganz und gar nicht dadurch markiert, daß mit einem Male neue, den alten entgegengesetzte Verhaltensweisen gefordert werden. Die Tradition der «courtoisie» wird in vielem von der Gesellschaft, die den Begriff der "civilitas" zur Bezeichnung des gesellschaftlichen "guten Benehmens" aufnimmt, weitergeführt.

Die verstärkte Neigung der Menschen, sich und andere zu beobachten, ist eines der Anzeichen dafür, wie nun die ganze Frage des Verhaltens einen anderen Charakter erhält: Die Menschen formen sich und andere mit größerer Bewußtheit als im Mittelalter.

Damals wurde gesagt: Tue das und tue jenes nicht; aber im großen und ganzen ließ man vieles gehen. Jahrhundertelang wiederholte man annähernd die gleichen, von uns aus gesehen, elementaren Vorschriften und Verbote, offensichtlich ohne daß sie zur Ausbildung ganz fester Gewohnheiten führten. Das wird jetzt anders. Der Zwang, den die Menschen aufeinander ausüben, wird stärker, die Forderung nach "gutem Benehmen" nachdrücklicher erhoben. Der ganze Problemkreis des Verhaltens gewinnt an Wichtigkeit. Daß Erasmus Verhaltensregeln, die zuvor hauptsächlich in Merkversen, in kleinen Gedichten oder verstreut in Abhandlungen

Das Problem der Verhaltensänderung in der Renaissance.

über andere Themen gesagt wurden, in einer Prosaschrift zusammenfaßt und zum erstenmal, so gut es geht, dem ganzen Fragenkreis des Verhaltens in der Gesellschaft, nicht nur dem Verhalten an der Tafel, ein selbständiges Werk widmet, ist mit dem Erfolg zusammen ein deutliches Zeichen für die wachsende Bedeutung dieses Fragenkreises[35]). Und das Auftauchen verwandter Schriften, wie des ,,Hofmanns" von Castiglione oder des ,,Galateo" von della Casa, um nur die bekanntesten zu nennen, weist in die gleiche Richtung. Auf die gesellschaftlichen Vorgänge dahinter ist schon hingewiesen worden und wird noch genauer hinzuweisen sein: Die alten sozialen Verbände sind, wenn nicht zerbrochen, so doch in hohem Maße aufgelockert und in Umbildung begriffen. Individuen verschiedener sozialer Herkunft werden durcheinandergewirbelt. Die gesellschaftliche Zirkulation, Auf- und Abstieg vollziehen sich rascher.

Langsam im Laufe des 16. Jahrhunderts beginnt sich dann wieder, hier früher, dort später und fast überall mit einer Fülle von Rückschlägen bis ins 17. Jahrhundert hinein, eine festere Gesellschaftshierarchie herzustellen und, aus Elementen verschiedener sozialer Herkunft, eine neue Oberschicht, eine neue Aristokratie. Eben damit wird auch die Frage des einheitlichen, guten Benehmens in verstärktem Maß zum Problem, zumal der veränderte Aufbau der neuen Oberschicht jeden einzelnen Zugehörigen in einem bisher ungekannten Maße dem Druck der anderen und der gesellschaftlichen Kontrolle aussetzt. In diese Situation hinein sind die Manierenschriften des Erasmus, des Castiglione, des della Casa und anderer geschrieben. Die Menschen, gezwungen in einer neuen Form miteinander zu leben, werden empfindlicher für die Regungen anderer. Nicht sprunghaft, aber doch ganz allmählich wird der Code des Verhaltens strenger und größer das Maß der Rücksichtnahme, das einer vom andern erwartet. Das Gefühl dafür, was zu tun und zu lassen ist, um andere nicht zu verletzen, zu schockieren, wird differenzierter, und das gesellschaftliche Gebot, nicht zu verletzen,

„Zivilisation" als eine Veränderung des menschlichen Verhaltens.

im Zusammenhang mit den neuen Herrschaftsverhältnissen bindender, im Verhältnis zu der vorangehenden Phase.

Auch in den Regeln der «Courtoisie» ist vorgeschrieben: „Sage nichts, was Streit erregen, was andere ärgern kann":

> „Non dicas verbum
> cuiquam quod ei sit acerbum[36])."

„Sei ein guter Tischgenosse":

> "Awayte my chylde, ye be have you manerly
> Whan at your mete ye sitte at the table
> In every prees and in every company
> Dispose you to be so compenable
> That men may of you reporte for commendable
> For thrusteth wel upon your berynge
> Men wil you blame or gyue preysynge . . ."

So heißt es in einem englischen "Book of Curtesye[37])". Vieles von dem, was Erasmus sagt, geht dem reinen Faktum nach ganz in die gleiche Richtung. Aber die Änderung der Tonart, das Wachstum der Empfindlichkeit, die Intensivierung der Menschenbeobachtung und das stärkere Verständnis für das, was in dem anderen selbst vor sich geht, sind unverkennbar. Es wird besonders deutlich in einer Bemerkung am Schluß seiner Schrift, durch die er den Schematismus des „guten Benehmens", samt dem Hochmut, der sich gewöhnlich mit seiner Beherrschung verbindet, durchbricht und das Verhalten zu einer umfassenderen Menschlichkeit zurückführt:

„Maxima civilitatis pars est, quum ipse nusquam delinquas, aliorum delictis facile ignoscere, nec ideo sodalem minus habere charum, si quos habet mores inconditiores. Sunt enim qui morum ruditatem aliis compensent dotibus."

„Sieh andern ihre Verstöße leicht nach. Das ist die Haupttugend der «civilitas», der Höflichkeit. Ein Gefährte sei dir deswegen nicht weniger lieb, weil er weniger gute Manieren hat. Es gibt Menschen, die die Ungeschliffenheit ihres Benehmens durch andere Gaben wettmachen."

Das Problem der Verhaltensänderung in der Renaissance.

Und weiter heißt es: ,,Quod si sodalis per inscitiam peccet in eo sane, quod alicuius videtur momenti, solum ac blande monere civilitatis est."

,,Wenn einer deiner Kameraden unwissentlich einen Verstoß begeht ... sage es ihm allein und sage es ihm freundlich. Das ist Zivilität."

Aber auch diese Empfindung und diese Geste ist wiederum nur ein Ausdruck dafür, wie wenig sich Erasmus bei aller Nähe mit der höfischen Oberschicht seiner Zeit identifiziert, und wie er auch ihrem Code gegenüber die innere Distanz wahrt.

Der ,,Galateo" hat seinen Namen von einer Begebenheit, in der die letzte Vorschrift des Erasmus: ,,sage es ihm allein und sage es ihm freundlich" verwirklicht, in der ein Verstoß auf diese Weise korrigiert wird. Aber auch hier ist wieder mit einer ganz anderen Selbstverständlichkeit als bei ihm der höfische Charakter solcher Gebräuche hervorgehoben.

Zu dem Bischof von Verona, so wird da erzählt[38]), kommt eines Tages ein Graf Richard als Gast. Er erscheint dem Bischof und seinem Hofe als «gentilissime cavaliere e di bellissime maniere». Ein einziger Fehler fällt dem Gastgeber an dem Grafen auf. Aber er sagt nichts. Er läßt ihn beim Abschied von seinem Messer Galateo begleiten. Das war ein Mann vom Hofe des Bischofs, der besonders gute Umgangsformen hatte, erworben an den Höfen der Großen: «molto havea de' suoi dì usato alle corti de' gran Signori». Das wird ausdrücklich hervorgehoben.

Dieser Galateo also begleitet den Grafen zum Abschied ein Stück und sagt ihm, bevor er ihn verläßt, folgendes: Sein Herr, der Bischof, wolle dem Grafen zum Abschied ein Geschenk machen. Der Bischof habe nie im Leben einen Edelmann von besseren Manieren gesehen als den Grafen. Er habe nur einen einzigen Fehler an ihm entdeckt: Er schmatze zu laut mit den Lippen beim Essen und mache dabei mit dem Munde ein Geräusch, das für andere übel zu hören sei. Ihm das mitzuteilen, sei das Abschiedsgeschenk des Bischofs, das er bitte, nicht übel aufzunehmen.

105

"Zivilisation" als eine Veränderung des menschlichen Verhaltens.

Die Vorschrift, beim Essen nicht zu schmatzen, findet sich häufig auch in den mittelalterlichen Vorschriften. Aber diese Begebenheit am Anfang des „Galateo" zeigt deutlich, was sich geändert hat. Sie demonstriert nicht nur, welche Wichtigkeit man nun dem „guten Benehmen" beizumessen beginnt. Sie zeigt vor allem auch, wie der Druck, den die Menschen in dieser Richtung aufeinander ausüben, sich verstärkt. Es ist unmittelbar einsichtig: Diese höfliche, äußerlich sanfte und vergleichsweise rücksichtsvolle Art zu korrigieren, ist unvergleichlich viel zwingender als Mittel der gesellschaftlichen Kontrolle, zumal, wenn sie von einem gesellschaftlich Höherstehenden geübt wird, sie ist außerordentlich viel wirksamer zur Züchtung von dauernden Gewohnheiten, als Beleidigungen, Verspottungen oder irgendeine Bedrohung mit äußerer körperlicher Gewalt.

Es bilden sich im Innern pazifizierte Gesellschaften. Der alte Verhaltenscode wandelt sich nur schrittweise. Aber die gesellschaftliche Kontrolle wird bindender. Und vor allem ändert sich langsam die Art und der Mechanismus der Affektmodellierung durch die Gesellschaft. Im Laufe des Mittelalters hat sich offenbar der Standard der Sitten und Unsitten bei allen regionalen und sozialen Verschiedenheiten nicht entscheidend gewandelt. Immer wieder werden durch die Jahrhunderte hin die gleichen Sitten und Unsitten erwähnt. Der gesellschaftliche Code verfestigte sich nur in begrenztem Maß im Menschen selbst zu dauernden Gewohnheiten. Jetzt, mit dem Umbau der Gesellschaft, mit einer neuen Anlage der menschlichen Beziehungen, tritt hier langsam eine Änderung ein: Der Zwang zur Selbstkontrolle wächst. In Zusammenhang damit gerät der Standard des Verhaltens in Bewegung.

Schon in Caxtons "Book of Curtesye", wahrscheinlich vom Ende des 15. Jahrhunderts, wird diesem Gefühl, daß die Gewohnheiten, die Bräuche, die Regeln des Verhaltens in Bewegung geraten sind, sehr unzweideutig Ausdruck gegeben[39]):

Das Problem der Verhaltensänderung in der Renaissance.

"Thingis whilom used ben now leyd a syde
And newe feetis, dayly ben contreuide
Mennys actes can in no plyte abyde
They be changeable ande ofte meuide
Thingis somtyme alowed is now repreuid
And after this shal thinges up aryse
That men set now but at lytyl pryse."

Das klingt in der Tat wie ein Motto zu der ganzen Bewegung, die nun kommt: "Thingis somtyme alowed is now repreuid." Das 16. Jahrhundert steht noch ganz im Übergang. Erasmus und seinen Zeitgenossen ist es noch erlaubt, über Dinge, Verrichtungen, Verhaltensweisen zu reden, die ein oder zwei Jahrhunderte später mit Scham und Peinlichkeitsgefühlen belegt werden, deren öffentliches Zur-Schaustellen, deren bloße Erwähnung in Gesellschaft dann verpönt sind. Mit der gleichen Einfachheit und Klarheit, mit der er oder auch della Casa Fragen des hohen Taktes und der Dezenz behandelt, sagt er etwa auch: Rücke nicht auf deinem Stuhl hin und her. Wer das tut ,,speciem habet, subinde ventris flatum emittentis aut emittere conantis". Das ist noch ganz die alte Unbefangenheit im Besprechen der körperlichen Verrichtungen, die für den mittelalterlichen Menschen charakteristisch war, aber bereichert durch Beobachtungen, durch die Rücksicht auf das, ,,was andere denken könnten". Äußerungen dieser Art finden sich häufig.

Die Betrachtung des ,,Verhaltens" der Menschen des 16. Jahrhunderts und ihres Verhaltenscodes wirft den Rückblickenden dauernd zwischen den Eindrücken: ,,Das ist ja noch ganz mittelalterlich" und ,,Das entspricht ja schon ganz unserm eigenen Empfinden" hin und her. Und gerade dieser scheinbare Widerspruch entspricht offenbar der Wirklichkeit. Die Menschen dieser Zeit haben ein Doppelgesicht. Sie stehen auf der Brücke. Das Verhalten und der Verhaltenscode ist in Bewegung geraten, aber die Bewegung ist ganz langsam. Und vor allem fehlt bei der Betrachtung der einzelnen Stufe das sichere Maß: Was ist zufällige Schwankung?

107

„Zivilisation", als eine Veränderung des menschlichen Verhaltens.

Wann und wo rückt etwas weiter? Wann bleibt etwas zurück? Handelt es sich wirklich um eine Veränderung in einer bestimmten Richtung? Geht in der Tat unter dem Stichwort «civilité» die europäische Gesellschaft langsam jener Art des gesitteten Benehmens, jenem Standard des Verhaltens, der Gewohnheiten, der Affektgestaltung entgegen, der für die in unserem Sinn „zivilisierte" Gesellschaft für die abendländische „Zivilisation" charakteristisch ist?

8. Es ist nicht ganz leicht, diese Bewegung klar und anschaulich sichtbar zu machen, gerade weil sie sich so langsam und gleichsam in ganz kleinen Schritten, weil sie sich überdies mit mannigfachen Schwankungen, in kleineren und größeren Kurven vollzieht. Offenbar genügt es nicht, jede einzelne Stufe, von der diese oder jene Mitteilung über den Stand der Gewohnheiten und Manieren uns Zeugnis ablegt, für sich zu betrachten. Man muß versuchen, die Bewegung selbst oder wenigstens einen größeren Abschnitt von ihr, wie mit einem Zeitraffer, als Ganzes zu überblicken. Man muß Bild an Bild reihen, um von einer bestimmten Seite her den Prozeß, die allmähliche Verwandlung der Verhaltensweisen und der Affektlage, das Vorrücken der Peinlichkeitsschwelle im Zusammenhang zu übersehen.

Die Manierenbücher bieten die Möglichkeit dazu. Für einzelne Seiten des menschlichen Verhaltens, besonders für die Eßgebräuche, geben sie uns detaillierte Zeugnisse — Zeugnisse über immer die gleichen Seiten des gesellschaftlichen Lebens —, die verhältnismäßig lückenlos, wenn auch im einzelnen für relativ zufällige Zeitpunkte, mindestens vom 13. Jahrhundert bis ins 19. und 20. Jahrhundert reichen. Hier läßt sich in der Tat Bild an Bild reihen; hier lassen sich zunächst einmal Abschnitte des Prozesses im ganzen sichtbar machen. Und es ist dabei vielleicht eher ein Vorzug als ein Nachteil, daß sich hier der Beobachtung Verhaltensweisen einfacher und elementarer Art bieten, bei denen der individuelle Spielraum gegenüber dem gesellschaftlichen Standard relativ gering ist.

Das Problem der Verhaltensänderung in der Renaissance.

Es handelt sich bei diesen Tischzuchten und Manierenbüchern um eine Schriftengattung eigentümlicher Art.

Wenn man die schriftliche Hinterlassenschaft der Vergangenheit vor allem unter dem Gesichtspunkt dessen prüft,
was wir als „literarische Bedeutung" zu bezeichnen pflegen,
dann haben die meisten von ihnen keinen sehr großen Wert.

Aber wenn man die Verhaltensweisen prüft, die jeweils eine
bestimmte Gesellschaft von ihren Mitgliedern erwartete, und
auf die sie den Einzelnen zu konditionieren suchte, wenn man
den Wandel der Gewohnheiten, der gesellschaftlichen Gebote
und Tabus beobachten will, dann erlangen gerade diese literarisch vielleicht wertlosen Anweisungen für das richtige Benehmen eine besondere Bedeutung. Sie werfen etwas Licht
auf Vorgänge im Prozeß der Gesellschaft, für die wir, mindestens aus der Vergangenheit, nicht eben viel unmittelbare
Zeugnisse besitzen. Sie zeigen gerade das Gesuchte, nämlich
an welchen Standard von Gebräuchen und Verhaltensweisen
die Gesellschaft den Einzelnen jeweils zu einer bestimmten
Zeit zu gewöhnen suchte. Diese Gedichte und Schriften sind
selbst ganz unmittelbar Instrumente der „Konditionierung"
oder „Fassonierung[40])", der Einpassung des Einzelnen an
jene Verhaltensweisen, die der Aufbau und die Situation
seiner Gesellschaft erforderlich macht. Und sie zeigen zugleich durch das, was sie tadeln, und das, was sie loben, die
Spanne zwischen dem, was jeweils als Sitte, und dem, was als
Unsitte gilt.

„Zivilisation" als eine Veränderung des menschlichen Verhaltens.

Über das Verhalten beim Essen.

Teil I.

Beispiele.

a) Beispiele, die ziemlich rein das Verhalten der jeweiligen Oberschicht repräsentieren.

13. Jahrhundert.

A.

Daz ist des tanhausers getiht und ist guod hof-
zuht[41]).

1   Er dünket mich ein zühtic man,
der alle zuht erkennen kan,
der keine unzuht nie gewan
und im der zühte nie zeran.

2   Der zühte der ist also vil
und sint ze manegen dingen guot;
nu wizzent, der in volgen wil,
daz er vil selten missetuot.
. . . .

25   Swenne ir ezzt, so sit gemant,
daz ir vergezzt der armen niht;
so wert ir gote vil wol erkant,
ist daz den wol von iu geschiht.

Ähnlich wie V. 25 auch die erste Regel des Bonvicino da Riva
      La primiera è questa:
      che quando tu è a mensa,
      del povero bexognoxo
      imprimamente inpensa.
aus „ein spruch der ze tische kêrt[42])".

313   mit der schüzzel man niht sûfen sol,
mit einem lefel, daz stât wol.

315   Swer sich über die schüzzel habt,
und unsûberlîchen snabt
mit dem munde, als ein swîn,
der sol bî anderm vihe sîn.

Über das Verhalten beim Essen.

33   Kein edeler man selbander sol
            mit einem leffel sufen niht;
            daz zimet hübschen liuten wol,
            den dicke unedellich geschiht.

37   Mit schüzzeln sufen niemen zimt,
            swie des unfuor doch maneger lobe,
            der si frevellichen nimt
            und in sich giuzet, als er tobe.

41   Und der sich über die schüzzel habet,
            so er izzet, als ein swin,
            und gar unsuberliche snabet
            und smatzet mit dem munde sin . . .

45   Sümliche bizent ab der sniten
            und stozents in die schüzzel wider

---

319   swer sniubet als ein lahs,
            unde smatzet als ein dahs,
            und rüsset sô er ezzen sol,
            diu driu dinc zimend niemer wol.
                        Oder
    in den „Curtesien" des Bonvicino da Riva
            La sedexena apresso con veritae:
            No sorbilar dra bocha quando tu mangi con cugial;
            Quello fa sicom bestia, chi con cugial sorbilia
            Chi doncha à questa usanza, ben fa s'el se dispolia.
                        Oder
    in "The Booke of nurture and school of good manners[43])"
201   And suppe not lowde of thy Pottage
            no tyme in all thy lyfe.

    Zu V. 45 s. „ein spruch der ze tische kêrt".

346   swer diu bein benagen hât,
            und wider in die schüzzel tuot,
            dâ sîn die höveschen vor behuot.
                        Oder
    aus „Quisquis es in mensa[44])"
8   in disco tacta non sit bucella redacta.

111

„Zivilisation" als eine Veränderung des menschlichen Verhaltens.

nach geburischen siten;
sülh unzuht legent die hübschen nider.

49   Etlicher ist also gemuot,
swenn er daz bein genagen hat,
daz erz wider in die schüzzel tuot;
daz habet gar für missetat.

53   Die senf und salsen ezzent gern,
die sulen des vil flizic sin,
daz si den unflat verbern
und stozen niht die vinger drin.

57   Der riuspet, swenne er ezzen sol,
und in daz tischlach sniuzet sich,
diu beide ziment niht gar wol,
als ich des kan versehen mich.

65   Der beide reden und ezzen wil,
diu zwei werc mit einander tuon,
und in dem slaf wil reden vil,
der kan vil selten wol geruon.

69   Ob dem tische lat daz brehten sin,
so ir ezzet, daz sümliche tuont.
dar an gedenkent, friunde min,
daz nie kein site so übele stuont.

. . . .

81   Ez dünket mich groz missetat,
an sweme ich die unzuht sihe,
der daz ezzen in dem munde hat
und die wile trinket als ein vihe.

Zu V. 65 s. aus „Stans puer in mensam[45]"

22   numquam ridebis nec faberis ore repleto.

Zu V. 81 s. auch aus „Quisquis es in mensa"

15   qui vult potare debet prius os vacuare.

Oder

aus "The Babees Book"

149   And withe fulle mouthe drynke in no wyse.

Über das Verhalten beim Essen.

85   Ir sült niht blasen in den tranc,
      des spulgent sümeliche gern;
      daz ist ein ungewizzen danc,
      der unzuht solte man enbern.

94   E daz ir trinkt, so wischt den munt,
      daz ir besmalzet niht den tranc;
      diu hovezuht wol zimt alle stunt
      und ist ein hovelich gedanc.

105   Und die sich uf den tisch legent,
      so si ezzent, daz enstet niht wol;
      wie selten die die helme wegent,
      da man frouwen dienen sol.

109   Ir sült die kel ouch jucken niht,
      so ir ezzt, mit blozer hant;
      ob ez aber also geschiht,
      so nemet hovelich daz gewant.

113   Und jucket da mit, daz zimt baz,
      denn iu diu hant unsuber wirt;
      die zuokapher merkent daz,
      swer sülhe unzuht niht verbirt.

Zu V. 85 s. auch "The Boke of curtasye[46])"

111   Ne blow not on thy drinke ne mete,
     Nether for colde, nether for hete.

Zu V. 94 s. "The Babees Book"

155   whanne ye shalle drynke,
     your mouthe clence withe A clothe.

        Oder

aus einer "Contenance de table[47])".

     ne boy pas la bouche baveuse,
     car la coustme en est honteuse.

Zu V. 105. Ähnlich in "The Babees Book".

146   Nor on the borde lenynge be yee nat sene.

„Zivilisation" als eine Veränderung des menschlichen Verhaltens.

117   Ir sült die zende stüren niht
mit mezzern, als etlicher tuot,
und als mit manegem noch geschiht;
swer des phliget, daz ist niht guot.

125   Swer ob dem tisch des wenet sich,
daz er die gürtel witer lat,
so wartent sicherliche uf mich,
er ist niht visch biz an den grat.

129   Swer ob dem tische sniuzet sich,
ob er ez ribet an die hant,
der ist ein gouch, versihe ich mich,
dem ist niht bezzer zuht bekant.

141   Ich hoere von sümlichen sagen
(ist daz war, daz zimet übel),
daz si ezzen ungetwagen;
den selben müezen erlamen die knübel!

157   In diu oren grifen niht enzimt
und ougen, als etlicher tuot,
swer den unflat von der nasen nimt,
so er izzet, diu driu sint niht guot.

Zu V. 117 s. u. a. auch „Stans puer in mensam[48]"
30   Mensa cultello, dentes mundare caveto.

Zu V. 141 s. u. a. „Stans puer in mensam"
11   Illotis manibus escas ne sumpseris unquam.

Zu V. 157 s. u. a. „Quisquis es in mensa"
9   Non tangas aures nudis digitis neque nares.

Die kleine Auswahl von Parallelstellen ist bei einer flüchtigen
Durchsicht der verschiedenen Tisch- und Hofzuchten zusammen-
gelesen. Sie ist in keiner Weise auch nur annähernd erschöpfend.
Sie soll hier nur einen gewissen Eindruck davon geben, wie ähnlich
Tonart und Inhalt der Gebote und Verbote in verschiedenen Tra-
ditionsreihen und auch in verschiedenen Jahrhunderten des Mittelalters waren.

Über das Verhalten beim Essen.

15. Jahrhundert?

B.

S'ensuivent les contenances de la table[49]). (Auswahl.)

I.

Enfant qui veult estre courtoys
Et à toutes gens agreable,
Et principalement à table,
Garde ces rigles en françois.

Lerne diese Regel.

II.

Enfant soit de copper soigneux
Ses ongles, et oster l'ordure,
Car se l'ordure il y endure,
Quant ilz se grate yert roingneux.

Schneide und reinige
dir die Nägel; der
Schmutz ist beim
Kratzen gefährlich.

III

Enfant d'honneur, lave tes mains
A ton lever, à ton disner,
Et puis au supper sans finer;
Ce sont trois foys à tous le moins.

Wasch dir die Hän-
de nach dem Auf-
stehen und vor je-
der Mahlzeit.

XII

Enfant, se tu es bien sçavant,
Ne mès pas ta main le premier
Au plat, mais laisse y toucher
Le maistre de l'hostel avant.

Greif nicht als Er-
ster auf die Schüs-
sel.

XIII

Enfant, gardez que le morseau
Que tu auras mis en ta bouche
Par une fois, jamais n'atouche,
Ne soit remise en ton vaisseau.

Was du im Mund ge-
habt hast, leg nicht
aufs Geschirr zu-
rück.

XIV

Enfant, ayes en toy remors
De t'en garder, se y as failly,
Et ne presentes à nulluy
Le morseau que tu auras mors.

Biete nicht jeman-
dem von dem Stück
an, von dem du ab-
gebissen hast.

„Zivilisation" als eine Veränderung des menschlichen Verhaltens.

XV

Enfant, garde toy de maschier
En ta bouche pain ou viande,
Oultre que ton cuer ne demande,
Et puis apres le recrascher.

Kaue nicht etwas,
das du wieder aus-
spucken mußt.

XVII

Enfant, garde qu'en la saliere
Tu ne mettes point tes morseaulx
Pour les saler, ou tu deffaulx,
Car c'est deshonneste maniere.

Tunk nicht dein
Essen ins Salzfaß.

XXIV

Enfant, soyes tousjours paisible,
Doulx, courtois, bening, amiable,
Entre ceulx qui sierront à table
Et te gardes d'estre noysibles.

Sei bei Tisch fried-
lich, höflich und
nicht zu laut.

XXVI

Enfant, se tu faiz en ton verre
Souppes de vin aucunement,
Boy tout le vin entierement,
ou autrement le gecte à terre.

Hast du Brot ins
Weinglas gebrockt,
trink alles aus oder
gieß es weg.

XXXI

Enfant, se tu veulx en ta pence
Trop excessivement bouter
Tu seras constraint à rupter
Et perdre toute contenance.

Stopf nicht zu
viel in dich, sonst
bist du gezwungen,
dich schlecht aufzu-
führen.

XXXIV

Enfant garde toy de frotter
Ensamble tes mains, ne tes bras
Ne à la nappe, ne aux draps
A table on ne se doit grater.

Bei Tisch nicht
kratzen, auch nicht
mit dem Tischtuch.

Über das Verhalten beim Essen.

C.

1530

Aus „De civilitate morum puerilium" (Kap. IV)
Von Erasmus von Rotterdam.

Mantile si datur, aut humero sinistro aut bracchio laevo
imponito. (Wenn eine Serviette gegeben wird, lege sie links
über die Schulter oder den Arm.)

Cum honoratioribus accubiturus, capite prexo, pileum
relinquito. (Sitzt du mit Menschen von Rang zu Tisch,
nimm den Hut ab, aber sieh, daß du gut gekämmt bist.)

A dextris sit poculum et cultellus escarius rite purgatus, ad
laevam panis. (Rechts der Becher und das Messer, links das
Brot.)

Quidam ubi vix bene consederint, mox manus in epulas
conjiciunt. Id luporum est . . . (Manche greifen, sowie sie
sitzen, auf die Schüsseln. Wölfe tun das . . .)

Primus cibum appositum ne attingito, non tantum ob id
quod arguit avidum, sed quod interdum cum periculo con-
junctum est, dum qui fervidum inexploratum recipit in os,
aut expuere cogitur, aut si deglutiat, adurere gulam, utroque
ridiculus aeque ac miser. (Fasse nicht als erster auf die Platte,
die man gerade bringt, nicht nur weil es als gierig erscheint,
sondern weil es zugleich mit Gefahr verbunden ist. Denn
wer unerfahren etwas Heißes in den Mund nimmt, muß entweder ausspucken oder sich den Gaumen verbrennen, wenn
er es herunterschluckt. Jedenfalls ist er lächerlich oder be-
dauernswert.)

Aliquantisper morandum, ut puer assuescat
affectui temperare. (Es ist gut, ein bißchen zu
warten, damit der Knabe sich gewöhnt, seine
Affekte zu beherrschen.)

Digitos in jusculenta immergere, agrestium est: sed cultello fuscinave tollat quod vult, nec id ex toto eligat disco,
quod solent liguritores, sed quod forte ante ipsum jacet,
sumat. (Die Finger in die Soße tauchen ist bäurisch. Man

„Zivilisation" als eine Veränderung des menschlichen Verhaltens.

nehme, was man will, mit Messer und Gabel, und man suche nicht in der ganzen Platte, wie es Genüßlinge [?] zu tun pflegen, sondern nehme das, was zufällig gerade vor einem liegt.)

Quod digitis excipi non potest, quadra excipiendum est. (Was man nicht mit den Fingern nehmen kann, nehme man mit der Quadra.)

Si quis e placenta vel artocrea porrexit aliquid, cochleari aut quadra excipe, aut cochleare porrectum accipe, et inverso in quadram cibo, cochleare reddito. (Wenn man dir ein Stück Pastete oder Kuchen mit dem Löffel anbietet, halte den Teller hin oder nimm den herübergereichten Löffel, leg es auf deinen Teller und gib den Löffel zurück.)

Si liquidius est quod datur, gustandum sumito et cochleare reddito, sed ad mantile extersum. (Wenn es etwas Flüssiges ist, was man dir reicht, koste es und gib den Löffel zurück, aber wisch ihn vorher an der Serviette ab.)

Digitos unctos vel ore praelingere, vel ad tunicam extergere, pariter incivile est: id mappa potius aut mantili faciendum. (Die fettigen Finger abzulecken oder am Rock abzuwischen, ist unzivil. Man nimmt dazu besser Tischtuch oder Serviette.)

D.

1558

Aus dem „Galateo" des Giovanni della Casa, Erzbischof von Bennevent, zitiert nach der fünfsprachigen Ausgabe, Genf 1609 (S. 68).

Was meynstu würde dieser Bischof und seine edle Gesellschaft (il Vescove e la sua nobile brigata) denen gesagt haben, die wir bisweilen sehen wie die Säwe mit dem rüssel in der suppen ligen und ihr gesicht nit einmal auffheben und ihre augen, viel weniger die hände nimmermehr von der speise abwenden, die alle beyde backen auffblasen gleich als ob sie in die Trommete bliesen oder ein fewer auffblasen wolten, die nicht essen sondern fressen und die kost ein-

Über das Verhalten beim Essen.

schlingen, die ihre Hände bey nahe bis an den Elbogen beschmutzen und demnach die servieten also zu richten, daß
unflätige küchen oder wischlumpen viel reiner sein möchten.

Dennoch schämen sich diese unfläter nit mit solchen be-
sudelten servieten ohn unterlass den schweiss abzuwischen
(der dann von wegen ihrs eilenden und ubermessigen fressens
von irem haüpt über die stirn und das angesicht bis auff den
hals häufig herunter trüpffet) ja auch wol die Nase so offt
es inen gelicht darin zu schneutzen.

E.

1560

Aus einer «Civilité» von C. Calviac[50])
(starke Anlehnung an Erasmus, aber auch selbständige Bemerkungen).

L'enfant estant assis, s'il ha une serviette devant luy sur
son assiette, il la prendra et la mettra sur son bras ou espaule
gauche, puis il mettra son pain de costé gauche, le cousteau
du costé droit, comme le verre aussi, s'il le veut laisser sur la
table, et qu'il ait la commodité de l'y tenir sans offenser
personne. Car il pourra advenir qu'on ne sçaurait tenir le
verre à table ou du costé droit sans empescher par ce moyen
quelqu'un.

Il fault que l'enfant ait la discrétion de cognoistre les cir-
constances du lieu où il sera.

En mangeant . . . il doit prendre le premier qui luy viendra
en main de son tranchoir.

Que s'il y a des sauces, l'enfant y pourra . . . . tremper
honnestement et sans tourner de l'autre costé après qu'il
l'aura tremper de l'un . . .

Il est bien nécessaire à l'enfant qu'il apprenne dès sa jeunesse à despécer un gigot, une perdrix, un lapin et choses
semblables.

C'est une chose par trop ords (schmutzig) que l'enfant
présente une chose après l'avoir rongée, ou celle qu'il ne
daigneroit manger, si ce n'est à son serviteur.

„Zivilisation" als eine Veränderung des menschlichen Verhaltens.

Il n'est non plus honneste de tirer par la bouche quelque
chose qu'on aura jà mâchée, et la mettre sur le tranchoir;
si ce n'est qu'il advienne que quelquefoys il succe la moelle
de quelque petit os, comme par manière de passe temps en
attendant la desserte, car après l'avoir succé il le doit mettre
sur son assiette, comme aussi les os des cerises et des prunes
et semblables, pour ce qu'il n'est point bon de les avaler
ny de les jecter à terre.

L'enfant ne doit point ronger indécentement les os, comme
font les chiens.

Quant l'enfant voudra du sel, il en prendra avec la poincte
de son cousteau et non point avec les trois doigs;

Il faut que l'enfant couppe sa chair en menus morceaux
sur son tranchoir . . . et ne faut point qu'il porte la viande
à la bouche tantost d'une main, tantost de l'autre, comme
les petits qui commencent à manger; mais que tousjours il le
face avec la main droicte, en prenant honnestement le pain
ou la chair avec troys doigs seulement.

Quant à la manière de mâcher, elle est diverse selon les
lieux ou pays où on est. Car les Allemans mâchent la bouche
close, et trouvent laid de faire autrement. Les Françoys au
contraire ouvrent à demy la bouche, et trouvent la procédure
des Allemans peu ord. Les Italiens y procèdent fort molle-
ment, et les François plus rondement et en sorte qu'ils trouvent la procédure des Italiens trop délicate et précieuse.

Et ainsi chacune nation ha quelque chose de propre et
différent des autres. Pourquoy l'enfant y pourra procéder
selon les lieux et coustumes d'iceux où il sera.

Davantage les Allemans usent de culières en mangeant
leur potage et toutes les choses liquides, et les Italiens des
fourchettes. Et les Françoys de l'un et de l'autre, selon que
bon leur semble et qu'ilz en ont la commodité. Les Italiens
se plaisent aucunement (im allgemeinen) à avoir chacun son
cousteau. Mais les Allemans ont cela en singulière recom-
mandation, et tellement qu'on leur fait grand desplaisir de le
prendre devant eux ou de leur demander. Les François au

Über das Verhalten beim Essen.

contraire: toute une pleine table de personnes se serviront
de deux ou trois cousteaux, sans faire difficulté de le demander, ou prendre, ou le bailler (überreichen) s'ilz l'ont.
Par quoy, s'il advient que quelqu'un demande son cousteau
à l'enfant, il luy doit bailler après l'avoir nettoyé à sa serviette, en tenant la poincte en sa main et présentant le
manche à celuy qui le demande: car il seroit deshonneste
de la faire autrement.

F.

Zwischen **1640** und **1680**

Aus einem Chanson des Marquis de Coulanges[51]).

Jadis le potage on mangeoit
Dans le plat, sans cérémonie,
Et sa cuillier on essuyoit
Souvent sur la poule bouillie.
Dans la fricassée autrefois
On saussait son pain et ses doigts.

Ehemals aß man aus
der gemeinsamen
Platte und tauchte
Brot und Finger
in die Soße.

Chacun mange présentement
Son potage sur son assiette;
Il faut se servir poliment
Et de cuillier et de fourchette,
Et de temps en temps qu'un valet
Les aille laver au buffet.

Heute ißt jeder mit
Löffel und Gabel
von seinem eigenen
Teller, und ein La-
kai wäscht das Be-
steck von Zeit zu
Zeit am Büfett.

G.

1672

Aus Antoine de Courtín, Nouveau traité de Civilité.

S. 127. Si chacun prend au plat, il faut bien se garder d'y
mettre la main, que les plus qualifiez ne l'y ayent mise les
premiers; (Wenn aus einer gemeinsamen Platte gegessen
wird, dann muß man sich hüten, mit der Hand hinzulangen,
bevor die sozial am höchsten Stehenden zu-
gelangt haben) n'y de prendre ailleurs qu'à l'endroit du

„Zivilisation" als eine Veränderung des menschlichen Verhaltens.

plat, qui est vis à vis de nous: moins encore doit-on prendre
les meilleurs morceaux, quand même on seroit le dernier à
prendre.

Il est necessaire aussi d'observer qu'il faut toûjours essuyer
vostre cuillere quand, aprés vous en estre servy, vous voulez
prendre quelque chose dans un autre plat, y ayant des
gens si delicats qu'ils ne voudroient pas manger
du potage où vous l'auriez mise, aprés l'avoir
portée à la bouche.

Et même si on est à la table de gens bien propres, il ne
suffit pas d'essuyer sa cuillere; il ne faut plus s'en servir,
mais en demander une autre. Aussi sert — on à present en
bien des lieux des cuilleres dans des plats, qui ne servent
que pour prendre du potage et de la sauce.

Il ne faut pas manger le potage au plat, mais en mettre
proprement sur son assiette; et s'il estoit trop chaud, il est
indecent de souffler à chaque cuillerée; il faut attendre qu'il
soit refroidy.

Que si par malheur on s'estoit brûlé, il faut le souffrir si
l'on peut patiemment et sans le faire paroître: mais si la
brûlure estoit insupportable comme il arrive quelquefois, il
faut promptement et avant que les autres s'en apperçoivent,
prendre son assiette d'une main, et la porter contre sa bouche,
et se couvrant de l'autre main remettre sur l'assiette ce que
l'on a dans la bouche, et le donner vistement par derriere à
un laquais. La civilité veut que l'on ait de la politesse, mais
elle ne pretend pas que l'on soit homicide de soy-même. Il
est tres-indecent de toucher à quelque chose de gras, à quelque sauce, à quelque syrop etc. avec les doigts, outre que
cela en même — temps vous oblige à deux ou trois autres
indecences, l'une est d'essuyer frequemment vos mains à
vostre serviette, et de la salir comme un torchon de cuisine;
en sorte qu'elle fait mal au cœur à ceux qui la voyent porter
à la bouche, pour vous essuyer. L'autre est de les essuyer à
vostre pain, ce qui est encore tres — malpropre; et la troisiéme
de vous lécher les doigts, ce qui est le comble de l'impropreté.

Über das Verhalten beim Essen

S. 273 ... comme il y en a beaucoup (sc. usages) qui ont déja changé, je ne doute pas qu'il n'y en ait plusieurs de celles-cy, qui changeront tout de même à l'avenir.

Autrefois on pouvoit ... tremper son pain dans la sausse, et il suffisoit pourvu que l'on n'y eût pas encore mordu; maintenant ce seroit une espece de rusticité.

Autrefois on pouvoit tirer de sa bouche ce qu'on ne pouvoit pas manger, et le jetter à terre, pourvu que cela se fist adroitement; et maintenant ce seroit une grande saleté ...

H.

1717

Aus François de Callières, «De la Science du Monde et des Connoissances utiles à la Conduite de la vie».

S. 97. En Allemagne et dans les Royaumes du Nord, c'est une civilité et une bienséance pour un Prince de boire le premier à la santé de celui ou de ceux qu'il traite, et de leur faire presenter ensuite le même verre, ou le même gobelet, rempli d'ordinaire de même vin; et ce n'est point parmi eux un manque de politesse de boire dans le même verre, mais une marque de franchise et d'amitié; les femmes boivent aussi les premieres, et donnent ensuite, ou font porter leur verre avec le même vin, dont elles ont bû à la santé de celui à qui elles se sont adressées, sans que cela passe pour une faveur particulière comme parmi nous ...

Je ne sçaurois approuver, antwortet eine Dame (S. 101). — n'en déplaise à Messieurs les Gens du Nort — cette maniere de boire dans le même verre, et moins encore sur le reste des Dames (zu trinken von dem, was die Damen im Glase gelassen haben), cela a un air de malpropreté, qui me feroit souhaiter qu'ils témoignassent leur franchise par d'autres marques.

„Zivilisation" als eine Veränderung des menschlichen Verhaltens.

b) Beispiele aus Büchern, die entweder, wie «Les règles de la bienséance et de la civilité Chrétienne» v. de La Salle, die Ausbreitungsbewegung von höfischen Sitten und Modellen in breitere, bürgerliche Schichten oder wie Beispiel I ziemlich rein den bürgerlichen und wahrscheinlich den provinziellen Standard ihrer Zeit repräsentieren.

In dem Beispiel I, ungefähr aus dem Jahre 1714 wird noch aus der gemeinsamen Schüssel gegessen. Es ist nichts dagegen gesagt, daß man auf seinem eigenen Teller das Fleisch mit den Händen anfaßt. Auch die „Unsitten", von denen die Rede ist, sind in der Oberschicht zum guten Teil schon verschwunden.

Die zitierte «Civilité» von 1780 ist ein kleines Heft von 48 Seiten in einer schlechten Civilité-Schrift, gedruckt in Caen ohne Zeitangabe. Der Katalog des "British Museum" versieht die Zeitangabe 1780 mit einem Fragezeichen. Jedenfalls ist dieses Heft eines der Beispiele für die Unzahl von billigen Civilité-Büchern oder -Heften, die sich im 18. Jahrhundert durch ganz Frankreich hin verbreiteten. Diese «Civilité» war, der ganzen Haltung nach zu schließen, offenbar für provinzielle, städtische Volksschichten bestimmt. In keiner anderen „Civilité-Schrift" des 18. Jahrhunderts, die hier zitiert wird, ist noch so unverhüllt von körperlichen Verrichtungen die Rede, wie in dieser. Der Standard, auf den sie hinweist, erinnert in vielem an den Standard den für die Oberschicht die «Civilité» des Erasmus markiert. Es erscheint hier noch als ganz selbstverständlich, das Essen mit den Händen zu nehmen. Zur Ergänzung der übrigen Zitate und vor allem zur Erinnerung daran, daß die Bewegung in ihrer vollen polyphonen Vielschichtigkeit gesehen sein will, nämlich nicht als eine Linie, sondern gleichsam fugal mit einem Nacheinander von verwandten Bewegungsmotiven in verschiedenen Schichten, erschien dieses Beispiel hier nützlich.

Das Beispiel von 1786 zeigt dann die Ausbreitungsbewegung von oben nach unten ganz unmittelbar. Es ist besonders bezeichnend, weil in ihm eine Menge von Gebräuchen, die inzwischen Gebräuche der „zivilisierten Gesellschaft" als

Über das Verhalten beim Essen.

Ganzem geworden sind, hier deutlich als spezifische Gebräuche der höfischen Oberschicht sichtbar werden, die
den bürgerlichen Menschen noch verhältnismäßig fremd erscheinen. Viele Gebräuche sind dann als „zivilisierte Gebräuche" genau in der Gestalt stehengeblieben, in der sie
hier als höfische Sitte auftreten.

Das Zitat von 1859 soll daran erinnern, daß im 19. Jahrhundert, wie heute, die ganze Bewegung bereits absolut vergessen war, daß der eigentlich erst seit kurzem erreichte
Standard der „Zivilisation" als völlig selbstverständlich, das,
was vorausging, als „barbarisch" galt.

I.

1714

Aus einer anonymen «Civilité françoise» (Liège 1714?).

S. 48. Il n'est pas . . . honnéte d'humer sa soupe quand on
se serviroit d'écuelle si ce n'étoit que ce fut dans la famille
aprés en avoir pris la plus grande partie avec la cuilliére.
(Es ist nicht anständig, die Suppe aus dem Napf zu trinken
oder zu schlürfen, es sei denn, wenn man bei sich zu Hause
ist, und auch dann nur, wenn man den größten Teil mit dem
Löffel genommen hat.)

Si le potage est dans un plat portez-y la cuilliére à votre tour
sans vous précipiter. (Wenn man nicht aus dem eigenen
Suppennapf, sondern aus der gemeinsamen Schüssel die
Suppe nimmt, nimm dir etwas mit deinem Löffel daraus,
wenn du an der Reihe bist, aber ohne Überstürzung.)

Ne tenez-pas toujours votre couteau à la main comme
font les gens de village; il suffit de le prendre lorsque vous
voulez vous en servir. (Halte nicht das Messer immerfort
in der Hand, wie das die Leute auf dem Dorfe machen, sondern
nimm es nur dann, wenn du es gerade brauchst.)

Quand on vous sert de la viande, il n'est pas séant de la
prendre avec la main; mais il faut présenter votre assiette de
la main gauche en tenant votre fourchette ou votre couteau

„Zivilisation" als eine Veränderung des menschlichen Verhaltens.

de la droite. (Wenn man das Fleisch austeilt, nimm es nicht
mit der Hand. Halte mit der linken Hand den Teller hin,
und nimm Messer oder Gabel in die Rechte.)

Il est contre la bienséance de donner à flairer les viandes
et il faut se donner bien de garde de les remettre dans le plat
après les avoir flairées. (Es ist nicht anständig, jemanden an
dem Fleisch riechen zu lassen, und man darf auf keinen
Fall das Fleisch wieder auf die gemeinsame Platte zurücktun,
wenn man selbst daran gerochen hat.) Si vous prenez dans
un plat commun ne choisissez pas les meilleurs morceaux.
Coupez avec le couteau aprés que vous aurez arrété la viande
qui est dans le plat avec la fourchette de laquelle vous vous
servirez pour porter sur votre assiette ce que vous aurez
coupé, ne prenez donc pas la viande avec la main ... (Wenn
du etwas aus einer gemeinsamen Platte nimmst, wähle dir
nicht die besten Stücke aus. Halte das Fleisch auf der Schüssel
mit der Gabel fest, schneide dir ein Stück mit dem Messer
ab, lege es mit der Gabel auf deinen Teller, nimm nicht die
Hände dazu: Es ist hier nichts dagegen gesagt, daß man
das Fleisch auf dem eigenen Teller mit den Händen anfaßt.)

Il ne faut pas jetter par terre ni os ni coque d'œuf ni
pelure d'aucun fruit. (Wirf nicht Knochen, Eierschalen oder
Fruchtschalen auf die Erde.)

Il en est de méme des noyaux que l'on tire plus honnéte-
ment de la bouche avec les deux doigts qu'on ne les crache dans
la main. (Das gleiche gilt von den Kernen. Es ist anständiger,
sie mit zwei Fingern aus dem Mund zu ziehen, als sie in die
Hand zu spucken.)

J.

1729

Aus De La Salle, Les Règles de la Bienséance et
de la Civilité Chrétienne (Rouen 1729).

Des choses dont on doit se servir lorsqu'on est
à Table (S. 87).

Über das Verhalten beim Essen.

On doit se servir à Table d'une serviette, d'une assiette, d'un couteau, d'une cuillier, et d'une fourchette: il serait tout à fait contre l'honnêteté, de se passer de quelqu'une de toutes ces choses en mangeant.

C'est à la personne la plus qualifiée de la compagnie à déplier sa serviette la premiere, et les autres doivent attendre qu'elle ait déplié la sienne, pour déplier la leur. Lorsque les personnes sont à peu prés égales, tous la déplient ensemble sans cérémonie (N. B. Dies wird mit der ,,Demokratisierung" der Gesellschaft und der Familie die Regel. Der Gesellschaftsaufbau: hier noch der hierarchisch-aristokratische, spiegelt sich auch in den elementarsten Beziehungen der Menschen.)

Il est malhoneste de se servir de sa serviette pour s'essuier le visage; il l'est encore bien plus de s'en frotter les dents et ce serait une faute des plus grossieres contre la Civilité de s'en servir pour se moucher (schneuzen) ... L'usage qu'on peut et qu'on doit faire de sa serviette lorsqu'on est à Table, est de s'en servir pour nettoïer sa bouche, ses lévres et ses doigts quand ils sont gras, pour dégraisser le couteau avant que de couper du Pain, et pour nettoïer la cuiller, et la fourchette après qu'on s'en est servi. (N. B. Dies ist eines der vielen Beispiele dafür, welche außerordentlich genaue Regelung des Verhaltens in unseren Eßgebräuchen steckt. Der Gebrauch jedes Gerätes wird durch eine Fülle ganz präziser Gebote und Verbote eingehegt und gestaltet. Keines von ihnen ist, wie es den späteren Generationen erscheint, schlechthin selbstverständlich. Der Gebrauch schleift sich ganz allmählich im Zusammenhang mit dem Aufbau und den Veränderungen der menschlichen Beziehungen ab.)

Lorsque les doits sont fort gras, il est á propos de les dégraisser d'abord avec un morceau de pain, qu'il faut ensuite laisser sur l'assiette avant que de les essuïer a sa serviette, afin de ne la pas beaucoup graisser, et de ne la pas rendre malpropre.

Lorsque la cuillier, la fourchette ou le couteau sont sales, ou qu'ils sont gras, il est trés mal honnète de les lecher, et il n'est

„Zivilisation" als eine Veränderung des menschlichen Verhaltens.

nullement séant de les essuïer, ou quelqu'autre chose que ce soit, avec la nape (Tischtuch); on doit dans ces occasions, et autres semblables, se servir de la serviette et pour ce qui est de la nape, il faut avoir égard de la tenir toújours fort propre, et de n'y laisser tomber, ni eau, ni vin, ni rien qui la puisse salir.

Lorsque l'assiette est sale, on doit bien se garder de la ratisser avec la cuillier, ou la fourchette, pour la rendre nette, ou de nettoïer avec ses doigts son assiette, ou le fond de quelque plat: cela est trés indécent, il faut, ou n'y pas toucher, ou si on a la commodité d'en changer, se la faire déservir, et s'en faire aporter une autre.

Il ne faut pas lorsqu'on est à Table tenir toújours le couteau á la main, il suffit de le prendre lorsqu'on veut s'en servir.

Il est aussi trés incivil de porter un morceau de pain à la bouche aïant le couteau à la main; il l'est encore plus de l'y porter avec la pointe du couteau. Il faut observer la mème chose en mangeant des pommes, des poires ou quelques autres fruits. (N. B. Beispiele für Messer-Tabus.)

Il est contre la Bienséance de tenir la fourchette ou la cuillier á plaine main, comme si on tenoit un bàton; mais on doit toújours les tenir entre ses doigts.

On ne doit pas se servir de la fourchette pour porter à sa bouche des choses liquides . . . c'est la cuiller qui est destinée pour prendre ces sortes de choses.

Il est de l'honnèteté de se servir toujours de la fourchette pour porter de la viande á sa bouche, car la Bien-séance ne permet pas de toucher avec les doigts à quelque chose de gras, à quelque sauce, ou á quelque sirop; et si quelqu'un le faisoit, il ne pouoit se dispenser de commettre ensuite plusieurs autres incivilitez: comme seroit d'essuïer souvent ses doigts à sa serviette, ce qui la rendroit fort sale et fort malpropre, ou de les essuïer à son pain, ce qui seroit très incivil, ou de lècher ses doigts, ce qui ne peut être permis á une personne bien née et bien élevée. (Dieser ganze Passus, wie manche andere, ist übernommen aus A. de

Über das Verhalten beim Essen.

Courtins «Nouveau Traité» v. 1672 s. Beispiel G, Seite 159/60.
Er taucht auch in anderen „Civilité-Schriften" des 18. Jahrhunderts wieder auf. Die Art der Begründung für das Verbot des Essens mit den Händen ist besonders instruktiv.
Sie bezieht sich auch bei Courtin zunächst nur auf das Berühren fettiger Speisen, vor allem gesoßter Speisen mit den Händen, weil das zu einer Reihe „peinlich" anzusehender Handlungen führt. Bei de la Salle stimmt das nicht ganz damit überein, daß er an einer anderen Stelle sagt: Wenn du fettige Finger hast ... usw. Das Verbot ist noch nicht im entferntesten so selbstverständlich, wie heute. Man sieht, wie allmählich es erst zur inneren Gewohnheit, zu einem „Selbstzwang" gemacht wird.)

K.

1774

Aus De La Salle, Les Règles de la Bienséance et de la Civilité Chrétienne.
(Ausg. v. 1774 S. 45ff.).

(N. B. In der kritischen Periode am Ausgang der Regierungszeit Ludwigs XV., in der, wie oben gezeigt wurde, als äußeres Zeichen der gesellschaftlichen Wandlungen das Drängen nach einer Reform stärker wird, und in der u. a. der Begriff «civilisation» sich durchsetzt, wird auch die Civilité v. La Salle, die bisher in mehreren Auflagen ziemlich unverändert wieder abgedruckt worden war, umgearbeitet. Die Veränderungen des Standards sind recht lehrreich. Sie sind in mancher Hinsicht sehr beträchtlich. Z. T. ist die Veränderung spürbar an dem, was nicht mehr gesagt zu werden braucht. Viele Kapitel sind kürzer. Viele „Unsitten", die früher ausführlich behandelt wurden, werden nur rasch im Vorübergehen erwähnt. Das gleiche gilt von vielen körperlichen Verrichtungen, die ursprünglich ganz ausführlich mit allen Einzelheiten durchgesprochen wurden. Die Tonart ist im allgemeinen weniger mild, oft unvergleichlich viel schärfer als in der ersten Fassung.)

„Zivilisation" als eine Veränderung des menschlichen Verhaltens.

La serviette qui est posée sur l'assiette, étant destinée à préserver les habits des taches ou autres malpropretés inséparables des repas, il faut tellement l'étendre sur soi qu'elle couvre les devants du corps jusques sur les genoux, en allant au-dessous du col et non la passant en dedans du même col. La cuillier, la fourchette et le couteau doivent toujours être placée à la droite.

La cuiller est destinée pour les choses liquides, et la fourchette pour les viandes de consistance.

Lorsque l'une ou l'autre est sale, on peut les nettoyer avec sa serviette, s'il n'est pas possible de se procurer un autre service; il faut éviter de les assuyer avec la nappe, c'est une malpropreté impardonnable.

Quand l'assiette est sale, il faut en demander une autre; ce seroit une grossiéreté révoltante de la nettoyer avec les doigts avec la cuiller, la fourchette et le couteau.

Dans les bonnes tables, les domestiques attentifs changent les assiettes sans qu'on les en avertissent.

Rien n'est plus mal-propre que de se lécher les doigts, de toucher les viandes, et de les porter à la bouche avec la main, de remuer les sauces avec le doigt, ou d'y tremper le pain avec la fourchette pour la sucer.

On ne doit jamais prendre du sel avec les doigts. Il est très-ordinaire aux enfants d'entasser morceaux sur morceaux, de retirer même de la bouche ce qu'ils y ont mis et qui est maché, de pousser les morceaux avec les doigts. (Alles das, was ehemals als allgemeine „Unsitte" erwähnt wurde, wird hier nur noch als „Unsitte" von Kindern erwähnt. Erwachsene tun so etwas nicht mehr.) Rien n'est plus mal honnête.

. . . porter les viandes au nez, les flairer, ou les donner à flairer est une autre impolitesse qui attaque le Maître de la table; et s'il arrive que l'on trouve quelque malpropreté dans les aliments, il faut les retirer sans les montrer.

Über das Verhalten beim Essen.

L.

1780?

Aus einer anonymen Schrift „La Civilité honete pour les Enfants".

Caen, ohne Zeitangabe (S. 35) (s. die einleitenden Bemerkungen zu b).

... Après, il mettra sa serviette sur lui, son pain à gauche et son couteau à droite, pour couper la viande sans le rompre. (Die Stufenfolge, die sich hier abzeichnet, läßt sich vielfach belegen. Die elementarste Form, früher auch bei der Oberschicht üblich, ist es, das Fleisch mit den Händen zu zerreißen, hier wird die nächstfolgende vorgeschrieben, das Fleisch mit dem Messer zu zerschneiden. Der Gebrauch der Gabel ist hier nicht erwähnt. Fleischstücke abzureißen gilt hier als Merkmal des Bauern, das Fleisch zu zerschneiden offenbar als städtisch.) Il se donnera aussi de garde de porter son couteau à sa bouche. Il ne doit point avoir ses mains sur son assiette ... il ne doit point non plus s'accouder dessus, car cela n'appartient qu'à des gens malades ou vieux.

Le sage Enfant s'il est avec des Supérieurs mettra le dernier la main au plat ...

... après si c'est de la viande, la coupera proprement avec son couteau et la mangera avec son pain.

C'est une chose rustique et sale de tirer de sa bouche la viande qu'on a déjà mâchée et la mettre sur son assiette. Aussi ne faut-il jamais remettre dans le plat ce qu'on en a osté.

M.

1786

Aus einer Unterhaltung zwischen dem Dichter Delille und dem Abbé Cosson[52]).

Dernièrement, l'abbé Cosson, professeur de belles lettres au collége Mazarin, me parla d'un dîner où il s'étoit trouvé quelques jours auparavant avec des gens de la cour ... à Versailles.

„Zivilisation" als eine Veränderung des menschlichen Verhaltens.

Je parie, lui dis-je, que vous avez fait cent incongruités.

— Comment donc, reprit vivement l'abbé Cosson, fort inquiet. Il me semble que j'ai fait la même chose que tout le monde.

— Quelle présomption! Je gage que vous n'avez rien fait comme personne. Mais voyons, je me bornerai au dîner. Et d'abord que fîtes-vous de votre serviette en vous mettant à table?

— De ma serviette? Je fis comme tout le monde; je la déployai, je l'étendis sur moi et l'attachai par un coin à ma boutonnière.

— Eh bien mon cher, vous êtes le seul qui ayez fait cela; on n'étale point sa serviette, on la laisse sur ses genoux. Et comment fîtes-vous pour manger votre soupe?

— Comme tout le monde, je pense. Je pris ma cuiller d'une main et ma fourchette de l'autre . . .

— Votre fourchette, bon Dieu! Personne ne prend de fourchette pour manger sa soupe . . . Mais dites-moi quelque chose de la manière dont vous mangeâtes votre pain.

— Certainement à la manière de tout le monde: je le coupai proprement avec mon couteau.

— Eh, on rompt son pain, on ne le coupe pas . . . Avançons. Le café, comment le prîtes-vous?

— Eh, pour le coup, comme tout le monde; il était brûlant, je le versai par petites parties de ma tasse dans ma soucoupe.

— Eh bien, vous fîtes comme ne fit sûrement personne: tout le monde boit son café dans sa tasse, et jamais dans sa soucoupe . . .

N.

1859

Aus "The habits of Good Society".

London 1859 (zweite unveränderte Aufl. 1889), S. 257.

Forks were undoubtely a later invention than fingers, but as we are not cannibals I am inclined to think they were a good one.

Über das Verhalten beim Essen.

Teil II.

Einige Gedanken zu den Zitaten über die Tischgebräuche.

1. Gruppe.

Überblick über die Gesellschaften, zu denen die zitierten Schriften sprachen.

1. Die Zitate sind hier zusammengestellt zur Illustration eines realen Prozesses, einer Veränderung im Verhalten der Menschen selbst. Sie sind im allgemeinen so ausgewählt, daß sie als typisch mindestens für bestimmte gesellschaftliche Gruppen oder Schichten gelten können. Kein einzelner Mensch, auch eine so ausgeprägte Individualität, wie Erasmus nicht, hat das «Savoir-vivre» seiner Zeit erfunden.

Man hört Menschen verschiedener Zeiten über annähernd den gleichen Gegenstand sprechen. Die Veränderungen werden damit deutlicher, als wenn man sie lediglich mit den eigenen Worten beschreibt. Spätestens vom 16. Jahrhundert ab sind die Gebote und Verbote, durch die man den Einzelnen entsprechend dem Standard der Gesellschaft zu formen sucht, dauernd in Bewegung. Diese Bewegung ist gewiß nicht absolut geradlinig, aber durch alle Schwankungen und Einzelkurven hindurch ist dennoch ein ganz bestimmter ,,Trend", eine bestimmte Bewegungsrichtung zu erkennen, wenn man die Stimmen über Jahrhunderte hin im Zusammenhang hört.

Die Manierenschriften des 16. Jahrhunderts sind Verkörperungen der neuen, höfischen Aristokratie, die aus Elementen verschiedener, sozialer Herkunft langsam zusammenwächst. Mit ihr wächst der unterscheidende Code des Verhaltens.

De Courtin, in der zweiten Hälfte des 17. Jahrhunderts, spricht aus einer höfischen Gesellschaft, die im höchsten Maße gefestigt ist, aus der höfischen Gesellschaft Ludwigs XIV. Und er spricht hauptsächlich zu Menschen von Rang, die nicht unmittelbar am Hofe leben, die sich aber mit den Sitten und Gebräuchen am Hofe vertraut machen wollen.

133

,,Zivilisation" als eine Veränderung des menschlichen Verhaltens.

Er sagt in seinem «Avertissement»:

Le Traité n'avoit pas esté fait pour estre imprimé, mais seulement pour satisfaire un Gentilhomme de Province qui avoit prié l'Auteur, comme son amy particulier, de donner quelques préceptes de Civilité à son fils, qu'il avoit dessein d'envoyer à la Cour, en sortant de ses études et de ses exercices.

... il (l'Auteur) n'a entrepris ce travail que pour les honnestes gens; ce n'est qu'à eux qu'il l'adresse, et particulierement à la jeunesse qui peut tirer quelque utilité de ces petits avis, chacun n'ayant pas la commodité ny le moyen de venir à Paris à la Cour, pour y apprendre le fin de la politesse.

Menschen, die in dem modellgebenden Kreis selbst leben, brauchen keine Bücher, um zu wissen, wie ,,man" sich benimmt. Das ist klar; deswegen ist es wichtig, sich zu vergewissern, in welcher Absicht und für welche Ausbreitungsrichtung eigentlich die Niederschrift dessen erfolgt, was zunächst unterscheidendes Geheimnis des engeren, höfischaristokratischen Kreises ist.

Hier ist die Ausbreitungsrichtung ganz klar. Es wird betont, daß diese Niederschrift nur für «honnêtes gens» bestimmt ist, d. h. im großen und ganzen für Menschen der Oberschicht. Sie kommt hier in erster Linie dem Bedürfnis des Provinzadels entgegen, über die Verhaltensweisen am Hofe Bescheid zu wissen, dann wohl auch dem Bedürfnis vieler Fremden von Distinktion; aber es ist anzunehmen, daß der nicht unbeträchtliche Erfolg dieses Buches unter anderem auch auf das Interesse bürgerlicher Spitzenschichten zurückgeht. Es gibt mannigfache Belege dafür, daß in dieser Zeit ununterbrochen Gebräuche, Verhaltensweisen und Moden vom Hof in die oberen Mittelschichten eindringen, dort nachgeahmt und entsprechend der anderen sozialen Lage mehr oder weniger leicht verändert werden. Eben damit verlieren sie bis zu einem gewissen Grade ihren Charakter als Unterscheidungsmittel der Oberschicht. Sie werden etwas entwertet.

Über das Verhalten beim Essen.

Das drängt oben zu einer weiteren Verfeinerung und Fortbildung des Verhaltens. Und von diesem Mechanismus: Entwicklung höfischer Gebräuche, Ausbreitung nach unten, leichte soziale Deformation, Entwertung als Unterscheidungsmerkmal, erhält die dauernde Bewegung der Verhaltensweisen in der Oberschicht einen Teil ihrer Antriebe. Das Wichtige dabei ist, daß in diesem Wechsel, in den auf den ersten Blick vielleicht regellosen und zufälligen Einfällen oder Moden der höfischen Verhaltensformen, auf längere Sicht hin gesehen ziemlich bestimmte Richtungen oder Entwicklungslinien in Erscheinung treten, eben das, was man je nachdem als Vorrücken der Peinlichkeitsschwelle und der Schamgrenze oder als „Verfeinerung", als „Zivilisation" bezeichnen kann. Ein bestimmter, gesellschaftlicher Dynamismus löst einen bestimmten, seelischen aus, der seine eigenen Gesetze hat.

2. Im 18. Jahrhundert nimmt dann der Reichtum und mit ihm zugleich der Auftrieb bürgerlicher Schichten zu. Zum höfischen Verkehrskreis gehören jetzt neben aristokratischen Elementen ganz unmittelbar eine größere Menge bürgerlicher als im vorigen Jahrhundert, ohne daß sich die sozialen Rangunterschiede jemals verlieren. Kurz vor der Revolution verstärken sich sogar die Abschließungstendenzen der sozial schwächer werdenden Aristokratie noch einmal.

Immerhin muß man diese erweiterte, höfische Gesellschaft, in der höfisch-aristokratische und höfisch-bürgerliche Elemente miteinander verkehren, und die keine ganz feste Grenze nach unten hat, als ein Ganzes vor Augen haben. Sie stellt die hierarchisch gegliederte Elite des Landes dar. Der Drang, in sie hineinzugelangen oder wenigstens, sie nachzuahmen, wird mit der wachsenden Verflechtung und Wohlhabenheit breiterer Schichten immer größer. Neben anderen werden vor allem kirchliche Kreise zu Popularisatoren der höfischen Gebräuche. Der gemäßigte Zwang und die Affektzurückhaltung, die Regelung und Formung des Gesamtverhaltens, die sich oben unter dem Namen der «Civilité» zu-

135

„Zivilisation" als eine Veränderung des menschlichen Verhaltens.

nächst ganz rein als weltlich-gesellschaftliche Erscheinung,
Folge einer bestimmten Form des gesellschaftlichen Zusammenlebens, ausgebildet haben, kommen bestimmten Richtungen der kirchlichen Verhaltenstradition entgegen. Die
«Civilité» wird christlich-religiös unterbaut. Die Kirche erweist sich, wie so oft, als eines der wichtigsten Organe des
Transports von Modellen nach unten.

«C'est une chose surprenante,» sagt der ehrwürdige Vater
La Salle am Anfang des Vorworts zu seinen Regeln der
christlichen Civilité, «que la plupart des Chrétiens ne regardent
la Bienséance et la Civilité que comme une qualité pure-
ment humaine et mondaine et que ne pensant pas à
élever leur esprit plus haut, ils ne la considèrent pas comme
une vertu, qui a raport à Dieu, au prochain et à nous-même.
C'est ce qui fait bien connoître le peu de Christianisme qu'il
y a dans le monde.» Und da in den Händen von kirchlichen
Körperschaften ein guter Teil der Erziehung und des Unter-
richts in Frankreich lag, so strömte nun, vor allem, wenn
auch nicht ausschließlich durch ihre Vermittlung, eine wachsende Flut von Civilité-Schriften über das Land. Sie wurden
Hilfsmittel des Elementar-Unterrichts für das Kind und
oft zusammen mit den ersten Anweisungen für Lesen und
Schreiben gedruckt und vertrieben.

Eben damit wird auch der Begriff der «Civilité» für die gesellschaftliche Elite mehr und mehr entwertet. Es beginnt
sich mit ihm ein ähnlicher Prozeß zu vollziehen, wie ehemals
mit dem Begriff «Courtoisie».

Exkurs über den Auf- und Abstieg der Begriffe «Courtoisie» und «Civilité».

3. Als «Courtoisie» bezeichnete man ursprünglich, wie
gesagt, die Verhaltensform, die sich an den Höfen der
größeren, ritterlichen Feudalherrn herausbildete. Schon
im Laufe des Mittelalters selbst verlor sich offenbar
aus dem Sinn des Wortes vieles von seiner ursprüng-

136

Über das Verhalten beim Essen.

lichen, sozialen Begrenzung auf die «cour», auf ,,Höfe". Es kam auch in bürgerlichen Kreisen in Gebrauch. Mit dem langsamen Absterben des ritterlich-feudalen Kriegeradels und der Herausbildung einer neuen absolutistisch-höfischen Aristokratie im Laufe des 16. und 17. Jahrhunderts wird langsam der Begriff «Civilité» als Ausdruck des gesellschaftsfähigen Verhaltens hochgetragen. Die Begriffe «Courtoisie» und «Civilité» leben in der französischen Übergangsgesellschaft des 16. Jahrhunderts mit ihrem halb ritterlich-feudalen, halb absolutistisch-höfischen Charakter eine Zeitlang nebeneinander. Im Laufe des 17. Jahrhunderts kommt dann allmählich der Begriff «Courtoisie» in Frankreich aus der Mode.

«Les mots de courtois et de courtoisie,» sagt ein französischer Schriftsteller 1676[53]), «commencent à vieillir et ne sont plus du bel usage. Nous disons civil, honneste; civilité, honnesteté.»

Ja, das Wort «courtoisie» erscheint jetzt geradezu als ein bourgeoiser Begriff:

«Mon voisin — le Bourgeois . . . suivant le langage de la bourgeoisie de Paris —,» so heißt es in einem Gespräch mit dem Titel ,Du bon et du mauvais usage dans les manieres de s'exprimer. Des façons de parler bourgeoises' v. F. de Caillières aus dem Jahre 1694 (S. 110ff.), «dit . . . affable et courtoise . . . il ne s'exprime pas poliment, parce que les mots de courtois et d'affable ne sont plus gueres dans le commerce des gens du monde, et les mots de civil et d'honnête ont pris leur place, de même que ceux de civilité et d'honnêteté ont pris la place de courtoisie et d'affabilité.»

Ganz ähnlich verliert im Laufe des 18. Jahrhunderts langsam der Begriff «Civilité» an Gewicht in der absolutistisch-höfischen Oberschicht. Diese Schicht unterliegt ja nun ihrerseits einem ganz langsamen Umbildungsprozeß, einem Verbürgerlichungsprozeß, der sich allerdings mindestens bis 1750 immer zugleich mit einem Verhöflichungsprozeß bürgerlicher Elemente verbindet. Etwas von dem Problem, das sich daraus ergibt, scheint beispielsweise durch, wenn 1745 der Abbé Gedoyn in einem Aufsatz «De l'urbanité Romaine»

137

„Zivilisation" als eine Veränderung des menschlichen Verhaltens.

(Œuvres Diverses S. 173) die Frage diskutiert, warum in der eigenen Gesellschaft der Ausdruck «urbanité», obgleich er doch etwas sehr Schönes bezeichne, nie so sehr in Gebrauch gekommen sei, wie «civilité», «humanité», «politesse» oder «galanterie». Und er antwortet: «urbanitas signifiait cette politesse de langage, d'esprit et de maniéres, attachée singuliérement à la ville de Rome, qui s'appeloit par excellence ‚Urbs', la Ville, au lieu que parmi nous cette politesse n'étant le privilége d'aucune ville en particulier pas même de la Capitale, mais uniquement de la Cour, le terme d'urbanité devient un terme . . . dont on peut . . . se passer.

Wenn man weiß, daß „Stadt" in dieser Zeit mehr oder weniger die „gute bürgerliche Gesellschaft" zum Unterschied von der engeren, höfischen bezeichnet, erkennt man leicht den Aktualitätswert dieser Fragestellung.

In den meisten Äußerungen aus dieser Zeit ist, wie hier, der Begriff «civilité» im Gebrauch gegenüber dem der «politesse» zurückgetreten, und die Identifizierung des ganzen Begriffskomplexes mit „humanité» tritt stärker hervor.

Voltaire hat diesen Tendenzen schon 1733 in der Widmung seiner «Zaïre» an einen Bürgerlichen, an A. M. Faulkner, Marchand Anglais, recht klaren Ausdruck gegeben:

«Depuis la régence d'Anne d'Autriche ils (les Français) ont été le peuple le plus sociable et le plus poli de la terre . . . et cette politesse n'est point une chose arbitraire, comme ce qu'on appelle ‚civilité', c'est une loi de la nature qu'ils ont heureusement cultivé plus que les autres peuples.»

Wie ehemals der Begriff «courtoisie», so kommt nun langsam der Begriff «civilité» ins Sinken. Kurz darauf wird sein und seiner Verwandten Gehalt in einem neuen Begriff, Ausdruck einer neuen Form des Selbstbewußtseins, aufgenommen und weitergeführt, im Begriff «civilisation». «Courtoisie», «Civilité», «Civilisation» markieren drei Abschnitte einer gesellschaftlichen Entwicklung. Sie zeigen an, aus welcher Gesellschaft, zu welcher Gesellschaft jeweils gesprochen wird.

Über das Verhalten beim Essen.

Die eigentliche Veränderung des Verhaltens in den oberen
Schichten aber, die tatsächliche Ausbildung der Modelle jenes
Verhaltens, das man nun das „zivilisierte" nennen wird, vollzieht sich — mindestens soweit sie in den hier behandelten
Bezirken sichtbar wird — in der mittleren Phase. Der Begriff der „Zivilisation" weist im Gebrauch des 19. Jahrhunderts ganz stark darauf hin, daß der Prozeß der Zivilisation — oder genauer gesagt eine Phase dieses Prozesses —
vollzogen und vergessen ist. Man möchte diesen Prozeß
nur noch bei anderen Völkern, eine Zeitlang auch noch bei
den unteren Schichten der eigenen Gesellschaft vollziehen.
Bei den Ober- und Mittelschichten der eigenen Gesellschaft
erscheint die „Zivilisation" als ein festes Besitztum. Man
wünscht vor allem sie auszubreiten, allenfalls im Rahmen des
einmal erreichten Standards fortzuentwickeln.

Die zitierten Beispiele bringen deutlich die Bewegung zu
diesem Standard hin in der vorhergehenden, höfisch-absolutistischen Phase zum Ausdruck.

Überblick über die Kurve der „Zivilisation" des Essens.

4. Am Ende des 18. Jahrhunderts, kurz vor der Revolution, ist in der französischen Oberschicht annähernd jener
Standard der Eßgebräuche, und gewiß nicht nur der Eßgebräuche, erreicht, der allmählich dann in der ganzen
„zivilisierten" Gesellschaft als selbstverständlich gilt. Das
Beispiel M aus dem Jahre 1786 ist instruktiv genug: Es
zeigt genau denjenigen Gebrauch der Serviette, der inzwischen zum Gebrauch der ganzen zivilisierten, bürgerlichen Gesellschaft geworden ist, noch als ausgesprochen
höfischen Gebrauch. Es zeigt die Ausschaltung der Gabel
vom Essen der Suppe, deren Notwendigkeit allerdings nur
verständlich wird, wenn man sich daran erinnert, daß die
Suppe früher und auch heute noch in Frankreich oft mehr
feste Bestandteile enthielt als gegenwärtig. Es zeigt ferner
das inzwischen demokratisierte Gebot, bei Tisch sein Brot

139

„Zivilisation" als eine Veränderung des menschlichen Verhaltens.

nicht zu schneiden, sondern zu brechen, als höfisches Gebot. Und das gleiche gilt von der Art, wie man den Kaffee trinkt.

Das sind ein paar Beispiele dafür, wie sich unser Alltagsritual geformt hat. Würde man die Bilderreihe bis zur Gegenwart fortsetzen, so würde sich zeigen, daß sich von nun an zwar Einzelheiten noch ändern; neue Gebote kommen hinzu, alte lockern sich; es treten eine Fülle von nationalen und sozialen Variationen der Tafelsitten hervor; die Durchdringung der Volksmassen, der Mittelschichten, der Arbeiterschaft, der Bauern mit dem uniformen Ritual der Zivilisation und der Triebregelung, die seine Handhabung verlangt, ist verschieden stark. Aber der Grundstock dessen, was in der zivilisierten Gesellschaft im Verkehr der Menschen gefordert wird, und was als verboten gilt, der Standard der Eßtechnik, die Art, wie Messer, Gabel, Löffel, Teller, Serviette und die übrigen Eßgeräte zu gebrauchen sind, das alles bleibt in den wesentlichen Punkten unverändert. Selbst die Entwicklung der Technik auf allen Gebieten — auch die der Kochtechnik — durch Einführung neuer Kraftquellen hat das Wesentliche der Eßtechnik und der anderen Umgangsformen ziemlich unverändert gelassen. Nur wenn man sehr genau zusieht, bemerkt man die Anzeichen eines Entwicklungstrends, der weiterführt.

Was sich jetzt noch verändert, ist vor allem die Technik der Produktion. Die Technik der Konsumption ist besonders von gesellschaftlichen Formationen entwickelt und in Bewegung gehalten worden, die in einem nie wieder erreichten Maße Konsumptionsschichten waren. Mit deren sozialem Untergang hört die rasche und intensive Durchformung dessen, was nun gegenüber dem Berufsleben zum Privatleben des Menschen wird, auf; das Tempo der Bewegung und Veränderung in diesen Sphären, das in der höfischen Phase verhältnismäßig groß war, verlangsamt sich wieder.

Selbst die Form der Eßgeräte, der Teller, Schüsseln, Messer, Gabeln oder Löffel sind von nun an nichts als Variationen

Über das Verhalten beim Essen.

über Themen des «dix-huitième» und der vorangehenden Jahrhunderte. Gewiß verändert sich im Einzelnen noch recht viel. Ein Beispiel dafür ist die Differenzierung der Geräte. Bei vielen Gelegenheiten werden nicht nur die Teller nach jedem Gang gewechselt, sondern auch das Eßgerät. Es genügt nicht, statt mit den Händen einfach mit Messer, Gabel und Löffel zu essen. Sondern man bedient sich mehr und mehr in der Oberschicht für jede Speisegattung eines besonderen Geräts. Suppenlöffel, Fischmesser, Fleischmesser liegen auf der einen Seite der Teller. Gabeln für das Vorgericht, für Fisch und Fleisch auf der anderen. Oberhalb der Teller liegen Gabeln, Löffel oder Messer — je nach der Sitte des Landes — — für süße Speisen. Und zu Dessert und Früchten wird noch ein weiteres Gerät hereingebracht. Alle diese Gerätschaften sind verschieden geformt und ausgestattet. Sie sind bald größer, bald kleiner, bald runder, bald spitzer. Aber auch sie stellen genau betrachtet nicht eigentlich etwas Neues dar. Auch sie sind Variationen über das gleiche Thema, Differenzierung innerhalb des gleichen Standards. Und nur in einigen wenigen Punkten, vor allem im Gebrauch des Messers, deuten sich langsame Bewegungen an, die über den erreichten Standard hinausführen. Das eine oder andere wird dazu noch zu sagen sein.

5. In bestimmtem Sinne ähnliches gilt auch von der Zeit bis zum 15. Jahrhundert. Auch bis dahin bleiben sich — aus ganz anderen Ursachen — der Standard der Eßtechnik, der Grundstock des gesellschaftlich Verbotenen und Erlaubten, wie das Verhalten der Menschen zueinander und zu sich selbst, deren Ausdruck diese Verbote und Gebote sind, in ihren wesentlichen Zügen ziemlich gleich, wenn auch hier ebenfalls Moden, Schwankungen, regionale und soziale Variationen und eine langsame Bewegung in bestimmter Richtung keineswegs ganz fehlen.

Auch die Übergänge von einem Abschnitt zum anderen sind nicht ganz genau zu festzulegen. Die raschere Bewegung setzt hier später, dort früher ein, und es gibt überall kleine,

„Zivilisation" als eine Veränderung des menschlichen Verhaltens.

vorbereitende Schübe. Aber die Gestalt der ganzen Kurve ist dennoch überall im großen und ganzen die gleiche: erst die mittelalterliche Phase, mit einem gewissen Höhepunkt in der ritterlich-höfischen Blütezeit, markiert durch das Essen mit den Händen. Dann eine Phase relativ rascher Bewegung und Veränderung, etwa das 16., 17. und 18. Jahrhundert umfassend, in der die Zwänge zur Durchformung des Verhaltens beim Essen dauernd in einer Richtung vorangetrieben werden, einem neuen Standard der Umgangsformen, der Eßgebote und -verbote entgegen.

Von da ab wieder eine Phase, die sich im Rahmen des einmal erreichten Standards hält, allenfalls nur mit einer ganz langsamen Bewegung in einer bestimmten Richtung. Die Durchformung des alltäglichen Verhaltens verliert auch in ihr nie ganz ihre Bedeutung als Instrument der sozialen Auszeichnung. Aber sie spielt von nun ab nie mehr die gleiche Rolle, wie in der vorangehenden Phase. Zur Grundlage der sozialen Unterschiede wird ausschließlicher als zuvor der Geldbesitz. Und die Verdinglichungen der Menschen, ihre Leistungen und Produkte werden wichtiger, als ihr Gebaren.

6. Man sieht an den Beispielen im Zusammenhang sehr deutlich, wie die Bewegung vorrückt.

Die Verbote der mittelalterlichen Gesellschaft, selbst der höfisch-ritterlichen, legen dem Spiel der Affekte noch keine allzu großen Beschränkungen auf. Die gesellschaftliche Kontrolle ist verglichen mit später milde. Die Manieren sind gemessen an den späteren in jedem Sinne des Wortes ungezwungen. Man soll nicht schmatzen und schnauben beim Essen. Man soll nicht über die Tafel spucken und sich nicht ins Tischtuch schneuzen, das ja auch zum Abwischen der fettigen Finger dient, oder nicht in die Finger selbst, mit denen man in die gemeinsame Platte faßt. Aus der gleichen Schüssel oder auch von der gleichen Unterlage mit anderen zu essen, ist selbstverständlich. Man soll sich nur nicht über die Schüssel hermachen, wie ein Schwein, nicht das Abgebissene wieder in die allgemeine Soße tauchen.

142

Über das Verhalten beim Essen.

Vieles von diesen Gebräuchen wird noch bei Erasmus und in dessen Umformung durch Calviac erwähnt. Überblickt man die ganze Bewegung, dann sieht man auch in ihrer Abzeichnung der zeitgenössischen Sitten deutlicher als bei der Einzelbetrachtung, wie die Bewegung vorrückt. Das Tischgerät ist noch immer beschränkt, links das Brot, rechts Glas und Messer. Das ist alles. Aber die Gabel wird schon erwähnt, allerdings mit begrenzter Funktion, als Instrument zum Herübernehmen von Speisen aus der gemeinsamen Schüssel. Und, wie das Schnupftuch, so taucht auch die Serviette schon auf, beide noch — Symbol des Übergangs — als mögliche, nicht als notwendige Geräte: wenn du ein Schnupftuch hast, so heißt es, ist es besser als wenn du die Finger zum Schneuzen nimmst. Wenn eine Serviette gegeben wird, lege sie über die linke Schulter. 150 Jahre später sind beide, Serviette und Schnupftuch, ebenso wie die Gabel in der höfischen Schicht mehr oder weniger unentbehrliche Geräte.

Ähnlich ist die Bewegungskurve der anderen Gewohnheiten und Gebräuche.

Zuerst wird die Suppe oft getrunken, sei es aus dem gemeinsamen Napf oder aus Kellen, die mehrere benutzen. In den courtoisen Schriften wird vorgeschrieben, sich des Löffels zu bedienen. Auch sie werden zunächst Mehreren gemeinsam gedient haben. Einen weiteren Schritt zeigt das Zitat von Calviac aus dem Jahre 1560. Er erwähnt, daß es unter Deutschen Brauch sei, jedem Tischgenossen seinen eigenen Löffel zu lassen. Den nächsten Schritt zeigt Courtins Mitteilung aus dem Jahre 1672. Man ißt jetzt nicht mehr die Suppe unmittelbar aus der gemeinsamen Schüssel, sondern schüttet sich etwas davon auf den eigenen Teller, und zwar zunächst mit dem eignen Löffel. Aber es gibt sogar Leute, heißt es da, die so delikat sind, daß sie nicht aus einer Schüssel essen wollen, in die andre ihren schon gebrauchten Löffel getaucht haben. Es ist deswegen nötig, seinen Löffel, bevor man ihn in die Schüssel taucht, mit der Serviette abzu-

„Zivilisation" als eine Veränderung des menschlichen Verhaltens.

wischen. Und manchen Leuten genügt selbst das nicht mehr. Dort darf man den einmal gebrauchten Löffel überhaupt nicht mehr in die gemeinsame Schüssel tauchen, sondern muß sich einen neuen dafür geben lassen.

Äußerungen wie diese zeigen nicht nur, wie das ganze Ritual des Zusammenseins in Bewegung ist, sondern zugleich auch, wie die Menschen diese Bewegung selbst spüren.

Hier stellt sich Schritt für Schritt jene Art, die Suppe zu nehmen, her, die inzwischen selbstverständlich geworden ist: Jeder hat seinen eigenen Teller, jeder seinen eigenen Löffel. Sie wird mit einem spezialisierten Gerät ausgeschenkt. Das Essen hat einen neuen Stil bekommen, die den neuen Bedürfnissen des Beieinander entspricht.

Nichts an den Verhaltensweisen bei Tisch ist schlechthin selbstverständlich, gleichsam als Produkt eines „natürlichen" Peinlichkeitsgefühls. Weder Löffel, noch Gabel, oder Serviette werden einfach, wie ein technisches Gerät, mit klar erkennbarem Zweck und deutlicher Gebrauchsanweisung eines Tages von einem Einzelnen erfunden; sondern durch Jahrhunderte wird unmittelbar im gesellschaftlichen Verkehr und Gebrauch allmählich ihre Funktion umgrenzt, ihre Form gesucht und gefestigt. Jede noch so kleine Gewohnheit des sich wandelnden Rituals setzt sich unendlich langsam durch, selbst Verhaltensweisen, die uns ganz elementar erscheinen oder ganz einfach „vernünftig", etwa der Brauch, Flüssiges nur mit dem Löffel zu nehmen; jeder Handgriff, die Art z. B., in der man Messer, Löffel oder Gabel hält und bewegt, wird nicht anders, als Schritt für Schritt standardisiert. Und auch der gesellschaftliche Mechanismus dieser Standardisierung selbst zeichnet sich in Umrissen ab, wenn man die Bilderreihe als Ganzes überblickt: Es gibt einen mehr oder weniger begrenzten, höfischen Kreis, der die Modelle prägt, und zwar zunächst offenbar nur für die Bedürfnisse der eigenen, gesellschaftlichen Situation und entsprechend der Seelenlage, die dieser sozialen Lage entspricht. Aber offenbar macht der Aufbau und die Entwicklung der fran-

144

Über das Verhalten beim Essen.

zösischen Gesamtgesellschaft allmählich immer weitere Schichten bereit und begierig, die oben entwickelten Modelle anzunehmen: sie breiten sich, ebenfalls sehr allmählich, über die ganze Gesellschaft hin aus, ganz gewiß nicht ohne sich dabei entsprechend umzubilden.

Die Übernahme, die Wanderung von Modellen aus einer sozialen Einheit zur anderen — bald von den Zentren einer Gesellschaft zu ihren Außenposten, z. B. vom Pariser Hof zu anderen Höfen, bald innerhalb der gleichen, politischen Gesellschaftseinheit, also in Frankreich oder in Sachsen von oben nach unten und von unten nach oben — Wanderungen dieser Art gehören im Gesamtprozeß der Zivilisation zu den wichtigsten Einzelbewegungen. Was sich in den Beispielen von ihnen abzeichnet, ist nur ein begrenzter Ausschnitt. Nicht nur die Art des Essens, auch die Art des Denkens oder die des Sprechens, kurzum das Gesamtverhalten wird in Frankreich auf ähnliche Weise modelliert, wenn auch im einzelnen Zeit und Aufbau der Bewegungskurven erheblich verschieden sind. Die Herausbildung eines bestimmten Rituals der menschlichen Beziehungen im Wandel der Gesellschafts- und Seelenlage ist nichts Isolierbares, wenn auch hier zunächst nur diese Linie verfolgt werden kann. Ein kurzes Beispiel aus dem Prozeß der „Zivilisation" des Sprechens mag daran erinnern, daß mit der Beobachtung der Umgangsformen und ihrer Wandlung nur der besonders einfache und zugängliche Ausschnitt einer umfassenderen Wandlung im Verhalten dieser Gesellschaft dem Blick freigelegt wird.

Exkurs über die höfische Modellierung des Sprechens.

7. Auch für das Sprechen bildet zunächst ein begrenzter Kreis gewisse Standarde heraus.

Ähnlich wie in Deutschland, wenn auch bei weitem nicht in dem gleichen Ausmaß, spricht auch in Frankreich die höfische Gesellschaft eine andere Sprache als die Bourgeoisie.

„Zivilisation" als eine Veränderung des menschlichen Verhaltens.

«Vous sçavez,» heißt es in einer kleinen Schrift, die in ihrer Zeit viel gelesen wurde, in den ‚Mots à la Mode' von Caillières nach der Auflage von 1693 (S. 46), «que les Bourgeois parlent tout autrement que nous.»

Wenn man dann genauer zusieht, was als «bourgeois» und was als Ausdruck der höfischen Oberschicht verzeichnet wird, dann stößt man auf die gleiche Erscheinung, die sich am Beispiel der Eßgebräuche und der Umgangsformen im allgemeinen beobachten läßt: vieles von dem, was im 17., z. T. wohl auch noch im 18. Jahrhundert unterscheidende Ausdrucksform und Sprache der höfischen Gesellschaft ist, wird allmählich französische Nationalsprache.

Der junge Bürgerssohn, Monsieur Thibault, wird uns beim Besuch in einer kleinen, aristokratischen Gesellschaft vorgeführt. Die Dame des Hauses fragt ihn, wie es seinem Vater geht:

«Il est vôtre Serviteur bien humble, Madame,» antwortet er, «et il est toûjours maladif comme bien sçavez, puisque de vôtre grace vous avez souventes fois envoyé sçavoir l'état de sa santé.»

Die Situation ist klar. Eine gewisse Verkehrsbeziehung besteht zwischen dem aristokratischen Zirkel und der bourgeoisen Familie. Die Dame des Hauses hat es schon vorher erwähnt. Sie sagt auch, daß der Vater Thibault ein sehr netter Mann ist, nicht ohne hinzuzufügen, daß so ein Verkehr für die Aristokratie zuweilen ganz nützlich ist, weil diese Leute nun einmal Geld haben [54]. Und man erinnert sich dabei des ganz anderen Aufbaues der deutschen Gesellschaft.

Aber der Verkehr ist in dieser Zeit ganz offensichtlich, wenn man von der bürgerlichen Intelligenzschicht absieht, noch nicht so eng, daß sich die sprachlichen Unterschiede zwischen den Schichten ausgeglichen haben. Jedes zweite Wort, das der junge Thibault sagt, ist im Sinne der höfischen Gesellschaft ungeschickt, plump und riecht, wie es heißt, „aus vollem Munde nach dem Bourgeois". Man sagt in der

146

Über das Verhalten beim Essen.

höfischen Gesellschaft nicht «Comme bien savez» oder «souventes fois» oder «maladif».

Man sagt nicht, wie Monsieur Thibault im Fortgang der Unterhaltung: «Je vous demande excuse.» Sondern man sagt in der höfischen Gesellschaft, wie heute in der bürgerlichen: «Je vous demande pardon».

Monsieur Thibault sagt: «Un mien ami, un mien parent, un mien cousin» an Stelle des höfischen: «Un des mes amis, un de mes parents» (S. 20). Er sagt: «deffunct mon père, le pauvre deffunct». Und er wird belehrt, daß auch das nicht zu den Ausdrücken gehört «que la civilité a introduit parmy les gens qui parlent bien (S. 22). Les gens du monde ne disent point qu'un homme est defunct, pour dire qu'il est mort». Man kann das Wort allenfalls einmal gebrauchen, wenn man sagen will: «Il faut prier Dieu pour l'ame du defunct ... mais ceux qui parlent bien disent plûtôt: feu mon pere, feu Mr. un tel, le feu Duc ect». Und es wird festgestellt: «Pour le pauvre deffunct, c'est une façon de parler trés-bourgeoise.»

8. Auch hier, wie bei den Umgangsformen, gibt es eine Art von Doppelbewegung: Verhöflichung bürgerlicher Menschen, Verbürgerlichung höfischer Menschen. Oder um es genauer zu sagen: bürgerliche werden durch das Verhalten höfischer Menschen, höfische durch das Verhalten bürgerlicher Menschen beeinflußt. Die Beeinflussung von unten nach oben ist im 17. Jahrhundert in Frankreich gewiß sehr viel schwächer als im 18. Aber sie fehlt keineswegs ganz: das Schloß des bürgerlichen Finanz-Intendanten Nicolas Fouquet, Vaux-le Vicomte, geht zeitlich dem königlichen Versailles voran, und ist in manchem sein Vorbild. Das ist ein klares Beispiel. Der Reichtum bürgerlicher Spitzenschichten zwingt oben zum Wettbewerb. Und der unablässige Zustrom bürgerlicher Menschen in den höfischen Kreis schafft auch im Prozeß des Sprechens eine spezifische Bewegung: er trägt mit dem neuen Menschenmaterial auch neues Sprachmaterial, den ,,Slang" der Bourgeoisie, in den höfischen Kreis. Immer von neuem werden Elemente davon in der höfischen Sprache verarbeitet,

„Zivilisation" als eine Veränderung des menschlichen Verhaltens.

abgeschliffen, verfeinert, transformiert; sie werden mit einem Wort „höfisch" gemacht, d. h. dem Sensibilitäts- oder Affektstandard der höfischen Kreise angepaßt und damit zugleich Unterscheidungsmittel der «gens de la Cour» gegen das Bürgertum, um vielleicht, derart verfeinert und umgearbeitet, nach einiger Zeit wieder ins Bürgertum einzudringen und „spezifisch bürgerlich" zu werden.

Es gibt, sagt der Herzog in einem der zitierten Gespräche von Caillières (du bon et du mauvais usage, S. 98), eine Art zu reden «fort ordinaire parmi les Bourgeois de Paris et même parmi quelques Courtisans, qui ont été élevez dans la Bourgeoisie. C'est lors qu'ils disent: ,voyons voir', au lieu de dire: ,voyons' et de retrancher le mot de ,voir', qui est absolument inutile et désagréble en cet endroit-là.

Mais il s'est introduit depuis peu,» fährt der Herzog fort, «une autre mauvaise façon de parler, qui a commencé par le plus bas Peuple et qui a fait fortune à la Cour, de même que ces Favoris sans merite qui s'y élevoient autrefois. C'est: ,il en sçait bien long', pour dire que quelqu'un est fin et adroit. Les femmes de la Cour commencent aussi à s'en servir».

So geht es fort. Die Bürger und selbst einige Leute am Hof sagen: «Il faut que nous faisions cela» an Stelle von: «Il faut que nous fassions cela.» Manche sagen: «d'on za» und «d'on zest» an Stelle des höfischen «d'on a» und «d'on est». Sie sagen: «Je le l'ai» an Stelle von «Je l'ai».

Fast in allen diesen Fällen ist in der Tat die Sprachform, die hier als höfische auftritt, zur nationalen geworden. Aber es gibt gewiß auch Beispiele dafür, daß höfische Sprachbildungen als „zu sehr verfeinert", zu „affektiert" allmählich wieder beiseitegelegt werden.

9. Alles das bietet zugleich eine Erläuterung zu dem, was oben über die soziogenetischen Unterschiede zwischen dem deutschen und dem französischen National-Charakter gesagt worden ist. Die Sprache ist eine der zugänglichsten Manifestationen dessen, was wir als „National-Charakter"

Über das Verhalten beim Essen.

empfinden. Hier sieht man an einem einzelnen, konkreten Beispiel, wie sich dieses Eigentümliche und Typische im Zusammenhang mit bestimmten, sozialen Formationen herausarbeitet. Eine entscheidende Prägestation der französischen Sprache war der Hof und die höfische Gesellschaft. Für die deutsche Sprache hat eine Zeitlang die kaiserliche Kammer und Kanzlei eine verwandte Rolle gespielt, wenn sie auch nicht im entferntesten die gleiche Durchschlagskraft als Prägestation hatte, wie der französische Hof. Noch 1643 rühmt jemand, seine Sprache sei musterhaft, ,,denn er richte sich nach denen schreiben, so auß der Cammer zu Speier kommen[55]". Dann waren es vor allem die Universitäten, die für die deutsche Bildung und Sprache annähernd die gleiche Bedeutung erlangten, wie in Frankreich der Hof. Aber diese beiden, sozial recht verwandten Gebilde, Kanzlei und Universität, beeinflußten weniger das Sprechen, als das Schreiben; sie formten nicht durch die Unterhaltung, sondern durch Akten, Briefe und Bücher die deutsche ,,Schriftsprache". Und wenn Nietzsche gelegentlich einmal bemerkt, noch das Trinklied der Deutschen sei gelehrt, oder wenn er die Ausmerzung von Fachausdrücken bei dem höfischen Voltaire dem anderen Gebrauch der Deutschen entgegenstellt, so sieht er sehr hell Resultate dieser verschiedenen Entwicklungsgeschichte.

10. Wenn in Frankreich die «gens de la cour» sagen: ,,Dies ist gut gesprochen und dies ist schlecht", dann erhebt sich eine Frage, die dem Nachdenken noch ein weites Feld eröffnet, und die hier im Vorbeigehen wenigstens gestreift werden soll: ,,Wonach beurteilen sie eigentlich, was gut und was schlecht in der Sprache ist? Welches sind ihre Gesichtspunkte der sprachlichen Selektion, der Ausfeilung und der Umbildung von Ausdrücken?"

Gelegentlich haben sie selbst darüber nachgedacht. Was sie zu diesem Thema sagen, ist auf den ersten Blick etwas erstaunlich und jedenfalls über den Bereich der Sprache hinaus bedeutsam: Redewendungen, Worte und Nuancierungen sind gut, weil sie, die soziale Elite, sich ihrer bedient, und sie sind schlecht, weil die sozial Niedrigerstehenden in dieser Form sprechen.

Monsieur Thibault wehrt sich in dem oben zitierten Gespräch gelegentlich, wenn man ihm sagt, diese oder jene Redewendung sei schlecht: «Je vous suis bien obligé, Madame,» sagt er (du bon et mauvais usage S. 23), «de la peine que vous prenez de m'instruire, mais il me semble pourtant, que le terme de «deffunct» est un mot bien établi, et dont se servent quantité d'honnêtes gens.»

«Il est fort possible,» antwortet die Dame, «qu'il y ait quantité d'honnêtes gens qui ne connoissent pas assez la délicatesse de nôtre Langue, . . . cette délicatesse qui n'est connue que d'un petit nombre de gens qui parlent bien, qui fait qu'ils ne disent point qu'un homme est deffunct, pour dire qu'il est mort.»

Ein kleiner Kreis von Leuten versteht sich auf die Delikatesse der Sprache; wie diese sprechen, ist richtig gesprochen. Was andere sagen, gilt nicht. Die Urteile sind apodiktisch. Eine weitere Begründung als diese: ,,Wir, die Elite spricht so, und nur wir haben das sprachliche Feingefühl", braucht man nicht und kennt man nicht. «A l'égard des fautes qui se commettent contre le bon usage,» heißt es an einer anderen Stelle noch ausdrücklich, «comme il n'a point des régles déterminées, et qu'il ne dépend que du consentement d'un certain nombre de gens polis, dont les oreilles sont accoûtumées à certaines façons de parler, et à les preferer à d'autres» (S. 98). Und dann werden die Worte aufgezählt, die man vermeiden soll.

Die veralteten Worte sind für die gewöhnliche, ernsthafte Rede ungeeignet. Die sehr neuen Worte müssen den Verdacht der Affektiertheit und Ziererei erregen, wir würden vielleicht sagen, des Snobismus. Die gelehrten Worte, die nach Latein und Griechisch riechen, müssen allen «gens du monde» verdächtig sein. Sie schaffen um jeden, der sich ihrer bedient, eine Atmosphäre von Pedanterie, wenn es andere Worte gibt, die bekannt sind und das gleiche einfach ausdrücken.

Über das Verhalten beim Essen.

Die niedrigen Worte, die man im Volk gebraucht, muß man mit Sorgfalt vermeiden; denn die Leute, die sie gebrauchen, zeigen, daß sie eine «basse éducation», eine Unterklassen-Erziehung, gehabt haben. ,,Und von diesen Worten, also von den niedrigen Worten,'' so sagt der höfische Sprecher, ,,reden wir in diesem Zusammenhang''; er meint in der Gegenüberstellung von höfischer und bürgerlicher Sprache.

Es gibt für die Entfernung des ,,Schlechten'' aus der Sprache die Begründung durch das ,,Feingefühl'', durch jene Verfeinerung des Gefühls, die im ganzen Prozeß der Zivilisation keine geringe Rolle spielt. Aber diese Verfeinerung ist das Besitztum einer relativ kleinen Gruppe. Man hat dieses Feingefühl oder man hat es nicht, so etwa ist die Haltung der Sprecher. Die Menschen, die diese Delikatesse besitzen, ein kleiner Kreis, sie machen durch Übereinkunft aus, was als gut und was als schlecht gilt.

Vor allem, was als rationale Begründung für die Selektion von Ausdrücken gesagt werden könnte, hat mit anderen Worten die soziale Begründung, die Begründung, daß etwas besser sei, weil es Gebrauch der Oberschicht oder auch nur einer Elite in der Oberschicht sei, bei weitem den Vorrang.

,,Gealterte Worte'', Worte, die aus der Mode geraten sind, gebraucht die ältere Generation oder die, die nicht dauernd unmittelbar am Leben des Hofes beteiligt sind, die Ausrangierten. ,,Zu neue Worte'' gebrauchen die Cliquen von jungen Leuten, die erst arrivieren wollen, die ihren besonderen ,,Slang'' sprechen, von dem ein Teil vielleicht morgen Mode sein wird. ,,Gelehrte Worte'' gebrauchen, wie in Deutschland, die an der Universität Gebildeten, vor allem die Juristen, die hohe Beamtenschaft, also in Frankreich die Noblesse de robe. ,,Niedrige Ausdrücke'' sind alle jene Worte, die das Bürgertum bis hinab zur «Populace» gebraucht: Die sprachliche Polemik entspricht einer ganz bestimmten, sehr charakteristischen, gesellschaftlichen Lagerung. Sie zeigt die Gruppe, die in diesem Augenblick gerade die Herrschaft über die Sprache ausübt, und ihre Grenzen. Im weiteren

„Zivilisation" als eine Veränderung des menschlichen Verhaltens.

Sinn die «gens de la cour», im engeren aber ein kleinerer, besonders aristokratischer Kreis von Menschen, die augenblicklich am Hofe Einfluß haben, und die sich sorgfältig auch gegen die sozial Aufgestiegenen, gegen die Höflinge mit bürgerlicher Kinderstube abheben, oder gegen die „Veralteten", gegen die „jungen Leute", die „snobistischen" Konkurrenten der aufsteigenden Generation, und schließlich nicht zuletzt gegen die Fachbeamten, die von der Universität kommen, ein solcher Kreis bildet in dieser Zeit die primäre Prägestation des Sprachstroms. Wie diese, der engere und der weitere höfische Kreis spricht, so „muß man sprechen", so ist es «comme il faut». Hier werden die Modelle des Sprechens gebildet, die sich in längeren oder in kürzeren Wellen ausbreiten. Die Art, wie die Sprache sich entwickelt und geprägt wird, entspricht einer bestimmten Art des gesellschaftlichen Aufbaus. Demgemäß werden von der Mitte des 18. Jahrhunderts ab bürgerliche Einflüsse in der französischen Sprache langsam stärker. Aber dieser lange Durchgang durch eine höfisch-aristokratische Phase bleibt in der französischen Sprache bis heute spürbar, wie in der deutschen ihr Durchgang durch eine gelehrte, mittelständische Intelligenzschicht. Und wo immer sich dann in der bürgerlichen Gesellschaft Frankreichs selbst Eliten oder Pseudo-Eliten bilden, knüpfen sie an die älteren, unterscheidenden Tendenzen in ihrem Sprachstrom an.

Zu der Frage, wie die Menschen es begründen, daß dies „schlechtes" und jenes „gutes" oder „besseres" Benehmen sei.

11. Die Sprache ist eine der Verkörperungen des Gesellschafts- oder Seelenlebens. Vieles von dem, was sich bei der Art ihrer Modellierung beobachten läßt, zeigt sich auch bei der Untersuchung anderer Verkörperungen der Gesellschaft. Die Art z. B., in der die Menschen begründen, warum dieses Benehmen oder dieser Gebrauch bei Tisch besser ist als jener, unterscheidet sich kaum von der Art, in der sie

Über das Verhalten beim Essen.

begründen, warum dieser sprachliche Ausdruck besser sei als jener.

Das entspricht nicht ganz der Erwartung, die der Beobachter des 20. Jahrhunderts haben mag. Er erwartet z. B. die Ausschaltung des „Essens mit den Händen", die Einführung der Gabel, des individuellen Eßgeschirrs und -bestecks und all der anderen Ritualien seines Standards aus „hygienischen Gründen" erklärt zu finden. Denn das ist die Art, wie er selbst diese Gebräuche im allgemeinen erklärt. Aber bis in die zweite Hälfte des 18. Jahrhunderts hinein findet man zur Motivierung der größeren Zurückhaltung, die sich die Menschen auferlegen, kaum etwas, das in diese Richtung geht. Die sog. „rationalen Begründungen" stehen zum mindesten sehr im Hintergrund, verglichen mit anderen.

In den frühesten Stadien heißt es zur Begründung der Zurückhaltung meistens: Tue das und jenes nicht, denn es ist nicht «courtois», es ist nicht „höfisch", ein „edler" Mann tut so etwas nicht; allenfalls wird etwas mit der Rücksicht auf das Peinlichkeitsgefühl der anderen begründet, so etwa in Tannhäusers Hofzucht, wenn es heißt: „Jucke oder kratze dich nicht mit der Hand — mit der man ja auch auf die gemeinsame Schüssel faßt —, die Tafelgenossen könnten es merken, sondern nimm zum Jucken dein Gewand." (Beispiel A, Vers 113.) Und offensichtlich ist hier die Peinlichkeitsschwelle eine andere als in der folgenden Zeit.

Später heißt es dann ganz ähnlich zur Begründung vor allem: Laß das, denn es ist nicht «civil» oder nicht «bienséant». Oder es wird zur Begründung der Respekt erwähnt, den man dem gesellschaftlich höher Rangierenden schuldet.

Wie bei der Modellierung des Sprechens haben auch bei der des anderen Verhaltens in Gesellschaft die gesellschaftlichen Motivierungen, das Ausrichten des Verhaltens nach den Modellen der tonangebenden Kreise bei weitem den Vorrang. Selbst die Ausdrücke, deren man sich zur Motivierung dessen bedient, was „gutes Benehmen" beim Essen

153

„Zivilisation" als eine Veränderung des menschlichen Verhaltens.

ist, sind sehr oft genau die gleichen, die zur Motivierung dessen dienen, was „gutes Sprechen" ist.

In Callières «Du bon et du mauvais usage dans les manières de s'exprimer», wird z. B. von den oder jenen Ausdrücken gesprochen . . . «que la civilité a introduits parmy des gens qui parlent bien» (S. 22).

Genau der gleiche Begriff «Civilité» wird auch von Courtin oder La Salle immer wieder gebraucht, um auszudrücken, was gut und schlecht in den Umgangsformen ist. Und genau, wie hier Callières einfach von den Leuten spricht, «qui parlent bien», so sagt Courtin (Schluß des Beispiels G): „Früher durfte ‚man' das und das tun, heute darf ‚man' es nicht mehr tun." Callières sagt 1694 über die Sprache: Es gibt eine Menge Leute, welche die «délicatesse» unserer Sprache nicht genügend kennen: «C'est cette délicatesse qui n'est connu que d'une petite nombre de gens».

Des gleichen Ausdrucks bedient sich 1672 Courtin, wenn er sagt: Es ist nötig, stets seinen Löffel abzuwischen, bevor man damit wieder auf die gemeinsame Schüssel langt, wenn man ihn vorher schon benutzt hat: «y ayant des gens si délicats qu'ils ne voudraient pas manger du potage où vous l'auriez mise, après l'avoir portée à la bouche» (Beispiel G).

Zunächst ist diese «Délicatesse», diese Sensibilität und das besonders entwickelte Gefühl für „Peinliches", unterscheidendes Merkmal kleiner, höfischer Kreise, dann der höfischen Gesellschaft. Das gilt für die Sprache genau, wie für die Eßgebräuche. Worauf sie sich gründet, und warum die „Delikatesse" gebietet, dies zu tun und jenes zu lassen, wird nicht gesagt und nicht gefragt. Was sich sehen läßt, ist einfach, daß die „Delikatesse" oder anders ausgedrückt, die Peinlichkeitsschwelle vorrückt. Im Zusammenhang mit einer ganz bestimmten, gesellschaftlichen Situation wandelt sich Empfinden und Affektlage zunächst in der Oberschicht, und der Aufbau der Gesamtgesellschaft läßt diesen veränderten Affektstandard sich langsam über die Gesellschaft hin aus-

Über das Verhalten beim Essen.

breiten. Nichts weist darauf hin, daß sich die Affektlage, der Empfindlichkeitsgrad aus Gründen ändert, die wir als „klare, rationale Gründe" bezeichnen, aus der beweisbaren Einsicht in bestimmte Kausal-Verknüpfungen. Courtin sagt nicht, wie man später sagen würde, einige Leute empfinden es als „unhygienisch" oder „gesundheitsschädlich", die Suppe mit anderen aus der gleichen Schüssel zu nehmen. Sicherlich aber verschärft sich unter dem Druck der höfischen Situation das Peinlichkeitsempfinden in jener Richtung, die zum Teil später durch wissenschaftliche Untersuchungen gerechtfertigt wird, wenn auch ein großer Teil der Tabus, die sich die Menschen allmählich im Umgang miteinander auferlegen, ein weit größerer Teil, als man gewöhnlich denkt, mit „Hygiene" nicht das mindeste zu tun haben, sondern auch heute noch lediglich mit dem „peinlichen Gefühl". Jedenfalls verläuft der Prozeß in gewisser Hinsicht genau umgekehrt, als man es heute zu unterstellen pflegt: erst rückt während einer langen Periode im Zusammenhang mit einer bestimmten Wandlung der menschlichen Beziehungen oder der Gesellschaft die Peinlichkeitsschwelle vor. Es ändern sich die Affektlage, die Sensibilität, die Empfindlichkeit und das Verhalten der Menschen mit vielerlei Schwankungen in einer ganz bestimmten Richtung. Dann wird an einem bestimmten Punkt dieses Verhalten als „hygienisch richtig" erkannt, es wird durch klarere Einsicht in die kausalen Zusammenhänge gerechtfertigt und weiter in der gleichen Richtung vorangetrieben oder verfestigt. Das Vorrücken der Peinlichkeitsschwelle mag in gewissen Punkten mit mehr oder weniger unbestimmten und zunächst keineswegs etwa rational erklärbaren Erfahrungen von der Übertragbarkeit gewisser Krankheiten zusammenhängen, genauer gesagt mit unbestimmten und daher auch nicht rational begrenzten Befürchtungen und Ängsten, die unklar in jene nachher durch klare Einsicht gefestigte Richtung weisen. Aber die „rationale Einsicht" ist nicht der Motor der „Zivilisation" des Essens oder anderer Verhaltensweisen.

155

„Zivilisation" als eine Veränderung des menschlichen Verhaltens.

Gerade die Parallele zwischen der „Zivilisierung" des Essens und der des Sprechens ist in dieser Hinsicht recht lehrreich. Sie macht deutlich, daß die Veränderung des Verhaltens beim Essen Teil einer sehr umfassenden Wandlung der menschlichen Empfindungen und Haltungen ist. Und sie veranschaulicht zugleich, in welchem Maße die Antriebe dieser Entwicklung aus dem gesellschaftlichen Aufbau, aus der Integrations- oder Beziehungsform der Menschen kommen. Man sieht klarer, wie relativ kleine Kreise zunächst das Zentrum der Bewegung bilden, und wie dann allmählich der Prozeß auf andere, weitere Schichten übergeht. Aber diese Ausbreitung selbst hat ganz bestimmte Kontakte und d. h. eine ganz bestimmte Struktur der Gesellschaft zur Voraussetzung. Sie hätte sich überdies ganz gewiß nicht vollziehen können, wenn sich nicht ebenso, wie für die modellbildenden Kreise, auch für breitere Schichten schließlich Lebensbedingungen oder, anders ausgedrückt, eine gesellschaftliche Situation hergestellt haben würde, die eine allmähliche Umlagerung der Affekte und Verhaltensweisen, ein Vorrücken der Peinlichkeitsschwelle möglich und erforderlich gemacht hätte.

Der Prozeß, der sich abzeichnet, ähnelt seiner Form nach — nicht etwa seiner Substanz nach — jenen chemischen Prozessen, bei denen sich in einer Flüssigkeit, die als Ganzes unter den Bedingungen der Umlagerung, etwa der Kristallisierung, steht, zunächst ein kleinerer Kern umlagert und Kristallform annimmt, während das übrige sich danach ganz allmählich um diesen Kern herum auskristallisiert. Nichts wäre falscher als den Kristallisationskern selbst für die Ursache der Umlagerung zu halten.

Daß eine bestimmte, soziale Schicht in dieser oder jener Phase der Gesellschaftsentwicklung das Zentrum eines Prozesses und damit die Modelle für andere bildet, daß diese Modelle sich über andere Schichten hin ausbreiten und dort rezipiert werden, hat selbst bereits eine besondere Lage und einen besonderen Aufbau der Gesamtgesellschaft zur Voraussetzung, kraft deren dem einen Kreis die Funktion, Modelle

Über das Verhalten beim Essen.

zu schaffen, dem anderen, sie auszubreiten und zu verarbeiten, zufällt. Welche Veränderungen der gesellschaftlichen Integration es sind, die diese Veränderungen des Verhaltens in Gang setzen, davon wird später noch ausführlich zu reden sein.

Einige Gedanken zu den Zitaten über die Tischgebräuche.

2. Gruppe.

Über das Essen von Fleisch.

1. Was immer wir auch an menschlichen Erscheinungen, an Haltungen, Wünschen oder Gestaltungen für sich betrachten, losgelöst vom gesellschaftlichen Leben der Menschen, es ist seinem Wesen nach Substanzialisierung der menschlichen Beziehungen und des menschlichen Verhaltens, es ist Gesellschafts- und Seeleninkarnat. Das gilt von der „Sprache", die ja nichts ist, als Laut gewordene menschliche Beziehung selbst, es gilt von der Kunst, von Wissenschaft, Wirtschaft, Politik, von Erscheinungen, die entsprechend der Wertordnung in unserem Leben oder in unseren Köpfen hochrangieren, ebenso wie von anderen, die entsprechend dieser Wertordnung unbeträchtlich und unwichtig erscheinen.

Aber gerade diese, die scheinbar unbeträchtlichen, geben über den Aufbau, über die Entwicklung der „Seelen" und ihrer Beziehungen oft klare und einfache Aufschlüsse, die uns jene zunächst verweigern.

Das Verhältnis der Menschen zur Fleischnahrung z. B. ist in bestimmter Hinsicht höchst aufschlußreich für die Dynamik der menschlichen Beziehungen und der seelischen Strukturen.

Im Mittelalter gibt es mindestens drei verschiedene Verhaltensweisen zur Fleischkost, zwischen denen die Menschen sich bewegen. Hier, wie in hundert anderen Erscheinungen, zeigt sich die extreme Uneinheitlichkeit des Verhaltens, die für die mittelalterliche Gesellschaft, verglichen mit der neu-

157

„Zivilisation" als eine Veränderung des menschlichen Verhaltens.

zeitlichen, charakteristisch ist. Die mittelalterliche Gesellschaft ist in weit beschränkterem Maße so gebaut, daß ein Modellverhalten von einem bestimmten, sozialen Zentrum her langsam die ganze Gesellschaft durchdringen kann. Hier herrschen bestimmte Verhaltensweisen in einer bestimmten sozialen Schicht, oft über das ganze Abendland hin, während in einer anderen Schicht, in einem anderen Stand das Verhalten höchst verschieden ist. Daher sind die Unterschiede im Verhalten zwischen verschiedenen Ständen der gleichen Region oft größer, als die zwischen regional getrennten Vertretern der gleichen sozialen Schicht. Und wenn Verhaltensweisen aus der einen Schicht in die andere übergehen, was gewiß immer vorkommt, so ändern sie, entsprechend der größeren Abgeschlossenheit der Stände, auch radikaler ihr Gesicht.

Das Verhältnis zur Fleischnahrung bewegt sich in der mittelalterlichen Welt zwischen folgenden Polen: In der weltlichen Oberschicht ist der Fleischverbrauch außerordentlich groß, verglichen mit dem Standard unserer eigenen Zeit. Es herrscht dort eine Neigung, Fleischmengen zu verzehren, die uns oft phantastisch anmutet.

In den Klöstern herrscht z. T. asketischer Verzicht auf Fleischnahrung überhaupt vor, also Verzicht mehr oder weniger aus Selbstzwang, nicht aus Mangel, und oft radikale Geringschätzung oder Einschränkung des Essens. Aus diesen Kreisen kommen die Äußerungen starken Abscheus gegenüber der „Völlerei" unter den weltlichen Oberen.

Auch der Fleischverbrauch der Unterschicht, der Bauern, ist oft in höchstem Maße beschränkt. Aber nicht aus einem seelischen Bedürfnis, aus mehr oder weniger freiwilligem Verzicht im Hinblick auf Gott und das Jenseits, sondern aus Mangel. Vieh ist wertvoll und daher lange Zeit wesentlich für die Herrentafel bestimmt. „Wenn der Bauer Vieh aufzog, so ist gesagt worden [56], war es zu einem guten Teil für die Privilegierten, Adel und Bürgertum", den Klerus nicht zu vergessen, der ja von jenem asketischen Pol her in verschiedenen Abstufungen sich sehr oft in seinem Ver-

158

Über das Verhalten beim Essen.

halten der weltlichen Oberschicht nähert. Genaue Angaben über den Fleischverbrauch der Oberschicht im Mittelalter und zu Beginn der neueren Zeit sind spärlich. Auch hier hat es gewiß zwischen den kleineren und ärmeren Rittern und den großen Feudalherren sehr beträchtliche Unterschiede gegeben. Die armen Ritter waren in ihrem Standard sicherlich sehr oft von dem des Bauern kaum noch entfernt.

Eine Berechnung über den Fleischverbrauch eines norddeutschen Hofhalts[57] aus verhältnismäßig später Zeit, aus dem 17. Jahrhundert, läßt auf einen Konsum von 2 Pfund pro Tag und Kopf schließen, dazu aber kommen noch große Mengen von Wild, Geflügel und Fischen. Gewürze spielen eine sehr große, Gemüse eine verhältnismäßig geringe Rolle. Die anderen Mitteilungen weisen ziemlich einmütig in die gleiche Richtung. Die Einzelheiten bleiben nachzuprüfen.

2. Genauer belegen läßt sich eine andere Wandlung: Die Art, wie das Fleisch aufgetragen wird, ändert sich vom Mittelalter zur Neuzeit hin beträchtlich. Die Kurve dieser Wandlung ist recht lehrreich: in der Oberschicht der mittelalterlichen Gesellschaft kommt sehr oft das tote Tier oder größere Teile des Tieres als Ganzes auf den Tisch. Nicht nur ganze Fische, ganze Vögel, z. T. mit ihren Federn, sondern auch ganze Hasen, ganze Lämmer und Kalbsviertel erscheinen auf der Tafel, zu schweigen von dem größeren Wildbret oder den am Spieß gebratenen Schweinen und Ochsen[58]).

Das Tier wird auf der Tafel zerlegt. Immer wieder kehren daher in den Manierenbüchern bis ins 17. Jahrhundert, und gelegentlich auch noch ins 18. Jahrhundert hinein Hinweise darauf wieder, wie wichtig es für einen wohlerzogenen Menschen sei, die Tiere gut zerlegen zu können.

,,Discenda a primis statim annis secandi ratio . . .'' sagt Erasmus 1530.

«Si on sert,» sagt de Courtin 1672, «il faut toujours donner le meilleur morceau et garder le moindre, et ne rien toucher que de la fourchette, c'est pourquoy si la personne qualifiée vous demande de quelque chose qui soit devant vous, il est

159

„Zivilisation" als eine Veränderung des menschlichen Verhaltens.

important de sçavoir couper les viandes proprement et avec methode, et d'en connoître aussi les meilleurs morceaux, afin de les pouvoir servir avec bienseance.

L'on ne prescrit pas ici la maniere de les couper; parce que c'est un sujet dont on a fait des livres exprés, ou même toutes les pieces sont en figures, pour montrer par où il faut premierement prendre la viande avec la fourchette pour la couper, car comme nous venons de dire, il ne faut jamais toucher la viande ... de la main, non pas même en mangeant; puis où il faut placer le cousteau pour la couper; ce qu'il faut lever le premier ... quel est le meilleur morceau, et le morceau d'honneur qu'il faut servir à la personne plus qualifiée. Il est aisé d'apprendre à couper quand on a mangé trois ou quatre fois à quelque bonne table, de même, il n'est point honteux de s'en excuser et de s'en remettre à un autre si on ne le sçait pas.»

Und die deutsche Parallele:

Ein „New vermehrtes Trincier-Büchlein", gedruckt in Rinteln 1650 sagt:

„Weil des Trincianten Ampt an Fürstlichen Höfen nit das geringste, sondern unter die Fürnembsten gerechnet wird, so soll derselbe entweder vom Adel oder sonsten guten Herkommens, grades und wohlproportioniertes Leibes, guten graden Armen und leichten Händen sein. Er soll sich in seinem ganzen Vorschneiden grosser motionen und der unnützen und närrischen Ceremonien ... enthalten und ja zusehen, daß er unerschrocken sey, damit er durch Zittern des Leibes und Hände nicht Unehre einlege und weil ohne das denen so an Fürstlichen Tafeln sein nicht wohl anstehet."

Beides, das Zerlegen und das Austeilen bei Tisch ist eine besondere Ehre. Sie steht meist dem Herrn des Hauses zu oder angesehenen Gästen, die er darum bittet. «Les jeunes et ceux qui sont de moindre considération ne doivent pas se méler de servir, mais seulement prendre pour eux à leur tour», sagt die anonyme «Civilité Francoise» von 1715.

160

Über das Verhalten beim Essen.

Ganz allmählich hört in der französischen Oberschicht im 17. Jahrhundert das Zerlegen des Tieres bei der Tafel auf, ein unentbehrliches Können des Mannes von Welt, wie Jagen, Fechten und Tanzen zu sein. Die zitierten Sätze von Courtin weisen darauf hin.

3. Daß dann das Auftragen großer Teile des Tieres und das Zerlegen bei Tisch allmählich außer Gebrauch kommt, hängt ganz gewiß mit vielen Faktoren zusammen. Einer der wichtigsten mag die allmähliche Verkleinerung des Haushalts[59]) im Zuge der Bewegung von größeren zu kleineren Familieneinheiten sein, dann die Aussonderung von Erzeugungs- und Verarbeitungsaufgaben, wie Weben, Spinnen, Schlachten aus dem Haushalt und deren allgemeiner Übergang an Spezialisten, an Handwerker, Kaufleute, Fabrikanten, die sie von Berufs wegen übernehmen, während der Haushalt im wesentlichen eine Verbrauchseinheit wird.

Jedenfalls entspricht auch hierin dem Zuge des großen Gesellschaftsprozesses der Zug des Seelischen: heute würde es bei vielen Menschen ein ziemlich unbehagliches Gefühl erwecken, wenn andere oder sie selbst bei Tisch halbe Kälber und Schweine zerlegen oder von einem mit Federn geschmückten Fasan das Fleisch abschneiden müßten.

Es gibt selbst «des gens si délicats» — um diesen Ausdruck de Courtins zu wiederholen, denn es handelt sich in der Tat um einen verwandten Prozeß —, denen der Anblick von Fleischerläden mit den Leibern der toten Tiere peinlich ist, und andere, die aus mehr oder weniger rational verkleideten Peinlichkeitsempfindungen das Essen von Fleisch überhaupt verweigern. Aber das sind Vorschübe der Peinlichkeitsschwelle, die über den Peinlichkeitsstandard der zivilisierten Gesellschaft des 20. Jahrhunderts hinausführen, und die deswegen als ,,anormal'' betrachtet werden. Immerhin läßt sich nicht übersehen, daß es Schübe dieser Art waren, die in der Vergangenheit zu Standardveränderungen führten, wenn sie im Zuge der allgemeinen, gesellschaftlichen Entwicklung

161

„Zivilisation" als eine Veränderung des menschlichen Verhaltens.

lagen, und daß dieser Peinlichkeitsvorstoß, der Richtung nach, die bisherige Bewegung fortführt.

Diese Richtung ist ganz klar. Von jenem Standard des Empfindens, bei dem der Anblick der erschlagenen Tiere auf der Tafel und sein Zerlegen unmittelbar als lustvoll, jedenfalls ganz und gar nicht als unangenehm empfunden wird, führt die Entwicklung zu einem anderen Standard, bei dem man die Erinnerung daran, daß das Fleischgericht etwas mit einem getöteten Tier zu tun hat, möglichst vermeidet. Bei einem guten Teil unserer Fleischgerichte ist die tierische Form durch die Kunst der Zubereitung und der Zerlegung so verdeckt und verändert, daß man beim Essen kaum noch an diese Herkunft erinnert wird.

Es wird noch zu zeigen sein, wie die Menschen im Laufe der Zivilisationsbewegung alles das zurückzudrängen suchen, was sie an sich selbst als „tierische Charaktere" empfinden. Ganz ähnlich drängen sie es auch an ihren Speisen zurück.

Die Entwicklung verläuft auch in diesem Bezirk ganz gewiß nicht überall gleichmäßig. In England z. B., wo auf vielen Gebieten stärker, als auf dem Kontinent, ältere Formen in den neueren aufgehoben und erhalten sind, hat sich in der Form des «Joint» das Auftragen größerer Fleischteile und mit ihm auch die Hausherrenaufgabe des Zerlegens und Verteilens stärker erhalten, als etwa in den städtischen Schichten Deutschlands und Frankreichs. Aber ganz abgesehen davon, daß der heutige «Joint» selbst bereits eine sehr gemilderte Form des Auftragens größerer Fleischteile ist, es hat auch ihm gegenüber an Reaktionen, die das Vorrücken der Peinlichkeitsschwelle markieren, nicht gefehlt. Die Rezeption des „Russischen Systems" in die Tafelgebräuche der Gesellschaft, etwa in der Mitte des vorigen Jahrhunderts wirkte in dieser Richtung: "Our chief thanks to the new system," sagt ein englisches Manierenbuch, 'The Habits of Good Society', 1859, „are due for its ostracizing that unwieldy barbarism — the joint. Nothing can make a joint look elegant, while it hides the master of the house, and condemns him to the misery of

Über das Verhalten beim Essen.

carving ... the truth is, that unless our appetites are very keen, the sight of much meat reeking in its gravy is sufficient to destroy them entirely, and a huge joint especially is calculated to disgust the epicure. If joints are eaten at all, they should be placed on the side-table, where they will be out of sight." (S. 314).

Und dieses immer stärkere Verlegen des Peinlichen aus der Sicht der Gesellschaft gilt, von ganz wenigen Ausnahmen abgesehen, auch für das Zerlegen des ganzen Tieres.

Dieses Zerlegen gehörte, wie die Beispiele zeigen, ehemals unmittelbar zum gesellschaftlichen Leben der Oberschicht selbst. Dann wird der Anblick mehr und mehr als peinlich empfunden. Das Zerlegen selbst verschwindet nicht, da ja das Tier zerlegt werden muß, wenn man es ißt. Aber das peinlich Gewordene wird hinter die Kulissen des gesellschaft-lichen Lebens verlegt. Spezialisten besorgen es im Laden oder in der Küche. Es wird sich immer wieder zeigen, wie charakteristisch diese Figur des Aussonderns, dieses „Hinter-die-Kulissen-Verlegen" des peinlich Gewordenen für den ganzen Vorgang dessen ist, was wir „Zivilisation" nennen. Die Kurve: Zerlegen großer Teile des Tieres oder ganzer Tiere an der Tafel, Vorrücken der Peinlichkeits-schwelle gegenüber dem Anblick der toten Tiere, Verlagerung des Zerlegens hinter die Kulissen in spezialisierte Enklaven, ist eine typische Zivilisationskurve.

Es bleibt zu untersuchen, wie weit hinter ähnlichen Er-scheinungen in anderen Gesellschaften ähnliche Prozesse stehen. Vor allem in der älteren „Zivilisation" Chinas ist die Verlagerung des Zerlegens hinter die Kulissen weit früher und weit radikaler vor sich gegangen als im Abendland. Hier ist der Prozeß so weit fortgeführt, daß das Fleisch völlig hinter den Kulissen der Gesellschaft zerlegt und zerschnitten wird, und das Messer ist vom Gebrauch an der Tafel über-haupt verbannt.

„Zivilisation" als eine Veränderung des menschlichen Verhaltens.

Über den Gebrauch des Messers beim Essen.

4. Auch das Messer ist, der Art seines gesellschaftlichen Gebrauchs nach, Inkarnat der „Seelen", ihrer veränderlichen Triebe und Wünsche, Verkörperung geschichtlicher Situationen und gesellschaftlicher Aufbaugesetze.

Für seinen Gebrauch als Eßinstrument in der heutigen abendländischen Gesellschaft ist vor allem eines charakteristisch: Die Unzahl von Verboten oder Tabus, mit denen es belegt ist.

Sicherlich ist das Messer ein gefährliches Instrument in einem Sinne, den man rational nennen kann. Es ist eine Angriffswaffe. Es schlägt Wunden, es zerlegt getötete Tiere.

Aber an diese offensichtliche Gefährlichkeit heften sich Affekte. Das Messer wird zum Symbol für die verschiedenartigsten Empfindungen, die mit seinem Zweck und seiner Gestalt zusammenhängen, die aber nicht mit der Schlüssigkeit der „ratio" aus seinem Zweck folgen. Die Angst, die es erweckt, geht über die rational begründete Angst hinaus, sie ist größer als die „kalkulierbare", die wahrscheinliche Gefahr. Und das gleiche gilt von der Lust, die sein Gebrauch und Anblick erweckt, wenn auch diese Seite gegenwärtig weniger zutage tritt; entsprechend dem Aufbau unserer Gesellschaft ist heute das gesellschaftliche Ritual seines Gebrauches mehr durch die Unlust, die Angst, die es umgibt, als durch Lust bestimmt. Daher ist sein Gebrauch selbst beim Essen durch eine Fülle von Verboten eingeschränkt; diese Verbote gehen, wie gesagt, weit über das „rein Zweckmäßige" hinaus; aber für jedes einzelne von ihnen ist eine meist vage und schwer prüfbare, rationale Erklärung in jedermanns Munde. Erst wenn man diese Tabus etwas mehr im Zusammenhang betrachtet, taucht die Vermutung auf, daß das gesellschaftliche Verhalten zu dem Messer und die Regeln seines Gebrauchs beim Essen, daß vor allem die „Tabus", die es umgeben, primär emotionaler Natur sind. Angst, Peinlichkeit, Schuld, Assoziationen und Emotionen ver-

164

Über das Verhalten beim Essen.

schiedenster Art übersteigern die wahrscheinliche Gefahr.
Gerade das gibt solchen Verboten ihre eigentümliche Ver-
festigung in der Seele. Gerade das gibt ihnen ihren „Tabu"-
Charakter.

5. Im Mittelalter mit seiner Oberschicht von Kriegern
und der beständigen Kampfbereitschaft seiner Menschen
sind entsprechend dem Stand seiner Affektbewältigung und
der relativ geringen Bindung oder Regelung, die man den
Trieben auferlegt, auch die Messerverbote ganz gering.
„Reinige dir nicht die Zähne mit dem Messer", heißt es oft.
Das ist das Hauptverbot, es weist immerhin schon in die
Richtung der späteren Verbote um das Messer. Im übrigen
ist das Messer bei weitem das wichtigste Eßgerät. Daß man
es zum Munde führt, ist selbstverständlich.

Aber gelegentlich wird schon in der Spätzeit des Mittelalters, und hier sogar unmittelbarer als in jeder späteren
Epoche, angedeutet, daß der Vorsicht, die der Gebrauch des
Messers nötig macht, nicht nur die rationale Erwägung zugrunde liegt, man könne sich schneiden oder schädigen,
sondern vor allem auch die Emotion, die der Anblick oder
die Vorstellung des gegen das eigene Gesicht gerichteten
Messers erweckt.

> "Bere not your knyf to warde your visage
> for therin is parelle and mykyl drede"

heißt es einmal in Caxtons "Book of Curtesye" (Vers 28).
Hier wie überall später ist tatsächlich eine Portion rational
kalkulierbarer Gefahr vorhanden, auf die sich die Warnung
bezieht, aber es ist die allgemeine Erinnerung und Assozia-
tion an Tod und Gefahr, es ist der Symbolwert des Instruments, der mit der fortschreitenden inneren Pazifierung der
Gesellschaft zum Überwiegen der Unlustgefühle über die
Lustgefühle bei seinem Anblick und zur Einschränkung,
schließlich wohl zur Ausschaltung seines Gebrauchs in Gesellschaft führt; der bloße Anblick eines gegen das Gesicht
gerichteten Messers erweckt Angst: „Richte nicht dein Messer

„Zivilisation" als eine Veränderung des menschlichen Verhaltens.

gegen dein Gesicht, denn darin ist viel Schrecken." Hier hat man die emotionale Basis jenes strengen Tabus vor sich, mit dem dann auf einer späteren Stufe das Führen des Messers zum Mund belegt ist.

Ganz ähnlich verhält es sich mit jenem Verbot, das in der Reihe der Beispiele zuerst bei Calviac, 1560 (Ende von Beispiel E), erwähnt wird: „Wenn du jemandem ein Messer überreichst, nimm die Spitze des Messers in die Hand und presentiere ihm den Griff: denn es wäre nicht anständig, es anders zu machen."

Hier, wie so oft bis zu jener anderen, späteren Phase, in der dann dem Kind eine „rationale" Erklärung für jedes Verbot mit auf den Weg gegeben wird, ist zur Begründung des gesellschaftlichen Rituals nicht mehr gesagt als: «Il serait deshonneste de le faire autrement.» Aber es ist nicht schwer zu sehen, welches der emotionale Sinn dieses Gebots ist: Man soll nicht das Messer, wie bei einem Angriff mit der Spitze gegen jemanden anderen hin bewegen. Der bloße Symbolwert dieser Handlung, die Erinnerung an die kriegerische Bedrohung ist unangenehm. Auch hier wieder enthält das Messerritual eine rationale Portion: Es könnte ja jemand das Überreichen des Messers dazu benutzen, um am Ende plötzlich zuzustechen. Aber ein gesellschaftliches Ritual bildet sich aus dieser Gefahr, weil sich die gefährliche Geste ganz allgemein als Unlust bringend, als Todes- und Gefahrensymbol im Gefühl verfestigt. Die Gesellschaft, die in dieser Zeit mehr und mehr die reale Bedrohung der Menschen einzuschränken und dementsprechend den Affekthaushalt der Einzelnen umzuformen beginnt, umgibt mehr und mehr auch die Symbole, die Gesten und Instrumente der Bedrohung mit einem Zaun.

Die Einschränkungen, die Verbote um den Gebrauch des Messers, mit ihnen die Zwänge, die man dem Einzelnen auferlegt, wachsen.

6. Wenn man die Einzelheiten der Entwicklung überspringt und nur ihr Resultat, den heutigen Stand des Messerrituals

Über das Verhalten beim Essen.

betrachtet, findet man in der Tat eine erstaunliche Fülle von leichteren und schwereren Tabus. Das Gebot, nie ein Messer zum Munde zu führen, gehört zu den schweren und zu den bekanntesten. Daß es die tatsächliche, die wahrscheinliche Gefahr um vieles überhöht, braucht kaum gesagt zu werden; denn soziale Schichten, die gewohnt sind, mit dem Messer umzugehen und mit dem Messer zu essen, verletzen sich schwerlich sehr oft den Mund. Das Verbot ist zu einem sozialen Distinktionsmittel geworden; und in dem peinlichen Gefühl, das uns selbst bei dem bloßen Anblick eines Menschen erfaßt, der das Messer in den Mund nimmt, ist alles das zugleich gegenwärtig: die allgemeine Angst, die das gefährliche Symbol erweckt und die speziellere, gesellschaftliche Angst, die Furcht vor der sozialen Degradation, die Eltern und Erzieher mit ihrem ,,So etwas tut man doch nicht'' frühzeitig diesem Gebrauch gegenüber erweckt haben. Aber es gibt andere Verbote um das Messer, die mit einer unmittelbaren Gefahr für den Körper nichts oder jedenfalls nur sehr wenig zu tun haben, und die z. T. offenbar auf andere als auf die kriegerischen Symbolwerte des Messers hinzuweisen scheinen. Das ziemlich strenge Verbot, Fisch mit dem Messer zu essen — heute umgangen und modifiziert durch Einführung eines eigenen Fischmessers — ist seinem emotionalen Sinn nach fürs erste noch ziemlich undurchsichtig, wenn auch die psychoanalytische Theorie der Aufhellung zum mindesten eine bestimmte Richtung weist. Bekannt ist das Gebot, Tischgerät und besonders das Messer nicht mit der ganzen Hand zu umfassen, «comme si on tenait un bâton», sagt bereits La Salle, allerdings zunächst nur mit Bezug auf Gabel und Löffel (Beispiel J). Dann ist offenbar eine allgemeine Tendenz da, die Berührung des Messers mit runden oder eiförmigen Gegenständen auszuschalten oder jedenfalls einzuschränken. Am bekanntesten und relativ am schwersten ist in dieser Hinsicht das Verbot des Schneidens von Kartoffeln mit dem Messer. Aber in die gleiche Richtung geht auch das etwas leichtere Verbot des Schneidens von

"Zivilisation" als eine Veränderung des menschlichen Verhaltens.

Klößen mit dem Messer oder das Verbot, Eier mit dem Messer zu kappen, und gelegentlich findet sich in besonders empfindlichen Schichten selbst die Neigung, das Schneiden von Äpfeln oder sogar von Orangen mit dem Messer zu vermeiden. "I may hint that no epicure ever yet put knife to apple, and that an orange should be peeled with a spoon," heißt es in "The Habits of Good Society" von 1859 und 1890.

7. Aber diese mehr oder weniger strengen Einzelverbote, deren Reihe sich gewiß noch ergänzen ließe, sind gewissermaßen nur Beispiele einer allgemeinen Entwicklungslinie im Gebrauch des Messers, die sich ziemlich deutlich abzeichnet. Es besteht eine langsam durch die zivilisierte Gesellschaft von oben nach unten dringende Tendenz, den Gebrauch des Messers, zunächst im Rahmen der bestehenden Eßtechnik selbst, soweit als irgend möglich einzuschränken, und, wo irgend es angeht, dieses Instrument überhaupt nicht zu gebrauchen.

Sie kündigt sich an, in einer scheinbar so nichtssagenden und selbstverständlichen Vorschrift, wie der in Beispiel I zitierten: ,,Halte nicht das Messer immerfort in der Hand, wie das die Leute auf dem Dorfe machen, sondern nimm es nur dann, wenn du es grade brauchst." Sie ist offenbar schon ganz stark in der Mitte des vorigen Jahrhunderts, wo das eben zitierte englische Manierenbuch "The Habits of Good Society" sagt: "Let me give you a rule — everything that can be cut without a knife, should be cut with fork alone." Und man braucht nur den gegenwärtigen Gebrauch zu beobachten, um diese Tendenz bestätigt zu finden. Hier ist zugleich einer der wenigen, deutlicher spürbaren Ansätze zu einer Entwicklung der Eßtechnik und des Eßrituals über den von der höfischen Gesellschaft erreichten Standard hinaus. Aber es ist selbstverständlich nicht im mindesten damit gesagt, daß die ,,Zivilisation" des Abendlandes tatsächlich in dieser Richtung weitergehen wird. Es ist ein Ansatz, eine Möglichkeit, wie es deren in jeder Gesellschaft viele gibt. Immerhin ist es nicht undenkbar, daß die Vor-

Über das Verhalten beim Essen.

bereitung der Speisen in der Küche in einer Richtung weiter entwickelt wird, durch die der Gebrauch des Messers an der Gesellschaftstafel noch stärker eingeschränkt und in noch größerem Umfang als bisher „hinter die Kulissen" in spezialisierte Enklaven verlegt wird.

Starke, rückläufige Bewegungen sind gewiß nicht undenkbar. Es ist bekannt genug, daß z. B. schon die Lebensformen des letzten Krieges automatisch zu einer Durchbrechung von leichteren und schweren Tabus der Friedenszivilisation zwangen. Im Graben haben Offiziere und Soldaten, wenn es notwendig war, auch wieder mit Messer und Händen gegessen. Die Peinlichkeitsschwelle verschob sich unter dem Druck der unausweichlichen Situation verhältnismäßig sehr rasch.

Abgesehen von solchen Einbrüchen, die immer möglich sind und die auch zu neuen Verfestigungen führen können, ist die Linie der Entwicklung im Gebrauch des Messers ganz klar[60]).

Die Regelung und Bindung des Affekthaushalts verschärft sich. Die Gebote und Verbote um das gefahrbedeutende Instrument häufen und differenzieren sich. Schließlich wird der Gebrauch des bedrohlichen Symbols so weit als möglich eingeschränkt.

Auch im Anblick dieser Zivilisationskurve kann man sich nicht erwehren, auf die Ähnlichkeit ihrer Richtung mit dem, was in China schon lange Brauch ist, hinzuweisen. Dort ist, wie gesagt, das Messer vom Gebrauch an der Tafel in der Tat schon seit vielen Jahrhunderten verschwunden. Für das Gefühl vieler Chinesen ist die Art, wie die Europäer essen, „unzivilisiert". „Die Europäer sind Barbaren," sagt man dort zuweilen, „sie essen mit Schwertern." Die Vermutung spricht dafür, daß dieser Brauch damit zusammenhängt, daß in China seit langem nicht eine Kriegerklasse die modellgebende Oberschicht bildete, sondern eine pazifizierte Schicht, überdies eine in besonders hohem Maße pazifizierte Schicht, eine gelehrte Beamtengesellschaft.

„Zivilisation" als eine Veränderung des menschlichen Verhaltens.

Über den Gebrauch der Gabel beim Essen.

8. Wozu dient eigentlich die Gabel? Sie dient dazu, die zerkleinerten Speisen zum Munde zu führen. Warum brauchen wir eine Gabel dazu? Warum nehmen wir nicht die Finger? Weil es „kannibalisch" ist, wie 1859 der „Mann im Clubfenster", der ungenannte Verfasser der "Habits of Good Society" sagt. Warum ist es kannibalisch, mit den Fingern zu essen? Das ist keine Frage, es ist selbstverständlich kannibalisch, barbarisch, unzivilisiert, wie immer man es nennt.

Aber das ist ja gerade die Frage: Warum ist es denn zivilisierter mit der Gabel zu essen?

Weil es unhygienisch ist, die Finger zum Essen zu gebrauchen. — Das klingt einleuchtend. Es ist für unser Empfinden unhygienisch, wenn verschiedene Menschen mit ihren Fingern auf die gleiche Platte langen, weil eine gewisse Gefahr besteht, man könne sich durch Berührung mit anderen eine Krankheit holen. Jeder von uns scheint zu fürchten, daß die anderen krank sind.

Aber irgend etwas stimmt an dieser Erklärung nicht. Wir essen ja heute gar nicht mehr aus gemeinsamen Schüsseln. Jeder führt seine Speisen vom eigenen Teller zum Mund. Sie von dort, von dem eigenen Teller mit den Fingern aufzunehmen, kann nicht „unhygienischer" sein, als Kuchen, Brot, Schokolade oder was immer sonst mit den eigenen Fingern zum Munde zu führen.

Wozu braucht man also eigentlich eine Gabel? Warum ist es „barbarisch" und „unzivilisiert" Speisen vom eigenen Teller mit der Hand zum Munde zu führen?

Weil es ein peinliches Gefühl ist, sich die Finger schmutzig zu machen oder wenigstens mit schmutzigen und fettigen Fingern in Gesellschaft gesehen zu werden. Mit Krankheitsgefahren, mit den sog. „rationalen Gründen" hat die Ausschaltung des Essens mit den Händen vom eigenen Teller recht wenig zu tun. Hier, in der Beobachtung unserer Emp-

Über das Verhalten beim Essen.

findung gegenüber dem Gabelritual, zeigt sich mit ganz besonderer Deutlichkeit: Die primäre Instanz für unsere Entscheidung zwischen „zivilisiertem" und „unzivilisiertem" Verhalten bei Tisch ist unser Peinlichkeitsgefühl. Die Gabel ist nichts anderes als die Inkarnation eines bestimmten Affekt- und Peinlichkeitsstandards. Als Hintergrund der Wandlung, die sich in der Eßtechnik vom Mittelalter zur Neuzeit hin vollzieht, taucht wieder die gleiche Erscheinung auf, die auch in der Analyse anderer Inkarnate dieser Art zutage trat: eine Wandlung des Trieb- und Affekthaushalts.

Verhaltensweisen, die im Mittelalter nicht im mindesten als peinlich empfunden wurden, werden mehr und mehr mit Unlustempfindungen belegt. Der Peinlichkeitsstandard kommt in entsprechenden, gesellschaftlichen Verboten zum Ausdruck. Diese Tabus sind, soweit sich sehen läßt. nichts anderes als Ritual oder Institution gewordenes Unlust-, Peinlichkeits-, Ekel-, Angst- oder Schamgefühl, das gesellschaftlich unter ganz bestimmten Umständen herangezüchtet worden ist, und das sich dann immer wieder reproduziert, nicht allein, aber doch vor allem auch deswegen, weil es sich in einem bestimmten Ritual, in bestimmten Umgangsformen institutionell verfestigt hat.

Die Beispiele zeigen — ganz gewiß nur in einem schmalen Ausschnitt und in relativ zufällig herausgegriffenen Äußerungen Einzelner — wie in einer Phase der Entwicklung, in der die Benutzung der Gabel noch nicht selbstverständlich war, das Peinlichkeitsempfinden, das sich zunächst in einem engen Kreis herausgebildet hat, langsam ausgebreitet wird. „Es ist sehr indezent," heißt es bei Courtin 1672 (Beispiel G), „etwas Fettiges, eine Soße oder einen Sirup mit den Fingern anzufassen; das zwingt uns, abgesehen von allem anderen, zu zwei oder drei weiteren undezenten Handlungen; es zwingt z. B. dazu, sich häufig die Hände an der Serviette zu säubern und die Serviette zu beschmutzen, wie einen Wischlappen in der Küche, so daß denen, die sehen, wie man sie an den Mund führt, übel ums Herz wird. Oder man muß

171

die Hände am Brot reinigen, was ebenfalls sehr wenig proper ist. (N. B. Die französischen Begriffe «propre» und «mal-propre», wie sie Courtin gebraucht und in einem eigenen Kapitel erklärt, decken sich weniger mit unserem Begriff ,sauber' und ,unsauber', als mit dem früher häufiger gebrauchten ,proper'.) Schließlich bleibt noch die Möglichkeit, sich die Finger abzulecken, und das ist der Gipfel der ,impropreté'."

Die «Civilité» von La Salle aus dem Jahre 1729 (Beispiel J), die das Verhalten von oben in weitere Kreise trägt, sagt zwar auf der einen Seite: ,,Wenn deine Finger sehr fettig sind, wisch sie zuerst an einem Stück Brot ab." Und das zeigt, wie wenig allgemein selbst zu dieser Zeit noch der Peinlichkeitsstandard war, den Courtin bereits Jahrzehnte früher repräsentiert.

Auf der anderen Seite übernimmt La Salle ziemlich wörtlich die Vorschrift Courtins: ,,Die «Bien-séance» gestattet nicht etwas Fettiges, eine Soße oder einen Sirup mit den Fingern anzufassen." Und er nennt unter den «incivilités», zu denen das zwingt, neben dem Schmutzigmachen der Serviette, genau wie Courtin, auch das Abwischen der Hände am Brot und das Ablecken der Finger.

Man sieht, alles ist hier noch im Werden. Der neue Standard ist nicht mit einem Mal da. Bestimmte Verhaltensweisen werden mit Verboten belegt, nicht weil sie ungesund sind, sondern weil sie zu einem peinlichen Anblick, zu peinlichen Assoziationen führen; und von den Vorbild gebenden Kreisen her wird durch viele Instanzen und Institutionen allmählich die Scham darüber, einen solchen Anblick zu bieten, die zunächst fehlt, und die Angst, solche Assoziationen auszulösen, in weiteren Kreisen erweckt. Sind sie aber einmal erweckt und durch bestimmte Ritualien, wie das Gabelritual, allgemein in der Gesellschaft verfestigt, dann reproduzieren sie sich immer wieder von neuem, solange die Struktur der menschlichen Beziehungen sich nicht grundlegend ändert. Die jeweils ältere Generation, für die ein solcher Standard

Über das Verhalten beim Essen.

des Verhaltens selbstverständlich geworden ist, drängt die Kinder, die solche Gefühle, die diesen Standard nicht mit auf die Welt bringen, bald heftiger, bald milder, sich ihm entsprechend zu beherrschen und ihre Triebe, ihre Neigungen zurückzuhalten. Wenn ein Kind nach etwas Klebrigem, Feuchtem, Fettigem mit den Fingern greift, sagt man ihm: „Du darfst das nicht, so etwas tut man nicht". Und die Unlust, die derart von den Erwachsnen diesem Verhalten gegenüber erzeugt wird, stellt sich schließlich gewohnheitsmäßig ein, ohne daß sie ein andrer Mensch auslöst.

Zum guten Teil aber wird das Verhalten und Triebleben des Kindes nun dadurch, daß ein bestimmter Gebrauch von Messer und Gabel in der Erwachsenengesellschaft völlig durchgesetzt ist, also durch das Beispiel der umgebenden Welt, auch ohne Worte in die gleiche Form und die gleiche Richtung gezwungen. Es wird nun, da sich dem Druck oder Zwang einzelner Erwachsener der Druck und das Beispiel der ganzen umgebenden Welt zugesellt, von den meisten Aufwachsenden relativ frühzeitig vergessen oder verdrängt, daß ihre Scham und Peinlichkeitsgefühle, ihre Lust- und Unlustempfindungen durch Druck und Zwang von außen modelliert und auf einen bestimmten Standard gebracht wurden. Alles das erscheint ihnen als ihr Persönlichstes, als etwas „Inneres", ihnen gleichsam von Natur mit auf den Weg Gegebenes.

Während es in den Äußerungen Courtins und La Salles noch ganz unmittelbar sichtbar wird, daß zunächst auch die Erwachsenen aus Rücksicht aufeinander, aus „Höflichkeit" nicht mehr mit den Fingern essen sollen, nämlich um anderen einen peinlichen Anblick zu ersparen, und sich selbst die Scham, mit „gesoßten" Händen von anderen gesehen zu werden, ist es später mehr und mehr ein innerer Automatismus, der Abdruck der Gesellschaft im Innern, das Über-ich, das dem Einzelnen verbietet, anders als mit der Gabel zu essen. Der gesellschaftliche Standard, in den der Einzelne zunächst von außen, durch Fremdzwang, eingepaßt worden

„Zivilisation" als eine Veränderung des menschlichen Verhaltens.

ist, reproduziert sich schließlich in ihm mehr oder weniger rei-
bungslos durch Selbstzwang, der bis zu einem gewissen Grade
arbeitet, auch wenn er es in seinem Bewußtsein nicht wünscht.

Auf diese Weise vollzieht sich also der geschichtlich-gesell-
schaftliche Prozeß von Jahrhunderten, in dessen Verlauf der
Standard der Scham- und Peinlichkeitsgefühle langsam vorrückt, in dem einzelnen Menschen in abgekürzter Form von
neuem. Wenn man darauf aus wäre, wiederkehrende Prozesse als Gesetz auszudrücken, könnte man in Parallele zu
dem biogenetischen von einem soziogenetischen und psychogenetischen Grundgesetz sprechen.

Wandlungen in der Einstellung zu den natürlichen Bedürfnissen.

Teil I.

Beispiele.

A.

15. Jahrhundert?

Aus S'ensuivent les contenances de la table.

VIII.

Enfant, prens de regarder peine	Bevor du dich zu
Sur le siege où tu te sierras	Tisch setzt, sieh nach,
Se aucune chose y verra	ob dein Sitz nicht
Qui soit deshonneste ou vilaine	verunreinigt ist.

B.

Aus ein spruch der ze tische kêrt[61])

329   Grîf ouch niht mit blôzer hant
Dir selben under dîn gewant.

C.

1530

Aus „De civilitate morum puerilium"
von Erasmus von Rotterdam.

(Die Scholien sind einer Kölner Ausgabe von 1530 ent-
nommen, die wahrscheinlich bereits unmittelbar für Unter-

Wandlungen in der Einstellung zu den natürlichen Bedürfnissen.

richtszwecke bestimmt war. Dem Titel ist die Bemerkung bei-
gefügt: ,,Ab autore recognitus, et novis scholijs illustratus, per
Gisbertum Longolium Ultratraiectinum, Coloniae An XXX.''
Daß in einem Unterrichtsbuch diese Fragen in solcher Weise
besprochen werden, macht den Unterschied zu der späteren
Einstellung besonders deutlich.)

Incivile est eum salutare, qui reddit urinam aut alvum
exonerat . . .

Membra quibus natura pudorem addidit retegere citra
necessitatem procul abesse debet ab indole liberali. Quin
ubi necessitas huc cogit, tamen id quoque decente verecundia
faciendum est, etiam si nemo testis adsit. Nunquam enim
non adsunt angeli, quibus in pueris gratissimus est pudicitiae comes custosque pudor. (Ein wohlerzogener Mensch
soll sich nie dazu hergeben, die Glieder, mit denen die Natur
das Gefühl der Scham verband, ohne Notwendigkeit zu
entblößen. Wenn die Notwendigkeit dazu zwingt, muß man
es mit Dezenz und Reserve tun, selbst dann, wenn kein
Zeuge da ist. Denn immer sind die Engel zugegen. Denen
ist nichts willkommener bei einem Knaben als die Scham, die
Begleiterin und Wächterin des dezenten Benehmens.) Quo-
rum autem conspectum oculis subducere pudicum est, ea
multo minus oportet alieno praebere contactui. (Wenn es
schon das Schamgefühl erregt, sie fremden Augen zu zeigen,
um wieviel weniger darf man sie fremder Berührung aussetzen.)

Lotium remorari valetudini perniciosum, secreto reddere
verecundum. Sunt qui praecipiant ut puer compressis natibus
ventris flatum retineat. Atqui civile non est, dum urbanus
videri studes morbum accersere. Si licet secedere, solus id
faciat. Sin minus, iuxta vetustissimum proverbium: Tussi
crepitum dissimulet. Alioqui cur non eadem opera praeci-
piunt ne aluum deijciant, quum remorari flatum periculosius
sit, quam alvum stringere.

Dazu ist in der Scholia (S. 33) u. a. folgendes angemerkt:
Morbum accersere: Audi Coi senis de crepitu sententiam . . .
Si flatus sine crepitu sonituque excernitur optimus. Melius

175

„Zivilisation" als eine Veränderung des menschlichen Verhaltens.

tamen est, ut erumpat cum sonitu quam si condatur retineaturque. Atqui adeo utile hic fuerit devorare pudorem, ut
corpus redimas, ut consilio omnium medicorum sic nates
comprimas, quemadmodum apud epigrammatarium Aethon,
qui quamvis in sacro sibi caverit crepando, tamen compressis
natibus Iovem salutat. Parasitica, et illorum qui ad supercilium stant, vox est; Didici comprimere nates.

Tussi crepitum dissimulare: Tussire se simulant, qui pudoris gratia nolunt crepitum audiri. Lege Chiliades: Tussis
pro crepitu.

Quum remorari flatum perniciosus sit: Extant Nicarchi
versus epigrammatum libro secundo . . ., quibus pestiferam
retenti crepitus vim describit, sed quia omnium manibus
teruntur non duxi adscribendos.

(N. B. Die Ausführlichkeit, der außerordentliche Ernst
und die völlige Unbefangenheit, mit der hier Fragen öffentlich
diskutiert werden, die inzwischen in höchstem Maße privatisiert und im gesellschaftlichen Leben mit einem schweren Verbot belegt sind, hebt die Wandlungen der Schamgrenze und ihr
Vorrücken in bestimmter Richtung besonders deutlich hervor. Daß man sich in dieser Diskussion häufig ausdrücklich
auf die Schamgefühle beruft, unterstreicht die Verschiedenheit des Schamstandards.)

D.

1558

Aus dem „Galateo" des Giovanni della Casa, Erzbischofs v. Benevent.

Zitiert nach der fünfsprachigen Ausgabe, Genf 1609 (S. 32).

Über das stehet es einem sittsamen, erbahrn mensch nicht
an (Similmente non si conviene a Gentilhuomo costumatè
apparecchiarsi alle necessità naturali . . .), daß er sich zu
natürlicher notdurft in andrer Leute gegenwertigkeit rüste
und vorbereite oder nach dem er solches verrichtet sich in
ihrer gegenwertigkeit widerum nestele und bekleide. So

Wandlungen in der Einstellung zu den natürlichen Bedürfnissen.

wird auch ein solcher nach seiner aus heimlichen orten wiederkunfft für ehrliche gesellschaft die hände nicht waschen, nach dem die ursache darumb er sich wäschet der leut gedancken eine unfläterey für die augen stellt. Ist auch eben umb derselbigen ursach willen kein feine gewohnheit, wenn einem auf der Gassen etwas abscheuliches, wie es sich wol bisweilen zuträgt, fürkommet, statim ad comitem se convertat eique illam monstrat.

Multo minus decebit alteri re foetidam, ut olfaciat porrigere, quod nonnunquam facere aliqui solent atque adeo urgere, quum etiam naribus aliorum rem illam grave olentem admovent et inquiunt: Odorare amabo quantopere hoec foeteat; quum potius dicendum esset: Quia foetet, noli odorari.

E.

1570
Aus der Wernigerodischen Hofordnung von 1570[62]).

Daß nicht männiglich also unverschämt und ohn alle Scheu, den Bauern gleich, die nicht zu Hofe oder bei einigen ehrbaren, züchtigen Leuten gewesen, vor das Frauenzimmer, Hofstuben und andrer Gemach Thüren oder Fenster seine Nothdurft ausrichte, sondern in jeder sich jederzeit und — ort vernünftiger, züchtiger und ehrerbietiger Wort und Geberde erzeige und verhalte.

F.

1589
Aus der Braunschweigischen Hofordnung von 1589[62]).

Dergleichen daß niemand, der sei auch wer er wolle, unter, nach oder vor den Mahlzeiten, spät oder früh, die Wendelsteine, Treppen, Gänge und Gemächer mit dem Urin oder anderm Unflath verunreinigen, sondern wegen solcher Nothdurft an gebührliche, verordnete Orte gehen thue.

„Zivilisation" als eine Veränderung des menschlichen Verhaltens.

G.

ca. 1619

Richard Weste, The Booke of Demeanor and the Allowance and Disallowance of certaine Misdemeanors in Companie [63]).

143
      Let not thy privy members be
      layd open to be view'd,
      it is most shamefull and abhord,
      detestable and rude.

      Retaine not urine nor the winde
      which doth thy body vex
      so it be done with secresie
      let that not thee perplex.

H.

1694

Aus der Korrespondenz der Herzogin v. Orleans (9. Oktober 1694, nach einer anderen Angabe 25. August 1718.)

L'odeur de la boue est horrible. Paris est un endroit affreux; les rues y ont une si mauvaise odeur qu'on ne peut y tenir; l'extrême chaleur y fait pourrir beaucoup de viande et de poisson et ceci, joint à la foule des gens qui ... dans les rues, cause une odeur si détestable qu'il n y a pas moyen de la supporter.

I.

1729

Aus De La Salle. Les Règles de la Bienséance et de la Civilité Chrétienne. (Rouen 1729, S. 45ff.)

Il est de la Bienséance, et de la pudeur de couvrir toutes les parties du Corps, hors la teste et les mains. On doit éviter avec soin, et autant qu'on le peut, de porter la main nüe sur toutes les parties du Corps qui ne sont pas ordinairement découvertes; et si on est obligé de les toucher, il faut

Wandlungen in der Einstellung zu den natürlichen Bedürfnissen.

que ce soit avec beaucoup de précaution. Il est à propos de
s'accoutumer à souffrir plusieurs petites incommoditez sans
se tourner, frotter, ni gratter . . .

Il est bien plus contre la Bienséance et l'honnesteté, de
toucher, ou de voir en une autre personne, particulierement si
elle est de sexe différent, ce que Dieu défend de regarder en
soi. Lorsqu'on a besoin d'uriner, il faut toujours se retirer
en quelque lieu écarté: et quelques autres besoins naturels
qu'on puisse avoir, il est de la Bienséance (aux Enfants
mesmes) de ne les faire que dans des lieux oú on ne puisse pas
estre apperçú.

Il est très incivil de laisser sortir des vens de
son Corps, soit par haut, soit par bas, quand mesme
ce seroit sans faire aucun bruit, lorsqu'on est en
compagnie; (Diese Vorschrift, dem neueren Gebrauch entsprechend, sagt genau das Gegenteil, von dem, was in den
Beispielen C und G vorgeschrieben wird) et il est honteux et
indécent de le faire d'une maniere qu'on puisse estre entendu
des autres.

Il n'est jamais séant de parler des parties du Corps qui
doivent estre cachées, ni de certaines nécessitez du Corps
ausquelles la Nature nous a assujetti, ni mesme de les
nommer.

J.

1731
Aus Joh. Christ. Barth, Die galanthe Ethica,
in welcher gezeiget wird, wie sich ein junger Mensch bey der
galanten Welt sowohl durch manierliche Werke als complai-
sante Worte recommandiren soll. Allen Liebhabern der
heutigen Politesse zu sonderbarem Nutzen und Vergnügen
ans Licht gestellet. Dresden und Leipzig 1731 (4te Aufl.)
S. 288.

(Die deutsche Entwicklung ging etwas langsamer vor sich,
als die französische. Hier wird noch in der ersten Hälfte des
18. Jahrhunderts eine Höflichkeitsvorschrift für den gleichen

179

„Zivilisation" als eine Veränderung des menschlichen Verhaltens.

Standard gegeben, der in der oben zitierten Vorschrift des Erasmus zutage trat: Incivile est eum salutare usw.)

Gehet man bey einer Person vorbey, welche sich erleichtert, so stellet man sich, als ob man solches nicht gewahr würde, und also ist es auch wider die Höflichkeit, selbige zu begrüßen.

K.

1774
Aus De La Salle, Les Règles de la Bienséance et de la Civilité Chrétienne (Ausg. v. 1774, S. 24).

(NB. Das Kapitel «Des parties du Corps qu'on doit cacher et des necessités naturelles» umfaßt in der älteren Ausgabe reichlich $2^1/_2$ Seiten, in der von 1774 knapp $1^1/_2$ Seiten. Der Abschnitt «On doit éviter avec soin» fehlt. Über vieles, was dort noch ausgesprochen werden konnte und mußte, redet man jetzt nicht mehr.)

Il est de la bienséance et de la pudeur de couvrir toutes les parties du corps, hors de la tête et les mains.

Pour les besoins naturels il est de la bienséance (aux enfants même) de n'y satisfaire que dans des lieux ou on ne soit pas apperçu.

Il n'est jamais séant de parler des parties du corps qui doivent toujours être cachées, ni de certaines nécessités du corps auxquelles la nature nous a assujettis, ni même de les nommer.

L.

1768
Brief von Madame du Deffand an Mme de Choiseul vom 9. Mai 1768[64])
(als Beispiel für den Prestigewert des Geräts).

Je voudrais, chère grand'maman, venir peindre, ainsi qu'au grand-abbé, quelle fut ma surprise, quand hier matin on m'apporte, sur mon lit, un grand sac de votre part. Je me hâte de l'ouvrir, j'y fourre la main, j'y trouve des petits pois . . . et puis un vase . . . je le tire bien vite: c'est un po

180

Wandlungen in der Einstellung zu den natürlichen Bedürfnissen.

de chambre. Mais d'une beauté, d'une magnificence telles, que mes gens, tout d'une voix disent qu'il en fallait faire une saucière. Le pot de chambre a été en représentation hier toute la soirée et fit l'admiration de tout le monde. Les pois ... furent mangés sans qu'il en restât un seul.

Teil II

Einige Bemerkungen zu den Beispielen und zu diesen Wandlungen im allgemeinen.

1. Die courtoisen Verse sagen nicht viel zu diesem Thema. Die gesellschaftlichen Ge- und Verbote, die diese Bezirke des Lebens umgeben, sind relativ gering. Auch hierin vollzieht sich, mindestens in der weltlichen Gesellschaft, zunächst alles ungezwungener. Weder die Verrichtungen selbst, noch das Sprechen darüber oder Assoziationen dazu sind in dem Maße intimisiert, privatisiert, mit Scham- und Peinlichkeitsgefühlen belegt, wie später.

Die Schrift des Erasmus markiert auch für diese Bezirke einen Punkt in der Zivilisationskurve, der auf der einen Seite einen merklichen Vorstoß der Schamgrenze, verglichen mit der vorangehenden Zeit, darstellt, und verglichen mit der späteren Zeit eine Unbefangenheit im Besprechen der natürlichen Verrichtungen, einen ,,Mangel an Scham", die den meisten Menschen des heutigen Standards zunächst unverständlich erscheinen mag und oft ,,peinlich".

Aber es ist zugleich ganz deutlich, daß diese Schrift gerade die Funktion hat, Schamgefühle zu züchten. Die Begründung der Zurückhaltung von Triebäußerungen, die man dem Kind angewöhnen will, mit der Allgegenwärtigkeit von Engeln, ist dabei recht charakteristisch. Die Begründung für die Angst, die man in dem jungen Menschen erweckt, um ihn dem gesellschaftlichen Verhaltensstandard gemäß zur Zurückdrängung seiner Lustäußerungen zu zwingen, wechselt

„Zivilisation" als eine Veränderung des menschlichen Verhaltens.

im Lauf der Jahrhunderte. Hier erklärt und substanzialisiert man sich und anderen die Trieb- oder Triebsverzichts-Angst als Angst vor äußeren Geistern. Etwas später tritt, zum mindesten in der Oberschicht, im höfisch-aristokratischen Kreise selbst, der Zwang und die Zurückhaltung, die man sich auferlegen muß, und die Angst, die Scham, die Peinlichkeit gegenüber der Übertretung oft sehr deutlich als gesellschaftlicher Zwang, als Scham, als Angst vor Menschen in Erscheinung. In den breiteren Schichten bleibt allerdings als Konditionierungsinstrument der Kinder der Hinweis auf den Schutzengel offenbar noch sehr lange in Gebrauch. Er tritt etwas zurück, wenn der Hinweis auf Gesundheitsschädigungen, auf „hygienische Gründe", zur Erzielung eines bestimmten Maßes von Triebverzicht und einer bestimmten Modellierung der Affekte an Gewicht gewinnt, auf jene Gründe also, die dann in den Erwachsenen-Gedanken über „Zivilisation" eine so gewichtige Rolle spielen, gewöhnlich ohne daß man sich ihrer Beziehung zu dem Arsenal der Kinder-Konditionierung bewußt wird. Immerhin könnte man erst aus einer solchen Bewußtheit heraus prüfen, was an ihnen rational und was schein-rational, nämlich primär durch das Peinlichkeits- und Schamgefühl der Erwachsenen begründet ist.

2. Erasmus ist mit seiner Schrift, wie gesagt, auf der einen Seite der Wegbereiter eines neuen Scham- und Peinlichkeitsstandards, der sich zunächst in der weltlichen Oberschicht langsam herauszubilden beginnt.

Er spricht auf der anderen Seite mit voller Selbstverständlichkeit über Dinge, die zu besprechen inzwischen peinlich geworden ist. Er, dessen Delikatesse, dessen Feingefühl durch diese Schrift selbst immer wieder belegt wird, findet nichts dabei körperliche Funktionen bei Namen zu nennen, die bei unserem Stand der Affektbewältigung in Gesellschaft und ganz gewiß in Manierenbüchern nicht mehr mit Namen genannt, ja nicht einmal mehr erwähnt werden dürfen. Aber zwischen dieser Feinfühligkeit und dieser Unbefangenheit

Wandlungen in der Einstellung zu den natürlichen Bedürfnissen.

besteht kein Widerspruch. Er spricht von einer anderen Stufe der Affektbewältigung und -zurückhaltung.

Der andere Standard der Gesellschaft in der Zeit des Erasmus wird deutlich, wenn man liest, wie selbstverständlich es ist, daß man jemandem begegnet, „qui urinam reddit aut alvum exonerat". Und die größere Unbefangenheit, mit der man offenbar zu dieser Zeit seine Bedürfnisse vor anderer Augen verrichtet, und mit der man auch davon spricht, erinnert an Verhaltensweisen, denen man heute noch allenthalben etwa im Orient begegnen kann. Aber das Feingefühl gebietet, jemanden, den man in dieser Lage trifft, nicht zu grüßen.

Der andere Standard wird auch sichtbar, wenn Erasmus sagt, es sei nicht zivil, zu verlangen, daß der junge Mensch „ventris flatum retineat", denn unter dem Schein der Urbanität kann er sich dabei eine Krankheit zuziehen. Und ganz ähnliches sagt er vom Niesen und verwandten Äußerungen.

Gesundheitliche Begründungen finden sich nicht sehr häufig in dieser Schrift. Wenn sie sich finden fast immer, wie hier, um Zwänge, Forderungen nach Zurückhaltung natürlicher Funktionen abzuwehren, während sie später, vor allem im 19. Jahrhundert, als Instrumente der Konditionierung fast immer dazu dienen, um Zurückhaltung und Triebverzicht zu erzwingen. Und erst im 20. Jahrhundert tritt hier wieder eine leichte Wendung ein.

3. Die Beispiele aus La Salle müssen genügen, um anzudeuten, wie das Peinlichkeitsempfinden vorrückt.

Wiederum ist der Unterschied zwischen der Ausgabe von 1729 und der von 1774 recht lehrreich. Gewiß verkörpert auch die ältere Ausgabe bereits einen ganz anderen Peinlichkeitsstandard als Erasmus' Schrift. Die Forderung, alle natürlichen Verrichtungen dem Auge anderer Menschen zu entziehen, ist ganz unzweideutig erhoben, wenn auch das Aussprechen dieser Forderung darauf hinweist, daß ihr das tatsächliche Verhalten der Menschen noch nicht entspricht, nicht das Verhalten der Erwachsenen und ganz gewiß nicht

183

„Zivilisation" als eine Veränderung des menschlichen Verhaltens.

das der Kinder. Obgleich La Salle selbst hier sagt, daß es nicht sehr anständig sei, von solchen Verrichtungen oder den betreffenden Teilen des Körpers auch nur zu reden, spricht er selbst davon noch mit einer für unser Gefühl erstaunlichen Ausführlichkeit; er nennt die Dinge bei Namen, während übrigens in der für die oberen Schichten bestimmten «Civilité» des Courtin von 1672 bereits ein Kapitel wie dieses und die entsprechenden Ausdrücke fehlen.

Auch in der späteren Ausgabe von La Salle sind dann alle detaillierteren Anweisungen vermieden. Mehr und mehr breitet sich über diese Notwendigkeiten der „Bann des Schweigens". Die bloße Erinnerung daran, daß sie mit solchen Notwendigkeiten zu tun haben, wird für die Menschen in Gegenwart nicht ganz nahestehender Personen peinlich, und man vermeidet in Gesellschaft alles, was auch nur von ferne, auch nur assoziativ an solche Notwendigkeiten erinnern könnte.

Zugleich lassen die Beispiele erkennen, wie langsam sich der reale Prozeß der Zurückdrängung dieser Verrichtungen aus dem gesellschaftlichen Leben selbst vollzogen hat.

Es ist uns genügend Material[65]) darüber überliefert, besonders auch gerade deswegen, weil dieser „Bann des Schweigens" früher nicht bestand oder weniger streng war. Was fehlt, ist meist die Vorstellung, daß Daten dieser Art mehr als einen Kuriositätswert haben, und daher auch das Zusammensehen und die Zusammenfassung zum Bild einer mehr oder weniger gerichteten Bewegung. Sieht man es so zusammen, zeigt sich ebenfalls eine typische Zivilisationskurve.

4. Zunächst sind diese Verrichtungen und ihr Anblick nur in geringem Maße mit Scham- und Peinlichkeitsgefühlen belegt, und daher auch nur in geringem Maße zur Isolierung und Zurückhaltung gedrängt. Sie sind so selbstverständlich, wie etwa Kämmen oder Schuhe-Anziehen. Dem entspricht die Konditionierung der Kinder.

„Erzähle mir," sagt in einem Schulbuch von 1568, in Mathurin Cordiers Schülergesprächen[66]), der Lehrer zu einem

Wandlungen in der Einstellung zu den natürlichen Bedürfnissen.

der Schüler, „in genauer Reihenfolge, was du vom Aufstehen bis zum Frühstück gemacht hast. Hört gut zu, Jungen, damit ihr lernt diesen euren Mitschüler nachzuahmen: Experrectus surrexi e lecto,“ sagt der Schüler, „indui tunicam cum thorace ... deinde egressus cubiculo, descendi infra, urinam in area reddidi ad parietem, accepi frigidam aquam e situla, manus et faciem lavi usw. Ich bin aufgewacht, bin aus dem Bett gestiegen, habe Hemd, Strümpfe und Schuhe angezogen, meinen Gürtel umgeschnallt, an der Hofmauer Urin gelassen, habe aus dem Eimer frisches Wasser genommen, Hände und Gesicht gewaschen und am Tuch abgetrocknet usw.“

In späteren Zeiten wäre die Verrichtung im Hof, mindestens in einem Buch, wie diesem, das ausgesprochen als Unterrichts- und Erziehungsbuch geschrieben und Modelle zu geben bemüht ist, einfach als „unwichtig“ nicht erwähnt worden. Hier ist sie weder besonders „unwichtig“ noch besonders „wichtig“. Sie ist so selbstverständlich, wie alles andere.

Der Schüler, der heute von dieser Notwendigkeit berichten wollte, würde es entweder tun, um eine Art von Scherz zu machen, er würde die Aufforderung des Lehrers „zu wörtlich“ nehmen, er würde, mindestens im allgemeinen, mit Umschreibungen sprechen, wahrscheinlich würde er mit einem Lächeln seine Verlegenheit verdecken und ein „verständnisvolles“ Lächeln der anderen, Ausdruck für eine mehr oder weniger leichte Verletzung von Tabus, würde das seine erwidern.

Das Verhalten der Erwachsenen entspricht diesen verschiedenen Konditionierungsarten. Lange Zeit hindurch dient die Straße, nahezu jeder Ort, an dem man sich gerade befindet, den gleichen und verwandten Zwecken, wie oben die Mauer des Hofes. Es ist nicht einmal etwas Ungewöhnliches, sich der Treppen, der Zimmerecken, der Tapisserien an den Mauern eines Schlosses zuzuwenden, wenn einen ein Bedürfnis ankommt. Die Beispiele E und F verdeutlichen das. Sie zeigen aber zugleich auch, wie mit

„Zivilisation" als eine Veränderung des menschlichen Verhaltens.

diesem spezifischen und dauernden Zusammenleben vieler, sozial abhängiger Menschen am Hof der Druck von oben zu einer schärferen Regelung des Triebhaushalts und damit zu einer größeren Zurückhaltung sich verstärkt.

Genauere Triebregelung und damit relativ geordneten Triebverzicht oder Zurückhaltung der Affekte fordern und erzwingen in dieser oder jener Form zunächst gesellschaftlich Höherstehende von sozial Niedrigerstehenden oder allenfalls auch von sozial Gleichstehenden. Erst verhältnismäßig spät, wenn bürgerliche Schichten, also im Verhältnis zu früher, Massenschichten mit relativ vielen, sozial Gleichstehenden, zur Oberschicht, zur herrschenden Schicht geworden sind, wird die Familie zur alleinigen oder genauer gesagt, zur primären und vorherrschenden Produktionsstätte des Triebverzichts; erst dann wird die gesellschaftliche Abhängigkeit des Kindes von den Eltern zur frühesten und zu einer besonders wichtigen, besonders intensiven Kraftquelle der gesellschaftlich notwendigen Affekt-Regulierung und -modellierung.

Schon in der ritterlich-höfischen, dann erst recht in der absolutistisch-höfischen Phase haben für die Oberschicht in sehr hohem Maße die Höfe selbst, also ganz unmittelbar der gesellschaftliche Verkehr diese Funktion. In dieser Phase wird vieles von dem, was uns gewissermaßen zur „zweiten Natur" gemacht wird, noch nicht in dieser Form angezüchtet, noch nicht als automatisch funktionierender Selbstzwang, als Gewohnheit, die bis zu gewissen Grenzen auch funktioniert, wenn der Mensch allein ist; sondern man legt sich hier zunächst immer jemandem anderen gegenüber, also bewußter aus gesellschaftlichen Gründen, Triebverzicht und Zurückhaltung auf. Und die Art der Zurückhaltung, wie ihr Maß entsprechen hier der sozialen Stellung dessen, der sie sich auferlegt, gemessen an der Stellung dessen oder derer, denen gegenüber er sie sich auferlegt. Das ändert sich langsam in dem Maße, in dem die Menschen einander sozial näherrücken und in dem die Abstufung der Abhängigkeitsverhältnisse, der hierarchische Charakter der Gesellschaft an

Wandlungen in der Einstellung zu den natürlichen Bedürfnissen.

Ausprägung und Schärfe verlieren. Wenn im Zuge der wachsenden Arbeitsteilung die Verflechtung der Menschen inten-
siver wird, werden immer stärker alle von allen, auch die
sozial Höherstehenden von den sozial niedriger Rangierenden
und Schwächeren abhängig. Für jene, für die sozial Stärkeren
werden diese so weit ihresgleichen, daß sie sich, um es drastisch
auszudrücken, selbst vor ihnen, vor den sozial Niedrigerstehenden, schämen. Erst damit schließt sich die Rüstung
um das Triebleben bis zu jenem Grade, der den Menschen der
demokratisch-industriellen Gesellschaft dann allmählich als
selbstverständlich erscheint.

Um aus der Fülle der Beispiele eines herauszugreifen, das
den Kontrast besonders deutlich markiert und, wenn man es
richtig sieht, ein Licht über die ganze Entwicklung hin wirft:

Della Casa nennt in seinem Galateo gelegentlich einmal
eine Reihe von Unsitten, die man vermeiden soll. Man soll
in Gesellschaft nicht einschlafen, sagt er; man soll nicht
Briefe hervorziehen und sie lesen; man soll sich nicht in
Gesellschaft die Fingernägel schneiden oder reinigen. ,,Über-
dies,'' fährt er fort (S. 92), ,,soll einer nicht so sitzen, daß er
einem andern den rücken oder hindern zukehrt, noch einen
schenkel so hoch erheben, daß etwa die glieder des menschlichen leibes, so billig allezeit mit den kleidern bedeckt
bleiben sollen, möchten entblößt und gesehen werden. Denn
diss und der gleichen pflegt man nit zu thun,
ohne allein unter den personen, dafür man sich
nit schämet (se non tra quelle persone, che l'huom non
riverisce). War ist es, so etwa ein großer Herr
solches thete für jemandt aus seinem Hausge-
sinde oder auch in gegenwertigkeit seines freun-
des, der geringeren standes were; denn er würde
ihm damit nit einer hoffart, sondern vielmehr
einer besonderen lieb und freundtligkeit anzeig-
gung von sich geben.''

Es gibt hier Personen, vor denen man sich schämt und andere,
vor denen man sich nicht schämt. Das Schamgefühl ist hier

„Zivilisation" als eine Veränderung des menschlichen Verhaltens.

deutlich eine soziale Funktion und modelliert entsprechend dem gesellschaftlichen Aufbau. Es ist vielleicht nicht oft so klar ausgesprochen worden. Aber für das entsprechende Verhalten sind uns Zeugnisse in Fülle überliefert. In Frankreich[67]) empfangen noch im 17. Jahrhundert Könige und große Herren besonders bevorzugte Niedrigerstehende bei Gelegenheiten, von denen man später dann in Deutschland fast sprichwörtlich sagte, selbst der Kaiser müsse allein dabei sein; Niedrigerstehende zu empfangen, wenn man sich aus dem Bett erhebt und anzieht oder auch, wenn man zu Bett geht, ist durch eine ganze Periode hindurch ein selbstverständlicher Gebrauch. Und es verrät ganz den gleichen Stand der Schamgefühle, wenn etwa die Freundin Voltaires, die Marquise de Châtelet sich vor ihrem Kammerdiener beim Baden in einer Weise nackt zeigt, die ihn in Verlegenheit setzt, während sie ihn mit vollkommener Unbekümmertheit ausschilt, weil er das heiße Wasser nicht ordentlich zuschüttet[68]).

Verhaltensweisen, die in der stärker demokratisierten, industriellen Gesellschaft allseitig mit Tabus, mit gezüchteten Scham- oder Peinlichkeitsgefühlen verschiedenen Grades belegt werden, sind es hier zunächst nur partiell. Man unterläßt sie im Verkehr mit sozial Höher- oder Gleichgeordneten. Man legt sich auch in dieser Hinsicht Zwang und Zurückhaltung nach dem gleichen Schema auf, das oben bei der Betrachtung der Tafelgebräuche sichtbar wurde: „Auch halte ich nicht," heißt es im ‚Galateo' gelegentlich (S. 580), „daß es wohl anstehe, daß man einem aus der gemeinsamen und allen gästen zugleich aufgesetzten schüssel etwas fürlege, es were denn, daß der fürleger höhers standes were, also daß dem andern, dem fürgelegt wird, eine besondere ehr dardurch entstünde.

Dann da solches unter gleichen geschieht, hat es das ansehen, daß der fürleger sich den andern zum theil vorziehe."

In dieser hierarchisch aufgebauten Gesellschaft bekam jede Aktion im Zusammensein der Menschen den Sinn eines

Wandlungen in der Einstellung zu den natürlichen Bedürfnissen.

Prestigewertes. Auch jene Zurückhaltung der Affekte, die wir „Höflichkeit" nennen, hatte daher eine andere Gestalt als später, wenn die äußeren Rangunterschiede stärker eingeebnet sind. Was hier als Sonderfall für den Verkehr unter Gleichen erwähnt wird, daß nicht einer dem anderen vorlegt, wird später zum allgemeinen Gebrauch: In Gesellschaft nimmt sich jeder selbst und alle fangen zu gleicher Zeit zu essen an.

Ähnlich verhält es sich mit der Entblößung. Zunächst wird es zu einem peinlichen Verstoß, sich in irgendeiner Form entblößt vor Höherstehenden oder Gleichgestellten zu zeigen; im Verkehr mit Niedrigerstehenden kann es sogar ein Zeichen des Wohlwollens sein. Dann, wenn alle sozial gleicher werden, wird es langsam zu einem allgemeinen Verstoß. Die Gesellschaftsbezogenheit der Scham- und Peinlichkeitsgefühle tritt mehr und mehr aus dem Bewußtsein zurück. Gerade weil das gesellschaftliche Gebot, sich nicht entblößt oder bei natürlichen Verrichtungen zu zeigen, nun gegenüber allen Menschen gilt und in dieser Form dem Kinde eingeprägt wird, erscheint es dem Erwachsenen als Gebot seines eigenen Innern und erhält die Form eines mehr oder weniger totalen und automatisch wirkenden Selbstzwanges.

5. Aber diese Aussonderung der natürlichen Verrichtungen aus dem öffentlichen Leben und die entsprechende Regelung oder Modellierung des Trieblebens war nur möglich, weil mit der wachsenden Empfindlichkeit zugleich ein technischer Apparat entwickelt wurde, der dieses Problem der Ausschaltung solcher Funktionen aus dem gesellschaftlichen Leben und ihre Verlegung hinter dessen Kulissen einigermaßen befriedigend löste. Es verhielt sich auch damit ähnlich, wie mit der Eßtechnik. Der Prozeß der seelischen Veränderung, das Vorrücken der Schamgrenze und der Peinlichkeitsschwelle ist nicht von einer Seite, und ganz gewiß nicht aus der Entwicklung der Technik oder der wissenschaftlichen Entdeckungen zu erklären. Im Gegenteil, es wäre nicht sehr schwer, die Soziogenese und Psychogenese dieser Erfindungen und Entdeckungen aufzuzeigen.

„Zivilisation" als eine Veränderung des menschlichen Verhaltens.

Aber nachdem einmal mit einer generellen Umlagerung der menschlichen Beziehungen eine Umformung der menschlichen Bedürfnisse in Gang gesetzt war, bedeutete die Entwicklung einer dem veränderten Standard entsprechenden technischen Apparatur eine außerordentliche Verfestigung der veränderten Gewohnheiten. Diese Apparatur diente zugleich der ständigen Reproduktion des Standards und seiner Ausbreitung.

Es ist nicht uninteressant, zu beobachten, daß nun heute, nachdem dieser Stand des Verhaltens in ganz hohem Maße verfestigt und selbstverständlich geworden ist, vor allem gegenüber dem 19. Jahrhundert eine gewisse Lockerung eintritt, zum mindesten, was das Sprechen von den natürlichen Verrichtungen angeht. Die Freiheit, die Unbefangenheit, mit der man sagt, was zu sagen ist, und zwar ohne Verlegenheit, ohne das gepreßte Lächeln und Gelächter der Tabu-Übertretung, ist in der Nachkriegszeit offenbar größer geworden. Aber das ist, ganz ähnlich wie bei den Bade- und Tanzsitten der neueren Zeit, in dieser Form nur möglich, weil der Stand der Gewohnheiten, der technisch-institutionell verfestigten Selbstzwänge, das Maß der Zurückhaltung des eigenen Trieblebens und des Verhaltens selbst entsprechend dem vorgerückten Peinlichkeitsgefühl zunächst im großen und ganzen gesichert ist. Es ist eine Lockerung im Rahmen des einmal erreichten Standards.

6. Der Standard, der sich in unserer Phase der Zivilisation herausbildet, ist durch eine mächtige Distanz zwischen dem Verhalten der sog. „Erwachsenen" und der Kinder charakterisiert. Die Kinder müssen in verhältnismäßig wenig Jahren den vorgerückten Stand der Scham und Peinlichkeitsgefühle erreichen, der sich in vielen Jahrhunderten herausgebildet hat. Ihr Triebleben muß rasch jener strengen Regelung und jener spezifischen Modellierung unterworfen werden, die unseren Gesellschaften das Gepräge gibt, und die sich in der geschichtlichen Entwicklung ganz langsam entwickelte. Die Eltern sind dabei nur die — oft unzuläng-

Wandlungen in der Einstellung zu den natürlichen Bedürfnissen·

lichen — Instrumente, die primären Exekutoren der Konditionierung, aber durch sie, durch tausend andere Instrumente ist es immer die Gesellschaft als Ganzes, das gesamte Geflecht der Menschen, das seinen Druck auf den Heranwachsenden ausübt und sich ihn vollkommener oder unvollkommener zurechtformt.

Auch im Mittelalter war es die Gesellschaft als Ganzes, die formte, wenn auch — es wird noch genauer zu zeigen sein — die Mechanismen der Modellierung, wenn auch ihre Exekutions- oder Konditionierungsorgane, besonders in der Oberschicht, zum guten Teil andere waren als heute. Vor allem aber war die Regelung und Zurückhaltung, denen das Triebleben der Erwachsenen unterworfen war, erheblich geringer als in der nächsten Phase der Zivilisation, und infolgedessen auch der Unterschied im Verhalten der Erwachsenen und der Kinder.

Die Neigungen und Tendenzen, auf deren Bewältigung sich die mittelalterlichen Manierenschriften richten, sind im einzelnen oft die gleichen, die sich auch heute noch oft bei Kindern erkennen lassen. Allerdings werden sie heute so frühzeitig bearbeitet, daß bestimmte „Unsitten", die in der mittelalterlichen Welt noch ganz geläufig waren, in der heutigen kaum noch im gesellschaftlichen Leben zutage treten.

Auch heute wird dem Kind eingeschärft, nicht sofort nach etwas zu greifen, was auf dem Tisch steht, wenn es Lust dazu hat, und sich nicht zu jucken oder nicht bei Tisch Nase, Ohren, Auge oder andere Teile seines Körpers zu berühren. Das Kind wird gelehrt, mit vollem Mund nicht zu sprechen und zu trinken oder sich nicht auf den Tisch zu „lümmeln" und was dergleichen mehr ist. Ein guter Teil dieser Vorschriften findet sich beispielsweise auch in Tannhäusers „Hofzucht", aber sie sind hier ganz und gar nicht nur an Kinder, sie sind unzweideutig auch an Erwachsene gerichtet. Und das wird noch deutlicher, wenn man die Art betrachtet, in der früher die Erwachsenen ihre natürlichen Bedürfnisse

„Zivilisation" als eine Veränderung des menschlichen Verhaltens.

erledigten. Es geschah sehr oft — die Beispiele zeigen es — in einer Weise, die man heute gerade Kindern nachzusehen bereit wäre. Man erledigte sie häufig genug, wenn und wo sie einen gerade ankamen. Das Maß von Triebverhaltung und -regelung, das die Erwachsenen voneinander erwarteten, war nicht viel größer als das den Kindern auferlegte. Die Distanz zwischen Erwachsenen und Kindern war, gemessen an der heutigen Distanz, gering.

Heute legt sich der Ring von Vorschriften und Regelungen so eng um den Menschen, die Zensur und der Druck des gesellschaftlichen Lebens, die seine Gewohnheiten formen, ist so stark, daß es für den Heranwachsenden nur eine Alternative gibt: sich der gesellschaftlich geforderten Gestaltung des Verhaltens zu unterwerfen oder vom Leben in der „gesitteten Gesellschaft" ausgeschlossen zu bleiben. Ein Kind, das nicht auf den Stand der gesellschaftlich geforderten Affektgestaltung gelangt, gilt in verschiedenen Abstufungen als „krank", „anormal", „kriminell" oder auch nur als „unmöglich", von einer bestimmten Kaste oder Schicht her gesehen, und bleibt dementsprechend von deren Leben ausgeschlossen. Ja, krank — vom Seelischen her —, anormal, kriminell und „unmöglich" haben bis zu einer bestimmten Grenze keinen anderen Sinn als diesen; was man darunter versteht, ist verschieden je nach den geschichtlich wandelbaren Modellen der Affektgestaltung.

In gewissem Sinne sehr instruktiv ist hierfür der Schluß von Beispiel D: „multo minus decebit alteri re foetidam, ut olfaciat porrigere, quod nonnunquam facere aliqui solent usw." Eine Triebrichtung und ein Verhalten dieser Art würden bei dem heutigen Standard der Scham- und Peinlichkeitsgefühle, es würde entsprechend dem heutigen Schema der Affektbewältigung einen Menschen schlechterdings als „krank", „pathologisch", „pervers" von dem Verkehr mit anderen ausschließen. Man würde ihn, wenn die Neigung zu solchem Verhalten öffentlich in Erscheinung träte, je nach seiner sozialen Stellung ins Innere des Hauses oder in

Wandlungen in der Einstellung zu den natürlichen Bedürfnissen.

eine Heilanstalt verbannen. Wenn diese Triebrichtung nur „hinter den Kulissen" des gesellschaftlichen Lebens zur Verwirklichung käme, würde bestenfalls einem Nervenarzt die Aufgabe zufallen, die schlecht gelungene Konditionierung dieses Menschen zu korrigieren. Im allgemeinen sind Triebrichtungen dieser Art unter dem Druck der Konditionierung aus dem Tages-Bewußtsein der Erwachsenen verschwunden. Nur die Psychoanalyse entdeckt sie in der Form unausgelebter und unauslebbarer Neigungen, die man als Unterbewußtsein oder Traumschicht bezeichnen kann. Und diese Neigungen haben in unserer Gesellschaft in der Tat den Charakter eines „infantilen" Residuums, weil der gesellschaftliche Erwachsenenstandard eine völlige Unterdrückung und Umbildung dieser Triebrichtung erforderlich macht, so daß sie beim Auftreten im Erwachsenen als ein „Überbleibsel" aus der Kinderzeit erscheinen.

Eine Loslösung von dieser Triebrichtung fordert auch der Peinlichkeitsstandard, den der „Galateo" repräsentiert. Aber der Druck zur Umbildung solcher Neigungen, den die Gesellschaft hier auf den Einzelnen ausübt, ist minimal, verglichen mit dem gegenwärtigen. Das Gefühl des Abscheus, der Peinlichkeit oder des Ekels, das sie solchem Verhalten entgegenbringt, ist ihrem Standard entsprechend unvergleichlich viel schwächer als bei uns. Und dementsprechend ist auch die Schwere des gesellschaftlichen Verbots, mit dem eine solche Affektäußerung und ein solches Verhalten belegt ist, viel geringer. Man betrachtet dieses Verhalten nicht als „krankhafte Anomalie" oder „Perversion", sondern eher als einen Verstoß gegen Takt, Höflichkeit oder gute Formen.

Della Casa spricht von dieser „Unsitte" kaum mit größerer Betontheit, als wir etwa heute davon sprechen, daß jemand gelegentlich in Gesellschaft an seinen Nägeln beißt. Bereits, daß er überhaupt von „so etwas" spricht, zeigt, als wie harmlos diese Unsitte damals noch erschien.

Dennoch markiert dieses Beispiel in gewissem Sinne einen Umschlagpunkt. Es ist anzunehmen, daß Affektäußerungen

„Zivilisation" als eine Veränderung des menschlichen Verhaltens.

dieser Art in der vorangehenden Zeit nicht gefehlt haben. Aber erst jetzt beginnt man ihnen Beachtung zu schenken. Die Gesellschaft beginnt an bestimmten Funktionen die positive Lustkomponente durch die Erzeugung von Angst allmählich immer stärker zu unterdrücken oder, genauer gesagt, zu „privatisieren", nämlich ins „Innere" des Einzelnen, in die „Heimlichkeit" abzudrängen, und die negativ geladenen Affekte, Unlust, Abscheu, Peinlichkeit allein als die gesellschaftsüblichen Empfindungen in der Konditionierung herauszuarbeiten. Aber gerade mit dieser stärkeren, gesellschaftlichen Verfemung vieler Triebäußerungen und mit ihrer „Verdrängung" von der Oberfläche sowohl des gesellschaftlichen Lebens, wie des Bewußtseins wächst notwendigerweise auch die Distanz zwischen dem Seelenaufbau und dem Verhalten der Erwachsenen und dem der Kinder.

Über das Schneuzen.

Teil I.

Beispiele.

A.

13. Jahrhundert.

Aus Bonvesin da la Riva (Bonvexino da Riva).
    De le zinquanta cortexie da tavola.

a) Vorschrift für Herren.

La desetena apresso si è: quando tu stranude,	Wenn du dich schneuzst oder hustest, dreh dich um, damit nichts auf den Tisch fällt.
Over ch'el te prende la tosse, guarda con tu làvori	
In oltra parte te volze, ed è cortexia inpensa,	
Azò che dra sariva no zesse sor la mensa.	

b) Vorschrift für Pagen oder Bedienende.

Pox la trentena è questa: zaschun
    cortese donzello

Über das Schneuzen.

Che se vore mondà lo naxo, con li
    drapi se faza bello;
Chi mangia, over chi menestra, no
    de'sofià con le die;
Con li drapi da pey se monda vostra
    cortexia*).

    *) Die Stelle b ist nicht vollkommen klar. Deutlich ist, daß sie
sich speziell an Menschen wendet, die bei Tafel bedienten. Ein
Kommentator, Uguccione Pisano, sagt: „Donnizelli et Domicellae
dicuntur quando pulchri juvenes magnatum sunt sicut servientes...‟
Diesen Donnizelli war nicht erlaubt, an der gleichen Tafel, wie die
Ritter zu sitzen, oder wenn es ihnen erlaubt war, mußten sie auf
einem niedrigeren Stuhl sitzen. Speziell zu ihnen, also zu einer
Art von Pagen und jedenfalls zu sozial Niedrigerstehenden wird
gesagt: Die 31. Curtesie ist dies: Jeder courtoise „donzel‟, der
seine Nase zu schneuzen wünscht, soll sich mit einem Tuch ver-
schönern; wenn er ißt oder bedient, soll er nicht durch die Finger
blasen (sc. die Nase?). Courtois ist es, sich der Fußlappen zu
bedienen.

B.

15. Jahrhundert?

      Aus ein spruch der ze tische kêrt.

323   Swer in daz tischlach sniuzet sich,
        daz stât niht wol, sicherlich.

C.

Aus S'ensuivent les contenances de la table.

XXXIII.

Enfant se ton nez est morveux,	Schneuz nicht die Nase
Ne le torche de la main nue,	mit der gleichen Hand,
De quoy ta viande est tenue.	mit der du das Fleisch
Le fait est vilain et honteux.	hältst**).

    **) Nach der Anmerkung der Herausgeber (Babees Book, Bd. 2
S. 14) bestand die Höflichkeit darin, sich mit den Fingern der
linken Hand zu schneuzen, wenn man mit der rechten aß und das
Fleisch aus der allgemeinen Platte nahm.

„Zivilisation“ als eine Veränderung des menschlichen Verhaltens.

E.

Aus Aug. Cabanès, Mœurs intimes du passé-prem.
ser. Paris 1910 S. 101.

Au quinzième siècle, on se mouchait encore dans les doigts
et les sculpteurs de l'époque n'ont pas craint de repro-
duire ce geste, passablement réaliste, dans leur monuments.

Unter den Rittern, den «plourans», am Grabe Philipps des
Kühnen in Dijon, sieht man einen, der sich in den Mantel,
einen andern, der sich in die Finger schneuzt.

16. Jahrhundert.

F.

1530

Aus «De civilitate morum puerilium» (Kap. I).
Von Erasmus von Rotterdam.

Pileo aut veste emungi, rusticanum, bracchio cubitove,
salsamentariorum, nec multo civilius id manu fieri, si mox
pituitam vesti illinas. Strophiolis excipere narium recrementa, decorum; idque paulisper averso corpore, si qui
adsint honoratiores.

Si quid in solum dejectum est emuncto duobus digitis naso,
mox pede proterendum est.

Aus der Scholia zu dieser Stelle:

Inter mucum et pituitam parum differentiae est, nisi quod
mucum crassiores, pituitam fluidas magis sordes interpre-
tantur. Strophium et strophiolum, sudarium et sudariolum,
linteum et linteolum confundunt passim Latini scriptores.

G.

1558

Aus dem „Galateo“ des Giovanni della Casa, Erzbischofs von Benevent.

Zitiert nach der fünfsprachigen Ausgabe, Genf 1609.

S. 72: Du solt dein fatzenetlein niemand überreichen als
ob es new gewaschen were . . . (non offerirai il suo mocci-
chino . . .).

Über das Schneuzen.

S. 44: Es gehöret sich auch nicht, wenn du die nase ge-
wischet hast, daß du das schnuptuch auseinander ziehest
und hineinguckest gleich als ob dir perlen und rubinen vom
gehirn hätte abfallen mögen.

S. 618 . . . Was soll ich dann nun von denen sagen . . . die
ihr fatzolet oder wischtüchlein im mund umbhertragen ? . . .

H.

Aus Aug. Cabanès, Mœurs intimes du passé, 1. Serie,
Paris 1910.

a) Prestigewert des Taschentuchs (wie Gabel, chaise
percée usw. ist das Taschentuch zuerst ein kostbares Luxus-
gerät).

S. 103: Martial d'Auvergne, les «Arrêts d'amour»:
. . . à fin qu'elle l'eut en mémoire, il s'advisa de luy faire
faire un des plus beaulx et riches mouchoirs, où son nom
estoit en lettres entrelacées, le plus gentement du monde,
car il estoit attaché à un beau cueur d'or, et franges de me-
nues pensées.

(Dieses Tuch war dazu bestimmt, von der Dame am Gürtel
neben den Schlüsseln getragen zu werden.)

b) S. 168: 1594 Henry IV demandait à son valet de chambre
combien il avait de chemises et celui-ci répondait: Une dou-
zaine, Sire, encore i en a-t-il de déschirées. — Et de mouchoirs, dit le roi, est-ce pas huit que j'ai ? — Il n'i en a pour
ceste heure que cinq, dist-il. (Lestoil, Journal d'Henri IV.)

1599, nach ihrem Tode, findet man im Inventar der
Freundin Heinrichs IV. «cinq mouchoirs d'ouvrage d'or, d'argent et soye, prisez cent escuz».

c) S. 102: Au seizième siècle, dit Monteil, en France comme
partout, le petit peuple se mouche sans mouchoir;
mais, dans la bourgeoisie, il est reçu qu'on se
mouche avec la manche. Quant aux gens riches, ils
portent dans la poche un mouchoir; aussi, pour

„Zivilisation" als eine Veränderung des menschlichen Verhaltens.

dire qu'un homme a de la fortune, on dit qu'il
ne se mouche pas avec la manche.

Ende des 17. Jahrhunderts.

Der Gipfel der Verfeinerung.

Erster Höhepunkt der Durchformung und der
Restriktionen.

I.

1672

Aus Antoine de Courtin, Nouveau traité de
Civilité.

S. 134. (Bei Tisch.) Se moucher avec son mouchoir à
découvert et sans se couvrir de sa serviette, en essuyer la
sueur du visage, . . . sont des saletez à faire soulever le cœur
à tout le monde.

. . . .

Il faut éviter de bâiller, de se moucher et de cracher.
Si on y est obligé en des lieux que l'on tient proprement,
il faut le faire dans son mouchoir, en se détournant le visage
et se couvrant de sa main gauche, et ne point regarder après
dans son mouchoir.

J.

1694

Aus Ménage, Dictionnaire étymologique de la
langue française.

Mouchoir à moucher.

Comme ce mot de moucher donne une vilaine image, les
dames devroient plutost appeler ce mouchoir, de poche,
comme on dit mouchoir de cou, que mouchoir à moucher.

(Mouchoir de poche, Taschentuch als dezenterer Ausdruck;
das Wort für peinlich gewordene Verrichtungen wird verdrängt.)

198

Über das Schneuzen.

18. Jahrhundert.

K.

1714

Aus einer anonymen «Civilité française» (Liège 1714).

Wachsende Distanz zwischen Erwachsenen und Kindern. Nur die Kinder dürfen sich, wenigstens in den Mittelschichten, noch verhalten, wie im Mittelalter die Erwachsenen.

S. 41: Gardez-vous bien de vous moucher avec les doigts ou sur la manche comme les enfans, mais servez-vous de votre mouchoir et ne regardez pas dedans après vous être mouché.

L.

1729

Aus De La Salle, Les Règles de la Bien-séance et de la Civilité Chrétienne (Rouen 1729).

Du nez et de la maniere de se moucher et d'éternuer (S. 23).

Il est trés mal honneste de foüiller incessament dans les narines avec le doigt, et il est encore bien plus insuportable de porter ensuite dans la bouche ce qu'on a tiré hors des narines . . .

Il est vilain de se moucher avec la main nuë, en la passant dessous le Nez, ou de se moucher sur sa manche, ou sur ses habits. C'est une chose trés contraire à la Bienséance, de se moucher avec deux doigts, et puis jeter l'ordure á terre, et d'essuïer ensuite ses doigts avec ses habits; on sçait combien il est mal séant de voir de telles mal-propretés sur des habits, qui doivent toújours être trés propres, quelques pauvres qu'ils soient.

Il y en a quelques-uns qui mettent un doigt contre le Nez, et qui ensuite en soufflant du Nez, poussent à terre l'ordure qui est dedans; ceux qui en usent ainsi sont des gens qui ne sçavent ce que c'est d'honnêteté.

Il faut toújours se servir de son mouchoir pour se moucher, et jamais d'autre chose, et en le faisant se couvrir ordinaire-

„Zivilisation" als eine Veränderung des menschlichen Verhaltens.

ment le Visage de son chapeau. (Besonders deutliches Beispiel für die Ausbreitung höfischer Gebräuche durch diese Schrift.)

On doit éviter en se mouchant de faire du bruit avec le Nez ... Avant que de se moucher, il est indécent d'estre longtems à tirer son mouchoir: c'est manquer de respect à l'égard des personnes avec qui on est, de le déplier en différends endroits, pour voir de quel côté on se mouchera; il faut tirer son mouchoir de sa poche, sans qu'il paroisse, et se moucher promptement, de manier qu'on ne puisse presque pas ester aperçú des autres.

On doit bien se garder, aprés qu'on s'est mouché, de regarder dans son mouchoir; mais il est à propos de le plier aussitót, et le remettre dans sa poche.

M.

1774

Aus De La Salle, Les Règles de la Bien-séance et de la Civilité Chrétienne. (Ausg. v. 1774, S. 14f.)

Das Kapitel heißt nur noch: Du nez.

Es ist gekürzt:

Tout mouvement volontaire du nez, soit avec la main, soit autrement, est indécent et puérile; porter les doigts dans les narines est une malpropreté qui revolte, et en y touchant trop souvent, il arrive, qu'il s'y forme des incommodités, dont on se ressent longtemps.

(Diese Begründung, die in der älteren Auflage fehlt, zeigt deutlich, wie allmählich in dieser Zeit der Hinweis auf gesundheitliche Schädigungen als Konditionierungsinstrument aufzutauchen beginnt, oft an Stelle des Hinweises auf den Respekt, den man anderen Höherstehenden schuldet.) Les enfants sont assez dans l'usage de tomber dans ce défaut; les parents doivent les en corriger avec soin.

Il faut observer, en se mouchant, toutes les regles de la bienséance et de la properté.

(Alle Einzelheiten werden vermieden. Der „Bann des Schweigens" breitet sich aus. Er hat zur Voraussetzung

200

Über das Schneuzen.

— was in der Zeit der älteren Auflage offenbar noch nicht vorausgesetzt werden konnte —, daß alle Einzelheiten den Erwachsenen bekannt sind und im Innern der Familie geregelt werden.)

N.

1797

De la Mésangère, le voyageur de Paris 1797, Bd. II, S. 95.

(Wohl stärker als die vorausgehenden Beispiele des 18. Jahrhunderts von der Jugend der „guten Gesellschaft" her gesehen.)

On faisait un art de moucher il y a quelques années. L'un imitait le son de la trompette, l'autre le jurement du chat; le point de perfection consistait à ne faire ni trop de bruit ni trop peu.

Teil II.

Einige Gedanken zu den Zitaten über das Schneuzen.

1. In der mittelalterlichen Gesellschaft schneuzte man sich die Nase im allgemeinen mit den Händen, genau so wie man mit den Händen aß. Das machte besondere Vorschriften für das Naseputzen bei Tisch nötig. Die Höflichkeit, die Courtoisie gebot, daß man sich mit der linken Hand schneuzte, wenn man mit der rechten das Fleisch nahm. Aber das war eine Vorschrift, die sich in der Tat auf die Tafel beschränkte. Sie hatte allein die Rücksicht auf andere zur Ursache. Die peinliche Empfindung, die heute oft der bloße Gedanke erweckt, man könne sich selbst die Finger in dieser Weise beschmutzen, fehlte zunächst vollkommen.

Wieder zeigen die Beispiele sehr deutlich, wie langsam sich die scheinbar einfachsten Instrumente der Zivilisation entwickelt haben. Sie veranschaulichen zugleich bis zu einem gewissen Grade die besonderen gesellschaftlichen und seelischen Voraussetzungen, die nötig waren, um das Bedürfnis

„Zivilisation" als eine Veränderung des menschlichen Verhaltens.

nach einem so simplen Instrument und seinen Gebrauch allgemein zu machen. Der Gebrauch des Taschentuchs setzt sich — wie der der Gabel — zuerst in Italien durch und er breitet sich zunächst im Zusammenhang mit seinem Prestigewert aus. Die Damen hängen das reich bestickte, kostbare Tuch an den Gürtel. Die jungen „Snobs" der Renaissance bieten es anderen an oder tragen es im Mund umher. Und da es kostbar und relativ teuer ist, hat man selbst in der Oberschicht zunächst nicht sehr viel davon. Heinrich IV. hat am Ausgang des 16. Jahrhunderts, wie wir hören (Beispiel H, b), fünf Taschentücher. Und es gilt ganz allgemein als ein Zeichen von Reichtum, sich nicht in die Hand oder in den Ärmel zu schneuzen, sondern in ein Taschentuch (Beispiel H, c). Erst Ludwig XIV. hat eine reiche Ausstattung von Taschentüchern, und unter ihm wird der Gebrauch von Taschentüchern, wenigstens in der höfischen Gesellschaft, allgemein.

2. Hier, wie so oft, zeichnet sich die Übergangssituation bei Erasmus ganz deutlich ab: Eigentlich ist es anständig ein Taschentuch zu gebrauchen, sagt er, und wenn Leute besseren Standes zugegen sind, wende dich etwas ab beim Schneuzen. Aber er sagt zugleich auch noch: Wenn du dich mit zwei Fingern schneuzst und etwas auf die Erde fällt, tritt mit dem Fuß darauf. Der Gebrauch des Taschentuchs ist bekannt, aber noch wenig verbreitet, selbst in der Oberschicht, für die ja Erasmus im wesentlichen schreibt.

Zwei Jahrhunderte später zeigt sich annähernd die umgekehrte Situation. Der Gebrauch des Taschentuchs ist allgemein geworden, mindestens bei Leuten, die Anspruch auf „gutes Benehmen" machen. Aber der Gebrauch der Hände ist noch keineswegs verschwunden. Er ist, von oben her gesehen, zur „Unsitte" geworden, oder jedenfalls ordinär und vulgär. Die Abstufung La Salles zwischen «vilain» für bestimmte sehr grobe Arten des Schneuzens mit der Hand und «très contraire à la Bienséance» für die bessere Art des Schneuzens mit zwei Fingern liest man mit Vergnügen (Beispiele I, K, L, M).

202

Über das Schneuzen.

Immer wieder kehrt, sobald sich das Taschentuch einzuführen beginnt, das Verbot einer neuen „Unsitte", die mit
der neuen „Sitte" zugleich auftaucht, das Verbot sein Taschentuch zu betrachten, wenn man sich geschneuzt hat (Beispiele G, I, K, L, M). Es scheint fast, als ob Neigungen, die
mit der Einführung des Taschentuchs einer gewissen Regelung und Zurückhaltung unterworfen sind, sich in dieser
Form zunächst einen neuen Ausweg suchen. Jedenfalls
zeigen sich auch hier wieder Triebtendenzen, die heute
höchstens im Unterbewußtsein, im Traum auftauchen, in der
Sphäre der Heimlichkeit oder bewußter allenfalls „hinter
den Kulissen", das Interesse an den körperlichen Sekretionen,
auf einer früheren Stufe des geschichtlichen Prozesses deutlicher und unverhüllter, also in einer Form, in der sie heute
„normalerweise" nur noch bei Kindern sichtbar werden.

In der späteren Ausgabe von La Salle ist dann, wie in
anderen Fällen, der größte Teil der sehr detaillierten Vorschriften aus den früheren fortgelassen. Der Gebrauch des
Schneuzens mit dem Taschentuch ist allgemeiner und selbstverständlicher geworden. Man braucht nicht mehr so ausführlich zu sein. Außerdem scheut man sich jetzt mehr und
mehr von allen diesen Einzelheiten zu sprechen, die de La
Salle ursprünglich mit aller Unbefangenheit und Schlicht-
heit ausführlich behandelte. Stärker betont als früher ist
dafür der Hinweis auf die schlechte Gewohnheit der Kinder,
in der Nase zu bohren. Und wie gegenüber anderen kindlichen Gewohnheiten taucht auch ihr gegenüber an Stelle
oder neben der gesellschaftlichen die gesundheitliche Warnung als Instrument der Konditionierung auf, der Hinweis
auf den Schaden, den man sich zufügt, wenn man „so etwas"
häufiger macht. Das ist der Ausdruck für eine schon von
anderen Seiten her betrachtete Veränderung in der Art der
Konditionierung. Bis zu dieser Zeit werden Gewohnheiten fast
immer ausdrücklich in ihrer Beziehung zu anderen Menschen
beurteilt, und sie werden, wenigstens in der weltlichen Oberschicht, untersagt, weil sie anderen lästig und peinlich sein

"Zivilisation" als eine Veränderung des menschlichen Verhaltens.

können, oder weil sie einen "Mangel an Respekt" verraten. Jetzt werden mehr und mehr die Gewohnheiten als solche verworfen, nicht eigentlich im Hinblick auf andere. Auf diese Weise werden die gesellschaftlich unerwünschten Triebäußerungen oder Neigungen radikaler verdrängt. Sie werden für den Menschen mit Peinlichkeit, Angst, Scham- oder Schuldgefühlen belegt, auch für den Fall, daß er allein ist. Vieles von dem, was wir "Moral" oder "moralische Gründe" nennen, hat als Konditionierungsmittel der Kinder auf einen bestimmten gesellschaftlichen Standard die gleiche Funktion wie die "Hygiene" und die "hygienischen Gründe": Die Modellierung durch solche Mittel ist darauf abgestellt, das gesellschaftlich erwünschte Verhalten zu einem Automatismus, einem Selbstzwang zu machen und es im Bewußtsein des Einzelnen als von ihm selbst aus eigenem Antrieb, nämlich um seiner eigenen Gesundheit oder seiner eigenen menschlichen Würde willen, so gewolltes Verhalten in Erscheinung treten zu lassen. Und erst mit dieser Art, Gewohnheiten zu verfestigen, erst mit dieser Konditionierungsart, die mit den mittelständisch-bürgerlichen Schichten zugleich vorherrschend wird, erhalten die Konflikte zwischen den gesellschaftlich unauslebbaren Triebkräften und Triebrichtungen auf der einen und dem im Einzelnen verankerten Schema der gesellschaftlichen Forderungen auf der andern Seite dermaßen scharf ausgeprägt jene Gestalt, die von den Seelentheorien der neueren Zeit, vor allem von der psychoanalytischen Theorie, in den Mittelpunkt der Betrachtung gerückt worden ist. Mag sein, daß es "Neurosen" immer gegeben hat. Aber das, was wir heute als "Neurosen" um uns beobachten, ist eine bestimmte, historisch gewordene Gestalt des psychischen Konflikts, die der psychogenetischen und soziogenetischen Aufhellung bedarf.

3. Ein Hinweis auf die Mechanismen der Zurückdrängung mag bereits in den beiden zitierten Versen Bonvicino da Rivas (Beispiel A) enthalten sein. Der Unterschied zwischen dem, was von den Rittern und Herren erwartet wird, und

Über das Schneuzen.

dem, was man von den «Donizelli», den Pagen oder Dienenden
verlangt, läßt an ein soziales Phänomen denken, für das sich
viele Belege finden: Den Herren ist der Anblick von Verrichtungen der Bedienenden peinlich; sie drängen diese, die
sozial Niedrigerstehenden in ihrer unmittelbaren Umgebung
zu deren Bewältigung und zu einer Zurückhaltung, die sie
sich selbst zunächst durchaus nicht auferlegen. In dem Vers,
der sich an die Herren wendet, heißt es einfach: Wenn du dich
schneuzst, dreh dich um, damit nichts auf den Tisch fällt.
Vom Gebrauch eines Tuches wird nichts erwähnt. Soll man
glauben, der Gebrauch von Tüchern zum Naseputzen sei in
dieser Gesellschaft bereits so selbstverständlich gewesen,
daß man nicht einmal mehr für notwendig hielt, sie in einer
Manierenschrift zu erwähnen? Das ist in hohem Maße unwahrscheinlich. Den Dienern dagegen wird ausdrücklich
vorgeschrieben: Wenn ihr euch schneuzen müßt, nehmt
nicht die Finger, sondern die Fußtücher. Als ganz gesichert
kann man diese Interpretation der beiden Verse gewiß nicht
betrachten. Aber die Tatsache selbst, daß man bei Niedrigerstehenden Verrichtungen als peinlich und als respektlos empfindet, deren man sich als Höherstehender durchaus nicht
schämt, läßt sich häufig belegen. Sie erhält ihre besondere
Bedeutung, wenn mit der Umformung der Gesellschaft im
Sinne des Absolutismus, also an den absolutistischen Höfen,
die Oberschicht, die Aristokratie als Ganzes in hierarchischer
Abstufung zugleich eine dienende und sozial abhängige
Schicht geworden ist. Von diesem auf den ersten Blick recht
paradoxen Phänomen einer sozial in höchstem Maße abhängigen Oberschicht wird noch in anderem Zusammenhang
zu sprechen sein. Hier muß der Hinweis genügen, daß die
gesellschaftliche Abhängigkeit und ihr Aufbau für Aufbau
und Schema der Affektrestriktionen von entscheidender Bedeutung sind. Die Beispiele enthalten manchen Hinweis
darauf, wie sich mit der wachsenden Abhängigkeit in der
Oberschicht auch die Restriktionen verstärken. Es ist kein
Zufall, daß der erste ,,Gipfel der Verfeinerung" oder der

„Zivilisation" als eine Veränderung des menschlichen Verhaltens.

„Delikatesse" in der Form des Schneuzens — und nicht nur darin — in jene Phase fällt, in der die Abhängigkeit, die Gebundenheit der aristokratischen Oberschicht am stärksten ist, in die Periode Ludwigs XIV. (Beispiele I und J.)

Diese Tatsache der abhängigen Oberschicht erklärt zugleich das Doppelgesicht, das die Verhaltensweisen und Instrumente der Zivilisation zum mindesten in der Phase ihres Aufkommens haben: Es sind Instrumente und Verhaltensweisen, die einen gewissen Zwang ausdrücken und Versagung erfordern, aber sie erhalten sofort immer auch den Sinn einer sozialen Waffe gegen die jeweils Niedrigerstehenden, den Sinn eines Distinktionsmittels. Taschentuch, Gabel, Teller und alle ihre Verwandten sind zunächst Luxusgeräte mit einem bestimmten, sozialen Prestigewert. (Beispiel H.)

Die soziale Abhängigkeit, in der die folgende Oberschicht, das Bürgertum lebt, ist gewiß anderer Art als die Abhängigkeit der höfischen Aristokratie, aber sie ist eher noch stärker und zwingender.

Man ist sich heute im allgemeinen kaum dessen bewußt, was für ein einzigartiges und erstaunliches Phänomen eine „arbeitende" Oberschicht darstellt. Warum arbeitet sie? Warum unterwirft sie sich diesem Zwang, obgleich sie doch, wie man zuweilen sagt, „herrscht" und also kein Übergeordneter es von ihr verlangt?

Die Frage verlangt eine ausführlichere Beantwortung, als sie in diesem Zusammenhang möglich ist. Deutlich aber ist die Parallele zu dem, was oben über den Wandel der Konditionierungsinstrumente und -formen gesagt wurde: In der höfisch-aristokratischen Phase wird die Zurückhaltung, die man den Neigungen und Affekten auferlegt, vorwiegend mit der Rücksicht und dem Respekt begründet, den man anderen und vor allem den sozial Höherstehenden schuldet. In der folgenden Phase wird das, was zu Triebverzicht, Triebregelung und Zurückhaltung zwingt, weit weniger durch bestimmte Personen repräsentiert; es sind, provisorisch und undifferenziert gesagt, unmittelbarer als zu-

206

Über das Schneuzen.

vor die weniger sichtbaren und unpersönlicheren Zwänge der gesellschaftlichen Verflechtung, der Arbeitsteilung, des Marktes und der Konkurrenz, die zur Zurückhaltung und Regelung der Affekte und der Triebe zwingen. Sie sind es, denen die oben erwähnte Begründungs- und Konditionierungsart entspricht, bei der die „Modellierung" darauf abgestellt ist, das gesellschaftlich erforderliche Verhalten als vom Einzelnen selbst aus eigenem, inneren Antrieb so gewolltes Verhalten in Erscheinung treten zu lassen. Das gilt für die Triebregelung und -zurückhaltung, die zur „Arbeit" notwendig ist; das gilt für das gesamte Schema der Triebmodellierung in der bürgerlich-industriellen Gesellschaft. Das Schema der Affektbewältigung, also das, was zurückgehalten und was nicht zurückgehalten, geregelt und transformiert werden muß, ist gewiß in dieser Phase nicht das gleiche, wie in der vorangehenden, höfisch-aristokratischen; gegenüber bestimmten Triebrichtungen werden in der bürgerlichen Gesellschaft, entsprechend der anderen Abhängigkeit, die Restriktionen stärker als zuvor, gegenüber anderen bilden sich die aristokratischen Restriktionen einfach fort und um; sie transformieren sich der veränderten Lage gemäß. Und es bilden sich stärker als zuvor aus den verschiedenen Elementen verschiedene nationale Schemata der Affektbewältigung heraus. Aber bei der höfisch-aristokratischen Gesellschaft, wie bei der bürgerlichen des 19ten und 20ten Jahrhunderts, handelt es sich um gesellschaftlich in besonders hohem Maße gebundene Oberschichten. Es wird noch zu zeigen sein, welche zentrale Rolle als Motor der Zivilisation diese zunehmende Bindung der Oberschichten im allgemeinen spielt.

„Zivilisation" als eine Veränderung des menschlichen Verhaltens.

Über das Spucken.

Teil I

Beispiele:

A.

Mittelalter.

Aus einer lateinischen Tischzucht „Stans puer ad
    mensam". (The Babees Book Bd. 2, S. 32.)

. . . .

27 nec ultra mensam spueris nec de-
    super unquam
nec carnem propriam verres digito
    neque scalpes
	Spucke nicht über
	oder auf den Tisch

37 Si sapis extra vas expue quando lavas	Spucke nicht in das Becken, wenn du dir die Hände wäscht.

B.

Aus einer französischen «Contenence de table».
    The Babees Book Bd. 2, S. 7.

29 Ne craiche par dessus la table, Car c'est chose desconvenable	Spucke nicht auf den Tisch.

51 Cellui qui courtoisie a chier
    Ne doit pas ou bacin crachier,
Fors quant sa bouche et ses mains
    leve,
Ains mette hors, qu'aucun ne greve
	Spucke nicht ins
	Becken, wenn du dir
	die Hände wäscht,
	sondern daneben.

C.

Aus The Boke of Curtasye.
    The Babees Book, S. 301f.

85 if thou spitt over the borde, or
    elles opon,
thou schalle be holden an un-
    curtayse mon;
	Spucke nicht auf
	oder über den Tisch.

Über das Spucken.

133 After mete when thou shall wasshe,
spitt not in basyn, ne water thou
dasshe.

Spucke nicht ins
Becken, wenn du dir
die Hände wäscht.

D.

Aus Der Deutsche Cato.
Zarncke a. a. O. S. 137.

nach 276 unten Wirff nit nauch pürschem sin
Die spaichel über den tisch hin

E.

1530

Aus «De civilitate morum puerilium».
Von Erasmus von Rotterdam.

Aversus expuito, ne quem conspuas aspergasve. Si quid
purulentius in terram rejectum erit, pede, ut dixi, proteratur, ne cui nauseam moveat. Id si non licet, linteolo
sputum excipito. Resorbere salivam, inurbanum est, quemadmodum et illud quod quosdam videmus non ex necessi-
tate, sed ex usu, ad tertium quodque verbum expuere.

F.

1558

Aus dem „Galateo" des Giovanni della Casa, Erzbischofs von Benevent, zit. nach der fünfsprachigen Ausgabe, Genf 1609.

S. 570: Es stehet auch übel, daß sich einer, da er am
Tisch sitzet, krauet: Ja an dem Ort und zu solcher Zeit sol
sich einer so viel es müglich auch deß auswerfens enthalten,
und so man es ja nicht ganz umbgehen könte, so sol man es
doch auff eine höfliche Weise und unvermercket thun.

Ich habe offt gehöret, daß für zeiten ganze völcker so
mäßig gelebet, und sich so dapfer geübet, daß sie des aussprünzen durchaus nit bedürffet haben. Wie solten dann wir
uns auch nit eine geringe zeit (NB. gemeint ist während des
Essens; nur darauf bezieht sich hier die Beschränkung dieser
Gewohnheit) desselben enthalten können.

209

G.

1672

Aus Antoine de Courtin, Nouveau traité de Civilité.

S. 273: ... Cet usage dont nous venons de parler ne permet pas que la pluspart de ces sortes de loix soient immuables. Et comme il y en a beaucoup qui ont déja changé, je ne doute pas qu'il n'y en ait plusieurs de celles-cy, qui changeront tout de même à l'avenir.

Autrefois, par exemple, il estoit permis de cracher à terre devant des personnes de qualité, et il suffisoit de mettre le pied dessus; à present c'est une indecence.

Autrefois on pouvoit bâiller et c'estoit assez, pourvu que l'on ne parlast pas en bâillant; à present une personne de qualité s'en choqueroit.

H.

1714

Aus einer anonymen «Civilité française» (Liège 1714).

S. 67: Le cracher fréquent est desagréable; quand il est de nécessité on doit le rendre moins visible que l'on peut et faire en sorte qu'on ne crache ni sur les personnes, ni sur les habits de qui que ce soit, ni même sur les tisons étant auprés du feu. Et en quelque lieu que l'on crache, on doit mettre le pied sur le crachat.

Chez les grands on crache dans son mouchoir.

S. 41: Il est de mauvaise grace de cracher par la fenêtre dans la rue ou sur le feu.

Ne crachez point si loin qu'il faille aller chercher le crachat pour mettre le pied dessus.

I.

1729

Aus De La Salle, Les Règles de la Bien-séance et de la Civilité Chrétienne (Rouen 1729).

S. 35: On ne doit pas s'abstenir de cracher, et c'est une chose trés indécente d'avaler ce qu'on doit cracher; cela est capable de faire mal au cœur aux autres.

Über das Spucken.

Il ne faut pas cependant s'accoútumer á cracher trop souvent, et sans nécessité: cela est non seulement trés malhonnête; mais cela dégoute et incommode tout le monde. Quand on se trouve avec des personnes de qualité et lorsqu'on est dans des lieux qu'on tient propres, il est de l'honnêteté de cracher dans son mouchoir, en se tournant un peu de côté.

Il est même de la Bienséance que chacun s'accoútume à cracher dans son mouchoir, lorqu'on est dans les maisons des Grands et dans toutes les places qui sont, ou cirées, ou parquetées; mais il est bien plus nécessaire de prendre l'habitude de le faire lorsqu'on est dans l'Eglise autant qu'il est possible . . . cependant il arrive souvent qu'il n'y a point de pavé de Cuisine, ou même d'Ecurie plus sale . . . que celui de l'Eglise . . .

Après avoir craché dans son mouchoir, il faut le plier aussitòt, sans le regarder, et le mettre dans sa poche. On doit avoir beaucoup d'égard de ne jamais cracher sur ses habits, ni sur ceux des autres . . . Quand on aperçoit à terre quelque gros Crachat, il faut aussitòt mettre adroitement le pied dessus. Si on en remarque sur l'habit de quelqu'un, il n'est pas bien séant de le faire connoistre: mais il faut avertir quelque domestique de l'aller óter: et s'il n'y en a point, il faut l'óter soi — méme, sans qu'on s'en apercoive: car il est de l'honnêteté de ne rien faire paroitre á l'égard de qui que ce soit, qui lui puisse faire peine: ou lui donner de la confusion.

J.

1774

Aus De La Salle, Les Règles de la Bien-séance et de la Civilité Chrétienne (Ausg. v. 1774).

(In dieser Ausgabe ist das Kapitel «Du Baailler, du Cracher et du Tousser», das in den älteren Ausgaben vier Seiten umfaßt, auf eine Seite zusammengeschrumpft.)

S. 20: Dans l'Eglise, chez les Grands et dans tous les endroits où regnent la propreté, il faut cracher dans son mouchoir. C'est une grossiéreté impardonnable dans les en-

"„Zivilisation" als eine Veränderung des menschlichen Verhaltens.

fants, que celle qu'ils contractent en crachant au visage de leurs camarades: on ne saurait punir trop sévérement ces incivilités; on ne peut pas plus excuser ceux qui crachent par les fenêtres, sur les murailles et sur les meubles . . .

K.

1859

Aus The Habits of Good Society (London 1859).

S. 256: Spitting is at all times a disgusting habit, I need say nothing more than — never indulge in it. Besides being coarse and atrocious, it is very bad for the health.

L.

1910

Aus Augustin Cabanès, Mœurs intimes du passé
(prem. sér. Paris 1910).

S. 264: Avez-vous observé que nous reléguons aujourd'hui dans quelque coin discret ce que nos pères n'hésitaient pas à étaler au grand jour?

Ainsi certain meuble intime occupait une place d'honneur, . . . on ne songeait pas à le dérober aux regards.

Il en était de même d'un autre meuble, qui ne fait plus partie du mobilier moderne et dont, par ce temps de «bacillophobie», d'aucuns regretteront peutêtre la disparition: nous voulons parler du crachoir. (Spucknapf.)

Teil II.

Einige Gedanken zu den Zitaten über das Spucken.

1. Wie bei den anderen Reihen zeigt sich auch bei dieser vom Mittelalter ab deutlich die Veränderung des Verhaltens, und zwar die Veränderung in einer bestimmten Richtung. Ganz unverkennbar ist hier die Bewegung im Sinne dessen, was wir „Fortschritt" nennen. Das häufige Spucken gehört

Über das Spucken.

noch heute zu den Erfahrungen, die viele Europäer bei
Orient- oder Afrikareisen, zusammen mit dem „Mangel an
Sauberkeit", als besonders unangenehm oder, falls sie ein
bestimmtes Traumbild mitbrachten, als „enttäuschend"
verzeichnen, und die das Gefühl von dem „Fortschritt" der
abendländischen Zivilisation in ihnen verfestigen. Vor
höchstens vier Jahrhunderten war dieser Brauch im Abendland selbst nicht weniger verbreitet und selbstverständlich;
die Beispiele zeigen es. Sie bilden, im Zusammenhang gesehen, ein besonders anschauliches Exempel dafür, wie sich
die Zivilisation des Verhaltens produzierte.

2. Folgende Stufen der Bewegung erscheinen in den Beispielen: Sowohl die lateinischen, wie die englischen, französischen oder deutschen Tischzuchten bezeugen, daß es im
Mittelalter nicht nur ein Brauch, sondern offenbar ein allgemeines Bedürfnis ist, häufig zu spucken. Auch in der
ritterlich-höfischen Oberschicht erscheint das als vollkommen
selbstverständlich. Die wesentliche Beschränkung, die man
sich auferlegt, ist die, nicht auf und nicht über den Tisch hin
zu spucken, sondern unter den Tisch. Man soll auch nicht
ins Waschbecken spucken, wenn man sich Mund oder Hände
säubert, sondern möglichst daneben, wird gesagt. Diese Verbote werden so stereotyp in den Aufzeichnungen des courtoisen Manieren-Codes wiederholt, daß man sich eine Vorstellung von der Häufigkeit dessen machen kann, was hier
als „Unsitte" betrachtet wird. Auch diesen „Unsitten"
gegenüber wird der Druck der mittelalterlichen Gesellschaft
kaum je so stark und die Art der Konditionierung kaum je
so zwingend, daß sie aus dem gesellschaftlichen Leben verschwinden. Darin zeigt sich wiederum der Unterschied zwischen
der gesellschaftlichen Kontrolle in der mittelalterlichen und
in der folgenden Phase.

Im 16. Jahrhundert wird der Druck der Gesellschaft stärker:
Es wird Gebot, das Sputum auszutreten, jedenfalls dann, sagt
Erasmus, der hier, wie immer die Übergangssituation mar-
kiert, „si quid purulentius in terram rejectum erit". Und

„Zivilisation" als eine **Veränderung** des menschlichen Verhaltens.

die Verwendung eines Tuchs wird auch hier wieder erst als
eine Möglichkeit, nicht als Notwendigkeit zur Bewältigung
dieser Gewohnheit erwähnt, die ganz langsam peinlicher zu
werden beginnt.

Den nächsten Schritt zeigt deutlich die Äußerung de Courtins von 1672: ,,Ehemals war es erlaubt vor Personen von
Stand auf die Erde zu spucken, und es genügte, den Fuß
darüber zu setzen, heute ist das eine Indezenz."

Ganz entsprechend heißt es in der für breitere Schichten
bestimmten «Civilité» von 1714: ,,Mache das so wenig sichtbar als möglich, und sieh, daß du weder andre Menschen,
noch ihre Kleider beschmutzt. Bei den 'Großen', also bei
Personen von Rang, . . . on crache dans son mouchoir."

Bei de La Salle wird 1729 die gleiche Vorschrift auf alle Orte
ausgedehnt, ,,die man proper hält". Und er fügt hinzu, man
solle sich doch sogar daran gewöhnen, auch in der Kirche
nicht den Fußboden, sondern sein Taschentuch zu benutzen.

1774 ist dann der ganze Gebrauch und selbst das Sprechen
darüber schon ganz erheblich peinlicher geworden. 1859 ,,ist
das Spucken zu allen Zeiten eine widerliche Gewohnheit".
Immerhin hat, mindestens im Innern des Hauses, der Spucknapf als technisches Gerät zur Bewältigung dieser Gewohnheit
entsprechend dem vorrückenden Peinlichkeitsstandard im
19. Jahrundert noch eine beträchtliche Bedeutung. Cabanès,
1910, erinnert daran, daß er sich langsam, wie andere Gerätschaften (s. Beispiel L), aus einem Repräsentationsgerät in
ein intimes Gerät verwandelt hat.

Und allmählich wird auch dieses Gerät entbehrlich. In weiten
Teilen der abendländischen Gesellschaft scheint selbst das
Bedürfnis, von Zeit zu Zeit zu spucken, völlig verschwunden
zu sein. Ein Stand der Peinlichkeit und der Zurückhaltung,
ähnlich jenem, den della Casa lediglich aus der Lektüre antiker
Schriftsteller kannte, nämlich ,,daß ganze völcker so mäßig
gelebet und sich so dapfer geübet, daß sie des aussprünzen
durchaus nicht bedürffet" (Beispiel F), ist von neuem erreicht.

Über das Spucken.

3. Tabus und Restriktionen verschiedener Art umgeben die Aussonderung des Speichels, wie andere natürliche Verrichtungen, in sehr vielen Gesellschaften, primitiven wie zivilisierten. Was die Verbote in diesen von den Verboten in jenen unterscheidet, ist die Tatsache, daß sie in jenen, sei es auch nur in der Vorstellung, immer durch die Angst vor andern Wesen, also durch Fremdzwänge aufrechterhalten werden, während sich in diesen die Fremdzwänge mehr oder weniger vollkommen in Selbstzwänge verwandeln. Die verbotenen Neigungen, also z. B. die Neigung zum Spucken, verschwinden hier unter dem Druck dieses Selbstzwanges oder, was das gleiche sagt, unter dem Druck des ,,Über-Ich'' und der ,,Langsicht-Gewohnheit'' zum Teil geradezu aus dem Bewußtsein. Und zurück bleibt im Bewußtsein als Motivation der Furcht irgend eine Überlegung auf längere Sicht. So konzentriert sich in unserer Zeit die Furcht vor dem Spucken, und die Scham, die Peinlichkeitsgefühle, in denen sie zum Ausdruck kommt, statt um das Bild von magischen Einflüssen, von Göttern, Geistern oder Dämonen um das genauer begrenzte und in seiner Gesetzlichkeit klarer durchschaubare Bild bestimmter Krankheiten und ihrer ,,Erreger''. Aber die Beispielreihe zeigt auch sehr deutlich, daß die rationale Einsicht in die Entstehung bestimmter Krankheiten und in die Gefährlichkeit des Sputums als Transportmittels der Krankheitserreger weder die primäre Ursache der Furcht- und Peinlichkeitsgefühle, noch der Motor der Zivilisation oder der Antrieb zur Veränderung des Verhaltens mit Bezug auf das Spucken ist.

Zunächst einmal wird noch sehr lange Zeit hindurch ausdrücklich gesagt: Halte den Speichel nicht zurück. ,,Resorbere salivam, inurbanum est'', sagt Erasmus (Beispiel E). Und noch 1729 sagt Lasalle: «On ne doit pas s'abstenir de cracher.» D. h. also, man soll das Spucken nicht unterdrücken (Beispiel I). Durch Jahrhunderte hin findet sich nicht die leiseste Andeutung von ,,hygienischen Gründen'' für die Verbote und Restriktionen, mit denen man diese Triebäußerung um-

„Zivilisation" als eine Veränderung des menschlichen Verhaltens.

gibt. Die rationale Einsicht in die Gefährlichkeit des Sputums kommt den Menschen erst in einer sehr späten Phase der Verhaltensänderung und somit gewissermaßen erst nachträglich, erst im 19. Jahrhundert. Und selbst dann erscheint der Hinweis auf das Peinliche und Widerliche dieses Verhaltens immer noch gesondert neben dem Hinweis auf seine gesundheitsschädigende Wirkung: "Besides being coarse and atrocious it is very bad for the health", heißt es in Beispiel K vom Spucken.

Es ist gut, ein für allemal festzustellen, daß etwas, von dem wir wissen, daß es die Gesundheit schädigt, durchaus noch nicht notwendig zugleich Peinlichkeits- oder Schamgefühle erweckt; und umgekehrt: etwas, das Peinlichkeits- oder Schamgefühle auslöst, braucht ganz und garnicht gesundheitsschädlich zu sein. Jemand, der beim Essen schmatzt oder mit den Händen ißt, erweckt gegenwärtig äußerst peinliche Empfindungen, ohne daß die mindeste Schädigung seiner Gesundheit zu befürchten ist. Aber weder der Gedanke an jemanden, der bei schlechtem Licht liest, noch etwa der Gedanke an giftige Gase, erweckt im entferntesten ähnliche Peinlichkeits- oder Schamgefühle, obgleich die schädlichen Folgen für die Gesundheit offenbar sind. So verstärken sich auch die Peinlichkeits- und Ekelgefühle um die Absonderung des Sputums, die Tabus, mit denen man sie umgibt, lange bevor man irgendeine klare Vorstellung von der Übertragung bestimmter Krankheitskeime durch das Sputum hat. Was zunächst die Peinlichkeitsgefühle und Restriktionen auslöst und wachsen macht, ist eine Umformung der menschlichen Beziehungen und Abhängigkeitsverhältnisse. „Früher war es erlaubt, unverhüllt zu gähnen oder zu spucken, à present une personne de qualité s'en choquerait, heute würde eine Person von Stand darüber schockiert sein" (Beispiel G). Das ist die Art der Begründung, die die Menschen zunächst für die Forderung nach größerer Zurückhaltung geben. Die Motivierung aus gesellschaftlicher Rücksicht ist lange vor der Motivierung durch naturwissenschaftliche Einsichten da. Der König ver-

Über das Spucken.

langt diese Zurückhaltung als eine «marque de respect» von den Höflingen. In der höfischen Gesellschaft wird aus diesem Zeichen ihrer Abhängigkeit, dem wachsenden Zwang zur Zurückhaltung und Selbstbeherrschung, zugleich eine «marque de distinction», die unten sofort Nachahmung findet und sich mit dem Aufstieg breiterer Schichten ausbreitet. Und hier, wie in den vorangehenden Zivilisationskurven, verbindet sich die Mahnung: ,,So etwas tut man nicht", mit der man Zurückhaltung, Angst, Scham und Peinlichkeit züchtet, erst sehr spät, im Zuge einer gewissen ,,Demokratisierung" mit einer wissenschaftlichen Theorie, mit einem Begründungszusammenhang, der unabhängig von Rang und Stand des Einzelnen für alle Menschen gleichermaßen gilt. Der primäre Antrieb zu dieser langsamen Verdrängung einer Neigung, die ehemals stark und weit verbreitet war, kommt nicht aus der rationalen Einsicht in die Entstehung von Krankheiten, sondern — es wird ausführlich davon zu reden sein — aus den Veränderungen in der Art, wie die Menschen miteinander leben, aus den Veränderungen im Aufbau der Gesellschaft.

4. Die Umgestaltung des Auswerfens und schließlich das mehr oder weniger vollkommene Verschwinden des Bedürfnisses danach ist ein gutes Beispiel für die Formbarkeit des Seelenhaushalts. Mag sein, daß dieses Bedürfnis durch andere, etwa durch das Bedürfnis zu rauchen, kompensiert oder auch durch bestimmte Änderungen der Kost abgeschwächt worden ist. Sicherlich aber ist das Maß von Zurückdrängung, das hier möglich war, vielen anderen Triebäußerungen gegenüber nicht möglich. Die Neigung zu spucken, ebenso wie die andere, das Sputum zu betrachten, die in den Beispielen erwähnt wird, ist ersetzbar; sie kommt allenfalls noch bei Kindern oder in Traumanalysen deutlicher zum Ausdruck und ihre Unterdrückung in dem spezifischen Lachen, das uns ankommt, wenn von ,,solchen Dingen" unverhüllter gesprochen wird. Andere Bedürfnisse sind nicht bis zu dem gleichen Grade ersetzbar oder umformbar. Und

"Zivilisation" als eine Veränderung des menschlichen Verhaltens.

es erhebt sich hier die Frage nach den Grenzen der Transformierbarkeit des Seelenhaushaltes. Ohne Zweifel hat er eine bestimmte Eigengesetzlichkeit, die man "natural" nennen mag. In ihrem Rahmen formt der geschichtliche Prozeß, sie gibt ihm Spielraum und setzt ihm Grenzen; und es bleibt eine Aufgabe, diese Modellierbarkeit des menschlichen Lebens und Verhaltens durch geschichtliche Prozesse näher zu bestimmen. Jedenfalls aber wird in alledem von neuem sichtbar, wie Natur- und Geschichtsprozeß kaum trennbar ineinander wirken. Die Bildung von Scham- und Peinlichkeitsgefühlen, das Vorrücken der Peinlichkeitsschwelle, ist beides, natürlich und geschichtlich zugleich. Diese Formen von Empfindungen sind gewissermaßen Gestaltungen der Menschennatur bei gesellschaftlichen Bedingungen von bestimmter Form, und sie wirken ihrerseits als ein Element in den geschichtlich-gesellschaftlichen Prozeß zurück.

Es ist schwer zu sehen, ob die radikale Gegenüberstellung von "Zivilisation" und "Natur" mehr ist als ein Ausdruck für die Gepreßtheit der "zivilisierten" Seelen selbst, also für eine spezifische Disproportionalität im Seelenhaushalt, die sich in der neueren Phase der westlichen Zivilisation herstellt. Jedenfalls ist geschichtlich, nämlich gesellschaftlich geprägt, der Seelenhaushalt der "Primitiven" nicht weniger als der der "Zivilisierten", wenn jene auch ihre eigene Geschichte kaum kennen. Es gibt keinen Nullpunkt der Geschichtlichkeit in der Entwicklung der Menschen, wie es auch keinen Nullpunkt der Soziabilität, der gesellschaftlichen Verbundenheit von Menschen gibt. Und es gibt gesellschaftlich geformte Verbote und Restriktionen, ebenso, wie ihr seelisches Substrat, gesellschaftlich geformte Ängste, Lust und Unlust, Peinlichkeit und Entzücken hier wie dort. Es ist also mindestens nicht ganz klar, was man meint, wenn man jenen Standard, den der sogenannten Primitiven, als den schlechthin "natürlichen" diesem anderen, dem der "Zivilisierten", als dem geschichtlich-gesellschaftlichen gegenüberstellt. Soweit es sich um psychische Funktionen des Menschen handelt,

wirken Naturprozesse und geschichtliche Prozesse unablös-
bar zusammen.

Über das Verhalten im Schlafraum.

Teil I

Beispiele.

15. Jahrhundert.

A.

Aus „Stans puer ad mensam". Englische Tischzucht
aus der Zeit zwischen 1463 und 1483.

(A Book of Precedence, London 1869, S. 63.)

215 And if that it forten so by nyght
    or Any tyme
  That you schall lye with Any man
    that is better than you
  Spyre hym what syde of the bedd
    that most best will ples hym,
  And lye you on thi tother syde,
    for that is thi prow;

Teilst du das Bett
mit einem Mann hö-
heren Standes, frage
ihn, welche Seite er
vorzieht.

  Ne go you not to bede before bot thi
    better cause the,
  For that is no curtasy, thus seys
    doctour paler

Geh nicht zu Bett,
bevor dich der Bes-
sere auffordert; das
ist nicht courtois,
sagt Dr. Paler.

223 And when you arte in thi bed,
    this is curtasy,
  Stryght downe that you lye with
    fote and hond.
  When ze haue talkyd what ze
    wyll, byd hym gode nyght in
    hye
  F or that is gret curtasy so schall
    th ou u nderstand*).

Lieg gerade im Bett
und biete ihm gute
Nacht.

*) Auf die genauere Wiedergabe der alten Schreibweise ist ver-
zichtet worden, um das Verständnis zu erleichtern. Man findet die
philologisch exakte Wiedergabe in „A Book of Precedence" a. a. O.

219

„Zivilisation" als eine Veränderung des menschlichen Verhaltens.

B.

1530

Aus „De civilitate morum querilium" (Kap. XII de cubiculo).

Von Erasmus von Rotterdam.

Sive cum exuis te (dich auskleidest), sive cum surgis (aufstehst), memor verecundiae, cave ne quid nudes aliorum oculis quod mos et natura tectum esse voluit.

Si cum sodali lectum habeas communem, quietus jaceto, neque corporis jactatione vel te ipsum nudes, vel sodali detractis palliis (durch Wegziehen der Decken) sis molestus.

C.

1555

Aus «Des bonnes mœurs et honnestes contenances», Lyon 1555.

Von Pierre Broe.

Et quand viendra que tu seras au lit
Après soupper pour prendre le délit
d'humain repos aucques plaisant some
si auprès de toi est couché quelque home
Tien doucement tous tes membres à droyt
Alonge toy, et garde à son endroyt
de le facher alors aucunement
pour te mouvoyr ou tourner rudement
par toy ne soyent ces membres descouvers
te remuant ou faisant tours divers:
Et si tu sens qu'il soit ja someillé
Fay que par toy il ne soyt esueillé.

D.

1729

Aus De La Salle, Les Règles de la Bienséance et de la Civilité Chrétienne (Rouen 1729).

S. 55: On doit ... ne se deshabiller, ni coucher devant personne; l'on doit surtout, à moins qu'on ne soit engagé

Über das Verhalten im Schlafraum.

dans le Mariage, ne pas se coucher devant aucune personne d'autre sexe.

Il est encore bien moins permis à des personnes de sexe différent, de coucher dans un même lit, quand ce ne serait que des Enfants fort jeunes . . .

Lorsque par une nécessité indispensable, on est contraint dans un voïage de coucher avec quelque autre de mesme séxe, il n'est pas bien-séant de s'en aprocher si fort, qu'on puisse non seulement s'incommoder l'un l'autre, mais mesme se toucher; et il l'est encore moins de mettre ses jambes entre celles de la personne avec qui on est couché . . .

. . . .

Il est aussi trés indécent et peu honnète, de s'amuser á causer, á badiner . . .

. . . .

Lorsqu'on sort du lit, il ne faut pas le laisser découvert ni mettre son bonnet de nuit sur quelque siége, ou en quelqu'autre endroit d'oú il puisse ètre aperçú.

E.

1774

Aus De La Salle, Les Règles de la Bien-séance et de la Civilité Chrétienne (Ausg. v. 1774 S. 31).

C'est un étrange abus de faire coucher des personnes de différents sexes dans une même chambre; et si la nécessité y oblige, il faut bien faire ensorte que les lits soient séparés, et que la pudeur ne souffre en rien de ce mélange. Une grande indigence peut seule excuser cet usage . . .

Lorsqu'on se trouve forcé de coucher avec une personne de même sexe, ce qui arrive rarement, il faut s'y tenir dans une modestie sévere et vigilante . . .

. . . .

Dès que l'on est éveillé, et que l'on a pris un temps suffisant pour le repos, il faut sortir du lit avec la modestie convenable, et ne jamais y rester á tenir des conversations ou vaquer à

„Zivilisation" als eine Veränderung des menschlichen Verhaltens.

d'autres affaires ... rien n'annonce plus sensiblement la
paresse et la légéreté; le lit est destiné au repos du corps et
non á toute autre chose.

Teil II.
Einige Gedanken zu den Beispielen.

1. Das Schlafzimmer ist zu einem der „privatesten" und
„intimsten" Bezirke des menschlichen Lebens geworden.
Wie die meisten körperlichen Verrichtungen hat sich auch
das „Schlafen" mehr und mehr „hinter die Kulissen" des
gesellschaftlichen Verkehrs verlagert. Die Kleinfamilie ist,
als einzige legitime, gesellschaftlich-sanktionierte Enklave
für diese, wie für viele andere Funktionen des Menschen
übriggeblieben. Ihre sichtbaren und unsichtbaren Mauern
entziehen das „Privateste", „Intimste", das ununterdrück-
bar „Tierische" im Dasein des einen Menschen den Blicken
der anderen.

In der mittelalterlichen Gesellschaft war auch diese Funktion nicht in solcher Weise privatisiert und aus dem gesellschaftlichen Leben ausgesondert. Es war durchaus üblich in
den Räumen, in denen Betten standen, Besuch zu empfangen, und die Betten selbst hatten daher je nach ihrer
Ausstattung einen Prestigewert. Es war sehr gewöhnlich,
daß viele Menschen in einem Raum übernachteten, in der
Oberschicht der Herr mit seinem Diener, die Frau mit ihrer
Magd oder ihren Mägden, in anderen Schichten häufig selbst
Männer und Frauen in dem gleichen Raum[69]), oft auch
Gäste, die über Nacht blieben[70]).

2. Wer nicht in den Kleidern schlief, zog sich völlig aus.
Im allgemeinen schlief man in der Laiengesellschaft nackt,
in den Mönchsorden je nach der Strenge der Regel völlig
angezogen oder völlig ausgezogen. Die Regel des heiligen
Benedikt — wenigstens z. T. schon aus dem 6. Jahrhundert —
schrieb den Ordensmitgliedern vor, in ihren Kleidern zu
schlafen und sogar den Gürtel anzubehalten[71]). Die Regel

222

Über das Verhalten im Schlafraum.

der Cluniazenser erlaubte im 12. Jahrhundert, als der Orden
wohlhabender, mächtiger und die asketischen Zwänge lockerer
wurden, unbekleidetes Schlafen. Die Zisterzienser, in ihren
Reformbestrebungen, kehrten wieder zu der alten benedik-
tinischen Regel zurück. Von einer spezialisierten Nachtbekleidung ist in den Ordensregeln dieser Zeit nie die Rede,
erst recht nicht in den Zeugnissen, den Epen oder Illustra-
tionen, die uns die weltliche Gesellschaft hinterlassen hat.
Das gilt auch für Frauen. Es war eher auffallend, wenn jemand sein Taghemd beim Schlafengehen anbehielt. Es erweckte den Verdacht, daß der oder die Betreffende mit einem
körperlichen Schaden behaftet sei — aus welchem anderen
Grunde sollte man seinen Körper verstecken? —, und es
hatte auch in der Tat meist einen Grund dieser Art. Wir
hören z. B., wie im «Roman de la Violette» die Dienerin ihre
Herrin erstaunt fragt, warum sie denn im Hemd zu Bett gehe,
und wie diese ihr erklärt, sie tue es wegen eines Körpermals[72]).

Übrigens zeigt sich diese größere Unbefangenheit gegenüber dem Zeigen des nackten Körpers und der entsprechende
Stand der Schamgrenze besonders deutlich auch in den
Badesitten. Es ist oft genug in der späteren Zeit mit Erstaunen festgestellt worden, daß die Ritter im Bade von
Frauen bedient wurden; und ebenso wurde ihnen der Nacht-
trunk ans Bett oft von Frauen gebracht. Es scheint, wenigstens in den Städten, häufig gewesen zu sein, daß man sich
zu Hause auszog, bevor man ins Badhaus ging. ,,Wieviel
mal," sagt ein Beobachter, ,,laufft der Vater bloß von Hauß
mit einem einzigen Niederwad über die Gassen, samt seinem
entblößten Weib und bloßen Kindern dem Bad zu . . . wieviel
mal siehe ich die Mägdlein von 10, 12, 14, 16 und 18 Jaren
gantz entblößt und allein mit einem kurtzen Leinen, oft
schleußig (zerschlissen), und zerrissenen Badmantel oder, wie
mans hier zu Land nennt, mit einem Badehr allein vornen
bedeckt, und hinden umb den Rücken! Dieser und (an den)
füssen offen und die Hand mit Gebühr in den Hindern hal-
tend, von ihrem Hauß über die langen Gassen bei mittag bis

223

„Zivilisation" als eine Veränderung des menschlichen Verhaltens.

zum bad lauffen. Wie viel lauft neben ihnen die gantz entblößten zehen, zwölfe, viertzehn und sechzehnjährigen
Knaben her . . . [73])."

Diese Unbefangenheit verschwindet dann langsam im
16., entschiedener im 17., 18. und 19. Jahrundert, zunächst
in den oberen Schichten, viel langsamer in den unteren. Bis
dahin macht die ganze Lebensform, die geringere Distanzierung der Individuen den Anblick des nackten Körpers,
wenigstens am zugehörigen Ort, unvergleichlich viel selbstverständlicher als in der ersten Phase der neueren Zeit. „Es
ergibt sich," so ist — zunächst mit Bezug auf Deutschland —
gesagt worden, „das überraschende Resultat, daß . . . der Anblick völliger Nacktheit die alltägliche Regel bis ins 16. Jahrhundert war. Jederman entkleidete sich alle Abende gänz-
lich vor dem Schlafengehen, und ebenso kannte man keine
Hülle in den Dampfbädern[74]." Und das gilt ganz gewiß
nicht von Deutschland allein. Die Menschen standen hier
dem Körper — ebenso wie vielen seiner Verrichtungen — un-
befangener gegenüber; man kann auch sagen: kindlicher.
Die Schlafsitten zeigen es ebenso, wie etwa die Badegewohn-
heiten.

3. Eine spezielle Nachtbekleidung kam ungefähr in der
gleichen Zeit langsam in Gebrauch, wie Gabel oder Schnupftuch; wie die anderen „Zivilisationsgeräte" machte auch
dieses seinen Weg durch Europa ganz allmählich. Und wie
jene ist es ein Symbol der entscheidenden Wandlung, die in
dieser Zeit mit den Menschen vor sich ging. Die Sensibilität
der Menschen gegenüber allem, was mit ihrem Körper in Berührung kam, wuchs. Das Schamgefühl haftete sich an Verhaltensweisen, die bisher nicht mit solchen Gefühlen belegt
waren. Jener psychische Vorgang, der schon in der Bibel
geschildert wird — „und sie sahen, daß sie nackend waren
und schämten sich" —, ein Vorrücken der Schamgrenze, ein
Schub von Triebverhaltung wiederholt sich, wie so oft im
Laufe der Geschichte, auch hier. Die Unbefangenheit, mit
der man sich nackt zeigt, schwindet ebenso, wie die Unbe-

Über das Verhalten im Schlafraum.

fangenheit, mit der man seine Bedürfnisse vor anderer Augen verrichtet. Und entsprechend dieser geringeren Selbstverständlichkeit des Anblicks im gesellschaftlichen Leben selbst gewinnt die Darstellung des nackten Körpers in der Kunst eine neue Bedeutung: Sie wird in stärkerem Maße als bisher Traumbild und Wunscherfüllung. Sie wird, um Schillers Terminus aufzunehmen, zum Unterschied von der „naiven" Formung früherer Phasen, „sentimentalisch".

In der höfischen Gesellschaft Frankreichs, in der Aufstehen und Schlafengehen, zum mindesten der großen Herren und Damen, unmittelbar in das gesellschaftliche Leben eingebaut sind, wird auch das Nachthemd, wie jede andere im Verkehr der Menschen erscheinende Kleidung durchgeformt und repräsentativ ausgestaltet. Das ändert sich, je mehr, zugleich mit dem Aufstieg breiterer Schichten, das Aufstehen und Schlafengehen intimisiert, aus dem gesellschaftlichen Verkehr der Menschen ausgesondert und in das Innere der Kleinfamilie verlegt wird.

Die Nachkriegs-Generationen und dementsprechend auch Manierenbücher der Nachkriegszeit blicken mit einer gewissen Ironie — und oft nicht ohne einen leisen Schauder — auf diese Periode zurück, in der die Aussonderung solcher Verrichtungen, wie Schlafen, Ausziehen und Anziehen aus dem gesellschaftlichen Leben mit besonders großer Strenge durchgeführt wurde, und in der auch das bloße Sprechen von ihnen mit relativ schweren Verboten eingeengt war. Ein englisches Manierenbuch von 1936[75]) sagt — vielleicht mit einer kleinen Übertreibung, aber sicher nicht ganz ohne Berechtigung: "During the Genteel Era before the War, camping was the only way by which respectable writers might approach the subject of sleep. In those days ladies and gentlemen did not go to bed at night — they retired. How they did it was nobody's business. An author who thought differently would have found himself excluded from the circulating library." Auch hier zeigt sich seit dem Kriege eine gewisse Gegenbewegung und Lockerung. Sie hängt

„Zivilisation" als eine Veränderung des menschlichen Verhaltens.

offenbar mit der steigenden Mobilität der Gesellschaft zusammen, mit der Ausbreitung von Sport, Wandern, Reisen, auch mit der relativ frühen Aussonderung des jungen Menschen aus der Wohngemeinschaft der Familie. Der Übergang vom Nachthemd zum Schlafanzug, also zu einer „gesellschaftsfähigeren" Schlafbekleidung, ist ein Sympton dafür. Auch hier handelt es sich nicht um eine schlechthin rückläufige Bewegung, wie zuweilen angenommen wird, also um ein Zurückfluten des Scham- und Peinlichkeitsgefühls oder um eine Entfesselung und Entregelung des Trieblebens, sondern um die Herausbildung einer passenden Form, die zugleich unserem vorgerückten Schamstandard genügt, wie den spezifischen Situationen, in die das gesellschaftliche Leben der Gegenwart den Einzelnen hineinstellt. Das „Schlafen" ist nicht mehr ganz in dem gleichen Maße intimisiert und mit Mauern umgeben, wie in der vorangehenden Phase. Es gibt mehr Situationen, in denen der Mensch beim Schlafen, beim Ausziehen oder Anziehen dem Anblick anderer, fremder Menschen ausgesetzt ist. Infolgedessen ist die Nachtbekleidung, ebenso wie die Unterwäsche so umgestaltet und so durchgeformt worden, daß sich ihr Träger nicht „schämen" muß, wenn er in solchen Situationen von anderen gesehen wird. Die Nachtbekleidung der vorangehenden Phase aber hat sich gerade im Zusammenhang mit ihrer Ungeformtheit mit Scham- und Peinlichkeitsgefühlen belegt. Sie war in der Tat nicht für den Anblick von Menschen außerhalb des Familienkreises bestimmt. Das Nachthemd des 19. Jahrhunderts markiert auf der einen Seite eine Epoche, in der das Scham- und Peinlichkeitsgefühl gegenüber der Entblößung des eigenen Körpers so weit fortgeschritten und so weit nach innen geschlagen war, daß man die Körperformen ganz verdecken mußte, auch wenn man allein oder im engsten Kreis der Familie war. Es ist auf der anderen Seite das bezeichnende Requisit einer Epoche, in der das „Intime" und „Private", eben weil es dem gesellschaftlichen Leben besonders abgewandt war, auch besonders wenig durchgeformt

Über das Verhalten im Schlafraum.

wurde. Und diese eigentümliche Verbindung einer stark nach innen geschlagenen und zum Selbstzwang gewordenen Peinlichkeitsempfindung oder Moralität mit einer weitgehenden „Undurchgeformtheit des Intimen" ist für die Gesellschaft des 19. Jahrhunderts und auch noch die unserer eigenen Zeit nicht wenig charakteristisch[76]).

4. Die Beispiele geben einen ungefähren Eindruck davon, wie diese Intimisierung und Privatisierung des Schlafens, seine Aussonderung aus dem gesellschaftlichen Verkehr der Menschen, langsam vorrückt, und wie die Verhaltensvorschriften, die man dem jungen Menschen gibt, mit diesem Vorrücken der Scham auch den spezifisch-moralistischen Unterton erhalten. In dem mittelalterlichen Beispiel (Beispiel A) wird die Zurückhaltung, die man von dem jungen Menschen fordert, im wesentlichen mit der Rücksicht auf den andern, mit dem Respekt vor dem „besseren", dem sozial höher stehenden Mann begründet: „Wenn du das Bett mit einem besseren Mann teilst, dann frage ihn, welche Seite er vorzieht, gehe nicht zu Bett, bevor er dich auffordert, denn das ist nicht courtois." Und auch noch in der französischen Nachdichtung des Johannes Sulpicius von Pierre Broë (Beispiel C) herrscht diese Haltung vor: „Ärgere deinen Nachbarn nicht, wenn er eingeschlafen ist; sieh, daß er durch dich nicht aufwacht usw." Bei Erasmus klingt die moralische Forderung, die Forderung eines bestimmten Verhaltens nicht um der Rücksicht auf andere Menschen, sondern „um seiner selbst" willen bereits an: „Wenn du dich ausziehst, wenn du dich anziehst, gedenke des Anstands." Aber der Gedanke an die gesellschaftliche Sitte, an die Rücksicht auf den anderen ist noch vorherrschend. Der Kontrast zu der späteren Zeit wird besonders deutlich, wenn man daran denkt, daß diese Vorschriften, auch die des Doktor Paler (Beispiel A), offenbar an Menschen gerichtet waren, die unbekleidet zu Bett gingen. Daß fremde Menschen, die in keiner häuslichen, in keiner familiären Beziehung zueinander standen, im gleichen Bett schliefen, erscheint, nach der Art zu schließen, in der die

"Zivilisation" als eine Veränderung des menschlichen Verhaltens.

Frage besprochen wird, auch noch in der Zeit des Erasmus als selbstverständlich und in keiner Weise als anstößig.

Die Zitate aus dem 18. Jahrhundert setzen die Linie nicht geradlinig fort, schon deswegen nicht, weil sie sich nicht mehr vorwiegend auf die Oberschicht beziehen. Aber inzwischen ist es selbst in anderen Schichten offensichtlich weniger selbstverständlich geworden, daß ein junger Mensch sein Bett mit einem anderen Menschen teilt: "Wenn man durch eine unumgängliche Notwendigkeit gezwungen ist, auf einer Reise das Bett mit einer anderen Person zu teilen, ist es nicht schicklich, sich ihr so zu nähern, daß man sie stört oder berührt", heißt es bei de La Salle (Beispiel D). Und: "Man darf sich weder ausziehen, noch zu Bett gehen vor irgendeinem anderen Menschen."

In der Ausgabe von 1774 sind dann wieder nach Möglichkeit alle Einzelheiten vermieden. Und der Ton hat sich beträchtlich verschärft. "Ist man gezwungen, mit einer Person gleichen Geschlechts das Bett zu teilen, was selten vorkommt, il faut se tenir dans une modestie sévère et vigilante" (Beispiel E). Das ist in der Tat der Ton der moralischen Forderung. Selbst eine Begründung auszusprechen, ist dem Erwachsenen peinlich geworden. Man läßt das Kind nur durch das Bedrohliche des Tons fühlen, daß mit dieser Situation Gefahren verbunden sind. Je mehr den Erwachsenen ihr Stand der Peinlichkeits- und Schamgefühle als "natürlich" und die zivilisierte Gebundenheit des Trieblebens als selbstverständlich erscheint, desto unverständlicher wird ihnen zunächst in einer bestimmten Stufe, daß Kinder diese Peinlichkeit und diese Scham von "Natur" noch nicht haben. Zwangsläufig rühren die Kinder immer von neuem an die Peinlichkeitsschwelle der Erwachsenen, zwangsläufig — da sie ja erst adaptiert werden müssen — übertreten sie die Tabus der Gesellschaft, die Schamgrenze der Erwachsenen und geraten an die zum Teil nur mühsam bewältigte Gefahrenzone in deren eigenem Affekthaushalt. In dieser Situation erklärt der Erwachsene seine Verhaltensforderung nicht. Er

Über das Verhalten im Schlafraum.

kann sie gar nicht zureichend erklären. Er ist so konditioniert,
daß er sich mehr oder weniger automatisch dem gesellschaftlichen Standard gemäß verhält. Jedes andere Verhalten,
jede Durchbrechung der Verbote oder der Zurückhaltung
in der eigenen Gesellschaft bedeutet eine Gefahr und eine
Entwertung der Zurückhaltung, die ihm selbst auferlegt
ist. Und der eigentümlich emotionale Unterton, der sich
so oft mit der moralischen Forderung verbindet, die aggressive
und bedrohliche Strenge, mit der die moralische Forderung
häufig vertreten wird, sie sind Reflexe der Gefahr, in die jede
Durchbrechung der Verbote das labile Gleichgewicht aller
jener bringt, für die das Standardverhalten der Gesellschaft
mehr oder weniger zur ,,zweiten Natur" geworden ist; sie
sind Symptome der Angst, die in ihnen aufsteigt, sowie auch
nur von ferne der Aufbau ihres eignen Triebhaushalts und
mit ihm zugleich ihre eigne soziale Existenz, wie die Ordnung ihres gesellschaftlichen Lebens bedroht sind.
Eine ganze Reihe von spezifischen Konflikten zwischen
Erwachsenen, vor allem zwischen den zur Konditionierung
meist wenig vorbereiteten Eltern, und den Kindern, die sich
mit dem Vorrücken der Schamgrenze, mit der wachsenden
Distanz zwischen Erwachsenen und Kindern einstellen, und
die also zum guten Teil in der Struktur der zivilisierten Gesellschaft selbst begründet sind, erklären sich aus dieser
Situation. Sie selbst wird verhältnismäßig spät und erst
durch eine neue Reflexion von der Gesellschaft, oder zunächst von kleinen Kreisen, vor allem von Berufserziehern,
erfaßt. Und erst dann, erst in der Zeit, die man gelegentlich
als das ,,Jahrhundert des Kindes" bezeichnet hat, dringt
die der vorgerückten Distanz zwischen Kindern und Erwachsenen entsprechende Einsicht, daß sich die Kinder
nicht wie Erwachsene verhalten können, mit entsprechenden Erziehungsratschlägen und Vorschriften langsam in den
Kreis der Familie. Für die lange Periode vorher ist die
strengere, von vornherein Moral und Einhaltung der Tabus
verlangende Haltung auch gegenüber den Kindern vorherr-

"Zivilisation" als eine Veränderung des menschlichen Verhaltens.

schend. Und man kann gewiß nicht sagen, daß sie heute
verschwunden ist.

Die Beispiele über das Verhalten im Schlafraum geben
für einen begrenzten Ausschnitt einen gewissen Eindruck
davon, wie spät eigentlich die Tendenz zu solcher Haltung
in der weltlichen Erziehung zu ihrer vollen Ausprägung
·kommt.

Die Linie dieser Entwicklung bedarf kaum noch einer Erläuterung. Auch hier, ganz ähnlich, wie in der Gestaltung
des Essens, wächst kontinuierlich die Wand, die sich zwischen
Mensch und Mensch erhebt, die Scheu, die Affektmauer, die
durch die Konditionierung zwischen Körper und Körper errichtet wird. Mit Menschen außerhalb des Familienkreises, also mit
fremden Menschen, das Bett zu teilen, wird mehr und mehr
peinlich gemacht. Wo nicht Not herrscht, wird es selbst innerhalb der Familie üblich, daß jeder Mensch sein eigenes Bett
hat, schließlich auch — in den Mittel- und Oberschichten —
seinen eigenen Schlafraum. Die Kinder werden frühzeitig
zu dieser Entfernung von anderen, zu dieser Isolierung mit
allem, was sie an Gewohnheiten und Erfahrungen mit sich
bringt, erzogen. Erst wenn man sieht, wie selbstverständlich
es dem Mittelalter erschien, daß fremde Menschen, daß Kinder
und Erwachsene ihr Bett miteinander teilten, kann man
ermessen, welche tiefgreifende Veränderung der zwischenmenschlichen Beziehungen und Verhaltensweisen in unserer
Lebensanordnung zum Ausdruck kommt. Und man erkennt,
wie wenig es sich von selbst versteht, daß Bett und Körper
psychische Gefahrenzonen so hohen Grades bilden, wie in
der bisher letzten Phase der Zivilisation.

Wandlungen in der Einstellung zu den Beziehungen von Mann und Frau.

1. Das Schamempfinden, das die sexuellen Beziehungen
der Menschen umgibt, hat sich im Prozeß der Zivilisation
beträchtlich verstärkt und verändert[77]). Das kommt besonders

deutlich in der Schwierigkeit zum Ausdruck, die die Erwachsenen der späteren Zivilisationsphasen haben, wenn sie mit ihren Kindern von diesen Beziehungen reden sollen. Aber diese Schwierigkeit erscheint heute fast als etwas Natürliches. Es erscheint uns fast aus biologischen Gründen allein schon erklärlich, daß ein Kind von den Beziehungen der Geschlechter zueinander nichts weiß, und daß es eine äußerst heikle und diffizile Aufgabe ist, die heranwachsenden Mädchen und Knaben über sich selbst, über das, was rings um sie vorgeht, aufzuklären. Wie wenig selbstverständlich diese Situation ist, wie sehr auch sie Ergebnis eines Zivilisationsprozesses ist, wird man erst gewahr, wenn man das entsprechende Verhalten von Menschen einer anderen Phase beobachtet. Das Schicksal der berühmten Colloquien des Erasmus v. Rotterdam gibt ein gutes Exempel dafür.

Erasmus hatte erfahren, daß man eine Jugendarbeit von ihm korrumpiert, mit fremden Zusätzen und zum Teil in schlechtem Stil ohne seine Erlaubnis gedruckt hatte. Er überarbeitet sie und gibt sie selbst 1522 unter einem neuen Titel heraus. Er nennt sie: ,,Familiarum Colloquiorum Formulae non tantum ad linguam puerilem expoliandam, verum etiam ad vitam instituendam.''

Er arbeitet an dieser Schrift, er vermehrt und verbessert sie noch bis kurz vor seinem Tode. Und sie wurde das, was er gewünscht hatte, ein Buch, aus dem die Knaben nicht nur einen guten, lateinischen Stil lernen konnten, das nicht nur zur Verbesserung ihrer Sprache, sondern, wie er im Titel sagt, zu ihrer Einführung in das Leben dienen konnte. Die ,,Colloquien'' wurden zu einer der berühmtesten und verbreitetsten Schriften ihrer Zeit. Sie erlebten, wie später seine Schrift ,,de civilitate morum puerilium'', eine Fülle von Auflagen und Übersetzungen. Und sie wurden, wie jene andere, ein Schulbuch, ein Standardwerk, mit dem man die Knaben großzog.

Kaum etwas macht die Veränderung der abendländischen Gesellschaft auf dem Wege der Zivilisation so unmittelbar

„Zivilisation" als eine Veränderung des menschlichen Verhaltens.

anschaulich, wie die Kritik, die diese Schrift von denen, die gezwungen waren, sich überhaupt noch mit ihr zu beschäftigen, im 19. Jahrhundert erfuhr. Einer der maßgebenden deutschen Pädagogen, v. Raumer, sagt in seiner Geschichte der Pädagogik, Stuttgart 1857 (T. 1, 110) beispielsweise folgendes über sie:

„Wie man nur ein solches Buch in unzählige Schulen einführen konnte! Was sollten Knaben mit jenen Satyren? Reformieren ist nur Sache reifer Männer. Was sollten sie mit Gesprächen über so viele Gegenstände, von denen sie nichts verstehen, mit solchen, in denen die Lehrer verspottet werden, mit Unterhaltungen zweier Weiber über ihre Männer, eines Freiers mit einem Mädchen, um welches er wirbt und gar mit dem colloquium ‚Adolescentis et Scorti'. Dieses letzte Gespräch erinnert an Schillers ‚Kunstgriff' überschriebenes Distichon:
‚Wollt ihr zugleich den Kindern der Welt und den Frommen gefallen, malet die Wollust, nur malet den Teufel dazu.'
Erasmus malt hier die Wollust aufs Gemeinste und fügt dann etwas hinzu, das erbaulich sein soll. Ein solches Buch empfiehlt der Doktor Theologiae dem achtjährigen Knaben, um durch dessen Lektüre besser zu werden."

In der Tat ist die Schrift dem jungen Sohn von Erasmus' Verleger gewidmet, und der Vater hatte offenbar keine Scheu sie zu drucken.

2. Harte Kritik hat dieses Buch erfahren, sowie es erschien. Aber sie galt in geringerem Maß seinen moralischen Qualitäten. Sie galt in erster Linie dem „Intelligenzler", dem Mann, der weder ein orthodoxer Protestant, noch ein orthodoxer Katholik war. Vor allem die katholische Kirche kämpfte gegen die „Colloquia", die allerdings gelegentlich harte Angriffe auf Orden und kirchliche Institutionen enthalten, und hat sie bald auf den Index gesetzt.

Aber demgegenüber steht der außerordentliche Erfolg der „Colloquien" und vor allem ihre Rezeption als Schulbuch.

„Von 1526 an," sagt Huizinga in seinem ‚Erasmus' (London 1924, 199) von den Colloquien, „gab es durch zwei Jahrhunderte hin einen fast ununterbrochenen Strom von Ausgaben und Übersetzungen."

Wandlungen in der Einstellung zu den Beziehungen von Mann u. Frau.

In dieser Zeit muß also für eine sehr beträchtliche Anzahl von Menschen die Schrift des Erasmus eine Art von Standardwerk geblieben sein. Wie ist der Unterschied zwischen ihrer Auffassung und der des Kritikers aus dem 19. Jahrhundert zu verstehen?

Erasmus spricht in dieser Schrift in der Tat von vielen Dingen, die mit der zunehmenden Zivilisation dem Gesichtskreis von Kindern mehr und mehr entzogen werden, und die man im 19. Jahrhundert unter keinen Umständen — wie Erasmus es wünschte und durch die Widmung an sein sechs- oder achtjähriges Patenkind ausdrücklich bekräftigte — zur Lektüre von Knaben gemacht hätte. Er führt, wie der Kritiker aus dem 19. Jahrhundert hervorhebt, in diesen Gesprächen einen jungen Mann vor, der um ein Mädchen wirbt. Er zeigt eine Frau, die sich über das schlechte Verhalten ihres Mannes beklagt. Und in der Tat, es gibt in dieser Schrift ein Gespräch eines jungen Mannes mit einer Dirne.

Aber diese Gespräche zeugen nichtsdestoweniger genau, wie „de civilitate morum", für Erasmus' Empfindlichkeit in allen Fragen, die die Regelung des Trieblebens betreffen, wenn sie auch nicht durchaus unserem Standard entsprechen; sie verkörpern sogar, gemessen an dem Standard der weltlichen Gesellschaft des Mittelalters und selbst dem der weltlichen Gesellschaft seiner eigenen Zeit, einen mächtigen Schub in der Richtung auf jene Art der Triebzurückhaltung, die das 19. Jahrhundert dann vor allem in der Form der Moral rechtfertigte.

Gewiß, der junge Mann, der in dem Colloquium „Proci et puellae" um das Mädchen wirbt, spricht sehr offen aus, was er von ihr will. Er spricht von seiner Liebe zu ihr. Er erzählt der Widerstrebenden, daß sie ihm die Seele aus dem Leibe gezogen habe. Er sagt ihr, daß es erlaubt und gut sei, Kinder zu zeugen. Er stellt ihr vor, wie schön es sein wird, wenn er als König und sie als Königin über ihre Kinder und Diener herrschen werden; und diese Vorstellung macht recht deutlich, wie die geringere, psychische Distanz zwischen

233

"Zivilisation" als eine Veränderung des menschlichen Verhaltens.

Erwachsenen und Kindern sehr oft mit einer größeren, sozialen Distanz Hand in Hand ging. Schließlich gibt das Mädchen seiner Werbung nach. Sie willigt ein, seine Frau zu werden. Aber sie hält, wie sie sagt, ihre Jungfräulichkeit in Ehren. Sie bewahrt sie für ihn, so sagt sie. Sie verweigert ihm sogar einen Kuß. Und als er nicht abläßt, darum zu bitten, sagt sie ihm lachend, da sie ihm nach seinen Worten die Seele schon halb aus dem Leibe gezogen habe, so daß er fast tot sei, fürchte sie, ihm mit einem Kuß die Seele noch ganz aus dem Leibe zu ziehen und ihn zu töten.

3. Erasmus ist, wie gesagt, auch schon in seiner eigenen Zeit gelegentlich die „Unsittlichekit" der „Colloquia" von kirchlicher Seite vorgeworfen worden. Aber man darf sich dadurch nicht zu falschen Schlüssen über den tatsächlichen Standard insbesondere der weltlichen Gesellschaft verleiten lassen. Eine Gegenschrift gegen die „Colloquien" des Erasmus von bewußt katholischer Seite, von der noch die Rede sein wird, unterscheidet sich, was diese Unbefangenheit im Reden von den geschlechtlichen Dingen angeht, nicht im mindesten von den Colloquien. Auch ihr Autor war ein Humanist. Das ist gerade das Neue an den Schriften der Humanisten und besonders an den Schriften des Erasmus, daß sie nicht vom Standard der Klerikergesellschaft, sondern vom und für den Standard der weltlichen Gesellschaft geschrieben sind.

Die Humanisten waren die Vertreter einer Bewegung, welche die lateinische Sprache aus ihrer Absonderung und Beschränkung auf die kirchliche Tradition und auf kirchliche Kreise zu lösen und zu einer Sprache der weltlichen Gesellschaft, mindestens der weltlichen Oberschicht, zu machen suchte. Es markiert nicht zum wenigsten die Veränderung im Aufbau der abendländischen Gesellschaft, die sich von anderen Seiten her so oft in diesen Untersuchungen gezeigt hat, daß in ihren weltlichen Teilen jetzt das Bedürfnis nach einem weltlichen, gelehrten Schrifttum stärker wurde. Die Humanisten sind die Exekutoren dieser

Veränderung, die Funktionäre dieses Bedürfnisses der weltlichen Oberschicht. In ihren Schriften nähert sich das Geschriebene wieder dem weltlich gesellschaftlichen Leben; die Erfahrungen dieses Lebens finden unmittelbar in das gelehrte Schrifttum Eingang; auch das ist eine Linie in der großen Bewegung der „Zivilisation". Und hier wird man einen der Schlüssel für die neue Bedeutung, für das „Wiederaufleben" der Antike suchen müssen.

Erasmus hat diesen Vorgang gerade in und zu der Verteidigung der „Colloquia" einmal sehr prägnant zum Ausdruck gebracht: „Socrates Philosophiam e coelo deduxit in terras: ego Philosophiam etiam in lusus, confabulationes et compotationes deduxi", sagt er in den Bemerkungen „de utilitate Colloquiorum", die er dann als Anhang zu den „Colloquia" drucken ließ (Ausg. v. 1655 S. 668): „Wie Sokrates die Philosophie vom Himmel auf die Erde gezogen hat, so habe ich die Philosophie auch zu Spiel und Gelage hingeleitet."

Gerade deswegen vermag dieses Schrifttum, richtig betrachtet, als Zeugnis des weltlich-gesellschaftlichen Verhaltensstandards dienen, so sehr im einzelnen auch die Forderungen an die Zurückhaltung der Triebe, an die Mäßigung des Verhaltens, die es enthält, über diesen Standard hinausgingen und, die Zukunft vorwegnehmend, als Wunschbild erkennbar sind.

„Utinam omnes proci tales essent qualem heic fingo, nec aliis colloquiis coïrent matrimonia!"

„Ich wünschte," sagt Erasmus in ‚de utilitate Colloquiorum' mit Bezug auf das oben geschilderte Gespräch ‚proci et puellae', „alle Freier wären so, wie der, den ich zeichne, und sie würden unter keinen anderen Gesprächen die Ehe eingehen."

Was dem Betrachter des 19. Jahrhunderts als „gemeinste Darstellung der Wollust" erscheint, was auch nach dem gegenwärtigen Standard des Schamgefühls besonders gegenüber Kindern unbedingt mit dem „Bann des Schweigens" belegt werden muß, das erscheint Erasmus und seinen Zeitgenossen,

„Zivilisation" als eine Veränderung des menschlichen Verhaltens.

die diese Schrift ausbreiten halfen, als Mustergespräch, aufs
beste geeignet, dem heranwachsenden Menschen ein Modell
vor Augen zu stellen, und gemessen an dem, was sich tatsächlich rings um sie abspielte, zum guten Teil noch als
Wunschbild[78]).

4. Ähnliches gilt von den anderen Dialogen, die v. Raumer
in seiner Polemik erwähnt. Die Frau, die sich über ihren
Mann beklagt, wird belehrt, daß sie selbst ihr Verhalten
ändern müsse, dann werde sich auch das ihres Mannes ändern.
Und das Gespräch des Jünglings mit der Dirne endet mit
deren Abwendung von ihrem schlechten Lebenswandel.

Man muß es selbst hören, um zu verstehen, was Erasmus
als Modell den Knaben vor Augen zu führen wünscht: Das
Mädchen Lukretia hat den jungen Sophronius lange nicht
gesehen. Und sie fordert ihn in der Tat deutlich auf, das zu
tun, weswegen er in dieses Haus gekommen ist. Aber er
sagt, ob sie sicher sei, daß sie nicht gesehen werden könnten,
ob sie nicht ein dunkleres Zimmer habe. Und als sie ihn in
ein dunkleres Zimmer führt, hat er wieder Bedenken. Ob
sie wirklich sicher sei, daß niemand sie sehen könnte.

Sophronius:	„Nondum hic locus mihi videtur satis secretus."
Lucretia:	„Unde iste novus pudor ? Est mihi museion[79]), ubi repono mundum meum, locus adeo obscurus, ut vix ego te visura sim, aut tu me."
Soph.:	„Circumspice rimas omnes."
Luc.:	„Rima nulla est."
Soph.:	„Nullus est in propinquo, qui nos exaudiat ?"
Luc.:	„Ne musca quidem, mea lux. Quid cunctaris ?"
Soph.:	„Fallemus heic oculos Dei ?"
Luc.:	„Nequaquam: ille perspicit omnia."
Soph.:	„Et angelorum ?"

„Niemand kann uns sehen oder hören, nicht einmal eine
Maus," sagt sie, „was zögerst du ?"

Der junge Mann aber sagt: „Und Gott ? Und die Engel ?"
Und dann beginnt er sie zu mit allen Künsten der Dialektik
zu bekehren: Ob sie viele Feinde habe, fragt er, ob es ihr
nicht Freude machen würde, ihre Feinde zu ärgern ? Ob

Wandlungen in der Einstellung zu den Beziehungen von Mann u.Frau.

sie ihre Feinde nicht ärgern könne, wenn sie das Leben in diesem Hause aufgäbe und eine ehrbare Frau würde? Und schließlich überzeugt er sie. Er wird ihr heimlich ein Zimmer bei einer anständigen Frau nehmen, er findet einen Vorwand, damit sie heimlich dieses Haus verlassen könne. Und er wird zunächst für sie sorgen.

So „unmoralisch" also auch die Darstellung einer solchen Situation, und gar noch in einem „Kinderbuch", dem Betrachter der späteren Zeit erscheinen mußte, man kann unschwer verstehen, daß sie von einem anderen gesellschaftlichen Standard und einer anderen Affektmodellierung her betrachtet als höchst „moralisch" und vorbildlich erscheinen konnte.

Die gleiche Entwicklungslinie, die gleiche Standarddifferenz ließe sich durch beliebig viele Beispiele belegen. Der Betrachter des 19. und zum Teil auch noch der des 20. Jahrhunderts steht solchen Modellen und Konditionierungsvorschriften der Vergangenheit mit einer gewissen Hilflosigkeit gegenüber. Und es ist, solange man die eigene Peinlichkeitsschwelle, die eigene Affektmodellierung nicht als geworden und — in einer ganz bestimmten Ordnung — als beständig werdend versteht, vom heutigen Standard aus in der Tat beinahe unfaßbar, daß man solche Gespräche in ein Schulbuch aufnahm, ja sogar ganz bewußt als Lektüre für Kinder schuf. Aber eben darum geht es, den eigenen Standard, auch den des Verhaltens zu Kindern, als geworden zu verstehen.

Orthodoxere Männer als Erasmus haben das gleiche getan, wie er. Um die der Häresie verdächtigen „Colloquia" des Erasmus zu ersetzen, wurden, wie gesagt, von einem streng katholischen Mann andere Gespräche geschrieben. Sie tragen den Titel „Johannis Morisoti medici Colloquiorum libri quatuor, ad Constantinum filium" (Basel 1549). Sie sind ebenfalls zur Erziehung von Knaben und als Schulbuch geschrieben, da man, wie ihr Verfasser Morisotus sagt, bei den Colloquien des Erasmus oft nicht wisse, „ob man einen Chri-

„Zivilisation" als eine Veränderung des menschlichen Verhaltens.

sten oder einen Heiden sprechen hört". Und hier, in der Beurteilung einer Gegenschrift aus streng katholischem Lager zeigt sich die gleiche Erscheinung[80]). Es mag genügen, diese Schrift hier im Spiegel einer Beurteilung aus dem Jahr 1911 vorzuführen[81]): „Bei Morisotus," heißt es da, „spielen Mädchen, Jungfrauen und Frauen eine noch größere Rolle als bei Erasmus. Bei einer ganzen Anzahl von Dialogen führen sie ganz allein das Wort, und ihre Unterhaltungen, die im ersten und zweiten Buch schon keineswegs immer ganz harmlos sind, drehen sich in den beiden letzten[82]) . . . Büchern oft um so verfängliche Dinge, daß wir uns kopfschüttelnd fragen: Hat das der gestrenge Morisotus für seinen Sohn geschrieben? Konnte er so fest darauf vertrauen, daß dieser die späteren Bücher des Werks auch wirklich erst dann las und studierte, wenn er das Alter erreicht hatte, für das sie bestimmt waren? Wobei ja freilich nicht zu vergessen ist, daß das 16. Jahrhundert von Prüderie nicht viel wußte, und den Schülern in ihren Übungsbüchern häufig genug Sätze vorlegte, für die sich unsere Pädagogen bedanken würden.

Aber noch etwas anderes! Wie hat sich Morisotus den Gebrauch solcher Dialoge in der Praxis überhaupt gedacht? Die Knaben, Jünglinge, Männer und Greise konnten doch niemals eine Unterhaltung als Muster für das Lateinsprechen verwenden, bei der nur weibliche Wesen das Wort führen. Also hat auch Morisotus hier nicht besser als der geschmähte Erasmus den didaktischen Zweck des Buches aus dem Auge verloren." Die Frage ist nicht schwer zu beantworten.

5. Erasmus selbst hat niemals „seinen didaktischen Zweck aus dem Auge verloren". Sein Kommentar „de utilitate Colloquiorum" zeigt es ganz unzweideutig. Hier sagt er „expressis verbis", was er mit jedem seiner „Gespräche" für einen didaktischen Zweck verbunden hat, oder, genauer ausgedrückt, was er dem jungen Menschen vor Augen stellen wollte. Zu dem Gespräch des Jünglings mit der Dirne sagt er z. B.: „Quid autem dici potuit efficacius, vel ad inserendam

238

adolescentum animis pudicitiae curam, vel ad revocandas ab instituto non minus aerumnoso quam turpi puellas ad quaestum expositas?" „Was hätte ich Wirksameres sagen können, um dem Geist des Jünglings das Bemühen um Schamhaftigkeit nahezulegen und um Mädchen aus solchen gefährlichen und schimpflichen Häusern herauszubringen?" Nein, er hat seinen pädagogischen Zweck nie aus dem Auge verloren; lediglich der Standard des Schamgefühls ist ein anderer. Er will dem jungen Menschen wie in einem Spiegel die Welt zeigen; er will ihn lehren, was man fliehen muß, und was ein ruhiges Leben einbringt: „In senili colloquio quam multa velut in speculo exhibentur, quae, vel fugienda sunt in vita, vel vitam reddunt tranquillam!"

Und die gleiche Absicht liegt ohne Zweifel auch den Gesprächen des Morisotus zugrunde; die gleiche Haltung zeigt sich in vielen anderen Erziehungsschriften der Zeit. Sie alle wollten die Knaben, wie Erasmus es ausdrückt „in das Leben einführen[83])". Aber man verstand darunter ganz unmittelbar das Leben der Erwachsenen. In der späteren Zeit entwickelt sich mehr und mehr die Tendenz, den Kindern zu sagen und zu zeigen, wie sich Kinder verhalten sollen und wie nicht. Hier zeigt man ihnen, um sie ins Leben einzuführen, wie sich Erwachsene verhalten sollen und wie nicht. Darin liegt der Unterschied. Und man verhielt sich nicht etwa aus theoretischen Reflexionen hier in dieser, dort in jener Weise. Es war für Erasmus und seine Zeitgenossen ganz selbstverständlich, in dieser Weise zu Kindern zu sprechen; die Knaben lebten, sei es auch als Dienende, als sozial Abhängige, schon sehr früh in dem gleichen, gesellschaftlichen Raum, wie die Erwachsenen; und die Erwachsenen legten sich auch mit Bezug auf das sexuelle Leben weder im Handeln noch im Sprechen eine solche Zurückhaltung auf, wie später; entsprechend dem anderen Stand der Affektzurückhaltung, den Stand und Aufbau der zwischenmenschlichen Beziehungen in dem Einzelnen produzierten, war den Erwachsenen selbst die Vorstellung der Heimlichkeit, der Intimisierung, der strengen

„Zivilisation" als eine Veränderung des menschlichen Verhaltens.

Abschließung dieser Triebäußerungen voreinander und vor den Kindern weitgehend fremd; auch das alles machte von vornherein die Distanz zwischen dem Verhaltens- und Affektstandard von Erwachsenen und Kindern geringer. Immer von neuem zeigt sich, wie wichtig es für das Verständnis der früheren und unserer eigenen psychischen Konstitution ist, das Wachstum dieser Distanz, die allmähliche Herausbildung dieses eigentümlichen Sonderraumes genauer zu beobachten, in dem die Menschen allmählich die ersten 12, 15 und nun schon fast 20 Jahre ihres Lebens verbringen. Die biologische Entwicklung des Menschen wird sich in den früheren Zeiten nicht viel anders vollzogen haben als heute; erst im Zusammenhang mit dieser gesellschaftlichen Veränderung können wir die ganze Problematik des „Erwachsenseins", wie sie sich heute darstellt, und mit ihr solche Sonderprobleme, wie die der „infantilen Residuen" im Seelenaufbau des Erwachsenen, unserem Verständnis zugänglicher machen. Der stärkere Unterschied zwischen der Kleidung der Kinder und der Kleidung der Erwachsenen in unsrer Zeit ist nur ein besonders sichtbarer Ausdruck dieser Entwicklung; auch er war in der Zeit des Erasmus und noch eine ganze Strecke darüber hinaus minimal.

6. Dem Betrachter aus der neueren Zeit erscheint es verwunderlich, daß Erasmus in seinen Colloquien zu einem Kind von Dirnen und den Häusern, in denen sie leben, überhaupt spricht. Den Menschen unserer Phase der Zivilisation erscheint es als unmoralisch, von solchen Institutionen in einem Schulbuch überhaupt Notiz zu nehmen. Sie existieren gewiß als Enklaven auch in der Gesellschaft des 19. und 20. Jahrhunderts. Aber die Schamangst, mit denen man den sexuellen Bezirk des Triebhaushalts, wie viele andre, von klein auf belegt, der „Bann des Schweigens", mit dem man ihn im gesellschaftlichen Verkehr umgibt, ist so gut wie vollkommen. Schon die bloße Erwähnung solcher Meinungen und solcher Institute im gesellschaftlichen Verkehr der Menschen ist unerlaubt, und der Hinweis auf sie im Verkehr mit Kindern ist ein Verbrechen, eine Beschmutzung der Kinder-

Wandlungen in der Einstellung zu den Beziehungen von Mann u. Frau.

seele, zum mindesten ein Konditionierungsfehler schlimmster
Art.

In Erasmus' Zeit war es ebenso selbstverständlich, daß die
Kinder von dem Bestand dieser Institutionen wußten. Niemand verheimlichte sie vor ihnen. Allenfalls warnte man sie
davor. Eben das tut Erasmus. Wenn man nur die pädagogischen Bücher der Zeit liest, dann allerdings erscheint
die Erwähnung solcher gesellschaftlicher Institutionen leicht
als individueller Einfall Einzelner. Wenn man sieht, wie die
Kinder tatsächlich mit den Erwachsenen lebten, und wie
gering die Mauer der Heimlichkeit unter den Erwachsenen
selbst und dementsprechend auch zwischen Erwachsenen
und Kindern war, versteht man, daß solche Gespräche, wie
die des Erasmus und des Morisotus sich unmittelbar auf den
Standard ihrer Zeit beziehen. Daß die Kinder von alledem
wußten, damit mußten sie rechnen; das war selbstverständlich. Als Aufgabe des Erziehers erschien es, ihnen zu zeigen,
wie sie sich solchen Institutionen gegenüber verhalten sollten.

Es will vielleicht noch nicht viel besagen, daß auf den
Universitäten von solchen Häusern ganz öffentlich geredet
wurde; immerhin kamen die Menschen zum guten Teil
schon jünger zur Universität als heute. Und jedenfalls illustriert es dieses ganze Kapitel schon einigermaßen, daß die
Dirne sogar bei öffentlichen Scherzreden im Rahmen der
Universität als Thema diente. 1500 hielt ein Magister in
Heidelberg eine solche öffentliche Rede „De fide meretricum
in suos amatores", ein anderer sprach „de fide concubinarum",
ein dritter „über das Monopolium der Schweinezunft" oder
„de generibus ebriosorum et ebrietate vitanda[84])". Und
genau das gleiche Phänomen zeigt sich in vielen Predigten
der Zeit; nichts weist darauf hin, daß Kinder von ihnen ausgeschlossen blieben; man mißbilligte in kirchlichen und in
vielen weltlichen Kreisen ganz gewiß diese Form der außerehelichen Beziehung; aber das gesellschaftliche Verbot war
dem Einzelnen noch nicht so als Selbstzwang eingeprägt,
daß es peinlich war, von ihr in der Öffentlichkeit überhaupt

„Zivilisation" als eine Veränderung des menschlichen Verhaltens.

zu reden; es war noch nicht jede Äußerung verfemt, die zeigte, daß man von so etwas überhaupt wisse.

Und noch deutlicher wird dieser Unterschied, wenn man die Stellung der käuflichen Frauen in den mittelalterlichen Städten betrachtet. Wie heute noch in vielen außereuropäischen Gesellschaften, so hatten sie auch im öffentlichen Leben der mittelalterlichen Stadt ihren ganz bestimmten Platz. Es gab Städte, in denen sie an Festtagen um die Wette liefen[85]). Häufig waren sie es, die man hohen Gästen zur Begrüßung entgegenschickte. 1438 heißt es z. B. in den Stadtrechnungsprotokollen von Wien: „Umb den Wein den gemain Frawen 12 achterin. Item den Frawen, die gen den kunig gevarn sind, 12 achterin Wein[86])." Oder Bürgermeister und Rat halten die hohen Gäste im Frauenhaus frei. Kaiser Siegismund bedankt sich 1434 öffentlich bei dem Berner Stadtmagistrat dafür, daß er ihm und seinem Gefolge drei Tage lang das Frauenhaus unentgeltlich zur Verfügung gestellt habe[87]). Das gehörte, wie etwa ein Gastmahl, mit zu der Bewirtung, die man hohen Gästen bot.

Die käuflichen Frauen, oder, wie man sie in Deutschland oft nennt, die „schönen Frauen", die „Hübscherinnen", bilden innerhalb des Stadtwesens, wie jede andere Berufsgattung, eine Korporation mit bestimmten Rechten und Pflichten. Und sie wehren sich gelegentlich, wie jede andere Berufsgruppe, gegen unlautere Konkurrenz. 1500 gehen z. B. einige von ihnen in einer deutschen Stadt zum Bürgermeister und beschweren sich über ein anderes Haus, in dem das heimlich getrieben wird, wozu ihr Haus allein das öffentliche Recht hat. Der Bürgermeister gibt ihnen die Erlaubnis, in dieses Haus einzudringen; sie schlagen alles kurz und klein und verprügeln die Wirtin. Ein andermal wieder holen sie eine Konkurrentin aus deren Haus heraus und zwingen sie, in ihrem Haus zu leben.

Ihre soziale Stellung war mit einem Wort ähnlich wie die des Henkers, niedrig und verachtet, aber durchaus öffentlich und nicht mit Heimlichkeit umgeben. Auch diese Form

Wandlungen in der Einstellung zu den Beziehungen von Mann u. Frau.

der außerehelichen Beziehung zwischen Mann und Frau war noch nicht „hinter die Kulissen" verlegt.

7. Bis zu einem gewissen Grade gilt das von der Geschlechterbeziehung überhaupt, auch von der ehelichen. Die Hochzeitsgebräuche allein schon geben uns einen Begriff davon. Der Zug ins Brautgemach erfolgte unter Vorantritt aller Brautführer. Die Braut wurde von den Brautjungfern entkleidet; sie mußte allen Schmuck ablegen. Das Brautbett mußte dann in Gegenwart von Zeugen beschritten werden, sollte die Ehe gültig sein. Man „legte sie zusammen[88])". „Ist das Bett beschritten, ist das Recht erstritten", hieß es. Im späteren Mittelalter änderte sich der Brauch allmählich dahin, daß die Brautleute sich angekleidet aufs Bett legen konnten. Sicherlich waren diese Bräuche in verschiedenen Schichten, in verschiedenen Ländern nicht ganz die gleichen. Immerhin hören wir z. B. aus Lübeck, daß die alte Form noch bis ins erste Jahrzehnt des 17. Jahrhunderts beibehalten wurde[89]). Auch noch in der höfisch-absolutistischen Gesellschaft Frankreichs wurden Braut und Bräutigam von Gästen zu Bett gebracht, entkleideten sich, und man reichte ihnen das Hemd. Alles das sind Symptome für einen anderen Standard des Schamgefühls gegenüber den Beziehungen der Geschlechter. Und durch diese Beispiele hindurch sieht man von neuem deutlicher das Spezifische jenes Standards der Schamgefühle, der dann langsam im 19. und 20. Jahrhundert herrschend wird. In dieser Zeit wird auch unter den Erwachsenen alles, was das sexuelle Leben betrifft, in relativ sehr hohem Maße verdeckt und hinter die Kulissen verwiesen; deswegen wird es möglich und deswegen ist es auch nötig, diese Seite des Lebens lange Zeit für die Kinder mehr oder weniger erfolgreich zu verdecken; in den vorangehenden Phasen sind die Beziehungen der Geschlechter samt allen Institutionen, die sie einfassen, unvergleichlich viel stärker in das öffentliche Leben eingebaut; deswegen ist es weit selbstverständlicher, daß die Kinder von klein auf mit dieser Seite des Lebens vertraut sind; es besteht auch im Sinne der

243

„Zivilisation" als eine Veränderung des menschlichen Verhaltens.

Konditionierung, nämlich um sie auf den Standard der Erwachsenen zu bringen, keine Notwendigkeit, diese Sphäre des Lebens für sie dermaßen mit Tabus und mit Heimlichkeit zu belasten, wie das in der späteren Phase der Zivilisation entsprechend ihrem anderen Verhaltensstandard notwendig ist.

In der höfisch-aristokratischen Gesellschaft war gewiß dann das sexuelle Leben schon erheblich verdeckter, als in der mittelalterlichen. Was der Beobachter der bürgerlich-industriellen Gesellschaft oft als die „Frivolität" der höfischen empfindet, ist ja nichts anderes, als ein solcher Verdeckungsschub. Aber gemessen am Standard der Triebregelung in der bürgerlichen Gesellschaft selbst ist dennoch die Verdeckung, die Einklammerung der Sexualität im gesellschaftlichen Verkehr, wie im Bewußtsein während dieser Phase relativ gering. Auch hier geht das Urteil aus der späteren Phase sehr oft in die Irre, weil man die Standarde, den eigenen, wie den höfisch-aristokratischen, statt als Phasen einer Bewegung, die einander bedingen, wie etwas Absolutes gegeneinanderstellt, und den eigenen zum Maßstab aller anderen macht.

Auch hier entsprach der relativen Unverdecktheit, mit der man unter Erwachsenen über die natürlichen Funktionen sprach, eine größere Unbefangenheit des Sprechens und auch des Handelns im Verkehr mit den Kindern. Man findet eine Fülle von Beispielen dafür. Da lebt — um ein besonders anschauliches herauszugreifen — im 17. Jahrhundert am Hofe ein kleines, sechsjähriges Fräulein von Bouillon. Die Damen des Hofes kommen und konversieren mit ihr, und eines Tages machen sie sich mit ihr einen Scherz: Sie versuchen dem kleinen Fräulein einzureden, sie sei schwanger. Die Kleine bestreitet das. Sie verteidigt sich. Das sei absolut nicht möglich, sagt sie, und man argumentiert hin und her.

Aber dann findet sie eines Tages beim Erwachen in ihrem Bett ein neugeborenes Kind vor. Sie ist erstaunt; und sie sagt in ihrer Unschuld: „Es gibt also nur die heilige Jung-

Wandlungen in der Einstellung zu den Beziehungen von Mann u. Frau·

frau und mich, denen das passiert ist; denn ich habe überhaupt keine Schmerzen gehabt." Das Wort macht die Runde,
und jetzt wird die kleine Affäre zu einem Zeitvertreib für
den ganzen Hof. Das Kind erhält Besuche, wie das bei
solchen Gelegenheiten üblich ist. Die Königin selbst kommt
zu ihr, sie zu trösten und sich ihr als Taufpate für das Neu-
geborene anzubieten. Und zugleich geht das Spiel weiter:
Man drängt, man fragt, man diskutiert mit dem kleinen
Mädchen, wer eigentlich der Vater des Kindes sei. Schließlich, nach einer Zeit des angestrengten Nachdenkens, kommt
die Kleine zu einem Ergebnis: Es könne, sagt sie, nur der
König oder der Graf v. Guiche gewesen sein, denn das seien
die beiden einzigen Männer, die ihr einen Kuß gegeben
hätten [90]). Niemand findet etwas bei diesem Scherz. Er
hält sich durchaus im Rahmen des Standards. Niemand
sieht in ihm eine Gefahr für die Einpassung des Kindes an
diesen Standard, für die Seelenreinheit des Kindes, und man
empfindet ihn offenbar auch nicht im mindesten als Widerspruch zu seiner religiösen Erziehung.

8. Erst sehr allmählich breitet sich dann eine stärkere
Scham- und Peinlichkeitsbelastung der Geschlechtlichkeit
und eine entsprechende Zurückhaltung des Verhaltens mehr
oder weniger gleichmäßig über die ganze Gesellschaft hin
aus. Und erst dann, wenn die Distanz zwischen Erwachsenen
und Kindern wächst, wird das, was wir die „sexuelle Aufklärung" nennen, zu einem „brennenden Problem".

Es ist oben die Kritik des bekannten Pädagogen v. Raumer
an Erasmus' Colloquien zitiert worden. Das Bild dieser ganzen
Entwicklungskurve hebt sich noch deutlicher ab, wenn man
sieht, wie sich für ihn selbst das Problem der sexuellen Er-
ziehung, der Einpassung des Kindes an den Standard seiner
Gesellschaft stellte. v. Raumer hat im Jahre 1857 eine kleine
Schrift über „Die Erziehung der Mädchen" herausgegeben.
Was er darin als Modellverhalten der Erwachsenen bei der
Begegnung mit der sexuellen Frage ihrer Kinder vorschreibt,
war gewiß nicht die einzig mögliche Verhaltensform seiner

„Zivilisation" als eine Veränderung des menschlichen Verhaltens.

Zeit; aber es ist dennoch für den Standard des 19. Jahrhundert in hohem Maße bezeichnend, und zwar nicht nur für den Standard der Aufklärung von Mädchen, sondern auch für den der Aufklärung von Knaben.

„Manche Mütter," heißt es da (S. 72), „sind der in meinen Augen grundverkehrten Ansicht, man müßte Töchter in alle Verhältnisse der Familie, selbst in die Beziehungen der Geschlechter zueinander, hineinblicken lassen und sie gewissermaßen in Dinge einweihen, die ihnen einmal bevorstehen, im Fall sie sich einmal verheiraten sollten. Diese Ansicht war im Dessauschen Philantropin nach dem Vorgang Rousseaus zur widerwärtigsten, rohsten Caricatur ausgeartet. Andre Mütter dagegen übertreiben von der andern Seite, indem sie dem kleinen Mädchen über jene Verhältnisse so manches sagen, was ihnen, sobald sie heranwachsen, als völlig unwahr einleuchten muß. Dieß ist, wie schon erwähnt in allen Fällen, so auch in diesem verwerflich. Man berühre alle diese Dinge überhaupt nicht in Gegenwart der Kinder, am wenigsten auf eine geheimnisvolle Art, welche geeignet ist, die Neugier zu reizen. Lasse man die Kinder, so lange es immer geht bei dem Glauben: ein Engel bringe der Mutter die kleinen Kinder; welche in manchen Gegenden übliche Sage viel besser ist, als die an andern Orten gewöhnliche vom Klapperstorch. Kinder werden, wenn sie wirklich unter den Augen der Mutter aufwachsen, selten fürwitzige Fragen über diesen Punkt thun . . . Auch nicht, wenn die Mutter durch ein Kindbett gehindert ist, sie um sich zu haben . . . Fragen später die Mädchen, wie es denn eigentlich mit den kleinen Kindern zugehe? so sage man: der liebe Gott gibt der Mutter das kleine Kind, das seinen Schutzengel im Himmel hat, der gewiß unsichtbar dabei geschäftig war, als wir so große Freude erlebten. Wie Gott die Kinder gibt, das brauchst du nicht zu wissen und könntest es auch nicht verstehen. An ähnlichen Antworten müssen sich Mädchen in hundert Fällen begnügen, und die Aufgabe der Mutter ist es, die Gedanken ihrer Töchter so unablässig mit Gutem und Schönem zu beschäftigen, daß ihnen keine Zeit bleibt zum Grübeln über solche Dinge . . . Eine Mutter . . . sollte nur einmal ernst sagen: es wäre garnicht gut für dich, wenn du so etwas wüßtest, du mußt vermeiden davon sprechen zu hören. Ein recht sittsam erzognes Mädchen wird von da an eine Scheu empfinden, von Dingen der Art reden zu hören."

Zwischen der Art, von sexuellen Beziehungen zu sprechen, die Erasmus repräsentiert, und der anderen, die hier durch

246

v. Raumer vertreten ist, zeichnet sich eine ähnliche Zivilisationskurve ab, wie sie detaillierter bei anderen Triebäußerungen aufgezeigt worden ist. Auch die Sexualität wird im Prozeß der Zivilisation mehr und mehr hinter die Kulissen des gesellschaftlichen Lebens verlegt und in einer bestimmten Enklave, der Kleinfamilie, gleichsam eingeklammert; ganz entsprechend werden auch im Bewußtsein die Beziehungen zwischen den Geschlechtern eingeklammert, ummauert und „hinter die Kulissen" verlegt. Eine Aura der Peinlichkeit, Ausdruck der soziogenen Angst, umgibt diese Sphären des menschlichen Lebens. Selbst unter Erwachsenen spricht man offiziell nur mit einer gewissen Vorsicht und mit vielen Umschreibungen von ihnen. Und mit den Kindern, besonders mit den Mädchen, spricht man, soweit es irgend geht, überhaupt nicht von so etwas. Raumer gibt keine Begründung dafür, warum man nicht darüber mit den Kindern sprechen soll. Er hätte auch sagen können, es ist gut, die seelische Reinheit der Mädchen so lange als möglich zu wahren. Aber auch diese Begründung ist nur wieder ein Ausdruck dafür, wieweit die allmähliche Überflutung dieser Regungen mit Scham- und Peinlichkeitsgefühlen in dieser Zeit gediehen ist. So selbstverständlich, wie es zur Zeit des Erasmus war, über diese Fragen zu sprechen, so selbstverständlich war es nun geworden, nicht mehr von ihnen zu sprechen. Und gerade, daß die beiden Zeugen ihrer Zeit, die hier aufgerufen wurden, daß Erasmus, wie Raumer, ernstlich gläubige Menschen waren, daß sie sich beide auf Gott berufen, unterstreicht noch den Unterschied.

Es sind ganz offenbar nicht „rationale" Motive, die hinter Raumers Modellgebung stehen. Rational betrachtet erscheint das Problem, das ihm aufgegeben ist, nicht gelöst, und widerspruchsvoll, was er sagt. Er erklärt nicht, wie und wann eigentlich das junge Mädchen nun zum Verständnis dessen, was mit ihm selbst vorgeht und vorgehen wird, gebracht werden soll. Im Vordergrund steht die Notwendigkeit „Scheu vor diesen Dingen", nämlich Scham-, Angst-, Pein-

„Zivilisation" als eine Veränderung des menschlichen Verhaltens.

lichkeits- und Schuldgefühle zu züchten oder, genauer gesagt,
ein Verhalten, das dem gesellschaftlichen Standard gemäß
ist. Und man spürt dabei, wie unendlich schwer es dem Erzieher selbst wird, die Scham- und Peinlichkeitsbelastung,
die für ihn diese ganze Sphäre umgibt, zu bewältigen. Man
spürt auch hier etwas von der tiefen Ratlosigkeit, in die diese
gesellschaftliche Entwicklung den Einzelnen gestellt hat;
der einzige Rat, den der Erzieher der Mutter zu geben weiß,
ist, möglichst an alle diese Dinge nicht zu rühren. Was darin
zum Ausdruck kommt, ist nicht etwa der Einsichtsmangel
oder die Verstocktheit eines bestimmten Menschen; es handelt sich nicht um ein individuelles, es handelt sich um ein
gesellschaftliches Problem. Erst allmählich gelangte man
dazu, gleichsam nachträglich und durch Einsicht, bessere
Methoden der Einpassung des Kindes an das hohe Maß von
sexueller Zurückhaltung, von Regulierung, Umformung und
Peinlichkeitsbelastung dieser Triebe zu finden, das für das
Leben in dieser Gesellschaft nun vollkommen unerläßlich war.

Schon v. Raumer sieht auf der einen Seite recht gut, daß
man diese Regionen des Daseins für die Kinder nicht mit der
Aura der Heimlichkeit umgeben soll, „welche geeignet ist die
Neugier zu reizen". Aber da in seiner Gesellschaft diese Regionen zu „heimlichen" Regionen geworden sind, so kann er
auch mit seinen eigenen Vorschriften dieser Notwendigkeit
nicht entgehen: „Eine Mutter sollte nur einmal ernst sagen:
es wäre gar nicht gut für dich, wenn du so etwas wüßtest . . ."
Nicht „rationale" Motive, nicht Zweckmäßigkeitsgründe
sind primär für diese Haltung bestimmend, sondern die zum
Selbstzwang gewordene Scham des Erwachsenen selbst. Es
sind die gesellschaftlichen Verbote und Widerstände in ihrem
Innern, es ist ihr eignes „Über-Ich", das ihnen den Mund
schließt.

Für Erasmus und seine Zeitgenossen liegt, wie man gesehen hat, das Problem noch gar nicht darin, das Kind über
die Beziehungen von Mann und Frau überhaupt aufzuklären;
daß es darüber Bescheid weiß, ergibt sich ganz von selbst

Wandlungen in der Einstellung zu den Beziehungen von Mann u.Frau.

durch die Art der gesellschaftlichen Institutionen und des Verkehrs der Menschen, unter denen es aufwächst; die Zurückhaltung der Erwachsenen ist noch nicht so groß, damit auch die Mauer der Heimlichkeit, die Diskrepanz zwischen dem, was vor, und dem, was nur hinter den Kulissen erlaubt ist. Die wesentlichste Aufgabe des Erziehers besteht hier darin, das Kind innerhalb dessen, was es ganz selbstverständlich weiß, in die richtige oder genauer gesagt, die von dem Erzieher gewünschte Richtung zu lenken. Eben das ist es, was Erasmus durch Gespräche, wie das des Mädchens mit ihrem Freier oder das des Jünglings mit der Dirne zu tun sucht. Und der Erfolg des Buches zeigte, daß Erasmus für das Empfinden vieler seiner Zeitgenossen das Richtige traf.

Wenn im Zuge des Zivilisationsprozesses der Sexualtrieb, wie viele andere Triebe, einer immer strengeren Regelung und Umformung unterworfen wird, stellt sich das Problem anders. Der Zwang, der den Erwachsenen jetzt zur Intimisierung aller und ganz besonders der sexuellen Triebäußerungen auferlegt ist, ferner der „Bann des Schweigens", die soziogenen Beschränkungen des Sprechens, die Belastung der meisten Worte, die auf das Triebleben Bezug haben, Symbol der seelischen Belastung, das alles baut eine relativ sehr dichte Mauer der Heimlichkeit um den Heranwachsenden. Was die Durchbrechung dieser Mauer, die eines Tages ja doch nötig wird, was, mit einem Wort, die sexuelle Aufklärung so schwierig macht, ist nicht allein die Notwendigkeit, den Heranwachsenden auf den gleichen Standard der Triebverhaltung und -regelung zu bringen, wie die Erwachsenen; es ist vor allem auch der Seelenaufbau der Erwachsenen selbst, der ihnen das Sprechen über diese heimlichen Dinge schwer macht. Sie haben sehr oft nicht den Ton und nicht die Worte. Die schmutzigen Worte, die sie kennen, kommen nicht in Frage. Die medizinischen Worte sind vielen ungewohnt. Theoretische Überlegungen helfen nicht ohne weiteres. Es sind die soziogenen Verdrängungen in ihnen, die dem Sprechen Widerstand leisten. Daher der Rat, wie ihn v. Raumer gibt,

„Zivilisation" als eine Veränderung des menschlichen Verhaltens.

möglichst überhaupt nicht zu sprechen. Und diese Situation erfährt noch dadurch eine Verschärfung, daß die Aufgabe der Konditionierung, der Triebregelung, also auch der „Aufklärung" mit der stärkeren Aussonderung der Triebäußerungen und auch des Sprechens darüber aus dem öffentlich gesellschaftlichen Verkehr immer ausschließlicher den Eltern zufällt. Die mannigfachen Liebesbeziehungen zwischen Mutter, Vater und Kind vergrößern — nicht immer, aber doch sehr oft — die Widerstände gegen das Sprechen über diese Fragen, nicht nur von der Seite des Kindes, sondern auch von der Seite des Vaters oder der Mutter.

Recht klar tritt damit zu Tage, wie die Frage an das Kind gestellt sein will: Man kann die psychische Problematik des heranwachsenden Menschen nicht verstehen, wenn man jeden Einzelnen beobachtet, als sei er ein durch alle Zeiten hin gleicher Ablauf für sich. Die Problematik des kindlichen Bewußtseins- und Triebhaushalts gestaltet sich und verändert sich je nach der Art der Beziehungen von Kind und Erwachsenen. Diese Beziehungen aber haben in jeder Gesellschaft entsprechend den Besonderheiten ihres Aufbaus eine spezifische Gestalt. Sie sind in der ritterlichen Gesellschaft andere, als in der städtisch-bürgerlichen, sie sind in der ganzen weltlichen Gesellschaft des Mittelalters andere als in der der neueren Zeit. Verstehen kann man daher die Problematik, die sich bei der Einpassung und Modellierung des Heranwachsenden auf den Erwachsenen-Standard hin ergibt, — also zum Beispiel die spezifische Pubertäts-Problematik unserer zivilisierten Gesellschaft — nur aus der geschichtlichen Phase, aus dem Aufbau der ganzen Gesellschaft, der diesen Standard des Erwachsenen-Verhaltens und diese besondere Gestalt der Beziehungen von Erwachsenen und Kindern fordert und aufrechterhält.

9. Man könnte eine ganz analoge Zivilisationskurve, wie sie sich in der Frage der „sexuellen Aufklärung" zeigt, etwa auch an Hand der Ehe und ihrer Entwicklung im Abendland aufzeigen. Daß die Einehe als Institution zur Regelung der

geschlechtlichen Beziehungen im Abendland vorherrscht, ist sicher im allgemeinen richtig. Aber die tatsächliche Regelung und Modellierung der Geschlechterbeziehung wandelt sich dennoch im Lauf der abendländischen Geschichte beträchtlich. Die Kirche hat sicherlich frühzeitig für die Einehe gekämpft; aber ihre strenge, für beide Geschlechter verbindliche Gestalt als gesellschaftliche Institution gewinnt sie erst spät, nämlich erst im Zuge der immer strengeren Triebregelung; erst dann nämlich wird auch für den Mann die außereheliche Beziehung wirklich gesellschaftlich verfemt oder mindestens absolut in die Heimlichkeit verwiesen. In früheren Phasen erscheint je nach dem gesellschaftlichen Stärkeverhältnis der Geschlechter mindestens die außereheliche Beziehung des Mannes, zuweilen auch die der Frau, in der Meinung der weltlichen Gesellschaft als mehr oder weniger selbstverständlich. Bis ins 16. Jahrhundert hinein hören wir oft genug aus den ehrbarsten Bürgerfamilien, daß die ehelichen und die unehelichen Kinder des Mannes zusammen aufgezogen werden; und man macht auch vor den Kindern selbst kein Geheimnis aus diesem Unterschied. Der Mann hatte sich vor der Gesellschaft seiner außerehelichen Beziehungen noch nicht zu schämen. Es erscheint bei allen Gegentendenzen, die es gewiß schon gibt, noch sehr oft als selbstverständlich, daß die natürlichen Bastardkinder zur Familie gehören, daß sich der Vater um ihre Zukunft sorgt und ihnen, wenn es Töchter sind, in allen Ehren die Hochzeit ausstattet. Aber ganz gewiß gab es dabei zuweilen „viel Irrtums[91]" zwischen den Eheleuten.

Die Stellung des unehelichen Kindes ist durch das Mittelalter hin nicht überall die gleiche. Sicherlich aber fehlt lange Zeit hindurch die Tendenz zur Verheimlichung, die dann in der berufsbürgerlichen Gesellschaft der Tendenz zur strengeren Beschränkung der Sexualität auf die Beziehung von einem Mann zu einer Frau, der strengeren Triebregelung und dem stärkeren Druck der gesellschaftlichen Verbote entspricht. Auch hier wieder darf man die kirchliche Forde-

„Zivilisation" als eine Veränderung des menschlichen Verhaltens.

rung nicht zum Maßstab für den wirklichen Standard der weltlichen Gesellschaft nehmen. Tatsächlich, wenn auch nicht immer rechtlich, unterschied sich die Stellung der unehelichen Kinder von der Stellung der ehelichen in der Familie oft nur dadurch, daß jene, die unehelichen Kinder, nicht den Stand des Vaters erbten und im allgemeinen auch nicht sein Vermögen oder jedenfalls nicht den gleichen Teil des Vermögens, wie die ehelichen. Daß man sich in der Oberschicht oft ausdrücklich und mit Stolz „Bastard" nannte, ist bekannt genug[92]).

Die Ehe in der absolutistisch-höfischen Gesellschaft des 17. und 18. Jahrhundert gewinnt dadurch einen besonderen Charakter, daß hier durch den Aufbau dieser Gesellschaft zum erstenmal die Herrschaft des Mannes über die Frau ziemlich vollkommen gebrochen ist. Die soziale Stärke der Frau ist hier annähernd gleich groß, wie die des Mannes; die gesellschaftliche Meinung wird in sehr hohem Maße von Frauen mitbestimmt; und während bisher der Gesellschaft nur die außereheliche Beziehung des Mannes als legitim erschien, die des sozial „schwächeren Geschlechts" als mehr oder weniger verwerflich, erscheint hier entsprechend der Umlagerung der gesellschaftlichen Stärkeverhältnisse zwischen den Geschlechtern auch die außereheliche Beziehung der Frau in gewissen Grenzen als gesellschaftlich legitim.

Es bleibt genauer zu zeigen, welchen entscheidenden Anteil der soziale Machtgewinn oder, wenn man will, diese erste Emanzipation der Frau in der höfisch-absolutistischen Gesellschaft für die Zivilisationsbewegung, für das Vorrücken der Scham- und Peinlichkeitsschwelle, für die Verstärkung der gesellschaftlichen Kontrolle auf den Einzelnen überhaupt hatte. Genau, wie der Machtgewinn, der soziale Aufstieg anderer Gesellschaftsgruppen eine neue Triebregelung für alle notwendig machte und eine Verstärkung der Zurückhaltung gleichsam auf einer mittleren Linie zwischen jener, die zuvor den Herrschenden, und jener, die zuvor den Abhängigen auferlegt war, so bedeutete auch diese Verstärkung in der sozialen Position der Frauen, schematisch gesprochen, ein Zurücktreten von Triebrestriktionen für die Frauen und ein Vorrücken der Triebrestriktionen für die Männer; sie bedeutete zugleich für beide den Zwang zu einer neuen und stärkeren Selbstdisziplinierung der Affekte im Verkehr miteinander.

In ihrem berühmten Roman «La princesse de Clèves» läßt Madame de la Fayette den Mann der Prinzessin, der seine Frau in den Herzog v. Nemours verliebt weiß, folgendes sagen:

«Je ne me veux fier qu'à vous-même; c'est le chemin que mon cœur me conseille de prendre, et la raison me le conseille aussi; de l'humeur dont vous êtes, en vous laissant votre liberté, je vous donne des bornes plus étroites que je ne pourrais vous en prescrire[93]).“

Das ist ein Beispiel für den eigentümlichen Zwang zur Selbstdisziplin, den diese Lage den Geschlechtern auferlegt. Der Mann weiß, er kann seine Frau mit Gewalt nicht halten. Er wettert nicht, er schreit nicht, weil seine Frau einen anderen liebt, und er beruft sich auch nicht auf sein Gattenrecht; die öffentliche Meinung würde das alles nicht stützen; er hält sich zurück: Ich lasse dir deine Freiheit, sagt er zu seiner Frau, aber ich weiß, ich setze dir damit engere Schranken, als mit irgendwelchen Geboten oder Vorschriften. Er erwartet mit anderen Worten nun auch von ihr die gleiche Selbstbeschränkung, die gleiche Selbstdisziplin, die er sich auferlegt. Das ist ein recht bezeichnendes Beispiel für diese neue Konstellation, die mit der gesellschaftlichen Gleichstellung der Geschlechter entsteht. Sicherlich ist es im Grunde nicht der einzelne Ehemann, der seiner Frau diese Freiheit gibt. Sie liegt im Aufbau der Gesellschaft selbst begründet. Aber sie verlangt auch eine neue Art des Verhaltens. Sie erzeugt ganz spezifische Konflikte. Und jedenfalls gibt es genug Frauen in dieser Gesellschaft, die von dieser Freiheit Gebrauch machen. Eine Fülle von Äußerungen zeigt, daß man in dieser höfischen Aristokratie die Beschränkung der sexuellen Beziehung auf

„Zivilisation" als eine Veränderung des menschlichen Verhaltens.

die Ehe sehr oft als bürgerlich und nicht als standesgemäß empfand. Aber das alles gibt zugleich auch eine Idee davon, wie unmittelbar eine spezifische Art und ein bestimmter Stand der menschlich-gesellschaftlichen Gebundenheit einer bestimmten Form von Freiheit korrespondiert.

Die wenig dynamische Sprachform, an die wir heute noch gebunden sind, stellt Freiheit und Gebundenheit oder Zwang einander gegenüber, wie Himmel und Hölle; und für die aktuelle Nahsicht hat dieses Sprechen in absoluten Antithesen gewiß oft ein hohes Maß von Richtigkeit an sich. Für jemanden, der im Gefängnis lebt, ist die Welt außerhalb der Gefängnismauern eine Welt der Freiheit. Genauer besehen gibt es in dieser Gegenüberstellung so wenig, wie in irgendeiner anderen, Freiheit „schlechthin", wenn man darunter einen Zustand absoluter, gesellschaftlicher Ungebundenheit und Unabhängigkeit versteht; es gibt Befreiungen von einer Form der Gebundenheit, die stark oder unerträglich drückt, zu anderen, die als weniger drückend empfunden werden. Auch der Prozeß der Zivilisation, die Umformung und in gewisser Hinsicht der Fortschritt der Bindungen, denen das Affektleben der Menschen unterworfen ist, geht Hand in Hand mit Befreiungen mannigfachster Art. Die Form der Ehe an den absolutistischen Höfen, symbolisiert durch die gleiche Anlage der Wohn- und Schlafräume für Mann und Frau in den Schlössern der höfischen Aristokratie, ist eines der vielen Beispiele dafür. Die Frau war hier freier von äußeren Zwängen als in der ritterlichen Gesellschaft. Aber der innere Zwang, der Selbstzwang, den sie sich entsprechend der Integrationsform und dem Verhaltenscode der höfischen Gesellschaft auferlegen mußte, und der den gleichen Aufbaueigentümlichkeiten dieser Gesellschaft, wie ihre „Befreiung" entsprang, war für die Frau wie für den Mann im Verhältnis zur ritterlichen Gesellschaft gewachsen.

Und Ähnliches zeigt sich, wenn man die bürgerliche Eheform des 19. Jahrhunderts mit der höfisch-aristokratischen des 17. und 18. vergleicht.

Wandlungen in der Einstellung zu den Beziehungen von Mann u.Frau.

Das Bürgertum als Ganzes ist in dieser Zeit von dem Druck der absolutistisch-ständischen Gesellschafts-Verfassung befreit. Sowohl der bürgerliche Mann, wie die bürgerliche Frau ist nun all der äußeren Zwänge, denen sie als zweitrangige Menschen in der ständischen Gesellschaft unterworfen waren, enthoben. Aber die Handels- und Geldverflechtung, deren Fortschritt ihnen die gesellschaftliche Stärke zur Befreiung gegeben hatte, ist gewachsen. In dieser Hinsicht ist auch die gesellschaftliche Gebundenheit des Einzelnen stärker als zuvor. Das Schema der Selbstzwänge, das den Menschen der bürgerlichen Gesellschaft im Zusammenhang mit ihrer Berufsarbeit auferlegt wird, ist in mancher Hinsicht von dem Schema, nach dem die höfischen Funktionen den Triebhaushalt modellieren, verschieden. Aber für viele Seiten des Affekthaushalts ist jedenfalls der Selbstzwang, den die bürgerlichen Funktionen, den vor allem das Geschäftsleben verlangt und produziert, noch stärker als der, den die höfischen Funktionen erforderten. Warum der Stand der gesellschaftlichen Entwicklung, warum, genauer gesagt, die Berufsarbeit, die mit dem Aufstieg des Bürgertums zur allgemeinen Lebensform wird, gerade eine besonders strenge Disziplinierung der Sexualität notwendig machte, ist eine Frage für sich. Die Verbindungslinien zwischen der spezifischen Modellierung des Triebhaushalts und dem Gesellschaftsaufbau des 19. Jahrhunderts müssen hier beiseite bleiben. Jedenfalls erscheint vom Standard der bürgerlichen Gesellschaft die Regelung der Sexualität und die Eheform, wie sie in der höfischen Gesellschaft vorherrscht, als äußerst lax. Die gesellschaftliche Meinung verurteilt nun ganz streng jede außereheliche Beziehung der Geschlechter; allerdings ist hier zum Unterschied von der höfischen Gesellschaft zunächst wieder die gesellschaftliche Stärke des Mannes größer als die der Frau, und das Durchbrechen des Tabus der außerehelichen Beziehung durch den Mann wird daher meist nachsichtiger beurteilt als das entsprechende Vergehen der Frau. Beider Durchbrüche aber müssen aus

255

„Zivilisation" als eine Veränderung des menschlichen Verhaltens.

dem offiziellen, gesellschaftlichen Leben nun völlig ferngehalten werden; sie müssen zum Unterschied von denen der höfischen Gesellschaft nun ganz streng hinter die Kulissen in den Bereich des geheim Gehaltenen verlegt werden. Und das ist ganz gewiß nur eines der vielen Beispiele für das Stärkerwerden der Zurückhaltung, der Selbstzwänge, die der Einzelne sich nun aufzuerlegen hat.

10. Der Prozeß der Zivilisation vollzieht sich keineswegs geradlinig. Man kann, wie es hier zunächst geschieht, den allgemeinen Trend der Veränderung herausarbeiten. Im einzelnen gibt es auf dem Wege der Zivilisation die mannigfachsten Kreuz- und Querbewegungen, Schübe in dieser und jener Richtung. Betrachtet man die Bewegung über größere Zeiträume hin, dann sieht man recht klar, wie sich die Zwänge, die unmittelbar aus der Bedrohung mit der Waffe, mit kriegerischer und körperlicher Überwältigung stammen, allmählich verringern und wie sich die Formen der Angewiesenheit und Abhängigkeit verstärken, die zu einer Regelung oder Bewirtschaftung des Affektlebens in der Form von Selbstzucht, von "self control", kurzum von Selbstzwängen führen. Am geradlinigsten tritt diese Veränderung hervor, wenn man sie an den Männern der jeweiligen Oberschicht beobachtet, also in der Schicht, die zunächst von Kriegern oder, wie wir sie nennen, von Rittern, dann von Höflingen, dann von Berufsbürgern gebildet wird. Betrachtet man das ganze vielschichtige Gewebe des historischen Geschehens, dann sieht man, daß die Bewegung unendlich viel komplizierter ist. Es gibt in jeder Phase mannigfache Schwankungen; sehr oft begegnet man einem Vor- oder Zurückfluten der inneren und äußeren Bindungen. Und die Beobachtung solcher Schwankungen, besonders in der Nahsicht der eigenen Zeit, trübt leicht den Blick für den allgemeinen Trend der Bewegung. Ein solches Schwanken der Bindungen, die dem Triebleben des Einzelnen, auch den Beziehungen von Frau und Mann, auferlegt sind, ist heute z. B. in aller Erinnerung; man hat den Eindruck, daß in der Zeit,

Wandlungen in der Einstellung zu den Beziehungen von Mann u. Frau.

die dem Kriege folgte, verglichen mit der Vorkriegszeit, das
eingetreten ist, was man eine „Lockerung der Sitten" nennt.
Eine Reihe von Bindungen, die dem Verhalten vor dem
Kriege auferlegt waren, sind schwächer geworden oder ganz
verschwunden. Manche Dinge, die ehemals verboten waren,
sind nun erlaubt. Und die Bewegung scheint so, von nahem
betrachtet, eher in der umgekehrten Richtung weiterzugehen,
als es hier gezeigt wurde; sie scheint zu einem Nachlassen der
Zwänge zu führen, die dem Einzelnen durch das gesellschaftliche Leben auferlegt werden.

Aber wenn man genauer zusieht, erkennt man unschwer,
daß es sich nur um ein ganz leichtes Zurückfluten, um eine
jener kleineren Bewegungen handelt, wie sie aus der Vielschichtigkeit der geschichtlichen Bewegungen innerhalb
jeder Stufe des umfassenderen Prozesses immer von neuem
entstehen.

Da sind, um ein Beispiel herauszugreifen, die Badesitten.
Undenkbar in der Tat, daß im 19. Jahrhundert eine Frau in
der Öffentlichkeit eines jener Badekostüme hätte tragen
können, die heute gang und gäbe sind, ohne der gesellschaftlichen Feme zu verfallen. Aber diese Wandlung und mit
ihr die gesamte Ausbreitung des Sports für Männer, wie für
Frauen, alles das hat einen sehr hohen Standard der Trieb-
gebundenheit zur Voraussetzung. Nur in einer Gesellschaft,
in der ein hohes Maß von Zurückhaltung zur Selbstverständlichkeit geworden ist, und in der Frauen, wie Männer absolut
sicher sind, daß starke Selbstzwänge und eine strikte Um-
gangsetikette jeden Einzelnen im Zaume halten, können sich
Bade- und Sportgebräuche von solcher Art, und — gemessen an vorangehenden Phasen — solcher Freiheit entfalten. Es ist eine Lockerung, die sich vollkommen im Rahmen eines bestimmten „zivilisierten" Standard-Verhaltens
hält, d. h. im Rahmen einer automatischen, als Gewohnheit
angezüchteten Bindung und Umformung der Affekte sehr
hohen Grades.

Zugleich aber zeigen sich, ebenfalls in unserer eigenen Zeit,

„Zivilisation" als eine Veränderung des menschlichen Verhaltens.

die Vorboten eines Schubes zur Züchtung neuer und strafferer
Triebbindungen; in einer Reihe von Gesellschaften begegnen
wir Versuchen zu einer gesellschaftlichen Regelung und Bewirtschaftung der Affekte von einer Stärke und Bewußtheit,
die weit über den bisher vorherrschenden Standard hinaus-
zuführen scheinen, und die, auch durch das Schema ihrer
Modellierung, dem Einzelnen Versagungen und Triebum-
bildungen von einem Ausmaß auferlegen, dessen Konsequenzen für den menschlichen Habitus noch ziemlich un-
übersehbar sind.

11. Wie sich also auch im einzelnen und in der Nahsicht
dieses Kreuz und Quer, dieses Vor- und Zurückfluten, Bindung und Lockerung vollziehen mag, die Richtung der großen
Bewegung — soweit sie sich bisher übersehen läßt — ist die
gleiche, von welcher Art der Triebäußerung her man sie auch
betrachtet. Die Zivilisationskurve des Geschlechtstriebs
verläuft, im großen besehen, parallel zu den Kurven anderer
Triebäußerungen, soviel soziogenetische Unterschiede im einzelnen immer vorhanden sein mögen. Auch hier wird, zunächst einmal gemessen an den Männern der jeweiligen Oberschicht, die Regelung immer strikter. Auch diese Triebform
wird langsam aus dem öffentlichen Leben der Gesellschaft
immer stärker zurückgedrängt. Auch die Zurückhaltung,
die man ihr gegenüber im Sprechen zu üben hat, wächst[94].
Und diese, wie jede andere Zurückhaltung wird immer weniger durch unmittelbare äußere körperliche Gewalt er-
zwungen; sie wird durch den Aufbau des gesellschaftlichen
Lebens, durch den Druck der gesellschaftlichen Institutionen
im allgemeinen und im besonderen durch bestimmte gesellschaftliche Exekutionsorgane, vor allem durch die Familie,
dem Einzelnen als Selbstzwang, als automatisch wirkende
Gewohnheit von klein auf angezüchtet; die gesellschaftlichen
Gebote und Verbote werden damit immer nachdrücklicher
zu einem Teil seines Selbst, zu einem streng geregelten Über-
Ich, gemacht.

Wie viele andere Triebäußerungen, so wird auch die der

Wandlungen in der Einstellung zu den Beziehungen von Mann u. Frau.

Sexualität, nicht nur für die Frau, sondern auch für den Mann immer ausschließlicher auf eine bestimmte Enklave beschränkt, auf die gesellschaftlich legitimierte Ehe. Die halbe oder ganze Legitimierung anderer Beziehungen durch die gesellschaftliche Meinung, sei es für den Mann, sei es auch für die Frau, die früher keineswegs fehlte, wird — mit Rückschlägen — mehr und mehr zurückgedrängt. Jede Durchbrechung dieser Beschränkung und alles, was dazu dient, gehört dementsprechend in das Gebiet des Geheimzuhaltenden, dessen, wovon man nicht spricht und, ohne Prestigeverlust oder Verlust der sozialen Position, nicht sprechen darf.

Und wie derart die Kleinfamilie erst ganz allmählich mit solcher Ausschließlichkeit zur einzigen legitimen Enklave der Sexualität und der intimen Verrichtungen überhaupt für Mann und für Frau wird, so wird sie auch erst spät mit solcher Ausschließlichkeit über die ganze Gesellschaft hin zum primären Züchtungsorgan der gesellschaftlich geforderten Triebgewohnheiten und Verhaltensweisen für den Heranwachsenden. Solange das Maß der Zurückhaltung und Intimisierung noch nicht so groß ist und die Aussonderung des Trieblebens aus dem gesellschaftlichen Verkehr der Menschen noch nicht so streng, fällt auch die Aufgabe der ersten Konditionierung noch nicht so stark Vater und Mutter zu. Alle Menschen, mit denen das Kind in Berührung kommt, und das sind, wenn die Intimisierung noch nicht so weit fortgeschritten, wenn das Innere des Hauses noch nicht so abgeschlossen ist, oft eine ganze Menge, haben ihren Teil daran, ganz abgesehen davon, daß die Familie selbst und — in gehobenen Schichten — auch die Dienerschaft früher gewöhnlich größer ist. Man spricht ganz allgemein unverhüllter von den verschiedenen Seiten des Trieblebens, man gibt den eigenen Affekten im Sprechen, wie im Handeln offener nach. Die Schambelastung, auch der Sexualität, ist noch nicht so groß. Das ist es, was die oben zitierte Erziehungsschrift des Erasmus dem Pädagogen der späteren Phase so schwer verständlich macht. Und so vollzieht sich

259

„Zivilisation" als eine Veränderung des menschlichen Verhaltens.

auch die Reproduktion der gesellschaftlichen Gewohnheiten
in dem Kind, die Konditionierung, noch nicht so ausschließlich in einem Sonderraum und gleichsam hinter verschlossenen
Türen, sondern weit unmittelbarer im gesellschaftlichen Verkehr der Menschen. Man mag, um ein für die Oberschicht
durchaus nicht untypisches Bild von dieser anderen Art der
Konditionierung zu gewinnen, etwa das Journal des Arztes
Jean Héroard lesen, in dem Tag für Tag und fast Stunde für
Stunde verzeichnet ist, wie Ludwig XIII. als Kind aufwächst, was er tut und sagt.

Es ist nicht ohne einen gewissen Beigeschmack von Paradoxie: Je größer die Umformung, die Regelung, die Zurück-
und Geheimhaltung des Trieblebens ist, die das gesellschaftliche Leben von dem Einzelnen verlangt, und je schwieriger
dementsprechend die Konditionierung des Heranwachsenden
wird, desto stärker konzentriert sich die Aufgabe der ersten
Züchtung dieser gesellschaftlich notwendigen Triebgewohnheiten im intimen Zirkel der Kleinfamilie, also bei Vater und
Mutter. Hier allerdings vollzieht sich die Konditionierung,
was ihren Mechanismus angeht, im Grunde kaum anders als
in früheren Zeiten, nämlich nicht eigentlich durch eine genauere Übersicht über die Aufgabe und eine bewußtere
Planung, die den besonderen Gegebenheiten des Kindes und
seiner Lage Rechnung trägt, sondern vorwiegend automatisch und gewissermaßen durch Reflexe: Die soziogenen
Triebfiguren und Gewohnheiten der Eltern lösen Triebfiguren
und Gewohnheiten bei dem Kind aus, die — je nach dem —
in der gleichen oder auch in einer ganz anderen Richtung
liegen, als die Eltern es entsprechend ihrer Konditionierung
wünschen oder voraussehen. Die Verflechtung von Gewohnheiten der Eltern und der Kinder, in der der Triebhaushalt
des Kindes langsam seine Modellierung, seinen Charakter erhält, ist mit anderen Worten zum geringsten „rational" bestimmt. Verhaltensformen und Worte, die für die Eltern
mit Scham- und Peinlichkeitsempfindungen belastet sind,
belasten sich durch deren Unlustäußerungen, deren lauten

Wandlungen in der Einstellung zu den Beziehungen von Mann u. Frau.

oder leisen Druck sehr bald auch für die Kinder in irgendeiner Form, und auf diese Weise reproduziert sich allmählich
der gesellschaftliche Standard des Scham- und Peinlichkeitsempfindens in den Kindern; aber ein solcher Standard bildet
zugleich Basis und Rahmen für die verschiedenartigsten individuellen Triebgestaltungen; wie sich in dieser unablässigen
gesellschaftlichen Verflechtung von elterlichen und kindlichen Affekten, Gewohnheiten und Reaktionen das Triebleben des Heranwachsenden im einzelnen gestaltet, ist gegenwärtig noch zu einem sehr großen Teil für die Eltern un-
übersehbar und unberechenbar.

12. Die Ausrichtung der Zivilisationsbewegung auf eine
immer stärkere und vollkommenere Intimisierung aller
körperlichen Funktionen, auf ihre Einklammerung in bestimmten Enklaven, ihre Verlegung „hinter verschlossene
Türen" hat Konsequenzen sehr verschiedener Art. Eine der
wichtigsten dieser Konsequenzen, die gelegentlich schon am
Beispiel anderer Triebformen hervortrat, zeigt sich an der
Zivilisationskurve der Geschlechtlichkeit besonders deutlich:
das ist die eigentümliche Gespaltenheit des Menschen, die
sich um so stärker abzeichnet, je entschiedener der Schnitt
zwischen den Seiten des menschlichen Lebens wird, die
öffentlich, nämlich im gesellschaftlichen Verkehr der Menschen, sichtbar werden dürfen, und jenen, die es nicht dürfen,
die „intim" oder „geheim" bleiben müssen. Die Sexualität, wie
alle anderen natürlichen Funktionen des Menschen, ist eine
der Erscheinungen, von denen jeder weiß, und die zum Leben
jedes Menschen gehören; man hat gesehen, wie sie alle sich
allmählich derart mit soziogenen Scham- und Peinlichkeitsgefühlen beladen, daß selbst das bloße Sprechen von ihnen
in Gesellschaft durch eine Fülle von Regelungen und Verboten immer stärker eingeengt wird; die Funktionen selbst,
wie jede Erinnerung an sie, werden von den Menschen mehr
und mehr vor einander verborgen gehalten. Wo das nicht
möglich ist — man denke etwa an das Beispiel der Ehe-
schließung, der Hochzeit —, werden Scham, Peinlichkeit,

261

„Zivilisation" als eine Veränderung des menschlichen Verhaltens.

Angst und was immer an Erregungen sich mit diesen Triebkräften des menschlichen Lebens verbindet, durch ein genau
ausgearbeitetes, gesellschaftliches Ritual und durch bestimmte
verdeckende, den Schamstandard wahrende Sprechformeln
bewältigt. Es scheiden sich mit anderen Worten im Leben
der Menschen selbst mit der fortschreitenden Zivilisation
immer stärker eine intime oder heimliche Sphäre und eine
öffentliche Sphäre, ein heimliches Verhalten und ein öffentliches Verhalten voneinander. Und diese Spaltung wird den
Menschen so selbstverständlich, sie wird ihnen dermaßen zur
zwingenden Gewohnheit, daß sie ihnen selbst kaum noch
zum Bewußtsein kommt.

Entsprechend dieser wachsenden Teilung des Verhaltens
in ein öffentlich erlaubtes und ein öffentlich nicht erlaubtes
baut sich auch das psychische Gefüge des Menschen um.
Die durch gesellschaftliche Sanktionen gestützten Verbote
werden dem Individuum als Selbstzwänge angezüchtet. Der
Zwang der Zurückhaltung von Triebäußerungen, die soziogene Scham, die sie umgibt, werden ihm so zur Gewohnheit
gemacht, daß er sich ihrer nicht einmal erwehren kann, wenn
er allein, wenn er im intimen Raum ist. In ihm selbst kämpfen
die lustversprechenden Triebäußerungen mit den unlust-
versprechenden Verboten und Einschränkungen, den soziogenen Scham- und Peinlichkeitsempfindungen. Dies ist, wie
gesagt, offenbar der Sachverhalt, den Freud durch Begriffe
wie „Über-ich" und „Unbewußtes" oder, wie es der „Volks-
mund" nicht unfruchtbar nennt, „Unterbewußtsein" zum
Ausdruck zu bringen sucht. Aber wie immer man es ausdrückt,
der gesellschaftliche Verhaltenscode prägt sich in dieser oder
jener Form dem Menschen so ein, daß er gewissermaßen ein
konstitutives Element des individuellen Selbst wird. Und
dieses Element, das Über-ich, ebenso wie das psychische Gefüge und das individuelle Selbst als Ganzes, wandelt sich
notwendigerweise in steter Korrespondenz mit dem gesellschaftlichen Verhaltenscode und mit dem Aufbau der Gesellschaft. Das relativ hohe Maß von Gespaltenheit des „Ich"

oder des Bewußtseins, das für die Menschen in unserer Phase
der Zivilisation charakteristisch ist, und das in solchen Begriffen, wie „Über-ich" und „Unterbewußtsein" zum Ausdruck kommt, korrespondiert der spezifischen Zwiespältigkeit des Verhaltens, zu der das Leben in dieser zivilisierten
Gesellschaft zwingt. Es entspricht dem Maß von Regelung
und Einklammerung, das den Triebäußerungen hier im Verkehr der Menschen auferlegt ist. Ansätze zu ihr mögen sich
mit dem gesellschaftlichen Leben der Menschen in jeder
Form, auch in jener, die wir „primitiv" nennen, herausbilden.
Die Stärke, die diese Differenzierung hier erreicht, die Gestalt, in der sie hier auftritt, sind Spiegelungen einer bestimmten geschichtlichen Entwicklung, Ergebnisse eines Prozesses
der Zivilisation.

Das ist es, was ausgedrückt werden soll, wenn hier von der
beständigen Korrespondenz des Gesellschaftsaufbaus und
des Aufbaus eines einzelnen „Ich" die Rede ist.

Über Wandlungen der Angriffslust.

Vorbemerkung.

Das Affektgefüge des Menschen ist ein Ganzes. Wir mögen
die einzelnen Triebäußerungen nach ihren verschiedenen
Richtungen und ihren verschiedenen Funktionen mit verschiedenen Namen benennen, wir mögen von Hunger und
dem Bedürfnis zu spucken, von Geschlechtstrieb und von
Angriffstrieben sprechen, im Leben sind diese verschiedenen
Triebäußerungen so wenig voneinander trennbar, wie das
Herz vom Magen oder das Blut im Gehirn vom Blut im Ge-
nitalapparat. Sie ergänzen und ersetzen sich z. T., sie transformieren sich in bestimmten Grenzen und gleichen sich aus;
die Störung hier macht sich dort bemerkbar, kurzum sie
bilden eine Art von Stromkreis im Menschen, eine Teil-
ganzheit innerhalb der Ganzheit des Organismus, deren Aufbau in vielem noch undurchsichtig ist, deren Gestalt, deren
gesellschaftliche Prägung aber jedenfalls für das Fluidum

„Zivilisation" als eine Veränderung des menschlichen Verhaltens.

einer einzelnen Gesellschaft ebenso, wie des einzelnen Menschen in ihr, von entscheidender Bedeutung ist.

Die Art, wie man heute von Trieben oder emotionalen Äußerungen spricht, legt zuweilen den Gedanken nahe, daß wir in uns ein ganzes Bündel von verschiedenen Trieben beherbergen. Man redet etwa von einem „Todestrieb" oder von einem „Geltungstrieb", wie man von verschiedenen chemischen Substanzen redet. Dabei mögen die Beobachtungen über diese verschiedenen Triebäußerungen im einzelnen unter Umständen überaus fruchtbar und aufschlußreich sein. Die Denkformen, in denen man diese Beobachtungen bewältigt, müssen dem lebendigen Objekt gegenüber ohnmächtig bleiben, wenn durch sie nicht die Einheit und Ganzheit des Triebhaushalts und die Zugehörigkeit jeder besonderen Triebrichtung zu dieser Ganzheit zum Ausdruck gebracht wird. Dementsprechend ist auch die Angriffslust, von der in den folgenden Beobachtungen die Rede ist, nicht eine separierbare Triebspezies. Man mag allenfalls von dem „Angriffstrieb" reden, wenn man sich nur bewußt hält, daß es sich dabei um eine bestimmte Triebfunktion im Ganzen eines Organismus handelt, und daß die Wandlungen dieser Funktion Wandlungen in dessen gesamter Modellierung anzeigen.

1. Der Standard der Kampflust, ihre Tönung und Stärke ist gegenwärtig auch unter den verschiedenen Nationen des Abendlandes nicht vollkommen gleich. Aber diese Unterschiede, die von nahem betrachtet oft als ganz beträchtlich erscheinen, verschwinden für den Blick und erscheinen als sehr unbeträchtlich, wenn man die Kampflust der „zivilisierten" Völker der Kampflust von Gesellschaften auf einer anderen Stufe der Affektbewältigung gegenüberstellt. Gemessen an dem Kampffuror des abessinischen Kriegers — ohnmächtig ganz gewiß gegenüber dem technischen Apparat des zivilisierten Heeres — oder an dem Furor der verschiedenen Stämme in der Völkerwanderungszeit erscheint die Kampflust auch der kriegerischsten Nationen in der zivilisierten Welt als gedämpft; sie, wie alle anderen Trieb-

Über Wandlungen der Angriffslust.

äußerungen, ist selbst unmittelbar in der kriegerischen Aktion durch den fortgeschrittenen Stand der Funktionsteilung, durch die entsprechend stärkere Verflechtung der Einzelnen, durch ihre stärkeren Abhängigkeiten voneinander und von dem technischen Apparat gebunden; sie ist durch eine Unzahl von Regeln und Verboten, die zu Selbstzwängen geworden sind, eingeengt und gebändigt. Sie ist so verwandelt, „verfeinert", „zivilisiert", wie alle anderen Lustformen, und nur noch im Traum oder in einzelnen Ausbrüchen, die wir als Krankheitserscheinung verbuchen, tritt etwas von ihrer unmittelbaren und ungeregelten Kraft in Erscheinung.

Auch in diesem Spielfeld der Affekte, dem Bereich des feindlichen Zusammenstoßes zwischen Mensch und Mensch, vollzieht sich die gleiche, geschichtliche Verwandlung, wie in allen übrigen. Gleichgültig an welcher Stelle auf dem Wege dieser Verwandlung das Mittelalter steht, es mag hier wiederum genügen, den Standard seiner weltlichen Oberschicht, des Kriegerstandes, zum Ausgangspunkt zu nehmen, um dem allgemeinen Begriff von dieser Entwicklung ein gewisses Maß von Anschauung beizufügen. Die Entladung der Affekte im Kampf war vielleicht im Mittelalter nicht mehr ganz so ungedämpft, wie in der Frühzeit der Völkerwanderung. Sie war offen und ungebunden genug, verglichen mit dem Standard der neueren Zeit. In dieser werden Grausamkeit, Lust an der Zerstörung und Qual von anderen ebenso, wie die Bewährung der körperlichen Überlegenheit mehr und mehr unter eine starke, in der Staatsorganisation verankerte, gesellschaftliche Kontrolle gestellt. Alle diese Lustformen äußern sich, durch Unlustdrohungen eingeschränkt, allmählich nur noch auf Umwegen „verfeinert" oder, was im Ursprung das gleiche sagt, „raffiniert". Und nur in Zeiten des gesellschaftlichen Umbruchs oder etwa in Kolonialgebieten, wo die gesellschaftliche Kontrolle lockerer ist, brechen sie unmittelbarer, ungedämpfter und weniger von Scham und Peinlichkeit umgeben hervor.

„Zivilisation" als eine Veränderung des menschlichen Verhaltens.

2. Das Leben in der mittelalterlichen Gesellschaft drängte in die entgegengesetzte Richtung. Raub, Kampf, Jagd auf Menschen und Tiere, das alles gehörte hier unmittelbar zu den Lebensnotwendigkeiten, die dem Aufbau der Gesellschaft entsprechend offen zutage lagen. Und es gehörte demgemäß auch für die Mächtigen und Starken zu den Freuden des Lebens.

«Je vous dis,» heißt es in einer Kriegshymne, die dem Minnesänger Bertran de Born zugeschrieben wird[95]), «que tant ne m'a saveur manger ni boire ni dormir que si j'entends crier: ,,A eux!" des deux côtés et que j'entends hennir les chevaux sans cavaliers sous l'ombrage et que j'entends crier: ,,Aidez! Aidez!" et que je vois tomber par les fossés petits et grands sur l'herbage et que je vois les morts aux flancs percés par le bois des lances ornées de bannières.»

Nur dann Lust am Leben, am Essen, Trinken, Schlafen haben, wenn man das Kriegsgetümmel vor Augen hat: die Toten mit den aufgerissenen Flanken und die todbringenden Lanzen, die wiehernden Pferde, die ihren Herrn verloren haben, die Schreie: ,,Vorwärts" und die Hilfeschreie der Unterliegenden, das gibt selbst im literarischen Niederschlag noch einen Eindruck von der ursprünglichen Wildheit des Gefühls.

Und an einer anderen Stelle heißt es bei Bertran de Born: «Voici venir la plaisante saison où aborderont nos navires, ou viendra le roi Richard, gaillard et preux, tel que jamais il ne fut encore. C'est maintenant que nous allons voir dépenser or et argent; les pierriers nouvellement construits vont partir à l'envi, les murs s'effondrer, les tours s'abaisser et s'écrouler, les ennemis goûter de la prison et des chaînes. J'aime la mêlée des boucliers aux teints bleues et vermeilles, les enseignes et les gonfanons aux couleurs variées, les tentes et les riches pavillons tendus dans la pleine, les lances qui se brisent, les boucliers qui se trouent, les heaumes etincelants qui se fendent, les coups que l'on donne et que l'on reçoit.»

Über Wandlungen der Angriffslust.

Krieg, das ist nach der Erklärung eines der «Chansons de geste»: als Stärkerer über den Feind kommen, seine Weinstöcke abhauen, sein Bäume ausreißen, sein Land verwüsten, seine Burgen im Sturm nehmen, seine Brunnen verschütten, seine Leute fangen und töten . . .

Es ist eine besondere Lust, Gefangene zu verstümmeln: «Par ma tête,» sagt der König in dem gleichen Chanson, «je n'ai souci de ce que vous dites, je me moque de vos menaces, comme d'un coing. Tout chevalier que j'aurai pris, je le honnirai et lui couperai le nez ou les oreilles. Si c'est un sergent ou un marchand on le privera du pied ou du bras[96])».

So etwas wird nicht nur im Lied gesagt. Diese Epen haben unmittelbar im gesellschaftlichen Leben ihren Platz. Und sie drücken auch die Gefühle der Hörer, für die sie bestimmt sind, unmittelbarer aus als viele Teile unserer Literatur. Sie mögen im einzelnen übertreiben. Das Geld hatte auch in der Ritterzeit bereits zuweilen seine Affekt-dämpfende und -transformierende Wirkung. Man verstümmelte gewöhnlich nur die Ärmeren und Niedrigerstehenden, für die kein beträchtliches Lösegeld zu erwarten war, und verschonte die Ritter, für die man ein Lösegeld zu erhalten hoffte. Aber auch die Chroniken, die unmittelbaren Dokumente des gesellschaftlichen Lebens selbst sind voll von ähnlichen Zügen.

Sie sind meist von Klerikern geschrieben. Und die Wertungen, die sie enthalten, sind daher oft die der Schwächeren, von der Kriegerkaste Bedrohten.

Aber das Bild selbst, das sie uns überliefern, ist dennoch ganz echt.

,,Er verbringt sein Leben damit,'' heißt es da zum Beispiel von einem Ritter[97]), ,,zu plündern, Kirchen zu zerstören, Pilger anzufallen, Witwen und Waisen zu unterdrücken. Er gefällt sich besonders darin, die Unschuldigen zu verstümmeln. In einem einzigen Kloster, dem der schwarzen Mönche von Sarlat, findet man 150 Männer und Frauen, denen er die Hände abgeschlagen oder die Augen ausgedrückt hat. Und seine Frau ist ebenso grausam. Sie hilft ihm bei seinen Exe-

267

„Zivilisation" als eine Veränderung des menschlichen Verhaltens.

kutionen. Ihr macht es selbst Vergnügen, die armen Frauen zu martern. Sie ließ ihnen die Brüste abhauen oder die Nägel abreißen, so daß sie unfähig waren zu arbeiten."

Als Ausnahmeerscheinung, als „krankhafte" Entartung, mögen solche Affektentladungen auch noch in späteren Phasen der gesellschaftlichen Entwicklung auftreten. Aber hier gab es keine strafende, gesellschaftliche Gewalt. Die einzige Bedrohung, die einzige Gefahr, die Angst machen konnte, war die, im Kampf von einem Stärkeren überwältigt zu werden. Abgesehen von einer kleinen Elite, gehörte, wie Luchaire, der Historiker der französischen Gesellschaft des 13. Jahrhunderts feststellt, Rauben, Plündern, Morden durchaus zum Standard der Kriegergesellschaft dieser Zeit, und es spricht kaum etwas dafür, daß sich das in anderen Ländern oder in den folgenden Jahrhunderten anders damit verhielt. Die Grausamkeitsentladung schloß nicht vom gesellschaftlichen Verkehr aus. Sie war nicht gesellschaftlich verfemt. Die Freude am Quälen und Töten anderer war groß, und es war eine gesellschaftlich erlaubte Freude. Bis zu einem gewissen Grade drängte sogar der gesellschaftliche Aufbau in diese Richtung und machte es notwendig, ließ es als zweckmäßig erscheinen, sich so zu verhalten.

Was zum Beispiel sollte man mit Gefangenen tun ? Es gab wenig Geld in dieser Gesellschaft. Gegenüber Gefangenen, die zahlen konnten, Standesgenossen noch dazu, hielt man sich bis zu einem gewissen Grade zurück. Aber die anderen ? Sie behalten, hieß sie ernähren. Sie zurückschicken, hieß die Kriegsmacht und den Reichtum des Feindes stärken. Denn Untergebene, arbeitende, dienende, fechtende Hände waren ein Teil des Reichtums der Oberschicht in dieser Zeit. Man konnte sie töten oder so verstümmelt zurückschicken, daß sie für Kriegsdienste und Arbeit untauglich waren. Ähnlich verhielt es sich mit der Zerstörung der Felder, mit dem Verschütten von Brunnen und dem Abhauen der Bäume. In einer vorwiegend agrarischen Gesellschaft, in der das unbewegliche Eigentum den wesentlichen Teil des Besitzes dar-

Über Wandlungen der Angriffslust.

stellt, diente auch das der Schwächung des Gegners. Die stärkere Affektivität des Verhaltens war bis zu einem gewissen Grade gesellschaftlich notwendig. Man verhielt sich gesellschaftlich zweckmäßig und fand seine Lust dabei. Und es entspricht dabei durchaus der geringeren gesellschaftlichen Regelung und Bindung des Trieblebens, daß diese Lust an der Zerstörung gelegentlich kraft einer plötzlichen Identifizierung mit den Gequälten und gewiß auch als Ausdruck der Angst- und Schuldgefühle, die sich mit der ständigen Bedrohtheit dieses Lebens produzieren, in die äußerste Barmherzigkeit umschlug. Der Sieger von heute war morgen durch irgendeinen Zufall besiegt, gefangen und aufs äußerste gefährdet. Inmitten dieses fortwährenden Auf und Ab, dieses Wechsels zwischen Menschenjagden, nämlich Kriegszeiten, und Tierjagden oder Turnieren, den Vergnügungen der „Friedenszeit", war wenig vorausberechenbar, die Zukunft fast immer, selbst für die aus der „Welt" Entflohenen, relativ ungewiß, Gott und die Treue von ein paar Menschen, die zusammenhielten, das einzig feste. Überall war Furcht; der Augenblick galt dreifach. Und unvermittelt also, wie die wirklichen Schicksale, schlug Lust in Angst um und die Angst löste sich oft ebenso unvermittelt in der Hingabe an eine neue Lust.

Das Gros der weltlichen Oberschicht des Mittelalters führte das Leben von Bandenführern. Deren Geschmack und deren Gewohnheiten hatten die Einzelnen. Die Berichte, die uns aus dieser Gesellschaft hinterlassen sind, ergeben im großen und ganzen ein ähnliches Bild, wie die Berichte von Feudalgesellschaften aus unserer eigenen Zeit; und sie zeigen uns auch einen verwandten Verhaltensstandard. Nur eine kleine Elite, von der noch zu reden sein wird, hob sich mehr oder weniger heraus.

Der Krieger des Mittelalters liebte den Kampf nicht nur, er lebte darin. Er verbrachte seine Jugend damit sich auf Kämpfe vorzubereiten. Wenn er mündig war, schlug man ihn zum Ritter, und er führte so lange Krieg, als es seine

„Zivilisation" als eine Veränderung des menschlichen Verhaltens.

Kräfte nur irgend erlaubten, bis ins Greisenalter hinein.
Sein Leben hatte keine andere Funktion. Sein Wohnhaus
war eine Wache, eine Festung, Angriffs- und Verteidigungs-
waffe zugleich. Wenn er zufälligerweise, wenn er ausnahms-
weise im Frieden lebte, brauchte er wenigstens noch die
Illusion des Krieges. Er schlug sich in Turnieren, und diese
Turniere unterschieden sich oft von wirklichen Kämpfen nur
wenig[98]).

«Pour la société d'alors la guerre était l'état normal»,
sagt Luchaire vom 13. Jahrhundert.

Und Huizinga vom 14. und 15. Jahrhundert[99]): „Die chro-
nische Form, die der Krieg anzunehmen pflegte, die fort-
während Beunruhigung von Stadt und Land durch allerlei
gefährliches Gesindel, die ewige Bedrohung einer harten und
unzuverlässigen Gerichtsbarkeit ... nährten ein Gefühl allgemeiner Unsicherheit."

Noch immer, im 15. Jahrhundert, wie früher im 9. oder
13. Jahrhundert gibt der Ritter seiner Freude am Krieg
Ausdruck, wenn auch gepreßter und nicht mehr so unge-
brochen, wie früher:

«C'est joyeuse chose que la guerre ... On s'entr'ayme
tant à la guerre. Quant on voit sa querelle bonne et son
sang bien combatre, la larme en vient à l'ueil ...[100].» Es
ist Jean de Bueil, der das sagt. Er ist beim König in Ungnade
gefallen. Und nun diktiert er seinem Diener seine Lebensgeschichte. Das ist im Jahr 1465. Es ist nicht mehr der
ganz freie, selbständige Ritter, der kleine König in seinem
Gebiet, der spricht. Es ist jemand, der selbst im Dienst
steht: „Es ist ein fröhliches Ding um den Krieg. Man liebt
einander so sehr im Krieg. Sieht man, die Sache steht gut
und die Eigenen kämpfen tapfer, dann steigt einem die
Träne ins Auge. Eine süße Freude steigt im Herzen auf, im
Gefühl, wie redlich und treu man zueinander steht; und
wenn man den Freund sieht, der seinen Leib so tapfer der
Gefahr aussetzt, um das Gebot unseres Schöpfers zu halten
und zu erfüllen, dann nimmt man sich vor, hinzugehen, und

Über Wandlungen der Angriffslust.

zu sterben oder zu leben mit ihm und ihn nie wegen einer Liebe zu verlassen. Davon kommt einem eine solche Entzückung, jemand, der es nicht erlebt hat, das ist kein Mensch, der sagen kann, wie schön das ist. Denkt ihr vielleicht, jemand, der das tut, fürchtet den Tod? Absolut nicht! Er ist so gestärkt, er ist so entzückt, daß er nicht weiß, wo er ist. Wirklich, er fürchtet nichts auf der Welt!"

Es ist Kriegslust, gewiß, aber es ist nicht mehr die unmittelbare Lust an der Menschenjagd, am Klirren der Schwerter, am Wiehern der Rosse, an der Angst der Feinde — wie schön ist es zu hören ,,Helft, Helft" — oder an ihrem Tod — schön, die Toten liegen zu sehen mit aufgerissenem Leib[101] —, sondern es ist die Verbundenheit mit dem Freund, die Begeisterung für eine gute Sache zu streiten, und stärker als früher kommt zum Ausdruck, daß die Kampflust als ein Rausch dient, der die Furcht besiegt.

Es sind ganz einfache und starke Empfindungen, die sprechen. Man tötet, man gibt sich völlig an den Kampf hin, man sieht den Freund kämpfen. Man kämpft an seiner Seite. Man vergißt, wo man ist. Man vergißt den Tod selbst. Es ist schön. Was mehr?

3. Es gibt eine Fülle von Zeugnissen, die spüren lassen, daß die Stellung zu Leben und Tod in der weltlichen Oberschicht des Mittelalters keineswegs immer mit jener Stellung übereinstimmt, die in den Büchern der geistlichen Oberschicht vorherrscht, und die wir gewöhnlich als ,,typisch" für das Mittelalter betrachten. Für die geistliche Oberschicht, mindestens für ihre Wortführer, ist das Leben in seiner Gestaltung durch den Gedanken an den Tod und an das, was nachher kam, an das Jenseits, bestimmt.

In der weltlichen Oberschicht ist das keineswegs mit solcher Ausschließlichkeit der Fall. So häufig auch Stimmungen und Phasen dieser Art im Leben jedes Ritters sein mögen, es finden sich immer wieder Zeugnisse für eine ganz andere Haltung. Immer wieder hören wir eine Mahnung, die mit dem heutigen Standardbild vom Mittelalter nicht ganz über-

„Zivilisation" als eine Veränderung des menschlichen Verhaltens.

einstimmt: Laß dein Leben nicht von dem Gedanken an den Tod bestimmen. Liebe die Freuden dieses Lebens.

«Nul courtois ne doit blâmer joie, mais toujours joie aimer[102])." „Kein courtoiser Mann soll die Freude schelten, er soll Freude lieben." Das ist ein Gebot der Courtoisie aus einem Roman vom Anfang des 13. Jahrhunderts. Oder aus einer etwas späteren Zeit: «Jeune homme doit bien · être gai et mener joyeuse vie. Il ne convient pas à jeune homme qu'il soit morne et pensif[103]).» Und das sind zugleich deutliche Abhebungen des ritterlichen Menschen, der sicherlich nicht «pensif» zu sein hatte, gegen den Kleriker, der ohne Zweifel häufiger «morne» und «pensif» war.

Besonders ernstlich und ausdrücklich im Hinblick auf den Tod ist diese durchaus nicht lebensverneinende Haltung in einigen Versen der Catonischen Regeln zum Ausdruck gebracht, die während des ganzen Mittelalters von Generation zu Generation gingen. Daß das Leben unsicher sei, ist eine der Grundmotive, die in diesen Versen mehrmals wiederkehren[104]):

> „Sint uns allen ist gegeben
> ein harte ungewissez leben"

heißt es da z. B. Aber es kommt nicht die Schlußfolgerung: Denke also an den Tod und an das, was nachher kommt, sondern es heißt:

> „Wildu vürhten den tôt,
> sô muostu leben mit nôt."

Oder an einer anderen Stelle besonders klar und schön[105]):

> „Man weiz wol daz der tôt geschiht,
> man weiz ab sîner zuokunft niht:
> er kumt geslichen als ein diep
> und scheidet leide unde liep.
> Doch habe du guote zuoversiht
> vürhte den tôt ze sêre niht
> vürhtestu in ze sêre
> du gewinnest vreude nie mêre."

Nichts vom Jenseits. Wer sein Leben durch den Gedanken an den Tod bestimmen läßt, hat keine Freude am Leben mehr.

Über Wandlungen der Angriffslust.

Gewiß fühlten sich die Ritter ganz stark als Christen, und ihr Leben war durchzogen von den Vorstellungen und Ritualien der christlichen Glaubenstradition, aber das Christentum verband sich, entsprechend ihrer anderen sozialen und psychischen Lage, in ihren Köpfen auch z. T. mit einer ganz anderen Wertskala, als in den Köpfen der Bücher schreibenden und lesenden Kleriker. Es hatte eine erheblich andere Tönung und einen anderen Tenor als bei diesen. Es hinderte sie nicht, die Freuden der Welt auszukosten; es hinderte sie auch nicht zu töten und zu plündern. Das gehörte zu ihrer gesellschaftlichen Funktion, zu ihren Standesqualitäten, auf die sie stolz waren. Den Tod nicht zu fürchten war eine Lebensnotwendigkeit für den Ritter. Er mußte kämpfen. Der Aufbau, die Spannungen in dieser Gesellschaft, machten das für den Einzelnen zu einem unausweichlichen Gesetz.

4. Aber diese beständige Bereitschaft zum Kampf mit der Waffe in der Hand bildete in der mittelalterlichen Gesellschaft nicht nur für die Krieger, für die ritterliche Oberschicht, eine Lebensnotwendigkeit. Auch das Leben der Bürger in den Städten war in einem ganz anderen Maße, als in der späteren Zeit, von kleinen und großen Fehden durchsetzt, und auch hier waren Angriffslust, Haß und die Freude an der Qual anderer ungebändigter als in der folgenden Phase.

Mit dem allmählichen Aufstieg eines dritten Standes verschärften sich die Spannungen in der mittelalterlichen Gesellschaft. Und es war nicht allein die Waffe des Geldes, die den Bürger hochtrug. Raub, Kampf, Plünderung, Familienfehde, das alles spielte im Leben der Stadtbevölkerung kaum eine geringere Rolle als im Leben der Kriegerkaste selbst.

Da ist — um irgendein Beispiel zu nehmen — das Schicksal des Mathieu d'Escouchy. Er ist ein Picarde, einer von jenen zahlreichen Männern des 15. Jahrhunderts, die eine „Chronik" geschrieben haben[106]). Diese „Chronik" läßt uns einen ehrsamen Schriftsteller in ihm vermuten, der pünktlich historischer Arbeit seine Gaben weihte. Aber sucht man aus

„Zivilisation" als eine Veränderung des menschlichen Verhaltens.

den Urkunden etwas von seinem Leben zu erfahren, ergibt sich ein völlig anderes Bild[107]).

„Mathieu d'Escouchy beginnt seine Magistratslaufbahn als Rat, Schöffe, Geschworener und Schulze (prévôt) der Stadt Péronne zwischen 1440 und 1450. Von Beginn an findet man ihn in einer Art von Fehde mit der Familie des Prokuratoren jener Stadt, Jean Froment, einer Fehde, die in Prozessen ausgefochten wird. Bald ist es der Prokurator, der d'Escouchy wegen Fälschung und Mord verfolgt, oder wegen «excès et attemptaz». Der Schulze seinerseits bedroht die Witwe seines Feindes mit einer Untersuchung wegen Zauberei. Die Frau weiß sich ein Mandat zu verschaffen, kraft dessen d'Escouchy seine Untersuchung in die Hände der Justiz legen muß. Die Sache kommt vor das Parlament von Paris, und d'Escouchy kommt zum erstenmal in Gefangenschaft. Noch sechsmal finden wir ihn danach teils als Angeklagten in Haft und einmal in Kriegsgefangenschaft. Es sind jedesmal ernste Kriminalfälle, und mehr als einmal sitzt er in schweren Ketten. Der Wettstreit gegenseitiger Beschuldigungen zwischen der Familie Froment und d'Escouchy wird durch einen gewaltigen Zusammenprall unterbrochen, bei dem der Sohn Froments ihn verwundet. Beide dingen sich Halunken, um sich gegenseitig nach dem Leben zu stehen. Nachdem diese langwierige Fehde aus unserem Gesichtskreis verschwunden ist, tauchen neue Anschläge auf. Diesmal wird der Schulze durch einen Mönch verwundet. Neue Beschwerde, dann 1461 d'Escouchys Umzug nach Nesle unter Verdacht von Freveltaten, wie es scheint. Doch dies verhindert ihn nicht, Karriere zu machen. Er wird Bailli, Prévôt von Ribemont, Prokureur des Königs im Saint Quintin, er wird in den Adelstand erhoben. Nach neuen Verwundungen, Einsperrungen und Buße finden wir ihn im Kriegsdienst. Er wird Kriegsgefangener; aus einem späteren Feldzug kehrt er verkrüppelt heim. Dann heiratet er, aber es bedeutet für ihn nicht den Anfang eines ruhigen Lebens. Wir finden ihn unter Anklage der Siegelfälschung gefangen nach Paris überführt, «comme larron et murdrier»,

Über Wandlungen der Angriffslust.

wieder in neuen Fehden mit einem Magistrat in Compiègne,
durch Folter zum Geständnis seiner Schuld gebracht und von
der Berufung zurückgehalten, verurteilt, rehabilitiert, von
neuem verurteilt bis die Spur dieses Daseins aus den Dokumenten verschwindet".

Das ist ein Beispiel aus unzähligen. Da sind, um ein anderes
anzuführen, die bekannten Miniaturen aus dem Stundenbuch
des Herzogs von Berry[108]). „Man hat lange geglaubt," sagt ihr
Herausgeber, „und eine Anzahl von Leuten sind noch heute
davon überzeugt, daß die Miniaturen des 15. Jahrhunderts
das Werk von ernsten Mönchen oder frommen Nonnen sind,
die im Frieden ihrer Klöster arbeiteten. Das ist in gewissen
Fällen möglich. Aber im allgemeinen betrachtet, verhielt es
sich damit vollkommen anders. Es waren weltliche Menschen,
Handwerksmeister, die diese schönen Arbeiten ausführten,
und das Leben dieser weltlichen Artisten war weit davon
entfernt, sehr erbaulich zu sein." Wir hören immer wieder
von Handlungen, die bei dem heutigen Stand der Gesellschaft
als ‚Verbrechen' gebrandmarkt und gesellschaftlich ‚unmöglich' machen würden. Da beschuldigen sich die Maler
gegenseitig des Diebstahls; dann ersticht einer mit seiner
Sippe zusammen den andern auf der Straße. Und der Herzog
v. Berry, der den Mörder braucht, muß für ihn eine Amnestie,
eine «lettre de rémission» erbitten. Wieder ein anderer ent-
führt ein achtjähriges Mädchen, um es, natürlich gegen den
Willen ihrer Eltern, zu heiraten. Diese «Lettres de rémission»
zeigen uns allenthalben solche ‚blutigen Fehden', die oft viele
Jahre hindurch dauern, die manchmal auf öffentlichen Plätzen
oder auf dem Lande zu richtigen, wilden Schlachten führen,
und zwar gilt das für Ritter ebenso, wie für Kaufleute oder
Handwerker. Der Adlige hat, wie in jedem anderen Lande
von verwandter Gesellschaftsform, also etwa heute noch in
Abessinien oder Afghanistan, Banden, die ihm folgen, die
zu allem bereit sind. „.. Er ist während des Tages stets von
Dienern und Waffenträgern begleitet, um seine ‚Fehden'
zu führen ... Die «roturiers», die Bürger können sich diesen

Luxus nicht leisten, aber sie haben ihre ‚Verwandten und Freunde', die ihnen, oft in großer Anzahl, zu Hilfe kommen, ausgestattet mit allen möglichen, furchtbaren Waffen, die die lokalen «Coutumes», die städtischen ‚Ordonnanzen' vergeblich verbieten; und auch diese Bürger sind, wenn sie sich zu rächen haben, «de guerre», nämlich im Zustand der Fehde[109]."

Die städtischen Behörden suchten vergebens, Frieden in diesen Familienfehden zu schaffen; die Schöffen riefen die Leute vor sich, geboten Burgfrieden, befahlen, verordneten. Eine Zeitlang ging es gut; dann brach eine neue Fehde aus, eine alte flackerte wieder auf. Da sind es zwei Associés, die über einer geschäftlichen Frage auseinanderkommen; sie zanken sich; der Streit wird heftiger; eines Tages treffen sie auf einem öffentlichen Platz zusammen; und einer schlägt den andern tot[110]). Ein Hotelier beschuldigt den andern, ihm seine Klienten zu stehlen; sie werden Feinde auf Tod und Leben. Jemand spricht über den andern ein paar böse Worte; es entwickelt sich ein Familienkrieg.

Nicht nur unter Edelgeborenen gab es Familienrache, Privatfehden, Vendetta; die Städte des 15. Jahrhunderts sind nicht weniger erfüllt von solchen Kriegen zwischen Familien und Cliquen. Auch die Bürger, die kleinen Leute, Mützenmacher, Schneider, Hirten, sie alle hatten schnell das Messer in der Hand[111]).

«On sait, combien, au quincième siècle les mœurs étaient violentes, avec quelle brutalité les passions s'assouvissaient, malgré la peur de l'enfer, malgré le frein des distinctions de classes et le sentiment de l'honneur chevaleresque, malgré la bonhomie et la gaieté des relations sociales.»

Nicht etwa, daß die Menschen hier immer mit finsteren Gesichtern, mit zusammengezogenen Stirnen und martialischen Mienen als äußeren Symbolen ihrer kriegerischen Tüchtigkeit herumgegangen wären; im Gegenteil, eben waren sie noch beim Scherz, dann verspotten sie sich, ein Wort gibt das andere, und plötzlich können sie mitten aus dem Scherz in der äußersten Fehde sein. Vieles von dem, was uns als

Über Wandlungen der Angriffslust.

Gegensatz erscheint, die Intensität ihrer Frömmigkeit, die Gewalt ihrer Höllenangst, ihrer Schuldgefühle, ihrer Buße, die immensen Ausbrüche von Freude und Lustigkeit, das plötzliche Aufflackern und die unbezähmbare Kraft ihres Hasses und ihrer Angriffslust, alles das, ebenso wie der relativ rasche Umschlag von einer Stimmung zur anderen, sind in Wahrheit Symptome ein und derselben Gestaltung des emotionalen Lebens. Die Triebe, die Emotionen spielten ungebundener, unvermittelter, unverhüllter als später. Nur uns, bei denen alles gedämpfter, gemäßigter, berechneter ist, und bei denen die gesellschaftlichen Tabus weit mehr als Selbstzwänge in den Triebhaushalt selbst eingebaut sind, erscheint die unverhüllte Stärke dieser Frömmigkeit und die Stärke dieser Angriffslust oder dieser Grausamkeit als ein Gegensatz. Die Religion, das Bewußtsein der strafenden und beglückenden Allmacht Gottes, wirkt für sich allein niemals „zivilisierend" oder affektdämpfend. Umgekehrt: Die Religion ist jeweils genau so „zivilisiert", wie die Gesellschaft oder wie die Schicht, die sie trägt. Und weil also hier die Emotionen in einer Weise zum Ausdruck kommen, die wir im eigenen Lebensraum im allgemeinen nur noch bei Kindern beobachten können, nennen wir ihre Äußerungen und Gestaltungen „kindlich".

Wo immer man die Urkunden dieser Zeit aufschlägt, findet man ähnliches: Ein Leben von einer anderen Affektgeladenheit, als das unsere, ein Dasein ohne Sicherheit, ohne allzulange Berechnung für die Zukunft. Wer in dieser Gesellschaft nicht aus voller Kraft liebte oder haßte, wer im Spiel der Leidenschaften nicht seinen Mann stand, der mochte ins Kloster gehen, im weltlichen Leben war er ebenso verloren, wie in der späteren Gesellschaft und besonders am Hofe umgekehrt derjenige, der seine Leidenschaften nicht zu zügeln, seine Affekte nicht zu verdecken und zu „zivilisieren" vermochte.

5. Hier wie dort ist es der Aufbau der Gesellschaft, der einen bestimmten Standard der Affektbewältigung verlangt

„Zivilisation" als eine Veränderung des menschlichen Verhaltens.

und züchtet: „Wir," so sagt Luchaire[112], „mit unseren friedlichen Sitten und Gewohnheiten, mit dem überaus sorgsamen Schutz, den der moderne Staat jedem Einzelnen, Eigentum wie Personen, angedeihen läßt", können uns kaum einen Begriff von dieser anderen Gesellschaft machen.

Damals war das Land in Provinzen zerfallen und die Einwohner jeder Provinz bildeten gewissermaßen eine kleine Nation für sich, die alle anderen verabscheute. Diese Provinzen waren ihrerseits wiederum in eine Fülle von Gutsherrschaften oder Lehen aufgeteilt, deren Besitzer nicht aufhörten, miteinander zu kämpfen; nicht allein die größeren Herren, die Barone, auch die kleineren Schloßherren lebten in einer wilden Isolierung und waren ununterbrochen damit beschäftigt, gegen ihre ‚Souveräne' oder ihresgleichen oder ihre Untertanen Krieg zu führen. Außerdem gab es eine beständige Rivalität zwischen Stadt und Stadt, zwischen Dorf und Dorf, zwischen Tal und Tal und beständige Kriege zwischen den Nachbarn, die aus der Vielfältigkeit dieser territorialen Einheiten selbst hervorzuwachsen schienen." Dieses Bild macht schon etwas anschaulicher, was bisher hier schon öfters als allgemeine Behauptung ausgesprochen worden ist, nämlich den Zusammenhang von Gesellschaftsaufbau und Affektaufbau. Es gibt hier keine Zentralgewalt, die mächtig genug ist, um die Menschen zur Zurückhaltung zu zwingen. Und wenn in diesem oder jenem Gebiet die Macht einer Zentralgewalt wächst, wenn über ein größeres oder kleineres Gebiet hin die Menschen gezwungen werden, miteinander in Frieden zu leben, dann ändert sich auch ganz allmählich die Affektmodellierung und der Standard des Triebhaushalts. Dann schreitet — es wird noch eingehender davon zu reden sein — langsam die relative Zurückhaltung und die „Rücksicht der Menschen aufeinander" zunächst im Alltag, im normalen gesellschaftlichen Leben fort. Und die Affektentladung im körperlichen Angriff wird auf bestimmte zeitliche und räumliche Enklaven beschränkt. Nicht jeder beliebige Starke kann sich, wenn das Monopol

Über Wandlungen der Angriffslust.

der körperlichen Überwältigung an Zentralgewalten übergegangen ist, die Lust des körperlichen Angriffs verschaffen, sondern nur wenige, von der Zentralgewalt legitimierte, etwa der Polizist gegenüber dem Verbrecher, und größere Massen nur in den Ausnahmezeiten des kriegerischen oder revolutionären Zusammenstoßes, im gesellschaftlich legitimierten Kampf gegen innere oder äußere Feinde.

Aber selbst diese zeitlichen oder räumlichen Enklaven in der zivilisierten Gesellschaft, in denen der Angriffslust ein größerer Spielraum gewährt wird, vor allem die Kriege zwischen Nationen, sind unpersönlicher geworden, und führen immer weniger zu Affektentladungen von jener Unmittelbarkeit und Stärke, wie in der mittelalterlichen Phase. Die im Alltag der zivilisierten Gesellschaft gezüchtete und notwendige Zurückhaltung und Verwandlung der Angriffslust kann selbst in diesen Enklaven nicht ohne weiteres wieder rückgängig gemacht werden. Immerhin könnte sie es vielleicht rascher, als wir vermuten, wenn nicht aus dem unmittelbaren, körperlichen Kampf zwischen dem Mann und dem verhaßten Gegner ein maschinisierter Kampf geworden wäre, der eine strenge Regelung der Affekte verlangt. Selbst im Kriege kann in der zivilisierten Welt der Einzelne nicht mehr unmittelbar seiner Lust Spielraum geben, angestachelt durch den Anblick des Feindes, sondern er muß, gleichgültig wie ihm zumute ist, nach dem Kommando unsichtbarer oder nur vermittelt sichtbarer Führer, gegen einen oft genug unsichtbaren oder nur vermittelt sichtbaren Feind kämpfen Und es bedarf einer gewaltigen sozialen Unruhe und Not, es bedarf vor allem einer bewußt gelenkten Propaganda, um die aus dem zivilisierten Alltag zurückgedrängten, die gesellschaftlich verfemten Triebäußerungen, die Freude am Töten und am Zerstören bei größeren Menschenmassen gewissermaßen wieder aus ihrer Verdeckung zu wecken und sie zu legitimieren.

6. Allerdings haben diese Affekte in „verfeinerter", rationalisierter Form auch im Alltag der zivilisierten Gesellschaft ihren legitimen und genau umgrenzten Platz. Und dieser An-

"Zivilisation" als eine Veränderung des menschlichen Verhaltens.

blick ist für die Art der Transformation, die mit der Zivilisation im Affekthaushalt vor sich geht, recht bezeichnend. Die Kampf- und Angriffslust findet z. B. einen gesellschaftlich erlaubten Ausdruck im sportlichen Wettkampf. Und sie äußert sich vor allem im „Zusehen", etwa im Zusehen bei Boxkämpfen, in der tagtraumartigen Identifizierung mit einigen Wenigen, denen ein gemäßigter und genau geregelter Spielraum zur Entladung solcher Affekte gegeben wird. Und dieses Ausleben von Affekten im Zusehen oder selbst im bloßen Hören, etwa eines Radio-Berichts, ist ein besonders charakteristischer Zug der zivilisierten Gesellschaft. Er ist mitbestimmend für die Entwicklung von Buch und Theater, entscheidend für die Rolle des Kinos in unserer Welt. Schon in der Erziehung, in den Konditionierungsvorschriften für den jungen Menschen wird diese Verwandlung dessen, was ursprünglich als aktive, oft agressive Lustäußerung auftritt, in die passivere, gesittetere Lust am Zusehen, also in eine bloße Augenlust, in Angriff genommen.

In der Ausgabe von La Salles «Civilité» aus dem Jahre 1774 heißt es z. B. (S. 23):

«Les enfants aiment à porter la main sur les habits et les autres choses, qui leur plaisent; il faut corriger en eux cette demangeaison, et leur apprendre à ne toucher que des yeux tout ce qu'ils voient.»

Die Kinder lieben es, an die Kleider und nach allem, was ihnen gefällt, mit ihren Händen zu greifen. Es ist nötig, diese Gier zu korrigieren und sie zu lehren, das, was sie sehen, lediglich mit dem Auge zu berühren.

Inzwischen ist das zu einer beinahe selbstverständlichen Konditionierungsvorschrift geworden. Daß ihm durch soziogenen Selbstzwang versagt wird, spontan nach etwas zu greifen, was er begehrt, was er liebt oder haßt, ist für den zivilisierten Menschen in hohem Maße charakteristisch. Die ganze Modellierung seiner Gesten — so verschieden im einzelnen auch das Schema dieser Modellierung bei den ver-

Über Wandlungen der Angriffslust.

schiedenen Nationen des Abendlandes sein mag — ist durch diese Notwendigkeit entscheidend mitbestimmt.

Es ist an anderen Stellen gezeigt worden, wie im Prozeß der Zivilisation der Gebrauch des Geruchsinns, die Neigung an Speisen oder an anderem zu riechen, gleichsam als etwas Tierisches, eingeschränkt wird. Hier zeigt sich eine jener Verflechtungen, aus denen heraus ein anderes Sinnesorgan, das Auge, in der zivilisierten Gesellschaft eine ganz spezifische Bedeutung erlangt. Es wird ähnlich und vielleicht noch stärker als das Ohr zum Vermittler von Lust, gerade weil die unmittelbareren Befriedigungen des Lustverlangens in der zivilisierten Gesellschaft durch eine Unzahl von Verboten und Schranken eingeengt sind.

Aber auch innerhalb dieser Verlegung von Triebäußerungen aus der unmittelbaren Aktion ins Zusehen gibt es eine deutliche Kurve der Mäßigung und der humanisierenden Affekttransformation. Der Boxkampf etwa, um nur diesen zu nennen, ist, gemessen an den Augenfreuden vergangener Phasen, eine überaus gemäßigte Inkarnation der verwandelten Angriffs- und Grausamkeitsneigungen.

Ein Beispiel aus dem 16. Jahrhundert mag das veranschaulichen. Es ist hier aus der Fülle von anderen herausgegriffen, weil es eine Inkarnation dieser durchs Auge befriedigten Grausamkeit zeigt, in der die Freude am Quälen besonders rein, nämlich ohne jede rationale Rechtfertigung und Verkleidung als Strafe oder als Zuchtmittel, in Erscheinung tritt.

In Paris gehörte es während des 16. Jahrhunderts zur Festesfreude des Johannestages, ein oder zwei Dutzend Katzen lebendig zu verbrennen. Diese Feier war sehr berühmt. Das Volk versammelte sich. Festliche Musik spielte auf. Unter einer Art von Gerüst wurde ein mächtiger Scheiterhaufen errichtet. Dann hing man an dem Gerüst einen Sack oder Korb mit den Katzen auf. Sack oder Korb fingen an zu glimmen. Die Katzen fielen in den Scheiterhaufen und verbrannten, während sich die Menge an ihrem Schreien und Miauen erfreute. Gewöhnlich waren König und Hof anwesend.

281

„Zivilisation" als eine Veränderung des menschlichen Verhaltens.

Zuweilen ließ man dem König oder dem Dauphin die Ehre, den Scheiterhaufen anzuzünden. Und wir hören, daß einmal auf besonderem Wunsch König Karls IX. ein Fuchs gefangen und mitverbrannt wurde[113]).

Im Grunde ist das gewiß kein schlimmeres Schauspiel als die Ketzerverbrennungen, als Foltern und öffentliche Hinrichtungen der verschiedensten Art. Es erscheint, wie gesagt, nur deswegen als schlimmer, weil sich hier die Lust, Lebendiges zu quälen, so nackt, unverhüllt, zweckfrei, nämlich ohne eine Entschuldigung vor dem Verstand zeigt. Der Widerwille gegen solche Vergnügungen, der sich in uns beim bloßen Bericht von dieser Institution regt, und der für den heutigen Standard der Affektregelung als „normal" gelten muß, demonstriert dabei von neuem die geschichtliche Verwandlung des Affekthaushalts. Er erlaubt zugleich eine Seite der Verwandlung besonders deutlich zu sehen: Vieles von dem, was ehemals Lust erregte, erregt heute Unlust. Heute, wie damals, handelt es sich nicht nur um individuelle Empfindungen. Jene Katzenverbrennung am Johannesfest war eine gesellschaftliche Institution, wie Boxkämpfe oder Pferderennen in der heutigen Gesellschaft. Und hier, wie dort, sind die Vergnügungen, die die Gesellschaft sich verschafft, Inkarnationen eines gesellschaftlichen Affektstandards, in dessen Rahmen sich alle individuellen Affektmodellierungen halten, so verschiedenartig sie sein mögen; wer aus dem Rahmen des gesellschaftlichen Triebstandards heraustritt, gilt jeweils als „anormal". So würde heute jemand als „anormal" gelten, der seiner Lust in der Weise des 16. Jahrhunderts etwa durch die Verbrennung von Katzen Befriedigung schaffen wollte, eben weil die normale Konditionierung des Menschen in unserer Phase der Zivilisation die Lust an einer solchen Aktion durch Angst, die als Selbstzwang angezüchtet wird, von der Äußerung zurückhält. Und dies ist auch hier offenbar der einfache psychische Mechanismus, auf Grund dessen sich die geschichtliche Transformation des Affektlebens vollzieht: Gesellschaftlich unerwünschte Trieb- und Lustäußerungen werden mit Maßnahmen bedroht und bestraft, die Unlust erzeugen oder dominant werden lassen. In der ständigen Wiederkehr der als Strafe durch irgendeine Bedrohung erweckten Unlust und in der Gewöhnung an diesen Rhythmus verbindet sich die Unlustdominante zwangsläufig mit dem Verhalten, das an der Wurzel auch lustvoll sein mag. Und so kämpft die gesellschaftlich erweckte Unlust und Angst — heute, aber keineswegs immer und auch heute keineswegs allein repräsentiert durch die Eltern — mit einer verdeckten Lust. Was hier von verschiedenen Seiten her als Vorrücken der Schamgrenze, der Peinlichkeitsschwelle, des Affektstandards sichtbar wurde, mag im Zusammenhang mit solchen Mechanismen in Gang gesetzt worden sein.

Näher zu betrachten bleibt, welche Veränderung des gesellschaftlichen Aufbaus eigentlich diese psychischen Mechanismen auslöste, welche Veränderung der Fremdzwänge diese „Zivilisation" der Affektäußerungen und des Verhaltens in Gang setzte.

Blick auf das Leben eines Ritters.

Die Frage, warum sich Verhalten und Affektlage der Menschen ändern, ist im Grunde die gleiche, wie die, weshalb sich die Lebensformen der Menschen ändern. In der mittelalterlichen Gesellschaft waren bestimmte Lebensformen vorgebildet, und der Einzelne war gebunden, in diesen Formen zu leben, etwa als Ritter, als Zunfthandwerker oder als Leibeigener; in der neueren Gesellschaft waren dem Einzelnen andere Chancen, andere Lebensformen vorgegeben, in die er sich einpassen mußte; er konnte, wenn er von Adel war, das Leben eines Höflings führen; aber er konnte, selbst wenn er es wünschte — und viele wünschten es — nicht mehr das ungebundenere Leben eines Ritters führen. Diese Funktion, diese Lebensform war von einer bestimmten Zeit ab im Gefüge der Gesellschaft nicht mehr vorhanden. Andere Funktionen, etwa die des Zunfthandwerkers oder des Priesters, die in der

"Zivilisation" als eine Veränderung des menschlichen Verhaltens.

mittelalterlichen Phase eine außerordentliche Rolle spielten, verloren mehr oder weniger an Bedeutung im Gesamtgefüge der gesellschaftlichen Beziehungen. Warum verändern sich die Funktionen, die Lebensformen, in die sich der Einzelne, wie in mehr oder weniger fest modellierte Gehäuse, einpassen muß, im Lauf der Geschichte? Das ist, wie gesagt, im Grunde die gleiche Frage, wie die Frage nach den Gründen, aus denen sich das Triebleben, die Affektmodellierung und alles, was damit zusammenhängt, verändern.

Es ist hier mancherlei über den Affektstandard der mittelalterlichen Oberschicht gesagt worden. Es mag zur Ergänzung und gleichzeitig auch als Brücke zu der Frage nach den Ursachen seiner Veränderung noch ein kurzer Eindruck von der Art, wie die Ritter lebten, angefügt werden, also von dem Lebensraum, den hier die Gesellschaft dem einzelnen, adlig Geborenen öffnete, und in den sie ihn einschloß. Das Bild dieses Lebensraumes, das Bild der Ritter überhaupt hüllte sich schon kurz nach dem, was man dann ihren "Untergang" nannte, mehr oder weniger in Wolken. Ob man in dem mittelalterlichen Krieger nur den "edlen Ritter" sah und nur das Große, Schöne, Abenteuerliche und Pathetische an diesem Leben im Gedächtnis behielt, oder ob man in dem mittelalterlichen Krieger nur den "Feudalherrn" sah, den Bauernschinder, und allein das Wilde, Grausame, Barbarische an seinem Leben hervortreten sah, unter dem Druck der Wertungen und Sehnsüchte aus der Zeit des Betrachters verzerrte sich meist das einfache Bild des Lebensraumes dieser Schicht. Ein paar Zeichnungen oder, genauer gesagt, deren Beschreibung, mögen hier helfen, dieses Bild wieder wachzurufen. Neben einzelnen Schriften läßt die Hinterlassenschaft der Bildhauer und Maler aus jener Zeit die Eigenart der Atmosphäre oder, wenn man will, der Affektmodellierung und den Unterschied zu der eigenen gelegentlich besonders stark empfinden, wenngleich nur wenige Bildwerke wirklich im Zusammenhang das Leben des Ritters spiegeln. Eins der wenigen Bilderbücher dieser Art, allerdings aus ver-

Blick auf das Leben eines Ritters.

hältnismäßig später Zeit, aus der Zeit zwischen 1475 und 1480, ist die Folge von Zeichnungen, die unter dem nicht ganz adäquaten Namen „Mittelalterliches Hausbuch" bekannt wurde. Der Name des Meisters, der es schuf, ist unbekannt, aber es muß ein Mann gewesen sein, der mit dem ritterlichen Leben seiner Zeit sehr vertraut war, der zum Unterschied von vielen seiner Handwerksgenossen die Welt mit den Augen des Ritters sah und sich weitgehend mit deren sozialen Wertungen identifizierte. Ein nicht ganz unwichtiger Hinweis in dieser Richtung ist es, daß er auf einem Blatt unter allen Handwerkern allein den Mann seines eigenen Gewerbes in höfischer Kleidung darstellt, und das Mädchen hinter ihm, das ihren Arm auf seine Schulter legt, und der er sein Empfinden deutlich zum Ausdruck bringt, ebenfalls. Vielleicht ist es ein Selbstporträt [114]).

Die Zeichnungen stammen, wie gesagt, aus der Spätzeit des Rittertums, aus der Zeit Karls des Kühnen und Maximilians, des letzten Ritters. Nach den Wappen zu schließen sind diese beiden oder ihnen nahestehende Ritter sogar selbst auf dem einen oder dem anderen der Bilder dargestellt. „Es unterliegt," so ist gesagt worden [115]), „gar keinem Zweifel, daß wir ... Karl den Kühnen selbst oder einen burgundischen Ritter aus seiner Umgebung vor uns haben." Vielleicht handelt es sich bei einigen Turnierbildern unmittelbar um die Darstellung von Kampfspielen nach der Neußer Fehde (1475) bei der Verlobung Maximilians mit Karls des Kühnen Tochter, Marie v. Burgund. Jedenfalls sind die Menschen, die man vor sich sieht, schon Menschen der Übergangszeit, in der ganz langsam an Stelle der ritterlichen eine höfische Aristokratie tritt. Und manches, was an das Wesen des Hofmannes erinnert, ist auch schon in diesen Bildern. Im ganzen geben sie trotzdem noch einen sehr guten Begriff von dem spezifisch ritterlichen Lebensraum, von dem, womit der Ritter seine Tage ausfüllte, von den Dingen, die er rings um sich sah. Und zugleich auch davon, wie er sie sah.

Was sieht man?

„Zivilisation" als eine Veränderung des menschlichen Verhaltens.

Fast immer das offene Land, kaum je etwas, das städtisch anmutet. Kleine Dörfer, Äcker, Bäume, Wiesen, Hügel, kleine Flußläufe und häufig die Burg. Aber in diesen Bildern ist noch nichts von jener Sehnsuchtsstimmung, von jener „sentimentalischen" Stellung zur „Natur" da, die nicht sehr lange danach langsam spürbar wird, wenn der maßgebende Teil des Adels immer häufiger auf das ungebundenere Leben an seinem ländlichen Stammsitz verzichten muß, und immer stärker an den halbstädtischen Hof, in die Abhängigkeit der Könige oder Fürsten gebunden ist. Hier liegt einer der wichtigsten Unterschiede der Affektlage, die diese Bilder fühlen lassen. In der späteren Zeit nimmt das Bewußtsein bei der künstlerischen Darstellung an dem, was zu sehen ist, eine außerordentlich strenge und eine sehr spezifische Siebung vor, die ganz unmittelbar den Geschmack oder genauer gesagt die Affektmodellierung des Zeichners zum Ausdruck bringt. Die „Natur", das offene Land, das ja zunächst fast immer als Staffage für Menschen gezeigt wird, erhält in der Darstellung einen Sehnsuchtsschimmer, wenn die Verstädterung oder Verhöflichung auch der Oberschicht fortschreitet und die Scheidung von städtischem und ländlichem Leben fühlbarer wird; oder sie erhält, wie die Menschen, die sie umgibt, in dem Bild einen erhabenen, repräsentativen Charakter. Jedenfalls wandelt sich die Selektion des Gefühls, das, was an der Natur in der Darstellung ein Gefühl anspricht, und was als unangenehm oder peinlich empfunden wird; und das gleiche gilt auch von den dargestellten Menschen. Man stellt für das absolutistisch-höfische Publikum vieles nicht mehr dar, was es auf dem Lande, also in der „Natur" wirklich gibt. Man zeigt die Hügel, aber nicht mehr den Galgen, der darauf steht, und nicht mehr den Gehenkten daran. Man zeigt die Äcker, aber nicht mehr den zerlumpten Bauern, der mühsam seine Pferde antreibt. Wie aus der höfischen Sprache alles „Gemeine" und „Vulgäre" verschwindet, so verschwindet es auch aus den Bildern und Zeichnungen, die für die höfische Oberschicht bestimmt sind.

Blick auf das Leben eines Ritters.

In den Zeichnungen des „Hausbuches", die eine Idee von der Gefühlslage der späten, mittelalterlichen Oberschicht geben, ist das anders. Hier ist das alles, Galgen, zerlumpte Knechte, mühsam arbeitende Bauern, wie im Leben, so auch in den Zeichnungen zu sehen, und zwar nicht etwa nach Art einer viel späteren Zeit im Sinne eines Protestes betont und hervorgehoben, sondern als etwas ganz Selbstverständliches, etwas, das man täglich um sich sieht, genau so wie ein Storchennest oder einen Kirchturm. Das eine ist im Leben so wenig peinlich, wie das andere, und es ist daher auch in der Darstellung nicht peinlich. Im Gegenteil, es gehört, wie überall im Mittelalter, zum Dasein des Reichen und Edlen, daß Bettler und Krüppel da sind, die die Hand aufhalten, Bauern und Handwerker, die für ihn arbeiten; es liegt keine Bedrohung für ihn darin; er identifiziert sich in keiner Weise mit ihnen; der Anblick erweckt keine peinlichen Gefühle. Und über den Tölpel, den Bauern, macht man sich oft genug noch lustig.

So sind auch diese Bilder. Zuerst kommt eine Reihe von Zeichnungen, die Menschen unter einem bestimmten Sternbild darstellen. Sie sind nicht direkt um den Ritter gruppiert, aber sie machen deutlich, wie und was er alles um sich sieht. Dann kommt eine Reihe von Blättern, die unmittelbar zeigen, womit ein Ritter sein Leben verbringt, seine Beschäftigung und seine Freuden. Sie alle bezeugen, gemessen an der späteren Zeit, den gleichen Peinlichkeitsstandard und die gleiche, soziale Haltung.

Man sieht z. B. gleich am Anfang die Leute, die unter dem Saturn geboren sind. Da ist vorn ein armer Kerl dabei, ein gefallenes Pferd auszuweiden oder sich vielleicht auch das brauchbare Fleisch abzuschneiden. Die Hose ist ihm beim Bücken etwas heruntergerutscht, das Gesäß guckt vor und eine Muttersau hinter ihm schnuppert daran. Eine alte, gebrechliche Frau, halb in Lumpen, geht hinkend, auf eine Krücke gestützt, vorüber. In einer kleinen Höhle am Weg sitzt ein armseliger Mann, Hände und Füße im Block, und eine Frau neben ihm, die eine Hand im Block, die andere in Fesseln festgelegt. Ein Bauersknecht schachtet an einem Rinnsal, das sich hinten zwischen Bäumen und Hügeln verliert. Man sieht in der Ferne den Bauern und seinen kleinen Sohn mit einem Pferde mühsam den hügeligen Acker pflügen. Noch weiter hinten wird ein zerlumpter Mann zum Galgen geführt, stolz neben ihm der Bewaffnete mit einer Feder an der Kappe; auf der anderen Seite der Mönch in der Kutte hält ihm ein großes Kreuz vor; dahinter reitet der Ritter und zwei seiner Leute. Oben auf dem Hügel steht der Galgen mit einem Gehenkten daran und das Rad mit einer Leiche darauf. Die schwarzen Vögel fliegen umher; einer von ihnen hackt an dem Leichnam.

Der Galgen ist keineswegs hervorgehoben. Er ist da, wie der Bach oder wie ein Baum; und genau so sieht man ihn, wenn der Ritter auf Jagd geht. Eine ganze Gesellschaft reitet vorüber, Herr und Dame oft auf dem gleichen Pferd. Das Wild verschwindet in einem Wäldchen; ein Hirsch scheint getroffen. Weiter hinten sieht man ein kleines Dorf oder vielleicht auch den Wirtschaftshof, Brunnen, Mühlrad, Windmühle, ein paar Gebäude; man sieht den Bauern auf dem Acker pflügen; er blickt sich nach dem Wild um, das im Begriff ist, über sein Feld zu laufen. In der Höhe auf der einen Seite die Burg, auf der anderen, kleineren Höhe gegenüber Rad und Galgen mit einem Gehenkten daran und Vögeln darum.

Der Galgen, Symbol der Gerichtsherrschaft des Ritters, gehört zur Kulisse seines Lebens. Er mag nicht besonders wichtig sein; aber jedenfalls ist er auch nicht besonders peinlich. Verurteilung, Hinrichtung, Tod, das alles ist viel gegenwärtiger in diesem Leben; auch das alles ist noch nicht hinter die Kulissen verlegt.

Und das gleiche gilt von den Armen und den Arbeitenden. „Wer solte uns den Acker buwen, ob ir alle herren waeret", sagt im 13. Jahrhundert Berthold v. Regensburg[116]) in einer seiner Predigten. Und gelegentlich sagt er noch deutlicher:

Blick auf das Leben eines Ritters.

Davon will ich euch Christenleuten sagen, wie der allmächtige Gott die heilige Christenheit geordnet hat in zehnerlei Leute „unde welicher leie dienste die nidern den obern schuldic und untertaenic sint. Die ersten drier daz sint die hoehsten unde die hersten, die der almehtige got selbe dar zuo erwelt unde geordnet hat, daz in die andern siben alle untertaenic wesen suln und in dienen suln[117]"". Das gleiche Lebensgefühl findet man auch noch in diesen Bildern aus dem 15. Jahrhundert. Es ist nicht peinlich, es ist die natürliche und selbstverständliche Ordnung der Welt, daß die Krieger, die Edlen Muße haben, sich zu vergnügen, und daß die anderen für sie arbeiten. Es fehlt die Identifizierung von Mensch und Mensch. Es gibt nicht einmal am Horizont dieses Lebens die Vorstellung, alle Menschen seien „gleich". Aber vielleicht gerade deswegen hat auch der Anblick der Arbeitenden nichts Beschämendes oder Peinliches.

Man sieht den Gutshof, die Freuden der Herren: Ein Edelfräulein bekränzt ihren jungen Freund. Er zieht sie an sich. Ein anderes Paar geht eng umschlungen spazieren. Die alte Dienerin macht ein böses Gesicht zum Liebesspiel der jungen Leute. Daneben arbeiten die Knechte. Einer kehrt den Hof auf, ein anderer striegelt das Pferd, ein dritter streut den Enten ihr Futter, aber die Magd winkt ihm aus dem Fenster, er dreht sich um, bald wird er im Haus verschwinden. Spielende Edeldamen. Bäurische Spiele dahinter. Auf dem Dach klappert der Storch.

Dann ist da ein kleiner Vorhof am See. Auf der Brücke steht der junge Edelmann mit seiner Frau. Sie sehen, auf das Geländer gelehnt, zu, wie die Knechte im Wasser Fische und Enten fangen. Drei junge Damen fahren Kahn. Schilfrohr, Büsche, in der Ferne die Mauern einer kleinen Stadt.

Oder man sieht Werkleute vor einem bewaldeten Berg ein Haus bauen. Burgherr und Burgherrin sehen zu. Man hat Stollen in den kleinen Berg geschlagen, um Steine zu gewinnen. Man sieht die Werkleute am Gestein hauen, andere karren die Steine ab. Weiter vorne arbeiten Leute an dem

,,Zivilisation" als eine Veränderung des menschlichen Verhaltens.

halbfertigen Bau. Ganz im Vordergrund zanken sich Werk-
leute; sie sind dabei sich zu erstechen und zu erschlagen.
Der Burgherr steht nicht weit von ihnen. Er zeigt seiner
Frau das Schauspiel der Streitenden; die vollkommene Ruhe
des Herrn und seiner Frau ist zu den aufgeregten Gesten der
Streitenden in starken Kontrast gestellt. Pöbel schlägt sich.
Der Herr hat damit nichts zu tun. Er lebt in einer anderen
Sphäre.

Es sind nicht die Geschehnisse selbst, die z. T. auch heute
nicht anders vor sich gehen, es ist vor allem die Tatsache und
die Art ihrer Darstellung, die den Unterschied der Gefühlslage unterstreicht. Die Oberschichten späterer Phasen
ließen sich so etwas nicht mehr zeichnen. Es sprach ihr Gefühl nicht an. Es war nicht ,,schön". Es gehörte nicht in die
,,Kunst". Und allenfalls bei Holländern, die mittelständische
Schichten und ausgesprochen unhöfische Schichten repräsentieren, etwa bei Brueghel, findet man dann noch in späterer
Zeit einen Peinlichkeitsstandard, der ihm erlaubt, Krüppel,
Bauern, Galgen oder Leute, die ihr Geschäft verrichten,
aufs Bild zu bringen. Aber da verbindet sich dieser Standard
mit ganz anderen, sozialen Empfindungen, als hier bei der
spät-mittelalterlichen Oberschicht.

Hier ist es selbstverständlich, daß die anderen, die arbeitenden Schichten da sind. Sie gehören sogar zur unent-
behrlichen Staffage des ritterlichen Lebens. Der Herr lebt
mitten unter ihnen. Es schockiert ihn nicht, den Knecht
neben sich arbeiten zu sehen, und es schockiert ihn auch
nicht, wenn er sich in seiner Weise amüsiert. Im Gegenteil,
es ist ein integrales Element seines Selbstgefühls, daß diese
anderen Menschen sich rings um ihn bewegen und daß er nicht
ist, wie sie, daß er ihr Herr ist. Dieses Gefühl kommt in den
Zeichnungen immer von neuem zum Ausdruck. Es gibt
kaum eine einzige unter ihnen, in denen nicht den courtoisen
Beschäftigungen und Gesten die vulgären der Unterschicht
gegenübergestellt sind. Ob er reitet, jagt, liebt oder tanzt,
was der Herr tut, ist edel und courtois, was die Knechte und

Blick auf das Leben eines Ritters.

Bauern tun, ist grob und ungeschlacht. Das Peinlichkeitsempfinden der mittelalterlichen Oberschicht verlangt noch nicht, daß alles Vulgäre hinter die Kulissen des Lebens und damit auch der Bilder verdrängt wird. Ihre Affekte befriedigt es, sich von den anderen unterschieden zu wissen. Der Anblick des Kontrastes erhöht die Lust am Leben; und es sei daran erinnert, daß in gemilderter Form etwas von dieser Lust an solchen Kontrasten z. B. auch noch bei Shakespeare zu finden ist. Wo immer man die Hinterlassenschaft der mittelalterlichen Oberschicht betrachtet, findet man die gleiche Haltung ganz ungedämpft. Je weiter die Verflechtung und Arbeitsteilung der Gesellschaft vorschreitet, desto mehr werden faktisch auch die Oberschichten von den anderen Schichten abhängig, und desto größer wird also auch die gesellschaftliche Stärke dieser Schichten, mindestens potentiell. Dort dagegen, wo die Oberschicht in erster Linie eine Kriegerschicht ist, wo sie die anderen Schichten primär durch Schwert und Waffenmonopol in Abhängigkeit hält, fehlt die Angewiesenheit auf diese anderen Schichten und damit die Abhängigkeit von ihnen gewiß nicht ganz. Aber sie ist unvergleichlich geringer; und geringer ist also zugleich — auch das wird noch genauer zu zeigen sein — der Druck, der Auftrieb von unten nach oben. Dementsprechend ist das Herrengefühl der Oberschicht, die Geringschätzung der anderen Schichten außerordentlich viel unverhohlener, der Zwang zu ihrer Zurückhaltung, wie die Bindung des Trieblebens überhaupt geringer.

Selten wird dem Zurückblickenden die Selbstverständlichkeit dieses Herrenbewußtseins und die selbstsichere, die patriarchalische Verachtung der anderen so anschaulich vor Augen geführt, wie in diesen Zeichnungen. Nicht nur in der Geste, mit der der Edelmann seiner Frau die zankenden Werkleute zeigt oder die Arbeiter in einer Art Gießerei, die sich vor den übelriechenden Dämpfen die Nase zuhalten, kommt das zum Ausdruck, nicht nur dort, wo der Herr dem Fischfang der Knechte zusieht, oder in der wiederholten Darstel-

"Zivilisation" als eine Veränderung des menschlichen Verhaltens.

lung des Galgens mit dem Gehenkten daran, sondern auch in der selbstverständlichen und unbetonten Art, mit der der edleren Geste des Ritters die grobe des Volkes zur Seite gestellt ist.

Da ist das Turnier. Musikanten spielen auf. Narren machen ihre groben Späße. Die adligen Zuschauer auf ihren Pferden, sehr oft Herr und Dame auf dem gleichen Pferd, unterhalten sich. Bauern, Bürger, der Arzt, kenntlich an ihrer Tracht, sehen zu. Die beiden Ritter, ziemlich hilflos in ihrer schweren Rüstung, warten in der Mitte. Freunde beraten sie. Dem einen gibt man gerade die lange Stechlanze in die Hand. Dann bläst der Herold. Die Ritter stürmen mit eingelegter Lanze aufeinander los. Und im Hintergrund sieht man zur courtoisen Beschäftigung der Herren die vulgäre des Volkes, ein Wettrennen zu Pferde mit allerhand Unsinn dabei. Ein Mann hängt sich dem einen Pferd an den Schwanz. Dessen Reiter ist wütend. Die anderen peitschen die Pferde und jagen in etwas groteskem Galopp auf und davon.

Da ist das Kriegslager. Aus den Geschützwagen ist eine Wagenburg gebildet. Darin stehen die prächtigen Zelte mit ihren verschiedenen Wappen und Bannern, unter ihnen das Reichsbanner. In der Mitte sieht man umgeben von seinen Rittern den König oder auch den Kaiser selbst. Ein Bote zu Pferde bringt ihm gerade eine Nachricht. Aber am Lagertor sieht man bettelnde Frauen mit ihren Kindern sitzen und die Hände ringen, während ein Gepanzerter zu Pferde gerade einen gefesselten Gefangenen anbringt. Weiter hinten sieht man den Bauern, der sein Feld pflügt. Außerhalb des Lagerwalls liegen Knochen herum, Tiergerippe, ein verendetes Pferd, eine Krähe, ein wilder Hund, die davon fressen. Dicht an den Wagen ein kauernder Knecht, der sein Geschäft verrichtet.

Oder man sieht unter dem Zeichen des Mars, wie Ritter ein Dorf überfallen. Vorn ersticht einer der Kriegsknechte einen liegenden Bauern, rechts, wohl in einer Kapelle, wird ein zweiter Mann erstochen, und seine Sachen werden weg-

Blick auf das Leben eines Ritters.

geschleppt. Auf dem Dach sitzen friedlich die Störche im Nest. Weiter hinten will ein Bauer über den Zaun entfliehen, aber der Ritter auf dem Pferd hält ihn am Hemdzipfel fest, der hervorguckt. Eine Bauersfrau schreit und ringt die Hände. Ein gefesselter Bauer, miserabel und kläglich, bekommt von einem Ritter zu Pferde eins auf den Kopf; noch weiter hinten stecken Reisige ein Haus in Brand, einer von ihnen treibt das Vieh fort und schlägt auf die Bäuerin ein, die ihn hindern will; oben im kleinen Turm der Dorfkirche drängen sich die Bauern zusammen, und geängstete Gesichter sehen aus dem Fenster herüber. Ganz in der Ferne, auf einem kleinen Berg, steht ein wehrhaftes Kloster; hinter den hohen Mauern sieht man das Kirchdach mit Kreuz darauf. Etwas höher, auf einem kleinen Berg, eine Burg oder ein anderer Teil des Klosters. Das ist es, was dem Zeichner zum Sternbild des Kriegsgottes einfiel. Das Blatt ist wunderbar lebendig. Man hat, wie bei einer Reihe der anderen Blätter, unmittelbar das Empfinden, etwas wirklich Erlebtes vor Augen zu haben; man hat dieses Empfinden, weil diese Blätter noch nicht „sentimentalisch" sind, weil aus ihnen noch nicht jene starke Gebundenheit der Affekte spricht, die von nun an während einer langen Phase in der künstlerischen Darstellung für Oberschichten immer ausschließlicher deren Wunschbilder zutage treten ließ, und die zur Unterdrückung alles dessen zwang, was dem vorrückenden Peinlichkeitsstandard widersprach. Hier wird einfach erzählt, wie der Ritter die Welt sieht und fühlt. Die Siebung des Gefühls, die Schablone vor den Affekten, die in die Darstellung hineinläßt, was lustvoll ist, und zurückhält, was unlustvoll, beschämend oder peinlich ist, ermöglicht es vielen Fakten ganz unbelastet zu passieren, die später allenfalls noch dort in die Darstellung eindringen, wo ein bewußter oder unbewußter Protest gegen die Triebzensur der Oberschicht zum Ausdruck gebracht wird, und eben damit in gewisser Weise betont und belastet. Der Bauer ist hier weder bemitleidenswert, noch Repräsentant der Tugend; er ist auch nicht Repräsentant

"„Zivilisation" als eine Veränderung des menschlichen Verhaltens.

des häßlichen Lasters. Er ist einfach kläglich und etwas
lächerlich, genau, wie ihn der Ritter sieht. Die Welt ist um
den Ritter zentriert. Hungernde Hunde, bettelnde Weiber,
verfaulende Pferde, Knechte, die sich am Wall niederkauern,
Dörfer die angezündet, Bauern, die ausgeplündert und erschlagen werden, das alles gehört ebenso zur Landschaft
dieser Seelen, wie Turnier und Jagd. So hat Gott die Welt
geschaffen: Die einen sind Herren, die anderen Knechte. An
alledem ist nichts Peinliches.

Und der gleiche Unterschied des Affektstandards selbst
noch zwischen dieser späten, ritterlichen und der kommenden,
absolutistisch-höfischen Gesellschaft zeigt sich auch in der
Art, wie die Liebe dargestellt wird. Da sind die Menschen der
Venus. Wiederum blickt man weit ins offene Land hinein.
Kleine Hügel sind da, die Windungen eines Flusses, Büsche
und ein kleines Wäldchen. Vorne spazieren drei oder vier
Paare von jungen Edelleuten, immer ein Jung-Herr und ein
Jung-Fräulein zusammen; sie gehen im Kreise zum Klang
der Musik, festlich, elegant, alle mit den langgeschnäbelten,
modischen Schuhen. Ihre Bewegungen sind gemessen und
gerundet; einer trägt am Hut eine große Feder; andere
tragen Kränze im Haar. Vielleicht ist es eine Art von lang-
samem Tanz, den wir sehen. Dahinter stehen drei Buben, die
Musik machen, ein Kredenztisch mit Früchten und Getränken
ist da, daran gelehnt ein junger Bursche, der aufwarten soll.

Auf der gegenüberliegenden Seite, durch Zaun und Tür abgeschlossen, ist ein kleines Gärtchen. Bäume bilden eine Art
von Laube, darunter steht eine ovale Badekufe, ein nackter
junger Mann sitzt darin, er greift begierig nach einem nackten
Mädchen, das gerade zu ihm in die Wanne steigt. Wie oben,
sieht eine alte Dienerin, die gerade Getränke und Früchte
bringt, mit bösem Gesicht dem Liebesspiel der jungen Leute
zu; und wie im Vordergrund die Herren, so vergnügen sich im
Hintergrund die Knechte. Einer von ihnen fällt gerade über
eine Magd her, die bereits mit hochgestreiften Röcken am Boden
liegt. Er sieht sich noch einmal um, ob niemand in der Nähe

Blick auf das Leben eines Ritters.

ist. Auf der anderen Seite tanzen zwei junge Burschen aus
dem Volk mit weit ausladenden Gesten. ähnlich denen der
Moriskentänzer, eine Tour; ein Dritter spielt ihnen auf.

Oder man sieht, ebenfalls im offenen Land, ein kleines,
steinernes Badehäuschen, davor ein kleiner Vorhof mit einer
steinernen Mauer. Man blickt etwas über sie hinweg. Ein
Weg ist angedeutet, Gebüsch, eine Reihe von Bäumen führt
in die Weite. In dem Vorhof sitzen und spazieren junge
Paare; eines von ihnen bewundert den modischen Brunnen,
andere konversieren, einer der jungen Männer mit dem Falken
auf der Hand. Hunde, ein kleines Äffchen, Topfpflanzen.

Man sieht in das Badehäuschen durch ein großes offenes
Bogenfenster hinein. Zwei junge Leute und ein Mädchen
sitzen nackt im Wasser nebeneinander und unterhalten sich.
Ein zweites Mädchen schon ausgekleidet. öffnet gerade die
Tür, um zu ihnen ins Wasser zu steigen. In dem großen
offenen Bogen des Badehäuschens sitzt ein Knabe, der den
Badenden auf seiner Gitarre etwas vorspielt. Unter dem
Bogen der Hahn, durch den das Wasser abläuft. Vor dem
Häuschen sind in einer kleinen Kufe mit Wasser Getränke
kalt gestellt. Auf einem Tisch daneben stehen Früchte und
ein Becher, daran ein junger Edelmann, den Kranz im Haar
und den Kopf elegant auf die Hand gestützt. Oben, von der
zweiten Etage des Badehäuschens. sehen Magd und Knecht
zu, wie die Herrschaft sich vergnügt.

Auch die erotische Beziehung zwischen Mann und Frau
ist in der Darstellung hier, wie man sieht, sehr viel unverdeckter als in der späteren Phase, wo man sie im gesellschaftlichen Verkehr der Menschen, wie in den Bildern,
zwar für jeden verständlich. aber doch allenfalls halb-
verdeckt durchscheinen läßt. Die Nacktheit ist noch nicht
so mit Schamgefühlen belegt, daß man sie auf dem Bild
zur Umgehung der inneren und äußeren gesellschaftlichen
Kontrolle gewissermaßen nur als Kostüm der Griechen
und Römer sentimentalisch in Erscheinung treten lassen
kann.

„Zivilisation" als eine Veränderung des menschlichen Verhaltens.

Aber der nackte Körper ist hier auch nicht dargestellt,
wie zuweilen in der späteren Zeit auf „Privatzeichnungen",
die heimlich von Hand zu Hand gehen. Diese Liebesszenen
sind alles andere als „obszön". Die Liebe ist hier dargestellt,
wie irgend etwas anderes im Leben des Ritters, wie Turniere,
Jagd, Kriegszug oder Plünderung. Die Szenen sind nicht
besonders betont; man spürt in der Darstellung nichts von
jener Gewaltsamkeit, von jener Tendenz anzureizen oder
eine im Leben versagte Wuncherfüllung zu geben, die allem
„Obszönen" anhaftet. Diese Darstellung kommt nicht aus
gepreßter Seele; sie deckt nicht unter Durchbrechung von
Tabus etwas „Heimliches" auf. Sie erscheint ganz unbelastet. Auch hier zeichnete der Meister auf, was er im Leben
selbst oft genug gesehen haben mag. Und um dieser Unbe-
lastetheit, dieser Selbstverständlichkeit willen, mit der hier,
gemessen an unserem Scham- und Peinlichkeitsstandard,
die Beziehungen zwischen den Geschlechtern zutage treten,
nennen wir dieses Verhalten „naiv". Man findet sogar gelegentlich bei dem Hausbuchmeister einen — für unser Empfinden — recht derben Spaß, ähnlich wie bei den anderen
Meistern dieser Phase, etwa bei dem Meister E. S. und, vielleicht
von diesem kopiert, sogar bei dem popularisierenden Meister
mit den Bandrollen[118]). Und auch die Übernahme solcher
Motive durch einen popularisierenden Kopisten, der möglicherweise sogar ein Mönch war, weist darauf hin, wie anders
der gesellschaftliche Standard des Schamgefühls hier war.
Aber auch solche Dinge werden so selbstverständlich vorgetragen, wie irgendeine Einzelheit der Kleidung. Es ist ein
Scherz, grob gewiß, wenn man es so nennen will, aber im
Grunde nicht gröber, als der Scherz, den man sich erlaubt,
wenn man bei dem geplünderten und verfolgten Bauern einen
Hemdzipfel hervorgucken läßt, bei dem ihn der Ritter
packen kann, oder wenn man die alte Dienerin, die dem
Liebesspiel der jungen Leute zusieht, ein böses Gesicht
machen läßt, wie zum Spott darüber, daß sie für solche Vergnügungen zu alt ist.

296

Blick auf das Leben eines Ritters.

Das alles sind Ausdrücke für die Seelenlage einer Gesellschaft, in der man den Trieben, den Empfindungen unvergleichlich viel leichter, rascher, spontaner und offener nachgab, in der die Affekte ungebundener, d. h. aber auch ungeregelter und stärker zwischen Extremen hin- und hergeworfen, spielten als später. Innerhalb dieses Standards der Affektregelung, der für die ganze weltliche Gesellschaft des Mittelalters charakteristisch ist, für Bauern, wie für Ritter, gab es gewiß beträchtliche Differenzierungen. Und auch den Menschen dieses Standards waren eine Fülle von Triebversagungen auferlegt. Sie lagen nur in anderer Richtung; sie hatten nicht den gleichen Grad, wie in der späteren Zeit, und sie hatten nicht die Gestalt eines beständigen, gleichmäßigen und fast automatischen Selbstzwangs. Die Art der Integration und der Abhängigkeit, in der diese Menschen miteinander lebten, drängte nicht dazu, ihre körperlichen Funktionen dermaßen voreinander zurückzuhalten oder ihre Angriffslust dermaßen zu zügeln, wie in der folgenden Phase. Das galt für alle. Aber beim Bauern war dennoch der Spielraum der Angriffslust beschränkter als beim Ritter, nämlich beschränkt auf seinesgleichen. Beim Ritter war er umgekehrt gerade in der Äußerung außerhalb seiner Schicht weniger beschränkt, als beim Kampf innerhalb ihrer; denn hier war sie geregelt durch den ritterlichen Code. Dem Bauern war unter Umständen eine soziogene Versagung einfach dadurch auferlegt, daß er nicht genug zu essen hatte. Und das ist ganz gewiß eine Triebrestriktion höchsten Grades, die im ganzen Gebaren des Menschen zum Ausdruck kommt. Aber niemand kümmerte sich darum und seine gesellschaftliche Lage machte es kaum notwendig, daß er sich im Schneuzen oder Spucken oder in der Schnelligkeit des Zugreifens bei Tisch Zwang auferlegte. Gerade in dieser Richtung waren die Zwänge in der ritterlichen Schicht stärker. So sehr also auch, gemessen an der Affektentwicklung der späteren Zeit, der Standard der mittelalterlichen Affektbindung als Einheit erscheint, es gab innerhalb seiner, entsprechend

„Zivilisation" als eine Veränderung des menschlichen Verhaltens.

der verschiedenen Lagerung in der weltlichen Gesellschaft
selbst, ganz zu schweigen von der geistlichen, beträchtliche Unterschiede der Affektmodellierung, die im einzelnen
genauer zu untersuchen bleiben. Man sieht sie bereits,
wenn man in diesen Bildern die gemessenen und zuweilen
selbst gezierten Bewegungen der Edelleute mit den weit-
ausladenden und gröberen der Knechte und Bauern vergleicht.

Die Affektäußerungen der mittelalterlichen Menschen sind
insgesamt spontaner und ungebundener, als die der folgenden
Zeit. Aber sie sind keineswegs in irgendeinem absoluten
Sinne ungebunden und gesellschaftlich unmodelliert. Es
gibt in dieser Hinsicht keinen Nullpunkt. Der Mensch ohne
Restriktionen ist ein Phantom. Art, Stärke und Verarbeitung
der Versagungen und Zwänge, wie der Abhängigkeiten,
wandeln sich allerdings hundertfach, mit ihnen Spannung
und Gleichgewicht des Affekthaushalts, ebenso wie der Grad
und die Art der Befriedigung, die der Einzelne sucht, und
die er findet.

Worin der Ritter Befriedigung sucht und findet, davon
geben diese Zeichnungen, im Zusammenhang gesehen, einen
gewissen Eindruck. Er mag in dieser Zeit schon öfter am
Hof leben als früher. Aber noch immer bilden Burg und
Herrschaftshof, Hügel, Bach, Äcker und Dörfer, Bäume und
Wälder die selbstverständliche und ganz unsentimentalisch
betrachtete Kulisse seines Lebens. Hier ist er zu Hause und
hier ist er der Herr. Sein Leben selbst ist im wesentlichen
geteilt zwischen Kriegszug, Turnier, Jagd und Liebesspiel.

Aber schon im 15. Jahrhundert selbst und noch entschiedener im 16. ändert sich das. Es bildet sich an den halbstädtischen Fürstenhöfen z. T. aus Elementen des alten
Adels, z. T. aus neuen aufsteigenden Elementen eine neue
Aristokratie mit einem neuen Lebensraum, neuen Funktionen
und dementsprechend mit einer anderen Affektmodellierung.

Die Menschen selbst empfinden den Unterschied und bringen
ihn zum Ausdruck. 1562 übersetzt ein Mann namens Jean
du Peyrat della Casas Manierenbuch ins Französische. Als

Blick auf das Leben eines Ritters.

Titel setzt er darüber «Galatée ou la maniere et fasson comme
le gentilhomme se doit gouverner en toute compagnie». Und
schon in diesem Titel kommt der stärkere Zwang, der dem
Edelmann jetzt auferlegt wird, deutlich zum Ausdruck.
Aber Peyrat hebt den Unterschied zwischen den Anfor-
derungen, die das Leben an den Ritter stellte, und denen,
die nun vom höfischen Leben an den Edelmann gestellt
werden, selbst in seiner Einleitung noch ausdrücklich hervor:

«Toute la vertu et perfection du Gentilhomme, Monseig-
neur, ne consiste pas à piquer bien un cheval, à manier une
lance, à se tenir propre en son harnois, à s'aider de toutes
armes, à se gouverner modestement entre les dames ou à
dresser l'Amour: car c'est un des exercices encor que l'on
attribue au gentilhomme; il y a plus, le service de table devant
les Roys et Princes, la façon d'ageancer son language respec-
tant les personnes selon leurs degrez et qualitez, les œillades,
les gestes et jusques au moindre signe et clin d'œil qu'il
sçauroit faire.»

Hier ist als bisherige Tugend und Vollkommenheit, als
Leben und Lebensraum des Edelmannes, genau das abge-
zeichnet, was man in den Blättern des „Hausbuches" sieht:
Werke der Waffen und der Liebe.

Ihnen gegenübergestellt sind die weiteren Vollkommen-
heiten und zugleich der neue Lebensraum des Edelmanns
im Fürstendienst: Die ganze Vollkommenheit des Edelmanns
besteht nicht nur darin, daß er sich gut in seinem Harnisch
hält und auf alle Waffen versteht, und auch nicht darin, daß
er sich gerade noch zur Not beherrscht, wenn er unter Frauen
ist, und auch nicht nur darin, „à dresser l'Amour", obgleich
man auch das als eine der Funktionen des Edelmannes ansieht, es gibt mehr als das; da ist der Dienst an der Tafel der
Könige und Prinzen, die Art, seine Sprache abzumessen,
genau nach Rang und Stand der Personen, mit denen man
spricht, die Haltung der Augen, der Gesten, alles, bis zur
geringsten Bewegung, bis zum Zwinkern des Auges.

„Zivilisation" als eine Veränderung des menschlichen Verhaltens.

Ein neuer Zwang, eine neue, eingehendere Regulierung und Modellierung des Verhaltens, wie sie das alte, ritterliche Leben weder nötig, noch möglich machte, wird jetzt von dem Edelmann verlangt. Das sind die Konsequenzen der neuen, stärkeren Abhängigkeit, in die der Edelmann jetzt geraten ist. Er ist nicht mehr der relativ freie Mann, der Herr in seiner Burg ist, und dessen Burg seine Heimat ist. Er lebt jetzt am Hof. Er dient dem Fürsten. Er wartet ihm bei der Tafel auf. Und am Hof lebt er mit vielen Menschen zusammen. Er muß sich zu jedem von ihnen genau nach ihrem und genau nach seinem Rang verhalten. Er muß lernen, seine Gesten dem verschiedenen Rang und Ansehen der Personen am Hofe entsprechend genau zu dosieren, seine Sprache genau abzumessen und selbst seinen Blick genau zu kontrollieren. Es ist eine neue Selbstdisziplin, ein unvergleichlich viel stärkeres An-sich-Halten, die dem Menschen durch diesen neuen Lebensraum und die neue Integrationsform aufgezwungen werden.

Die Haltung, deren ideale Form durch den Begriff «courtoisie» ausgedrückt wurde, geht langsam in eine andere über, die nun mehr und mehr durch den Begriff «civilité» ihren Ausdruck findet.

Die Übersetzung des Galateo durch Jean du Peyrat repräsentiert auch sprachlich diese Zeit des Übergangs. Bis zu den Jahren 1530 oder 1535 herrscht der Begriff «courtoisie» in Frankreich ziemlich allein. Gegen Ende des Jahrhunderts gewinnt der Begriff «civilité» langsam den Vorrang, ohne daß sich der andere verliert. Hier, um das Jahr 1562, werden noch ohne merklichen Vorrang beide zugleich gebraucht.

«Le Livre traictant de l'institution d'un jeune Courtisan et Gentilhomme soit garenty,» sagt Peyrat in seiner Widmung, «de celuy qui est comme le paragon et miroir des autres en courtoisie, civilité, bonnes mœurs et louables coustumes.»

Der Mann aber, an den sich diese Worte richten, ist eben jener Heinrich v. Bourbon, Prinz v. Navarra, dessen Lebensgang selbst diesen Übergang vom ritterlichen zum höfischen

Blick auf das Leben eines Ritters.

Menschen am sichtbarsten symbolisiert, der als Heinrich IV. unmittelbar zum Vollstrecker dieser Wandlung in Frankreich wird und der, oft gegen seinen Wunsch, die Widerstrebenden, die nicht begreifen, daß sie aus freien Herren und Rittern abhängige Königsdiener werden sollen, zwingen oder selbst töten lassen muß [119]).

Anmerkungen zur Einleitung.

[1] Talcott Parsons, Essays in Sociological Theory, Glencoe 1963, S. 359 f.

[2] T. Parsons, a. a. O., S. 359.

[3] T. Parsons, Social Structure and Personality, Glencoe, 1963, S. 82, 258 f.

[4] Die Vorstellung, daß der gesellschaftliche Wandel im Sinne eines Strukturwandels als Störung eines normalerweise stabilen gesellschaftlichen Gleichgewichtszustandes zu verstehen ist, findet sich bei Parsons an vielen Stellen (siehe zum Beispiel T. Parsons, N. J. Smelser, Economy and Society, London 1957, S. 247 f). Ähnlich auch bei Robert K. Merton, Social Theory and Social Structure, Glencoe 1959, S. 122, wo ebenfalls einem idealen, wenn auch anscheinend als real verstandenen gesellschaftlichen Zustand, bei dem es keine Widersprüche und Spannungen gibt, ein andrer gegenübergestellt wird, bei dem solche als „Störungserscheinungen", als „schlechtes Funktionieren" („dysfunctional") bewerteten gesellschaftlichen Phänomene einen Druck zum „Wandel" auf das normalerweise spannungslose und unwandelbare Gesellschaftsgefüge ausüben.

Das Problem, das hier zur Diskussion gestellt wird, ist, wie man sieht, nicht identis h mit dem Problem, das herkömmlicherweise mit Hilfe der Begriffe „Statik" und „Dynamik" diskutiert wird. Bei diesen herkömmlichen Diskussionen handelt es sich oft auch um die Frage, welches Vorgehen, welche Methode bei der Untersuchung gesellschaftlicher Phänomene vorzuziehen sei, eine Methode, bei der man sich auf einen bestimmten Zeitausschnitt beschränkt oder eine Methode, bei der man sich mit längeren Prozessen beschäftigt. Hier dagegen werden nicht die soziologische Methode und nicht einmal die soziologische Problemauslese als solche, sondern die dem Gebrauch der verschiedenen Methoden und den verschiedenen Typen der Problemauslese zugrunde liegenden Vorstellungen von der Gesellschaft, von den Figurationen der Menschen, zur Diskussion gestellt.

Anmerkungen zur Einleitung.

Was hier gesagt wurde, richtet sich nicht gegen die Möglichkeit, kurzfristige gesellschaftliche Zustände einer soziologischen Untersuchung zu unterziehen. Dieser Typ der Problemauslese ist ein völlig legitimer und unentbehrlicher Typ der soziolog schen Untersuchung. Was hier gesagt wurde, richtet sich gegen einen bestimmten Typ der theoretischen Vorstellungen, die sich oft, aber durchaus nicht notwendigerweise mit empirischen soziologischen Zustandsuntersuchungen verbinden. Es ist ganz sicher möglich, empirische Zustandsuntersuchungen zu unternehmen, deren theoretischer Bezugsrahmen Modelle gesellschaftlicher Wandlungen, Prozesse, Entwicklungen der einen oder anderen Art sind. Die Diskussion über das Verhältnis von ,,sozialer Statik'' und ,,sozialer Dynamik'' leidet darunter, daß man nicht klar genug zwischen der empirischen Untersuchung kurzfristiger soziologischer Probleme und den ihnen angemessenen Untersuchungsmethoden auf der einen Seite und den theoretischen Modellen, von denen man sich – ausdrücklich oder nicht – bei der Stellung der Probleme und der Darstellung der Untersuchungsergebnisse leiten läßt, auf der andern Seite, unterscheidet. Mertons Gebrauch der Begriffe ,,Statik'' und ,,Dynamik'' an der oben angegebenen Stelle zeigt diesen Mangel an Unterscheidungskraft recht deutlich, wenn er davon spricht, daß man im Rahmen einer soziologischen Funktionstheorie die Trennung von Statik und Dynamik dadurch überbrücken kann, daß Diskrepanzen, Spannungen und Gegensätzlichkeiten zwar im Sinne des bestehenden ,,sozialen Systems'' ,,dysfunktional'' sind, also schlechtes Funktionieren bedeuten, aber ,,instrumental'' im Sinne des Wandels.

[5] Die Zusammenschlußtendenzen der europäischen Nationen mögen gewiß einen guten Teil ihrer Triebkraft aus der Verdichtung und Verlängerung der Interdependenzketten, vor allem der wirtschaftlichen und militärischen Interdependenzketten, erhalten, aber die Erschütterung des traditionellen nationalen Selbstbildes der europäischen Länder schuf in allen diesen Ländern die Disposition dafür, ihre eigene Haltung der tatsächlichen Entwicklung in der Richtung größerer funktionaler Interdependenz – der natiozentrischen Tradition zum Trotz – wenigstens zögernd und zunächst versuchsweise um einige Grade anzupassen. Die Schwierigkeit des Unternehmens liegt gerade darin, daß auf Grund der natiozentrischen Kindheits- und Erwachsenen sozialisation gefühlsmäßig in den Bevölkerungen aller dieser Länder die eigene Nation den beherrschenden Platz einnimmt, während die größere übernationale Formation, die da im Werden ist, zunächst nur eine ,,rationale'', aber kaum eine affektive Bedeutung für sie besitzt.

Anmerkungen zur Einleitung.

[6] Dieser Unterschied verdient eine ausführlichere vergleichende Untersuchung als sie hier möglich ist. Aber in großen Umrissen kann man ihn mit wenigen Worten erklären. Er hängt mit der Art und dem Ausmaß der Werthaltungen vorindustrieller Machteliten zusammen, die in die Werthaltungen der zur Macht kommenden industriellen Schichten und ihrer Vertreter miteingehen.

In Ländern wie Deutschland, aber auch in andern Ländern des europäischen Festlandes, kann man einen Typ des bürgerlichen Konservatismus beobachten, der in sehr hohem Maße von den Werthaltungen der vorindustriellen dynastisch-agrarisch-militärischen Machteliten mitbestimmt ist. Zu diesen Werthaltungen gehört eine recht ausgesprochene Geringschätzung alles dessen, was man in Deutschland als „Geschäftswelt" bezeichnet, also von Handel und Industrie und eine unzweideutige Höherstellung des Staates, des „gesellschaftlichen Ganzen", gegenüber dem Einzelmenschen, dem „Individuum". Wo immer solche Werthaltungen in dem Konservatismus industrieller Schichten eine mitbeherrschende Rolle spielen, wohnt ihnen begreiflicherweise eine fühlbare antiliberale Tendenz inne. Von dieser Tradition her verbinden sich mit der hohen Bewertung der Einzelpersönlichkeit, der individuellen Initiative und der entsprechend geringeren Bewertung des „staatlichen Ganzen", also mit Werthaltungen der für freie Konkurrenz plädierenden Geschäftswelt, oft negative Gefühle.

In Ländern, in denen die vorindustriellen agrarischen Eliten sich in der Praxis ihres Lebens und in ihren Werthaltungen weniger scharf und entschieden von kommerziellen Operationen und von allen denen, die ihren Lebensunterhalt mit solchen Operationen verdienten, fernhielten und in denen die Macht von Fürsten und höfischen Gesellschaften als Zentren des Staates, wie in England, begrenzt, wie in Amerika, nicht vorhanden war, entwickelten die allmählich zur herrschenden Schicht aufsteigenden bürgerlichen Gruppen einen Typ des Konservatismus, der sich – scheinbar – mit dem Idealen der individuellen Konkurrenz, der Nichteinmischung des Staates, der Freiheit des Individuums, also mit den spezifisch liberalen Werthaltungen, recht wohl vertrug. Auf einige der spezifischen Schwierigkeiten dieses liberal-konservativen Nationalismus, dieser scheinbar unproblematischen gleichzeitigen Hochschätzung des „Individuums" und der Nation, des „staatlichen Ganzen" als höchstem Wert, wird im Text noch einiges zu sagen sein.

[7] Diese Ablösung einer zukunftsorientierten durch eine gegenwartsorientierte Ideologie, wird zuweilen durch einen kleinen Denktrick verdeckt, den man jedem an dem Studium von Ideologien interes-

Anmerkungen zur Einleitung.

sierten Soziologen als ein Musterbeispiel für die subtilere Art der Ideologiebildung empfehlen kann. Die Orientierung der verschiedenen natiozentrischen Ideologien am Bestehenden, an etwas, das ist, als dem höchsten Ideal, führt zuweilen dazu, daß Repräsentanten einer solchen Werthaltung, besonders, aber durchaus nicht allein, Repräsentanten ihrer konservativ-liberalen Schattierungen, ihre eigenen Anschauungen einfach als ideologiefreie Tatsachenfeststellungen hinstellen und den Ideologiebegriff auf diejenigen Ideologietypen einschränken, die auf eine Änderung des Bestehenden, insbesondere auf eine innerstaatliche Änderung, ausgerichtet sind. Ein Beispiel für diese gedankliche Maskierung der eigenen Ideologie in der Entwicklung der deutschen Gesellschaft ist die bekannte Ideologie der Realpolitik. Ihr Argument ging von der als Tatsachenfeststellung gedachten Idee aus, daß in der internationalen Politik jede Nation tatsächlich ihr Machtpotential völlig rücksichtslos und ohne jede Einschränkung zugunsten ihres nationalen Interesses ausnützt. Diese scheinbare Tatsachenfeststellung diente dazu, ein bestimmtes natiozentrisches Ideal zu rechtfertigen, das Macchiavellische Ideal in moderner Fassung, das besagt, man solle in der Verfolgung einer nationalen Politik auf dem internationalen Felde ohne Rücksicht auf Andere, allein die eigenen nationalen Interessen verfolgen. Dieses „realpolitische" Ideal ist deswegen unrealistisch, weil jede Nation tatsächlich von anderen abhängig ist.

Eine ähnliche Gedankenrichtung findet man in jüngerer Zeit – entsprechend der amerikanischen Tradition in etwas gemäßigterer Form – in dem Buch eines amerikanischen Soziologen, Daniel Bell, das den bezeichnenden Titel „The End of Ideology" (New York 1961, S. 279) trägt. Auch Bell geht davon aus, daß der Machtkampf zwischen organisierten Gruppen in der Verfolgung ihrer Vorteile eine Tatsache ist. Aus dieser Tatsache folgert er dann, ähnlich wie die Vertreter der deutschen „Realpolitik", daß der Politiker, ohne ethisches Engagement, im Verfolg der Machtziele seiner eigenen Gruppe in die Machtkämpfe der verschiedenen Gruppen eingreifen solle. Dabei nimmt er für sich in Anspruch, daß dieses Programm nicht den Charakter eines politischen Glaubensbekenntnisses, eines vorgefaßten Wertsystems, also einer Ideologie habe. Er versucht, wie gesagt, diesen Begriff allein auf politische Glaubensbekenntnisse zu beschränken, die auf Veränderungen dessen, was ist, ausgerichtet sind. Er vergißt, daß es möglich ist, das, was ist, nicht nur als einfache Tatsache, sondern auch als einen emotional unterbauten Wert, als ein Ideal, als etwas, das sein soll, zu behandeln. Er unterscheidet nicht zwischen einer wissenschaftlichen Untersuchung dessen, was ist und einer ideologischen Verteidigung dessen, was ist, als Verkörperung eines hoch-

305

Anmerkungen zur Einleitung.

bewerteten Ideals. Es ist ganz offenbar, daß Bells Ideal der Zustand ist, den er als Tatsache beschreibt. ,,Democracy", schreibt ein anderer amerikanischer Soziologe, Seymour Martin Lipset (Political Man, New York 1960, S. 403), ,,is not only or even primarily a means through which different groups can attain their ends or seek the good society; it is the good society itself in operation". Lipset hat später diese Äußerung etwas modifiziert. Aber diese und andere Äußerungen führender amerikanischer Soziologen sind Beispiele dafür, wie wenig selbst die intelligentesten Vertreter der amerikanischen Soziologie in der Lage sind, sich dem außerordentlich starken Druck zur gedanklichen Konformität in ihrer Gesellschaft zu entziehen, und wie sehr diese Situation ihren kritischen Sinn beeinträchtigt. Solange das der Fall ist, solange natiozentrische Werthaltungen und Ideale das theoretische Denken führender amerikanischer Soziologen in solchem Maße beherrschen, solange ihnen das Gefühl dafür fehlt, daß sich Soziologie ebensowenig wie Physik von einem primär nationalen Gesichtspunkt her betreiben läßt, stellt ihr beherrschender Einfluß eine nicht unerhebliche Gefahr für die weltweite Entwicklung der Soziologie dar. Wie man sieht, ist ,,The End of Ideology" unter Soziologen noch nicht in Sicht.

Übrigens würde man von der russischen Soziologie wahrscheinlich Ähnliches zu sagen haben, wenn sie einen ähnlich beherrschenden Einfluß hätte. Aber soweit mir bekannt ist, gibt es in der UdSSR zwar eine wachsende Anzahl empirischer soziologischer Untersuchungen, aber noch kaum eine theoretische Soziologie. Das ist begreiflich, denn deren Stelle nimmt in Rußland nicht so sehr das Marx-Engelssche, als das zum Glaubenssystem erhobene marxistische Gedankengebäude ein. Wie die herrschende amerikanische Theorie der Gesellschaft, ist auch die russische ein naziozentrisches Gedankengebilde. Auch von dieser Seite her ist ganz gewiß das Ende der Ideologie in der soziologischen Theoriebildung noch nicht in Sicht. Aber das ist kein Grund dafür, sich nicht mit aller Kraft zu bemühen, das Ende dieser ständigen Selbsttäuschung, dieser immer erneuten Verkleidung kurzfristiger gesellschaftlicher Ideale als ewig gültige soziologische Theorien, näherzubringen.

[8] T. Parsons, Societies, Evolutionary and Comparative Perspectives, Englewood Cliffs, 1966, S. 20: ,,This process occurs inside that 'black box', the personality of the actor."

[9] Gilbert Ryle, The Concept of Mind, London 1949.

Anmerkungen zum ersten Kapitel.

[1]) Oswald Spengler, Untergang des Abendlandes, München 1920, I, 28. „Jede Kultur hat ihre eigenen Möglichkeiten des Ausdrucks, die erscheinen, reifen, verwelken und nie wiederkehren . . . Diese Kulturen, Lebewesen höchsten Ranges, wachsen in einer erhabenen Zwecklosigkeit auf, wie Blumen auf dem Felde. Sie gehören, wie die Blumen auf dem Felde, der lebendigen Natur Goethes, nicht der toten Natur Newtons an."

[2]) Notizen zum Wandel der Bedeutung von „Zivilisation" und „Kultur" im deutschen Sprachgebrauch.

Die ganze Frage des Entwicklungsganges der Begriffe „Zivilisation und Kultur" bedarf einer ausführlicheren Behandlung als sie hier, wo nur einleitend von diesem Problem gesprochen werden kann, möglich ist. Ein paar Notizen mögen immerhin die Gedanken im Text unterstützen.

Es ließe sich zeigen, daß während des 19. Jahrhunderts, besonders nach 1870, als Deutschland stark in Europa und zugleich eine werdende Kolonialmacht war, der Gegensatz im Gebrauch der beiden Worte zuweilen ziemlich stark zurücktrat, und „Kultur", ähnlich wie heute in England und z. T. auch in Frankreich, nur einen bestimmten Bereich oder auch eine höhere Form der Zivilisation bezeichnete, so z. B. gelegentlich bei Friedrich Jodl, Die Kulturgeschichtsschreibung, Halle 1878, wo (S. 3) die „allgemeine Culturgeschichte" als „Geschichte der Zivilisation" bezeichnet wird (siehe dazu auch Jodl a. a. O. S. 25).

G. F. Kolb in seiner „Geschichte der Menschheit und der Cultur" (1843, spätere Auflage unter dem Titel „Cultur-Geschichte der Menschheit") nimmt in seinen Kulturbegriff den heute weitgehend daraus verbannten Fortschrittsgedanken hinein. Er bezieht sich ausdrücklich für seine Auffassung von „Kultur" auf Buckle's Begriff von „Zivilisation". Aber sein Ideal entnimmt, wie Jodl sagt, (a. a. O. S. 36) „seine wesentlichen Züge aus den modernen Anschauungen und Forderungen in betreff politischer, sozialer und kirchlich-religiöser Freiheit und ließe sich leicht in die Form eines politischen Parteiprogramms hineinstellen".

Anmerkungen zum ersten Kapitel.

Kolb ist mit anderen Worten ein „Fortschrittsmann", ein Liberaler, der Zeit vor 1848; auch in dieser Situation nähert sich der Kulturbegriff dem westlichen der „Zivilisation".

Immerhin sagt noch in der Ausgabe von 1897 Meyers Konversationslexikon: „Die Zivilisation ist die Stufe, durch welche ein barbarisches Volk hindurchgehen muß, um zur höheren Kultur in Industrie, Kunst, Wissenschaft und Gesinnung zu gelangen".

So nahe in solchen Äußerungen der deutsche Kulturbegriff der französischen und englischen Auffassung von „Zivilisation" zu kommen scheint, das Gefühl, die „Zivilisation" sei gegenüber der „Kultur" ein Wert zweiten Ranges, verschwindet auch während dieser Zeit in Deutschland niemals ganz. Es ist ein Ausdruck der Selbstbehauptung Deutschlands gegenüber den westlichen Ländern, die sich als Bannerträger der „Zivilisation" empfinden, und der Spannung zu ihnen. Seine Stärke wechselt je nach Grad und Art dieser Spannung. Die Geschichte des deutschen Begriffpaars „Zivilisation" und „Kultur" hängt aufs engste mit der Geschichte der Beziehungen zwischen England, Frankreich und Deutschland zusammen, und hinter ihr stehen als Konstituenzien gewisse politische Gegebenheiten, die viele, einzelne Entwicklungswellen überdauern, und die in dem geistig-seelischen Habitus der Deutschen ebenso, wie in ihren Begriffen hervortreten, vor allem in den Begriffen, die ihr Selbstbewußtsein zum Ausdruck bringen.

Siehe auch Conrad Hermann „Philosophie der Geschichte", 1870, wo Frankreich als Land der „Zivilisation", England als Land der „materiellen Kultur", Deutschland als Land der „idealen Bildung" bezeichnet sind; der in England und Frankreich gebräuchliche Terminus der „materiellen Kultur" ist in der deutschen Umgangssprache, wenn auch nicht ganz in der wissenschaftlichen Fachsprache, so gut wie verschwunden. Der Begriff „Kultur" ist in der Umgangssprache ganz verschmolzen mit dem, was hier als „ideale Bildung" bezeichnet wird. Das Ideal der „Kultur" und das der „Bildung" waren von jeher Geschwister, wenn auch, wie gesagt, in dem Begriff der Kultur allmählich die Funktion, menschliche Objektivationen und Leistungen zu bezeichnen, stärker hervortrat.

[3]) Zum Problem der Intelligenz s. vor allem K. Mannheim, Ideologie und Utopie, Bonn 1924 (jetzt Frankfurt a. M. b. Schulte-Bulmke) S. 121—134. Ausführlicher ist das Problem noch behandelt in der englischen Ausgabe: Ideology and Utopia, An introduction to the Sociology of Knowledge (International Library of Psychology, Philosophy and Scientific Method), London 1936. Zu dem gleichen Thema s. auch K. Mannheim, Mensch und Gesellschaft

Anmerkungen zum ersten Kapitel.

im Zeitalter des Umbruchs, Leiden 1935 und H. Weil, Die Entstehung des Deutschen Bildungsprinzips, Bonn 1930 (Kap. V, Die Gebildeten als Elite).

[4]) Großes vollständiges Universal-Lexikon aller Wissenschaften und Künste, Leipzig und Halle, 1736 (verlegt bei Joh. H. Zedler). (Alle Sperrungen im Zitat vom Verf.) Siehe auch Artikel „Hofmann": „Einer, der in einer ansehnlichen Bedienung an eines Fürsten Hof stehet. Das Hofleben ist von allen Zeiten einestheils wegen der unbeständigen Herrengunst, wegen derer vielen Neider, heimlicher Verläumder und offenbaren Feinde als etwas gefährliches; andern Theils, wegen des Müßiggangs, Wollust und Üppigkeit, so zum öfftern daselbst getrieben wird, als etwas Laster-Tadelhaftes beschrieben worden.

Es haben aber zu allen Zeiten sich auch Hof-Leute gefunden, die durch ihre Klugheit die gefährlichen Steine des Anstoßens vermieden, und durch ihre Wachsamkeit denen Reitzungen zum Bösen entgangen, also sich zu würdigen Exempeln glücklicher und tugendhafter Hof-Leute vorgestellet. Gleichwohl wird nicht vergeblich gesagt, daß nahe bey Hofe, sey nahe bey der Hölle."

Siehe auch Artikel „Hof": „Wären alle Unterthanen von der tiefsten Einsicht, daß sie den Fürsten wegen innerlichen Vorzuges verehrten, so brauchte es keines äußerlichen Gepränges; so aber bleibet der größte Theil derer gehorchenden an dem äußerlichen hängen. Ein Fürst bleibet derselbe, er gehe alleine oder habe ein großes Komitat bey sich, gleich wohl fehlet es nicht an Exempeln, da der Fürst, wenn er allein unter seinen Unterthanen herumgegangen, wenig und gar kein Ansehen gehabt, da man ihm hingegen gantz anders begegnet, wenn er seinem Stande gemäß aufgezogen. Dieserhalb ist also nöthig, daß der Fürst nicht nur Bediente habe, die dem Lande vorstehen, sondern auch die ihm zum äußerlichen Staate und eigner Bedienung nöthig sind."

Ähnliche Gedanken sind bereits im 17. Jahrhundert ausgesprochen worden, z. B. in dem „Discurs v. d. Höfflichkeit" (1665), s. hierzu E. Cohn, Gesellschaftsideale u. Gesellschaftsroman d. 17. Jahrh., Berlin 1921, S. 12. Auch die deutsche Gegenüberstellung von „äußerlicher Höflichkeit" und „innerlichen Vorzügen" ist so alt, wie der deutsche Absolutismus, wie die gesellschaftliche Schwäche des deutschen Bürgertums gegenüber den höfischen Kreisen dieser Zeit, die nicht zuletzt im Zusammenhang mit der besonderen Stärke des deutschen Bürgertums in der vorangehenden Phase zu verstehen ist.

[5]) Zit. b. Aronson, «Lessing et les classics français», Montpellier 1935, S. 18.

Anmerkungen zum ersten Kapitel.

[6]) E. d. Mauvillon, «Lettres Françoises et Germaniques», Londres 1740, S. 430.

[7]) Mauvillon a. a. O. S. 427.

[8]) Mauvillon a. a. O. S. 461—462.

[9]) Wieder abgedruckt in den Deutschen Literaturdenkmalen, XVI, Heilbronn 1883.

[10]) Siehe hierzu Arnold Berney, Friedrich der Große, Tübingen 1934, S. 71.

[11]) Siehe Hettner, Geschichte der Literatur im 18. Jahrhundert, I 10. „Es ist unleugbar, das französische Drama ist in seiner innersten Eigentümlichkeit Hofdrama, das Drama der Etikette. Das Vorrecht, ein tragischer Held zu sein, ist an die strengste Etikette der Hoffähigkeit gebunden."

[12]) Lessing, Briefe aus dem zweiten Teil der Schriften, Göschen, 1753. Zit. b. Aronson, Lessing et les classics français, Montpellier 1935, S. 161.

[13]) Diese und die folgenden Angaben nach Lamprecht, Deutsche Geschichte, Freiburg 1906, VIII 1, S. 195.

[14]) Mauvillon a. a. O. S. 398 f.

[15]) „Geschichte des Fräulein von Sternheim" von Sophie de la Roche (1771), hrsg. von Kuno Ridderhoff, Berlin 1907.

[16]) Aus Herders Nachlaß, Bd. III, S. 67—68.

[17]) Sophie de la Roche a. a. O. S. 99.

[18]) Sophie de la Roche a. a. O. S. 25.

[19]) Sophie de la Roche a. a. O. S. 90.

[20]) Caroline von Wolzogen, Agnes von Lilien (1796 ersch. in Schillers „Horen", 1798 als Buch), ein kleines Bruchstück wieder abgedruckt in „Deutsche Nationalliteratur", Berlin und Stuttgart, Band 137/II. Das Zitat dort S. 375.

[21]) Caroline von Wolzogen a. a. O. S. 363.

[22]) Caroline von Wolzogen a. a. O. S. 364.

[23]) Grimms Wörterbuch Artikel „Hofleute".

[24]) Ebenda.

[25]) Brunot in seiner «Histoire de la langue française» führt den Gebrauch des Wortes «civilisation» durch Turgot an. Aber es scheint nicht ganz sicher, ob Turgot selbst dieses Wort schon gebraucht hat. Es war beim Durchsuchen seiner Werke unmöglich, es zu finden, mit einer Ausnahme: Im Inhaltsverzeichnis der Ausgabe Dupont de Nemours und der Ausgabe von Schelle. Dieses Inhaltsverzeichnis stammt aber wohl nicht von Turgot selbst, sondern von Dupont de Nemour. Wenn man dagegen die Sache, die Idee selbst und nicht das Wort sucht, dann findet man bei Turgot in der Tat 1751 bereits genügend Material. Und es ist viel-

Anmerkungen zum ersten Kapitel.

leicht nicht unnütz darauf hinzuweisen, um zu zeigen, wie eine bestimmte Idee sich aus bestimmten Erfahrungen heraus in den Köpfen bildet, und wie dann allmählich sich dieser Idee, diesem Vorstellungskreis, ein spezielles Wort zugesellt.

Es ist kein Zufall, daß Dupont de Nemour in seiner Ausgabe Turgots als Inhalt der erwähnten Stelle angibt: «La civilisation et la nature.» Diese Stelle enthält tatsächlich die frühe Idee der Zivilisation, für die sich dann allmählich das Wort fand.

Ein Einleitungsbrief an die Herausgeberin der «Lettres d'une Péruvienne», Madame de Graffigny, gibt Turgot Gelegenheit, sich über die Beziehung des „Wilden" zu dem «homme policé» zu äußern (Œuvres de Turgot, ed. Schelle, Bd. I, Paris 1913, S. 243): Die Peruanerin möge abwägen «des avantages réciproques des sauvages et de l'homme policé. Préférer les sauvages est une déclamation ridicule. Qu'elle la réfute, qu'elle montre que les vices que nous regardons comme amenés par la politesse sont l'apanage du cœur humain.»

Wenige Jahre später wird Mirabeau in dem gleichen Sinne, in dem hier Turgot den Begriff „politesse" gebraucht, wenn auch mit der umgekehrten Wertung, den umfassenderen und stärker dynamischen Begriff «civilisation» gebrauchen.

[26]) Siehe hierzu und zu dem Folgenden J. Moras, Ursprung und Entwicklung des Begriffs Zivilisation in Frankreich (1756—1830), Hamburger Studien zu Volkstum und Kultur der Romanen, 6, Hamburg 1930, S. 38.

[27]) Moras a. a. O. S. 37.

[28]) Moras a. a. O. S. 36.

[29]) Siehe Lavisse, Histoire de France, Paris 1910, IX 1, S. 23.

[30]) Siehe Moras a. a. O. S. 50.

[31]) d'Holbach, Système sociale ou principes naturels de la morale et de la politique, London 1774, Bd. III, S. 113, zit. b. Moras a. a. O. S. 50.

[32]) d'Holbach, Bd. III, S. 162.

[33]) Voltaire, Siècle de Louis XIV., Œuvres Complètes, Paris (Garnier Frères) 1878, Bd. 14, 1, S. 516.

Anmerkungen zum zweiten Kapitel.

[1]) S. R. Wallach, Das abendländische Gemeinschaftsbewußtsein im Mittelalter, Leipzig und Berlin 1928, Beitr. z. Kulturgesch. d. Mittelalters u. d. Renaissance hrsg. v. W. Goetz Bd. 34, S. 25—29. Dort auch zit. Ausdrücke, wie „Lateinervolk", „Die Lateiner, aus welchem Lande immer", zur Bezeichnung der lateinischen Christenheit, also des Abendlandes im Ganzen.

[2]) Die „Bibliotheca Erasmiana", Gent 1893, verzeichnet 130 Auflagen oder, genauer gesagt, 131 Auflagen, wenn man die Arbeit von 1526 hinzurechnet, die mir leider nicht vorlag und von der ich daher nicht weiß, wie weit sie mit den folgenden Ausgaben übereinstimmt.

Nach den „Colloquien", dem „Moriae Encomium", den „Adagia" und „De duplici copia verborum ac rerum commentarii" hat die Schrift „De civilitate" von den eigenen Schriften des Erasmus die höchste Anzahl von Auflagen erreicht. (Eine Tabelle der Auflagen-Anzahl aller Werke des Erasmus s. Mangan, Life, Character and Influence of Desiderius Erasmus of Rotterdam, London 1927 Bd. 2, S. 396ff.) Wenn man die lange Reihe der Schriften in Betracht zieht, die mit der Zivilitäts-Schrift des Erasmus in mehr oder weniger engem Zusammenhang stehen, also unter dem Gesichtspunkt ihres weiteren Erfolgsradius' wird man ihre Bedeutung im Verhältnis zu seinen anderen Schriften wohl noch höher einschätzen müssen. Für die unmittelbare Wirkung ist dabei nicht wenig charakteristisch, welche seiner Werke am meisten aus der Gelehrtensprache in die Volkssprachen übersetzt wurden. Eine umfassende Analyse in dieser Richtung fehlt noch. Nach M. Mann, Erasme et les Débuts de la Réforme Française, Paris 1934, S. 181 ist — was Frankreich angeht — in dieser Hinsicht das Erstaunlichste «la prépondérance des ouvrages d'instruction ou de piété sur les livres plaisants ou satiriques. L'«Eloge de la folie», les «Colloques» . . . «. . . n'occupent guère de place dans cette liste . . . Ce sont les «Apothegmes», la «Préparation à la mort», la «Civilité puérile», qui attiraient les traducteurs et que le public demandait.» Die entsprechende Erfolgs-Analyse für die deutschen und niederländischen Gebiete würde wohl etwas abweichende Resultate er-

312

Anmerkungen zum zweiten Kapitel.

geben. Es ist anzunehmen, daß hier satirische Schriften einen etwas größeren Erfolg hatten (vgl. dazu unten Anm. 30).

Sicherlich war der Erfolg der lateinischen Ausgabe von «De Civilitate» im deutschen Sprachgebiet beträchtlich. Kirchhoff (in „Leipziger Sortimentshändler im 16. Jahrhundert" zit. nach W. H. Woodward, Desiderius Erasmus, Cambridge 1904 S. 156 Anm. 3 stellt fest, daß in den drei Jahren 1547, 1551, 1558 nicht weniger als 654 Exemplare von «De Civilitate» in Leipzig auf Lager waren und daß kein anderes Buch von Erasmus in den Listen in gleicher Anzahl aufgeführt wird.

[3]) Vgl. die Notiz über die Zivilitätsschriften von A. Bonneau in seiner Ausgabe der «civilité puérile» s. u. Anm. 35.

[4]) Diese Schrift hat trotz ihres Erfolges in der eigenen Zeit in der Erasmus-Literatur der neueren Zeit verhältnismäßig wenig Beachtung gefunden. Das ist bei dem Thema, mit dem sie sich beschäftigt, nur allzu begreiflich. Dieses Thema, Manieren, Umgangsformen, Verhaltensweisen, so aufschlußreich es für die Modellierung der Menschen und ihrer Beziehungen ist, bietet unter ideengeschichtlichen Gesichtspunkten vielleicht nicht allzu viel Interessantes. Was Ehrismann in seiner „Geschichte der deutschen Literatur bis zum Ausgang des Mittelalters" Bd. 6, T. 2, S. 330 gelegentlich von einer „Hofzucht" sagt — „Erziehungslehre für Jünglinge aus dem Herrenstand. Keine Vertiefung zu einer Tugendlehre" —, das kennzeichnet eine Art der wissenschaftlichen Wertung, mit der man dieser ganzen Schriftgattung ziemlich häufig gegenübertritt.

In Frankreich haben allerdings Höflichkeitsschriften eines bestimmten Zeitabschnitts — des 17. Jahrhunderts — seit geraumer Zeit in wachsendem Maße Beachtung gefunden, angeregt wohl schon durch die Anm. 93 zitierte Arbeit von D. Parodie und vor allem durch die umfassende Untersuchung von M. Magendie «La Politesse Mondaine», Paris, 1925, (Alcan).

Ähnliches gilt von der Untersuchung von B. Groethuysen, Origines de l'esprit bourgeois en France, Paris 1927, die ebenfalls literarische Erzeugnisse mehr oder weniger durchschnittlicher Art zum Ausgangspunkt nimmt, um in einer bestimmten Linie die Wandlungen der Menschen und die Umbildungen des gesellschaftlichen Standards faßbar zu machen (s. z. B. S. 45ff.).

Die Materialien des zweiten Kapitels der vorliegenden Untersuchung stehen, wenn man so will, noch eine Stufe niedriger, als die der eben genannten Arbeiten. Aber vielleicht erweisen auch sie die Bedeutung, die dieses „kleine" Schrifttum für das Verständnis der großen Wandlungen im Aufbau der Menschen und ihrer Beziehungen besitzt.

Anmerkungen zum zweiten Kapitel.

[5]) Z. T. wieder abgedruckt b. A. Franklin, Les Repas, S. 164/66; dort auch eine Fülle anderer Zitate zu diesem Thema.

[6]) Wieder abgedruckt in "The Babees Book", herausgegeben von Frederick Furnivall (Early English Text Society, Original Series, 1, 32 London 1868, T. 2); weitere englische, italienische, französische und deutsche Schriften dieser Gattung s. Early English Text Society, Extra Series N. VIII, hrsgegeb. v. F. J. Furnivall, London 1869 (A Booke of Precedence usw.). Die Einpassung des jungen Adligen durch seine Dienste im Hause eines der „Großen" seines Landes kommt in diesen englischen Konditionierungsschriften besonders deutlich zum Ausdruck. Ein italienischer Beobachter der englischen Gebräuche, der etwa um das Jahr 1500 schrieb, bemerkt dazu, die Engländer täten das wohl deswegen, weil man von Fremden besser bedient wird als von den eigenen Kindern. „Wenn sie ihre eigenen Kinder im Hause hätten, wären sie gezwungen ihnen das gleiche Essen zu geben, das sie für sich selbst machen lassen (s. Introduction zu "A Fifteenth Century" Courtesy-Book, London 1914, S. 6, herausgegeben von R. W. Chambers). Nicht uninteressant ist es auch, daß der italienische Beobachter um 1500 ausdrücklich hervorhebt: „Die Engländer sind nämlich große Epikuräer."

Einige weitere Angaben s. M. u. C. H. B. Quennel, A History of Everyday Things in England, London 1931, Bd. I, S. 144.

[7]) Hrsgeb. von F. Furnivall s. o. Anm. 6. Angaben über die deutsche Literatur dieser Gattung mit Hinweisen auf das entsprechende Schrifttum in anderen Sprachen s. G. Ehrismann, Gesch. d. deutschen Literatur bis zum Ausgang des Mittelalters Bd. 6, T. 2, Mchn. 1935 (Facetus S. 326, Tischzuchten S. 328), ferner P. Merker und W. Stammler, Reallexikon d. deutschen Literaturgesch. Bd. III Art. Tischzuchten (P. Merker) und H. Teske, Thomasin v. Zerclaere, Heidelberg 1933 S. 122ff.

[8]) Die hier benutzte deutsche Fassung s. Zarncke, Der deutsche Cato, Leipzig 1852.

[9]) Der deutsche Cato a. a. O. S. 39, V. 223.

[10]) Joh. Siebert, Der Dichter Tannhäuser, Halle 1934 S. 196, Die Hofzucht, V. 33f.

[11]) Hofzucht V. 45f.

[12]) Hofzucht V. 49f.

[13]) Hofzucht V. 57f.

[14]) Hofzucht V. 129f.

[15]) Hofzucht V. 61f.

[16]) Hofzucht V. 109f.

[17]) Hofzucht V. 157f.

[18]) Hofzucht V. 141f.

Anmerkungen zum zweiten Kapitel.

[19]) Zarncke, Der deutsche Cato a. a. O. S. 136.

[20]) Zarncke a. a. O. S. 137, V. 287f.

[21]) Zarncke a. a. O. S. 136, V. 258f.

[22]) Zarncke a. a. O. S. 136, V. 263f.

[23]) Hofzucht, V. 125f.

[24]) Glixelli, Les Contenances de Table, s. o. Anm. 32.

[25]) The Babees Book u. A Booke of Precedence s. o. Anm. 6.

[26]) Vgl. hierzu A. v. Gleichen Rußwurm, Die gothische Welt, Stuttgart 1922, S. 320ff.

[27]) S. A. Cabanès, Mœurs intimes du temps passé, Paris o. D., 1. Sér., S. 248.

[28]) A. Cabanès a. a. O. S. 252.

[29]) A.Börner, Anstand und Etikette in den Theorien der Humanisten, Neue Jahrbücher für das klassische Altertum, 14. Leipzig 1904.

[30]) Charakteristisch für die bürgerliche, deutsche Art, Manierenvorschriften zu geben, ist am Ausgang des Mittelalters und in der Renaissance die „grobianische Umkehrung". Man verspottet das „schlechte" Benehmen, indem man es scheinbar gerade zur Vorschrift macht. Humor und Satire, die dann allmählich in der deutschen Tradition zurücktreten oder jedenfalls zu Werten zweiten Ranges werden, sind in dieser Phase der deutschen Bürgergesellschaft ausgesprochen dominant.

Die satirische Umkehrung der Vorschriften läßt sich als spezifisch städtisch bürgerliche Form der Züchtung von Manieren mindestens bis ins 15. Jahrhundert zurückverfolgen. Die immer wiederkehrende Vorschrift, nicht sofort gierig über das Essen herzufallen, lautet z. B. in einem kleinen Gedicht aus dieser Zeit „Wie der maister sein sun lernet" (s. Zarncke, Der deutsche Cato, Leipzig 1852, S. 148) folgendermaßen:

> „Gedenk und merk waz ich dir sag:
> wan man dir die kost her trag
> so bis der erst in der schizzel;
> gedenk und scheub in deinen drizzel
> als groz klampen als ain saw."

Die Vorschrift, nicht lange in der gemeinsamen Schüssel herumzusuchen, kehrt hier in folgender Fassung wieder:

> „bei allem dem daz ich dich ler
> grab in der schizzel hin und her
> nach dem aller besten stuck;
> daz dir gefall, daz selb daz zuck,
> und leg ez auf dein teller drat;
> acht nicht wer daz für ubel hat."

Anmerkungen zum zweiten Kapitel.

In Kaspar Scheidts deutscher Übersetzung des „Grobianus"
(Worms 1551, wiederabgedr. in Neudruck deutsche Literaturwerke
d. 16. und 17. Jahrhunderts Nr. 34 u. 35, Halle 1882; das folgende
Zitat dort S. 17, V. 223f.) erscheint die Anweisung, sich rechtzeitig
die Nase zu putzen, in folgender Fassung:

„Es ist der brauch in frembden landen
Als India, wo golt verhanden
Auch edel gstein und perlin gůt
Daß mans an d'nasen hencken thůt.
Solch gůt hat dir das glůck nit bschert
Drum hồr was zu deinr nasen hồrt:
Ein wůster kengel rechter leng
Auß beiden lồchern außher heng,
Wie lang eisz zapffen an dem hauß,
Das ziert dein nasen uberausz,
. . . .
Doch halt in allen dingen moß,
Daß nit der kengel werd zu groß:
Darumb hab dir ein solches meß,
Wenn er dir fleußt biß in das gfreß
Und dir auff beiden lefftzen leit,
Dann ist die naß zu butzen zeit.
Auff beide ermel wůsch den rotz,
Dasz wer es seh vor unlust kotz."

Selbstverständlich ist diese Schilderung durchaus als Manieren-
vorschrift, als abschreckendes Beispiel gedacht:

„Lisz wol disz bůchlin offt und vil
Und thů allzeit das widerspil"

steht auf dem Titelblatt der Wormser Ausgabe von 1551.

Zur Erläuterung des spezifisch bürgerlichen Charakters dieser
Schrift mag man hier die Widmung der Helbachschen Ausgabe
von 1567 lesen.

„Durch Wendelin Helbach zu Eckhardtshausen unwirdiger
Pfarherr" gewidmet

„den achtbaren, hoch und wolgelerten Herrn Adamo Lonicero,
der Artzeney Doctori und Stadt Arzt zu Franckfort am Meyn, und
Johanni Cnipio Andronico secundo Bürgern daselbst, meinen gün-
stigen Herren und guten Freunden".

Der lange Titel des lateinischen Grobianus selbst gibt einen
gewissen Anhaltspunkt für den Zeitpunkt, an dem der Begriff
«civilitas» im Sinne und wahrscheinlich im Anschluß an die Schrift
des Erasmus sich in der deutschen, lateinisch schreibenden Intelli-

Anmerkungen zum zweiten Kapitel.

genzschicht auszubreiten beginnt. In dem Titel des „Grobianus"
von 1549 kommt dieses Wort noch nicht vor. Es heißt u. a. da:
„Iron . . . Chlevastes Studiosae juventuti . . ." In der Ausgabe
von 1552 taucht dann an der gleichen Stelle der Begriff «civilitas»
auf: «Iron episcoptes studiosae iuventuti civilitatem optat». Und
so bleibt es bis zur Ausgabe von 1584.

Einer Ausgabe des „Grobianus" von 1661 ist ein Auszug aus
der «civilitas» des Erasmus beigefügt.

Schließlich heißt es dann in einer Neuübersetzung des „Grobia-
mus" aus dem Jahre 1708: „Der unhöfflich Monsieur Klotz mit
poetischer Feder beschrieben und allen gescheuten und civilisier-
ten Gemühtern zu belachen vorgestellet." Im Ton ist in dieser
Übersetzung vieles gemildert und weit verdeckter gesagt. Mit der
zunehmenden „Zivilisation" wird aus den bei aller Satire doch recht
ernsthaft gemeinten Vorschriften einer vergangenen Stufe im wesentlichen nur noch ein Stoff zum Lachen, Symbol gleichzeitig
der eigenen Überlegenheit und der leichten Verletzung von Tabus
der eigenen Stufe.

[31]) The Babees Book, S. 344.

[32]) Glixelli, Les Contenances de Table, Romania, Bd. XLVII,
Paris 1921, S. 31, V. 133ff.

[33]) François de Callières, De la Science du monde et des Connoissances utiles à la conduite de la vie, Bruxelles 1717, S. 6.

[34]) Arthur Denecke, Beiträge zur Entwicklungsgeschichte des
gesellschaftlichen Anstandsgefühls, Zeitschrift für Deutsche Kulturgeschichte herausgegeben von Chr. Meyer, N. F. Bd. II, Heft 2, Ber-
iｌn 1892, S. 145 (auch in Progr. d. Gymnasium zum hl. Kreuz.
Dresden 1891) führt folgende Vorschriften bei Erasmus als neu
an (S. 175): „Haben wir bisher die in den höheren Kreisen des Volkes
herrschenden Begriffe von Anstand beim Mahle kennengelernt,
ｓo bekommen wir in dem berühmten Buch des Erasmus „de civilitate morum puerilium", Vorschriften für das anständige Benehmen
eines Fürsten . . . Wir erhalten folgende neuen Lehren: Wenn
man bei Tisch ein Mundtuch erhält, so lege man es über die linke
Schulter oder den linken Arm . . . Erasmus sagt weiter: Bei Tische
soll man ohne Kopfbedeckung sitzen, wenn es der Brauch des
Landes nicht verbietet. Man habe vor sich rechts vom Teller den
Becher und das Messer, links das Brot. Dieses darf man nicht
brechen, sondern muß es schneiden. Unschicklich und auch nicht
gesund ist es, das Mahl gleich mit dem Trinken zu beginnen. Die
Finger in die Brühe zu tauchen ist tölpelhaft. Ein angebotenes
schönes Stück nehme man nur z. T. und reiche den übrigen dem Ge-
ber oder dem Nächstsitzenden. Dargebotene feste Speisen empfange

Anmerkungen zum zweiten Kapitel.

man mit drei Fingern oder mit dem Teller, im Löffel angebotene flüssige nehme man in den Mund, wische aber den Löffel vor dem Zurückgehen ab. Ist dir eine angebotene Speise nicht gesund, so sage ja nicht: Ich kann das nicht essen, sondern danke höflich. Jeder feine Mann muß sich auf das Zerlegen aller Arten von Braten verstehen. Knochen und Speisereste darf man nicht auf den Fußboden werfen ... Fleisch mit Brot zusammenzuessen ist gesund ... Manche Leute schlingen beim Essen ... Ein Jüngling rede bei Tisch nur, wenn es nötig ist ... Wenn man selbst ein Mahl gibt entschuldige man dessen Dürftigkeit, zähle auch ja nicht den Gästen die Preise der einzelnen Bestandteile her. Alles reicht man mit der rechten Hand zu.

Man sieht, aus diesen Vorschriften blickt trotz der Vorsicht des Prinzenerziehers und trotz der Verfeinerung in einigen Kleinigkeiten doch im ganzen derselbe Geist durch, welcher in den bürgerlichen Tischzuchten herrscht ... Ebenso unterscheidet sich die Lehre des Erasmus von den anderen gesellschaftlichen Verkehrsformen hauptsächlich nur durch den Umfang von den für die übrigen Kreise bestimmten, da er wenigstens bemüht ist, eine für jene Zeit erschöpfende Darstellung zu geben."

Dieses Zitat vermag in gewisser Weise die vorn gegebenen Überlegungen ergänzen. Leider beschränkte Denecke seinen Vergleich auf die Reihe der deutschen Tischzuchten. Um das Ergebnis zu sichern, wäre ein Vergleich mit den courtoisen Schriften in französischer und englischer Sprache und vor allen Dingen mit den vorangehenden Verhaltensanweisungen von Humanisten nötig.

[35]) Siehe «La civilité puérile» par Erasme de Rotterdam, précédé d'une Notice sur les libres de Civilité depuis le XVI siècle par Alcide Bonneau, Paris 1877.

«Erasme avait-il eu des modèles? Evidemment il n'inventait pas le savoir-vivre et bien avant lui on en avait posé les règles générales ... Erasme n'en est pas moins le premier, qui ait traité la matière d'une façon spéciale et complète; aucun des auteurs que nous venons de citer n'avait envisagé la civilité ou si l'on veut la bienséance, comme pouvant faire l'objet d'une étude distincte; ils avaient formulé çà et là quelques préceptes, qui se rattachaient naturellement à l'éducation, à la morale, à la mode ou à la hygiène ...«

Ähnliches ist dann auch von dem „Galateo" des Giovanni della Casa gesagt worden (erste Ausgabe zusammen mit anderen Stücken des Autors 1558) und zwar in der Einleitung v. I. E. Spingarn (S. XVI) zu einer Ausgabe "Galateo of Manners and Behaviours" by Giovani della Casa, London 1914.

Anmerkungen zum zweiten Kapitel.

Es ist vielleicht für die Weiterarbeit dienlich, darauf hinzuweisen, daß in der englischen Literatur schon im 15. Jahrhundert längere Gedichte vorhanden waren, herausgegeben v. d. Early Text Society, die ausführlich das Benehmen beim Anziehen, in der Kirche, beim Essen, kurz annähernd in ebenso weitem Umfang behandelten, wie die Schrift des Erasmus. Es ist nicht unmöglich, daß Erasmus etwas von diesen Manierengedichten gekannt hat.

Sicherlich hatte in humanistischen Kreisen das Thema der Knaben-Erziehung schon in den Jahren vor dem Erscheinen der kleinen Schrift des Erasmus eine beträchtliche Aktualität. Ganz abgesehen von den Versen ,,De moribus in mensa servandis'' des Johannes Sulpitius waren — um nur einige Beispiele zu nennen — 1525 von Brunfels «Disciplina et puerorum institutio», 1529 v. Hegendorff «De instituenda vita», 1528 v. Seb. Heyden, «Formulae puerilium colloquiorum» erschienen. (Merker-Stammler, Reallexikon a. a. O. Art. Tischzuchten.)

[36]) Lat. Tischzucht ,,Quisquis es in mensa'' V, 18 s. Glixelli a. a. O. S. 29.

[37]) Caxton's "Book of Curtesye" (Early English Text Society Extra Series No. III). Hrsgeb. v. Furnivall, London 1868, S. 22.

[38]) Siehe Della Casa, Galateo, Teil I, Kap. 1, 5.

[39]) Caxtons "Book of Curtesye" a. a. O. S. 45, V. 64.

[40]) In der amerikanischen Literatur des Behaviorismus sind eine Reihe von Ausdrücken genauer umgrenzt worden, die mit gewissen Modifikationen auch für den Aufschluß der Vergangenheit dienlich und selbst unentbehrlich sind, die aber z. T. nur schwer ins Deutsche übertragbar sind. So z. B. der Begriff "socialising the child" (siehe z. B. John Watson, Psychological care of Infant and child, S. 112) oder "Habit formation", die Züchtung von Gewohnheiten und "conditioning", die ,,Konditionierung'', das ,,Zurechtschneiden'' oder ,,Modellieren'' des Menschen für und durch bestimmte, gesellschaftliche Bedingungen. (Siehe hierzu z. B. John B. Watson, Psychology from the Standpoint of a Behaviorist S. 312.)

[41]) Zit. n. Joh. Siebert, Der Dichter Tannhäuser, Halle 1934, S. 195ff.

[42]) Zit. n. Zarncke, Der Deutsche Cato a. a. O. S. 138ff.

[43]) Siehe "The Babees Book" a. a. O. S. 76.

[46]) Siehe "The Babees Book" a. a. O. S. 302.

[47]) Siehe "The Babees Book" a. a. O. Teil II, S. 32.

[48]) Siehe "The Babees Book" a. a. O. T. II, S. 32.

[49]) Siehe "The Babees Book" a. a. O. T. II, S. 8.

[50]) Siehe A. Franklin, La vie privée d'autrefois, Les Repas, Paris 1889, S. 194f.

Anmerkungen zum zweiten Kapitel.

[51]) A. Franklin a. a. O. S. 42.

[52]) A. Franklin a. a. O. S. 283.

[53]) Dom. Bouhours, Remarques nouvelles sur la langue française, Paris 1676 I, 51.

[54]) Francois de Callières, Du bon et du mauvais usage dans les manieres de s'exprimer. Des facons de parler bourgeoises; en quoy elles sont differentes de celles de la Cour. Paris 1694, S. 12.

Alors un Lacquais de la Dame vint l'avertir, que Monsieur Thibault le jeune demandait à la voir. Bon, dit la Dame; mais avant que de le faire entrer, il faut que je vous dise qui est Mr. Thibault, c'est le fils d'un Bourgeois de Paris de mes amis, et de ces gens riches dont l'amitié est quelquefois utile aux gens de qualité pour leur prêter de l'argent; le fils est un jeune homme, qui a étudié à dessein d'entrer dans les charges, mais il auroit besoin d'être purgé du mauvais air et du language de la Bourgeoisie.

[55]) Andressen und Stephan: Beiträge zur Geschichte der Gottdorffer Hof- und Staatsverwaltung v. 1594—1659 Bd. 1, Kiel 1928, S. 26, Anm. 1.

[56]) Siehe Leon Sahler, Montbéliard à table, Memoires de la Société d'Emulation de Montbéliard Bd. 34, Montbéliard 1907, S. 156.

[57]) Siehe Andressen und Stephan a. a. O. Bd. 1, S. 12.

[58]) Siehe u. a. hierzu Platina, De honesta voluptate et valitudine. 1475, Buch 6, 14. Diese ganze „Zivilisationskurve" zeichnet sich recht deutlich in einem „Brief an den Redakteur" ab, den die „Times" am 8. Mai 1937 unter der Überschrift „Obscurities of Ox-Roasting" kurz vor den Krönungsfestlichkeiten des englischen Königs veröffentlichten, und der offenbar durch die Erinnerung an ähnliche Festlichkeiten in der Vergangenheit angeregt ist: "Being anxious, heißt es da, to know, as many must le at such a time as this, how best to roast an ox whole, I made inquiries about the matter at Smithfield Market. But I could only find that nobody at Smithfield knew how I was to obtain, still less to spit, roast, carve, and consume, an ox whole . . . The whole matter is very disappointing". Am 14. Mai gibt dann an der gleichen Stelle der Times der Küchenchef v. Simpsons in the Strand Anweisungen für das Rösten eines ganzen Ochsen, u. ein Bild in der gleichen Nummer zeigt den Ochsen am Spieß. Die Debatte, die dann in den Spalten der Times noch eine Zeit lang weiter lief, gibt einen gewissen Eindruck von dem langsamen Verschwinden des Gebrauchs, ganze Tiere zu rösten, selbst bei Gelegenheiten, bei denen man bemüht ist, alle hergebrachten Formen möglichst zu erhalten.

[59]) Gred Freudenthal, Gestaltwandel der bürgerlichen und proletarischen Hauswirtschaft mit besonderer Berücksichtigung des

Anmerkungen zum zweiten Kapitel.

Typenwandels von Frau und Familie von 1760 bis zur Gegenwart (Dissertation Frankfurt a. M.), Würzburg 1934.

[60]) Siehe Andressen und Stephan a. a. O. Bd. 1, S. 10, dort auch die Mitteilung, daß der Gebrauch der Gabel erst am Anfang des 17. Jahrhunderts im Norden bei den oberen Gesellschaftsschichten einzudringen begann.

[61]) Siehe Zarncke, Der Deutsche Cato a. a. O. S. 138.

[62]) Siehe Kurt Treusch v. Buttlar, Das tägliche Leben an den deutschen Fürstenhöfen des 16. Jahrhunderts. Zeitschr. f. Kulturgeschichte, Weimar 1897, Bd. 4, S. 13 Anm.

[63]) Siehe "The Babees Book" a. a. O. S. 295.

[64]) Zit. b. Cabanès, Mœurs intimes du temps passé, prem. sér. S. 292.

[65]) Am besten und kürzesten orientiert A. Franklin, Les Soins de la toilette, Paris 1877 und vor allem, von dem gleichen Autor, La Civilité, Paris 1908, Bd. II, Appendix, wo eine Reihe von instruktiven Zitaten zusammengestellt sind. Manches, was der Verfasser dazu sagt, ist allerdings kritisch zu lesen, da er nicht immer ganz zwischen dem für eine bestimmte Zeit Typischen und dem, was in einer Zeit selbst als Ausnahme empfunden wird, unterscheidet.

[66]) Mathurin Cordier, Colloquiorum Scholasticorum Libri Quatuor, Paris 1568, Buch 2. Colloquium 54 (Exemplum ad pueros in simplici narratione exercendos).

[67]) Manches nicht leicht zugängliche Material findet sich in De Laborde, «Le Palais Mazarin», Paris 1846.

Z. B. Note 337: «Faut-il entrer dans le détail ? Le rôle presque politique qu'a joué la chaise percée dans toute cette époque (17. Jahrhundert) permet d'en parler sans fausse honte et nous autorise à dire, qu'on était réduit à ce meuble et au passarès provençal. L'une des maîtresses de Henry IV., Madame de Verneuil, vouloit avoir son pot dans sa chambre, ce qui serait de nos jours une malpropreté et n'était alors qu'une licence un peu débonnaire.»

Auch die wichtigen Hinweise in diesen Noten bedürfen einer genauen Nachprüfung, wenn man den jeweiligen Standard verschiedener Stände übersehen will.

Ein Mittel, solchen Standarden auf die Spur zu kommen, dürfte die genauere Untersuchung der Hinterlassenschafts-Inventare sein. Zu dem Abschnitt über das Schneuzen sei z. B. hier angemerkt, daß sich im Nachlaß des Erasmus die — soweit sich heute sehen läßt — erstaunlich hohe Anzahl von 39 Taschentüchern (fatzyletlin) fand, dagegen nur eine goldene und eine silberne Gabel (gebelin), s. Inventarium über die Hinterlassenschaft des E., hrsgeb. v. L. Sieber, Basel 1889, wieder abgedruckt in Zeitschrift f. Kulturgeschichte, Weimar 1897, Bd. IV S. 434ff.

Anmerkungen zum zweiten Kapitel.

Eine Fülle von interessanten Hinweisen birgt auch Rabelais, Gargantua und Pantagruel. Zum Thema der „natürlichen Verrichtungen" s. z. B. Buch 1, Kap. 13.

[68]) Georg Brandes, der diese Memoirenstelle in seinem Buch „Voltaire", Deutsche Übersetzung, Berlin o. D. Bd. I, S. 340/41 zitiert, sagt erläuternd dazu: „Es geniert sie nicht, sich unbekleidet vor einem Lakei sehen zu lassen; sie betrachtete ihn nicht als Mann im Verhältnis zu sich selbst als Weibe."

[69]) Siehe Rudeck, Geschichte der öffentlichen Sittlichkeit, Jena 1887, S. 397.

[70]) Th. Wright, The Home of other Days, London 1871, S. 269.

[71]) Otto Zöckler, Askese und Mönchstum, Frankfurt 1897, S. 364.

[72]) Th. Wright a. a. O. S. 269 oder Cabanès, Mœurs intimes du temps passé a. a. O. 2. Serie S. 166. Vgl. auch G. Zappert, Über das Badewesen in mittelalterlicher und späterer Zeit, Arch. f. Kunde österr. Geschichtsquellen, Bd. 21, Wien 1859. Zu der Rolle des Betts im Haushalt s. a. G. G. Coulton, Social Life in Britain, Cambridge 1919, S. 386, wo die Knappheit der Betten, die Selbstverständlichkeit, mit der ein Bett für mehrere Personen bestimmt wird, kurz und deutlich belegt ist.

[73]) Bauer, Das Liebesleben in der deutschen Vergangenheit, Berlin 1924, S. 208.

[74]) Rudeck, Geschichte der öffentlichen Sittlichkeit S. 399.

[75]) Dr. Hopton u. A. Balliol, Bed Manners, London 1936, S. 93.

[76]) Es fehlt gewiß nicht an Gegenbewegungen gegen den Schlafanzug. Einen amerikanischen Ausdruck dafür, interessant vor allem durch die Argumentation, findet man in folgender Mitteilung (aus The People v. 26. 7. 1936).

"Strong men wear no pyjamas. They wear night-shirts and disdain men, who wear such effeminate things as pyjamas. Theodore Roosevelt wore night-shirts. So did Washington, Lincoln, Napoleon, Nero and many other famous men.

These arguments in favour of the night-shirt as against pyjamas are advanced by Dr. Davis, of Ottawa, who has formed a club of night-shirt wearers. The club has a branch in Montreal and a strong group in New York. Its aim is to re-popularise the night-shirt as sign of real manhood." Das spricht deutlich für die Ausbreitung, die der Gebrauch des Schlafanzuges in der verhältnismäßig kurzen Zeit seit dem Kriege gefunden hat.

Noch deutlicher ist, daß der Gebrauch des Pyjamas durch die Frauen seit einiger Zeit wieder im Zurückgehen ist. Was an seine Stelle tritt, ist offenbar ein Derivat des langen Abendkleides und Ausdruck der gleichen, gesellschaftlichen Tendenzen, wie dieses, darunter der

Anmerkungen zum zweiten Kapitel.

Reaktion gegen die „Vermännlichung der Frau", und der stärkeren Tendenzen zur sozialen Abhebung, schließlich auch des simplen Bedürfnisses nach einer gewissen Harmonie zwischen Abend- und Nachtkleidung. Gerade deswegen zeigt ein Vergleich zwischen diesem neuen Nachthemd und dem der vergangenen Tage besonders deutlich, was hier mit Bezug auf die frühere Form als „Undurchformtheit des Intimen" bezeichnet worden ist. Dieses „Nachthemd" unserer Tage ist einem Kleide ähnlicher und weit besser geformt, als das frühere.

[77]) M. Ginsberg, Sociology, London 1934, S. 118.

"Wether innate tendencies are repressed, sublimated, or given full play depends to a large extent upon the type of family life and the traditions of the larger society... Consider, for example, the difficulty of determining whether the aversion to incestuous relationships has an instinctive basis, or of disentangling the genetic factors underlying the various forms of sexual jealousy. The inborn tendencies, in short, have a certain plasticity and their mode of expression, repression or sublimation is, in varying degrees, socially conditioned."

Die vorliegende Untersuchung führt zu ganz verwandten Vorstellungen. Sie sucht, vor allem dann in der Zusammenfassung am Ende des zweiten Bandes, zu zeigen, daß die Modellierung des Trieblebens, auch der Zwangsfiguren in ihm, eine Funktion der gesellschaftlichen Abhängigkeiten und Angewiesenheiten ist, die sich durch das Leben des Menschen hinziehen. Diese Abhängigkeiten oder Angewiesenheiten des Einzelnen haben nach dem Aufbau der menschlichen Beziehungen jeweils eine andere Struktur. Den Verschiedenheiten dieser Struktur entspricht die Verschiedenheit des Triebaufbaus, die wir in der Geschichte beobachten können.

Es sei bei dieser Gelegenheit daran erinnert, daß verwandte Beobachtungen in sehr unzweideutiger Form bereits von Montaigne in seinen „Essais" aufgezeichnet worden sind (Buch I, Kap. XXIII).

«Les loix de la conscience, que nous disons naistre de nature, naissent de la coustume: chacun ayant en veneration interne les opinions et mœurs approuvées et receues autour de luy, ne s'en peut desprendre sans remors n'y s'y appliquer sans applaudissement. Celuy me semble avoir tres-bien conceu la force de la coustume, qui premier forgea ce conte, qu'une femme de village ayant apris de caresser et porter entre ses bras un veau dés l'heure de sa naissance et continuant tousjours à ce faire gaigna cela par l'accoustumance, que tout grand beuf qu'il estoit, elle le portoit encore ... Usus efficacissimus rerum omnium magister ... Par coustume, dit Aristote, aussi souvent que par maladie des femmes s'arrachent

Anmerkungen zum zweiten Kapitel.

le poil, rongent leurs ongles, mangent des charbons et de la terre et autant par coustume que par nature les masles se meslent aux masles.»

Besonders die Vorstellung, daß die „remors» und dementsprechend auch jene psychische Struktur, die hier nach dem Vorgang Freuds, wenn auch nicht ganz in seinem Sinne, als „Über-Ich" bezeichnet ist, in dem einzelnen Individuum durch das Menschengeflecht, durch die Gesellschaft, in der es heranwächst, ausgeprägt werden, daß dieses „Über-Ich" mit einem Wort soziogen ist, entspricht ganz den Ergebnissen der vorliegenden Untersuchung.

Es braucht dabei kaum gesagt zu werden, aber es mag hier einmal ausdrücklich hervorgehoben sein, wieviel diese Untersuchung den vorausgehenden Forschungen Freuds und der phycho-analytischen Schule verdankt. Die Beziehungen sind für jeden Kenner des psycho-analytischen Schrifttums klar, und es schien unnötig, an einzelnen Punkten darauf hinzuweisen, zumal sich das nicht ohne ausführlichere Auseinandersetzung hätte tun lassen. Die nicht unbeträchtlichen Unterschiede zwischen dem ganzen Ansatz Freuds und dem der vorliegenden Untersuchung sind ebenfalls hier explicite nicht hervorgehoben worden, besonders da sich vielleicht über sie nach einiger Diskussion ohne allzugroße Schwierigkeiten ein Einverständnis herstellen ließe. Es erschien wichtiger, ein Gedankengebäude möglichst klar und anschaulich aufzubauen, als an dieser oder jener Stelle eine Auseinandersetzung zu führen.

[78]) Zu alledem siehe Huizinga, Erasmus, New York, London 1924, S. 200.

"What Erasmus really demanded of the world and of mankind how he pictured to himself that passionately desired purified Christian society of good morals, fervent faith, simplicity and moderation, kindliness, toleration and peace — this we can nowhere else find so clearly and well — expressed as in the ‚Colloquia'."

[79]) «museion», heißt es in der Ausgabe v. 1665, pro secretiore cubiculo dictum est.

[80]) Die Ratlosigkeit des späteren Betrachters ist nicht weniger groß, wenn er sich Sitten und Gebräuchen der früheren Phase gegenübergestellt findet, die einen anderen Standard des Schamgefühls ausdrücken. Das gilt in besonderem Maße z. B. von den mittelalterlichen Badesitten. Es erscheint im 19. Jahrhundert zunächst völlig unbegreiflich, daß die Menschen des Mittelalters sich nicht schämten, in größerer Anzahl nackt zu baden und zwar oft genug beide Geschlechter zusammen.

Alwin Schultz, Deutsches Leben im XIV. und XV. Jahrhundert, Wien 1892, S. 68 f. sagt darüber folgendes:

Anmerkungen zum zweiten Kapitel.

„Wir besitzen zwei interessante Darstellungen eines solchen Badesaals. Vorausschicken möchte ich, daß ich die Bilder für übertrieben halte, und daß meiner Ansicht nach auch in ihnen nur der Vorliebe des Mittelalters für derbe, handgreifliche Scherze Rechnung getragen worden ist.

Die Breslauer Miniatur zeigt uns eine Reihe von Badewannen, in denen immer ein Mann und ein Weib gegenüber Platz genommen haben. Ein Brett, das über die Wanne gelegt ist, dient als Tisch, ist mit einer hübschen Decke überbreitet und auf ihr stehen Früchte, Getränke usw. Die Männer haben ein Kopftuch und tragen eine Schambinde, die Frauen sind mit Kopfputz, Halsketten usw. geziert, sonst aber ganz nackt. Die Leipziger Miniatur ist ähnlich, nur stehen die Wannen getrennt, und über jeder ist eine Art Laube, aus Stoff gefertigt, angebracht, deren Vorhänge zugezogen werden können. Gar zu züchtig ist es in dieser Art von Badestuben nicht zugegangen, und anständige Frauen werden sie wohl nicht benutzt haben. Für gewöhnlich sind aber die Geschlechter gewiß getrennt gewesen; eine so offenkundige Verhöhnung alles Anstandes hätten die Väter der Städte nimmer geduldet.“

Es ist nicht uninteressant zu sehen, wie die Affektlage und der Peinlichkeitsstandard seiner eigenen Zeit dem Autor die Vermutung in den Mund legt, daß „für gewöhnlich die Geschlechter sicherlich getrennt gewesen seien“, obgleich die historischen Belege und Materialien, die er selbst bringt, eher zu dem entgegengesetzten Schluß führen könnten. Vgl. damit die sachliche und einfach konstatierende Haltung gegenüber diesen Standard-Unterschieden bei P. S. Allen, The Age of Erasmus, Oxford 1914, S. 204ff.

[81]) Siehe hierzu A. Bömer, Aus dem Kampf gegen die Colloquia familiaria des Erasmus, Arch. f. Kulturgeschichte, Leipzig u. Berlin 1911, Bd. IX, 1, S. 32.

[82]) A. Bömer schreibt hier: „In den beiden letzten, für Männer und Greise bestimmten Büchern.“ Aber das ganze Buch ist von Morisotus seinem jungen Sohn gewidmet; das ganze Buch war als Schulbuch gedacht. Morisotus behandelt darin die verschiedenen Lebensalter. Er führt dem Kind die Erwachsenen, junge und alte Frauen, ebenso, wie junge und alte Männer vor, damit er sie sehen und verstehen lernt, und damit er sieht, was gutes und was schlechtes Verhalten in dieser Welt ist. Die Vorstellung, daß bestimmte Bücher dieser Schrift ausschließlich zur Lektüre von Frauen oder ausschließlich zur Lektüre von Greisen bestimmt gewesen seien, ist dem Autor offensichtlich nur durch die begreifliche Ratlosigkeit eingegeben worden, die ihn bei dem Gedanken befiel, dies alles

Anmerkungen zum zweiten Kapitel.

könnte einst unmittelbar zur Lektüre von Kindern bestimmt gewesen sein.

[83]) Zum Verständnis der ganzen Frage ist es nicht unwichtig, daß offenbar das Heiratsalter in dieser Gesellschaft unter dem der späteren Zeit lag.

„In dieser Zeit, sagt R. Köbner vom ausgehenden Mittelalter, kommen Mann und Frau oft sehr jung zur Ehe. Die Kirche gibt ihnen das Recht zu heiraten sobald sie die Geschlechtsreife erlangt haben, und dieses Rechts bediente man sich häufig. Knaben werden mit 15 bis 19, Mädchen mit 13 bis 15 Jahren verheiratet. Diese Sitte hat immer als eine charakteristische Eigentümlichkeit des Gesellschaftsbildes der Zeit gegolten." R. Köbner, Die Eheauffassung des ausgehenden Mittelalters, Arch. f. Kulturgeschichte Bd. IX, H. 2, Leipzig u. Berlin 1911. Reiche Mitteilungen und Materialien über Kinderheiraten s. Early English Text Society, Orig. Series, 108, hrsgeb. v. Fr. J. Furnivall, London 1897 (Child-Marriages, Divorces, and Ratifications usw.) Dort wird als mögliches Alter zum Vollzug der Ehe angegeben: für Knaben 14 Jahre, für Mädchen 12 (S. XIX).

[84]) F. Zarncke, Die deutsche Universität im Mittelalter, Leipzig 1857, Beitr. I, S. 49ff.

[85]) M. Bauer, Liebesleben in der deutschen Vergangenheit, Berlin 1924, S. 136.

[86]) W. Rudeck, Geschichte der öffentlichen Sittlichkeit in Deutschland, Jena 1897, S. 33.

[87]) W. Rudeck a. a. O. S. 33.

[88]) K. Schäfer, Wie man früher heiratete, Zeitschr. f. deutsche Kulturgeschichte, Berlin 1891, Bd. 2, H. 1, S. 31.

[89]) W. Rudeck a. a. O. S. 319.

[90]) Brienne, Mémoires, Bd. II, S. 11 zit. n. Laborde. Le Palais Mazarin, Paris 1816, Note 522.

[91]) Fr. v. Bezold, „Ein Kölner Gedenkbuch des XVI. Jahrhunderts" in: „Aus Mittelalter u. Renaissance", München u. Berlin 1918, S. 159.

[92]) W. Rudeck a. a. O. S. 171. P. S. Allen, The Age of Erasmus, Oxford 1914, S. 205. A. Hyma, The Youth of Erasmus, University of Michigan Press 1930, S. 56/57. Vgl. auch Regnault, La condition juridique du bâtard au moyen âge, Pont Audemer 1922, wo allerdings weniger die tatsächliche, als die juristische Stellung des Bastards betrachtet wird. Die «Coutumes» nehmen dem Bastard gegenüber oft eine nicht sehr wohlwollende Haltung ein. Es ist eine Frage, die nachzuprüfen bleibt, ob sie der tatsächlichen, ge-

Anmerkungen zum zweiten Kapitel.

sellschaftlichen Meinung verschiedener Schichten oder nur der Meinung einer bestimmten Schicht Ausdruck geben.

Bekannt genug ist ja im übrigen, daß noch im 17. Jahrhundert am französischen Königshof die ehelichen Kinder und die unehelichen zusammèn aufgezogen werden. Ludwig XIII. z. B. haßt seine Halbgeschwister. Noch als Kind sagt er folgendes über einen Halbbruder: «J'aime mieux ma petite sœur que féfé Chevalier, parce qu'il n'a pas été dans le ventre à maman avec moi, comme elle.»

[93]) D. Parodi, l'honnête homme et l'idéal moral du XVIIe et du XVIIIe siècle, Revue l'édagogique 1921, Bd. 78, 2 S. 94 ff.

[94]) Siehe z. B. Peters, The institutionalized Sex-Taboo in Knight, Peters, Blanchard, Taboo and Genetics S. 181.

"A study of 150 girls made by the writer in 1916/17 showed a taboo on thought and discussion among wellbred girls of the following subjects, which they characterize as 'indelicate', 'polluting' and "things completely outside the knowledge of a lady."

1. Things contrary to custom, often called "wicked" and "immoral".
2. Things "disgusting" such as bodily functions, normal as well as pathological, and all the implications of uncleanliness.
3. Things uncanny, that "make your flesh creep", and things souspicious.
4. Many forms of animal life, which it is a commonplace that girls will fear or which are considered unclean.
5. Sex differences.
6. Age differences.
7. All matters relating to the double standard of morality.
7. All matters connectet with marriage, pregnancy, and childbirth.
9. Allusions to any part of the body except head and hands.
10. Politics.
11. Religion.

[95]) A. Luchaire, La société française au temps de Philippe-Auguste. Paris 1909, S. 273.

[96]) A. Luchaire a. a. O. S. 275.

[97]) A. Luchaire a. a. O. S. 272.

[98]) A. Luchaire a. a. O. S. 278.

[99]) I. Huizinga, Herbst des Mittelalters, Studien über Lebensu. Geistesform des 14. und 15. Jahrhunderts in Frankreich und in den Niederlanden, München 1924, S. 32.

[100]) Aus «Le Jouvencel». Lebensgeschichte des Ritters Jean de Bueil, hrsg. v. Kervyn de Lettenhove, Chastellain, Œuvres VIII, zit. b. Huizinga a. a. O. S. 94.

Anmerkungen zum zweiten Kapitel.

[101]) Siehe S. 266.

[102]) H. Dupin, La courtoisie an moyen âge, Paris 1931, S. 79.

[103]) Dupin a. a. O. S. 77.

[104]) Zarncke, Der deutsche Cato a. a. O. S. 36 f. V. 167/8 u. V. 178/80.

[105]) Der deutsche Cato a. a. O. S. 48 V. 395ff.

[106]) I. Huizinga, Herbst des Mittelalters, Studien über Lebens- und Geistesform des 14. und 15. Jahrhunderts in Frankreich und in den Niederlanden, München 1924, S. 32ff.

[107]) L. Mirot, Les d'Orgemont, leur origine, leur fortune etc., Paris 1913. P. Champion, François Villon, Sa vie et son temps, Paris 1913, II, S. 230ff. zit. n. Huizinga a. a. O. S. 32.

[108]) P. Durrieu, Les très belles Heures de Notre Dame du Duc Jean de Berry, Paris 1922, S. 68.

[109]) Ch. Petit-Dutaillis, Documents nouveaux sur les mœurs populaires et le droit de vengeance dans les Pays-Bas au XV. siècle. Paris 1908, S. 47.

[110]) Ch. Petit-Dutaillis a. a. O. S. 162.

[111]) Ch. Petit-Dutaillis a. a. O. S. 5.

[112]) A. Luchaire, La société française au temps de Philippe Auguste. Paris 1909, S. 278 f.

[113]) Genaueres hierzu siehe A. Franklin, Paris et les Parisiens au seizième siècle. Paris 1921, S. 508 f.

[114]) Th. Bossert erwähnt in seiner Einleitung zu dem Hausbuch S. 20 einen Stich des Hausbuchmeisters, in dem er „den neugebackenen Adel, die Sucht der Bürgerlichen nach Wappen und ritterlichen Übungen verspottet". Auch das kann in die gleiche Richtung weisen.

[115]) Das Mittelalterliche Hausbuch, hrsg. v. Helmuth Th. Bossert und Willy Storck, Leipzig 1912, Einl. S. 27ff.

[116]) Berthold v. Regensburg, Deutsche Predigten, hrsg. v. Pfeiffer u. Strobl, Wien 1862—1880, Bd. I 14, 7.

[117]) Berthold v. Regensburg a. a. O. Bd. I, 141, 24ff.

[118]) Max Lehrs, Der Meister mit den Bandrollen, Dresden 1886, S. 26ff.

[119]) Aus den Materialien zur Zivilisation des Verhaltens, die hier — teils aus Gründen der räumlichen Beschränkung, teils auch, weil sie zum Verständnis der großen Zivilisationslinie nichts wesentlich Neues beizutragen schienen — zurückgestellt wurden, sei anhangsweise noch ein Sonderproblem angeführt, das eine gewisse Beachtung verdient. Das Verhältnis der abendländischen Menschen zur Sauberkeit, zum Waschen und Baden zeigt, im Großen gesehen, die gleiche Veränderungskurve, die im Text von vielen anderen Seiten her untersucht worden ist. Auch der Impuls zu

Anmerkungen zum zweiten Kapitel.

einer regelmäßigen Säuberung und einem beständigen Sauber-
halten des Körpers kommt zunächst nicht aus scharf umrissenen
hygienischen Einsichten, aus klaren oder, wie wir sagen, „rationalen" Einsichten in die Gefahr des Schmutzes für die Gesundheit;
auch das Verhältnis zum Waschen wandelt sich im Zusammenhang
mit jenen Umlagerungen der menschlichen Beziehung, von denen
im Text die Rede war, und von denen im nächsten Kapitel noch
genauer zu reden sein wird.

Zunächst ist es den Menschen ganz selbstverständlich, daß man
sich nur im Hinblick auf andere regelmäßig säubert, vor allem im
Hinblick auf sozial Höherstehende, also aus gesellschaftlichen Gründen und bewogen durch mehr oder weniger spürbare Fremdzwänge;
und man unterläßt es, sich regelmäßig zu waschen, man beschränkt
die Säuberung auf jenes Mindestmaß, das durch das unmittelbare,
persönliche Wohlbefinden geboten ist, wenn solche Fremdzwänge
fehlen, wenn es die soziale Position nicht erfordert. Heute wird
dem Einzelnen das Waschen und Säubern von klein auf als eine
Art von automatischer Gewohnheit angezüchtet, d. h. es ent-
schwindet ihm allmählich mehr oder weniger aus dem Bewußtsein,
daß er sich wäscht und zu einer beständigen Säuberung diszipli-
niert im Hinblick auf andere und, mindestens ursprünglich, durch
andere bewogen, also auf Grund von Fremdzwängen; er wäscht
sich auf Grund von Selbstzwängen, auch, wenn kein anderer Mensch
da ist, der ihn wegen einer Unterlassung tadeln oder bestrafen könnte;
wenn er es unterläßt, so ist das heute — zum Unterschied von
früher — der Ausdruck für eine nicht ganz geglückte Konditionierung auf den bestehenden gesellschaftlichen Standard. Die
gleiche Veränderung des Verhaltens und des Affekthaushalts, die
bei der Untersuchung anderer Zivilisationskurven hervortrat, zeigt
sich auch hier: Die gesellschaftlichen Beziehungen der Menschen
lagern sich in einer Weise um, daß die Zwänge, die die Menschen
aufeinander ausüben, sich in dem Einzelnen immer ausgeprägter
in Selbstzwänge verwandeln; die Über-Ich-Bildung wird immer
fester. Es ist mit einem Wort jener Sektor des Individuums,
der den gesellschaftlichen Code repräsentiert, es ist das eigene
Über-Ich, das heute den Einzelnen dazu anhält, sich regelmäßig
zu waschen und zu säubern. Der Mechanismus wird vielleicht
noch deutlicher, wenn man sich daran erinnert, daß heute viele
Männer sich rasieren, selbst wenn gar keine gesellschaftliche Verpflichtung dazu vorhanden ist, also einfach aus Gewohnheit,
einfach, weil sie sich von ihrem „Über-Ich" her unbehaglich fühlen,
wenn sie es unterlassen, obgleich ganz gewiß eine solche Unterlassung weder gesundheitsschädlich noch unhygienisch ist. Auch

Anmerkungen zum zweiten Kapitel.

die regelmäßige Säuberung durch Wasser und Seife ist in unserer Gesellschaft eine solche „Zwangshandlung", uns angezüchtet durch die Art unserer Konditionierung und durch hygienische, durch „rationale" Gründe in unserem Bewußtsein verfestigt.

Es mag in diesem Zusammenhang genügen, diese Veränderung durch das Zeugnis eines anderen Beobachters zu belegen. I. E. Spingarn sagt in der Einleitung zu einer englischen Übersetzung von della Casas „Galateo" (The Humanists Library, hrsgeb. v. L. Einstein Bd. VIII, London 1914, S. XXV) folgendes: ". . . Our concern is only with secular society, and there we find that cleanliness was considered only in so far as it was a social necessity, if indeed then; as an individual necessity or habit it scarcely appears at all. Della Casa's standard of social manners applies here, too: cleanliness was dictated by the need of pleasing others, and not because of any inner demand of individual instinct . . . All this has changed. Personal cleanliness, because of its complete acceptance as an individual necessity has virtually ceased to touch the problem of social manners at any point." Die Kurve der Veränderung kommt hier um so klarer zum Ausdruck, als der Beobachter den Standard der eigenen Gesellschaft — das innere Verlangen nach Sauberkeit — als gegeben hinnimmt, ohne zu fragen, wie und warum er aus dem anderen Standard im Lauf der Geschichte hervorging. Heute in der Tat waschen und säubern sich die Menschen im allgemeinen nur noch als Kinder unter einem äußeren Druck und unmittelbar unter Fremdzwängen, nämlich im Hinblick auf andere, von denen sie abhängen. Bei den Erwachsenen wird, wie gesagt, gegenwärtig dieses Verhalten allmählich zu einem Selbstzwang, zu einer persönlichen Gewohnheit. Ehemals aber wurde es auch noch bei den Erwachsenen unmittelbar durch Fremdzwänge produziert. Es zeigt sich hier von neuem, was oben gelegentlich als das „soziologenetische Grundgesetz" bezeichnet worden ist. Die Geschichte einer Gesellschaft spiegelt sich in der Geschichte des einzelnen Individuums innerhalb ihrer: Den Zivilisationsprozeß, den die Gesellschaft als Ganzes während vieler Jahrhunderte durchlaufen hat, muß das einzelne Individuum, abgekürzt, von neuem durchlaufen; denn es kommt nicht „zivilisiert" zur Welt.

Und noch ein anderer Punkt an dieser Zivilisationskurve verdient eine gewisse Beachtung. Es sieht in der Darstellung mancher Beobachter so aus, als ob die Menschen des 16. und 17. Jahrhunderts eher noch „unreinlicher" gewesen wären, als die der vorangehenden Jahrhunderte. Wenn man solche Beobachtungen nachprüft, so findet man, daß mindestens eines an ihnen richtig ist: Es scheint, daß der Gebrauch des Wassers als Bade- und Säuberungsmittel

Anmerkungen zum zweiten Kapitel.

im Übergang zur Neuzeit etwas abnimmt, zum mindesten, wenn
man das Leben der betreffenden Oberschichten vergleicht. Sieht
man die Wandlung in dieser Weise, so bietet sich eine einfache
Erklärung dafür, die ganz gewiß einer genaueren Nachprüfung
bedarf. Es war am Ausgang des Mittelalters bekannt genug, daß
man sich durch das Baden in den Badestuben Krankheiten und selbst
den Tod zuziehen könne. Man muß sich, um die Wirkung einer
solchen Erfahrung zu verstehen, in den Bewußtseinszustand dieser
Gesellschaft versetzen, in der die Kausalzusammenhänge, die Art
der Krankheitsübertragung und der Ansteckung noch ziemlich
unklar waren. Was sich hier dem Bewußtsein einprägen konnte,
war die einfache Tatsache: Wasserbäder sind gefährlich, man kann
sich dabei vergiften. Denn in dieser Weise, als eine Art von Ver-
giftung, verarbeitete das Denken damals häufig die Massenerkran-
kungen, die Seuchen, die durch die Gesellschaft in vielen Wellen
hingingen. Man weiß und man versteht, welche furchtbare Angst
die Menschen damals im Anblick solcher Seuchen ergriff. Es war eine
Angst, die noch nicht, wie bei unserm Stand der gesellschaftlichen
Erfahrung, durch ein genaueres Wissen um die Kausalverknüpfungen
und damit um die Grenzen der Gefahr eingeschränkt und in bestimmte Kanäle gelenkt zu werden vermochte. Und es ist sehr gut
möglich, daß sich in dieser Zeit der Gebrauch des Wassers, besonders
auch der Gebrauch des warmen Wassers zu Badezwecken, mit
einer solchen, relativ unbestimmten, die wirkliche Gefahr weit
überhöhenden Angst belegte. Wenn sich aber einmal in einer Gesellschaft auf diesem Standard der Erfahrung irgend ein Objekt oder
ein Verhalten derart mit Angst belegt, so kann es in der Tat unter
Umständen eine ganze Zeit dauern, ehe diese Angst selbst ebenso,
wie ihre Symbole, die entsprechenden Verbote und Widerstände,
wieder verebben. Es mag dabei im Laufe der Generationen durchaus die Erinnerung an den ursprünglichen Anlaß dieser Angst
verschwinden. Was im Bewußtsein der Menschen lebendig bleibt,
ist vielleicht nur ein von einer Generation zur anderen weiter ge-
leitetes Gefühl, daß mit dem Gebrauch des Wassers Gefahren verbunden sind, und ein allgemeines Unbehagen, ein immer von neuem
gezüchtetes Peinlichkeitsgefühl gegenüber diesem Gebrauch. So
finden wir in der Tat im 16. Jahrhundert z. B. Äußerungen, wie
diese:

> «Estuves et bains, je vous en prie
> Fuyès-les, ou vous en mourrés.»

Das sagt ein Arzt, Guillaume Bunel, 1513, unter anderen Ratschlägen gegen die Pest (Oeuvre excellente et à chascun désirant
soy de peste préserver, neu hersgeb. v. Ch. J. Richelet, Le Mans

Anmerkungen zum zweiten Kapitel.

1836); man braucht nur zu sehen, wie in seinen Ratschlägen — von unserem Standard her gesehen — Richtiges und phantastisch Falsches durcheinander geht, um zu verstehen, wie eine, im Verhältnis zu der unseren, weniger begrenzte Angst sich auswirkt. Und wir finden im 17. und selbst im 18. Jahrhundert dann immer noch Warnungen vor dem Gebrauch von Wasser, etwa mit der Begründung, er sei schädlich für die Haut oder, man könne sich Erkältungen dabei zuziehen. Es sieht in der Tat wie eine langsam verebbende Angstwelle aus; aber das ist beim heutigen Stand der Forschung gewiß zunächst nur eine Hypothese.

Immerhin zeigt sie eines recht klar: Sie zeigt, wie man sich solche Erscheinungen erklären könnte. Und sie demonstriert damit ein Faktum, das für den ganzen Zivilisationsprozeß in hohem Maß charakteristisch ist: Der Zivilisationsprozeß vollzieht sich im Zusammenhang mit einer ständig wachsenden Begrenzung der äußeren Gefahren und dementsprechend mit einer Begrenzung und Kanalisierung der Ängste vor solchen äußeren Gefahren. Diese, die äußeren Gefahren des menschlichen Lebens, werden berechenbarer, Wege und Spielfeld der menschlichen Ängste geregelter. Die Unsicherheit des Lebens erscheint uns heute manchmal groß genug, aber sie ist gering, verglichen mit der Unsicherheit des Einzelnen etwa innerhalb der mittelalterlichen Gesellschaft. In der Tat ist die stärkere Regelung der Angstquellen, die sich mit dem Übergang zu unserm Gesellschaftsaufbau langsam herstellt, eine der elementarsten Voraussetzungen für jenen Verhaltensstandard, dem wir durch den Begriff der ,,Zivilisation" Ausdruck geben; der Panzer des zivilisierten Verhaltens würde sehr schnell zerbrechen, wenn durch eine Umwandlung der Gesellschaft von neuem ein solches Maß von Unsicherheit, eine so geringe Berechenbarkeit der Gefahren über uns hereinbrechen würde, wie ehemals; bald genug würden dann auch die entsprechenden Ängste die Grenzen, die ihnen heute gesetzt sind, sprengen.

Eine spezifische Form von Ängsten allerdings wächst mit der zunehmenden Zivilisation selbst. Das sind die ,,inneren", die halb unbewußten Ängste, die Ängste vor der Durchbrechung der Restriktionen, die dem zivilisierten Menschen auferlegt sind.

Man findet einige zusammenfassende Gedanken zu diesem Thema am Schluß des zweiten Bandes in dem ,,Entwurf zu einer Theorie der Zivilisation".

Inhalt des ersten Bandes

Einleitung VII

Vorwort LXXI

Erstes Kapitel: *Zur Soziogenese der Begriffe «Zivilisation» und
«Kultur»* 1
Erster Teil: Zur Soziogenese des Gegensatzes von «Kultur»
und «Zivilisation» in Deutschland 1
1. Einleitung 1
2. Über den Entwicklungsgang des Gegensatzpaares «Zivilisation» und «Kultur» 7
3. Beispiele für die höfische Anschauungsweise in Deutschland 10
4. Über Mittelstand und höfischen Adel in Deutschland . . 17
5. Literarische Beispiele für das Verhältnis der deutschen,
   mittelständischen Intelligenz zu den höfischen Menschen 26
6. Das Zurücktreten des sozialen und das Hervortreten des
   nationalen Gegensatzes in der Gegenüberstellung von
   «Kultur» und «Zivilisation» 36
Zweiter Teil: Zur Soziogenese des Begriffs «civilisation» in
Frankreich 43
1. Über die soziale Genese des französischen Begriffs «Zivilisation» 43
2. Zur Soziogenese des Physiokratismus und der französischen
   Reformbewegung 50

Zweites Kapitel: *Über die «Zivilisation» als eine spezifische
Veränderung des menschlichen Verhaltens* 65
1. Zur Geschichte des Begriffs «Civilité» 65
2. Über mittelalterliche Umgangsformen 75
3. Das Problem der Verhaltensänderung in der Renaissance . 89
4. Über das Verhalten beim Essen 110
   Beispiele 110
   Einige Gedanken zu den Zitaten über die Tischgebräuche 133
   Erste Gruppe:
   Überblick über die Gesellschaften, zu denen die zitierten
   Schriften sprachen 133
   Exkurs über den Auf- und Abstieg der Begriffe «Courtoisie»
   und «Civilité» 136
   Überblick über die Kurve der «Zivilisation» des Essens . 139
   Exkurs über die höfische Modellierung des Sprechens . . 145

Inhalt

Zu der Frage, wie es die Menschen begründen, daß dies «schlechtes» und jenes «gutes» oder «besseres» Benehmen sei 152

Zweite Gruppe:

Über das Essen von Fleisch 157

Über den Gebrauch des Messers beim Essen 164

Über den Gebrauch der Gabel beim Essen 170

5. Wandlungen in der Einstellung zu den natürlichen Bedürfnissen 174

Beispiele 174

Einige Bemerkungen zu den Beispielen und zu diesen Wandlungen im allgemeinen 181

6. Über das Schneuzen 194

Beispiele 194

Einige Gedanken zu den Zitaten über das Schneuzen . . 201

7. Über das Spucken 208

Beispiele 208

Einige Gedanken zu den Zitaten über das Spucken . . . 212

8. Über das Verhalten im Schlafraum 219

Beispiele 219

Einige Gedanken zu den Beispielen 222

9. Wandlungen in der Einstellung zu den Beziehungen von Mann und Frau 230

10. Über Wandlungen der Angriffslust 263

11. Blick auf das Leben eines Ritters 283

Anmerkungen zur Einleitung 302

Anmerkungen zum ersten Kapitel 307

Anmerkungen zum zweiten Kapitel 312

Hans Blumenberg
Die Genesis der kopernikanischen Welt

804 Seiten

Ein Jahrzehnt Astronautik hat eine ›vorkopernikanische‹ Überraschung gebracht: die Erde ist eine kosmische Ausnahme. Das Universum scheint voller Wüsten zu sein. Die photographische Fernaufklärung im Planetensystem hat nichts als narbige Kraterwelten, stickige Gluthöllen, alle Arten von ausgeklügelten Lebenswidrigkeiten enthüllt. Inmitten dieser enttäuschenden Himmelswelt ist die Erde nicht nur ›auch ein Stern‹, sondern der einzige, der diesen Namen zu verdienen scheint.
Es ist die irritierende Umkehrung von Erwartungen der Aufklärung. Sie glaubte sich in einem Universum bewohnbarer Welten und vernünftiger Wesen. Es entsprach der kopernikanischen Konsequenz, daß die irdischen Bedingungen der Vernunft keine bevorzugten, eher provinzielle sein konnten. Der Rückstand gegenüber dem kosmischen Standard sollte durch Fortschritt aufgehoben, die Mitgliedschaft in der sternenweiten Kommunität durch Würdigkeit erworben werden. Die Vernunft durfte nicht einsam, nicht den faktischen Bedingungen ihrer irdischen Geschichte ausgeliefert sein.
Es schien, als könne niemals eine Erfahrung diesen Mythos der kosmischen Intersubjektivität zerstören. Aber es ist ein adäquater Schritt des Kopernikanismus als des großen Überwinders menschheitlicher Selbsttäuschungen, seine eigenen frühen Illusionen mit den Mitteln zu überwinden, die er in eine Welt gebracht hat, deren Homogenität und Durchquerbarkeit in seiner Konsequenz lag. Auch nüchterne Köpfe, die von der Rückseite des Mondes nicht viel Neues erwartet hatten, empfanden noch die Enttäuschung alter Erwartungen, als die automatischen Kundschafter aus dem Weltall nicht einmal ein wenig Grün, keine Anzeichen von niedrigstem Leben auf den bewunderten Sternen der Kindheit zu vermuten übrigließen.
Immer wieder in den Jahrhunderten nach Kopernikus entdeckte man, nach der Formel des Astronomen Lambert, daß man ›noch lange nicht genug kopernikanisch‹ geworden sei. Die kopernikanische Welt ist eine unvollendete: immer wieder sieht es so aus, als könne die Stellung des Menschen im Universum nun nicht exzentrischer mehr ge-

dacht werden. Immer wieder ist es ihre Illusion, bei der Zerstörung der letzten ihrer Illusionen angekommen zu sein. Immer noch wissen wir nicht bis zur Neige, was das Wort Goethes in seinem letzten Lebensjahr zum Kanzler Müller bedeutete, dieses sei »die größte, erhabenste, folgenreichste Entdeckung, die je der Mensch gemacht hat; in meinen Augen wichtiger als die ganze Bibel«.

Eine »Genesis der kopernikanischen Welt« kann kein isoliertes Stück Wissenschaftsgeschichte sein. Sie nimmt ein wissenschaftliches als ein anthropologisches Ereignis. Sie muß davon sprechen, wie ein peripheres Bewußtsein sich selbst auf die Spur dessen kommt, dies zu sein. Das ist die Zweideutigkeit des Himmels: er vernichtet unsere Wichtigkeit durch seine Größe, aber er zwingt uns auch durch seine Leere, nicht anderes wichtiger zu nehmen als uns selbst. Die Paradoxie einerseits jener Vernichtung, von der Kant gesprochen hat, und andererseits dieses Selbstbewußtseins, von dem er gleichfalls gesprochen hat, spannt die kopernikanische Welt zum Zerreißen an. Kann im Konvergenzpunkt ihrer Prozesse eine neue Eindeutigkeit stehen? Der bestürzende Verdacht, daß alles nur Wüste sei mit der einzigen Ausnahme dieser tellurischen Oase, könnte alle Intentionen auf die Erde verweisen als auf das Zentrum aller möglichen Vernunftinteressen, das selbst die Fluchtlinien der Astronautik zu sich zurückzwingt und sie zur Episode der Menschheitsgeschichte macht.

Der Betrachter des Himmels ist gepackt von der Unwahrscheinlichkeit seiner eigenen Daseinsbedingungen, ausgenommen zu sein von den Schrecknissen der kosmischen Strahlungen und Teilchenschauer.

In der Genesis der kopernikanischen Welt ist dem Menschen keine neue ›Stellung im Kosmos‹ definiert worden; aber sie macht es ihm dringend, eine solche zu definieren.

Die »Frankfurter Rundschau« schrieb zu diesem Werk u. a.: »Die kopernikanische Welt scheint geplatzt. In der paradoxen, ptolemäischen Konsequenz der kopernikanischen Kosmologie, die die Erde zum Stern unter Sternen machte, bekommt die Erde eine neue Sonderstellung. ›Die kosmische Oase, auf der der Mensch lebt, dieses Wunder von Ausnahme, der blaue Eigenplanet inmitten der enttäuschenden Himmelswüste, ist nicht mehr ›auch ein Stern‹, sondern der einzige, der diesen Namen zu verdienen scheint‹ (S. 793). Das ist Blumenbergs Resultat aus Kopernikanismus und seiner letzten Folgeerscheinung, der Astronautik.

Das Buch von der Genesis der kopernikanischen Welt zeigt auch ihr Ende an. Blumenbergs Kadenz der Frage nach dem Verhältnis von Mensch und Kosmos scheint voltairisch: ›Il faut cultiver notre jardin.‹ Aber in einer solch brillanten Weise auf die Sonderstellung des Menschen in der Welt, die unter Verzicht auf seine alte, kosmologisch definierte Würde neu begründet werden muß, hingewiesen zu haben, ist ein wissenschaftsgeschichtliches Ereignis.«

Hans Blumenberg
Die Legitimität der Neuzeit

Erweiterte Neuausgabe. Drei Bände in Kassette.
Band 1: Säkularisierung und Selbstbehauptung,
stw 79.
Band 2: Der Prozeß der theoretischen Neugierde,
stw 24.
Band 3: Aspekte der Epochenschwelle, stw 174

Die Bände dieser Kassette versammeln Blumenbergs Arbeiten zur Herkunft und Konstitution des Zeitalters, das sich zur ›Neuzeit‹ erklärte. Die in den Jahren 1973–76 zunächst getrennt wieder vorgelegten Teile der 1966 erschienenen »Legitimität der Neuzeit« sind in dieser durchgehend erneuerten und erweiterten Ausgabe zusammengefaßt. Sie dokumentiert damit zugleich den Stand des in einem Jahrzehnt unter Widerspruch und Zustimmung weiter vorangetriebenen Versuchs zu einer phänomenologischen Historik, die erfassen will, in welchen Prozeßformen und -intensitäten, in welchen Grundmustern von Rationalität Geschichte sich formiert.

Unter der übergreifenden Fragestellung nach der ›Legitimität‹ analysieren die einzelnen Teile in sich geschlossene Themenkomplexe zur Konstitution der Neuzeit anhand einer Kritik des Grundbegriffs der ›Säkularisierung‹, mit dem sich das Selbstverständnis der Moderne sowohl freisetzen als auch seiner rückwärtigen Bindungen versichern wollte, wird nach den Bedingungen für die Herauslösung einer Epoche aus ihren Vorgegebenheiten gefragt. Es ist, für das Verhältnis von Mittelalter und Neuzeit, der Prozeß der humanen Selbstbehauptung gegen einen theologischen Absolutismus (*»Säkularisierung und Selbstbehauptung«*). In diesen Vorgang gibt einen detaillierten Einblick die Darstellung des Wertungswandels der theoretisch-wissenschaftlichen Neugierde. Der Rahmen ist dabei weit gespannt, von der Antike bis zur Psychoanalyse, von Sokrates bis zu Feuerbach und Freud (*»Der Prozeß der theoretischen Neugierde«*). Der letzte Teil verschärft noch einmal den Zugriff auf die Logik des Epochenwandels durch die Wahl des Doppelaspekts der Systeme von Welt- und Menschenansicht des Nikolaus von Cues und des Giordano Bruno: die Sorge um das Vergehende und der Triumph über das Anbrechende entfalten ihre elementare Differenz auf dem Boden der noch gemeinsamen metaphysischen Großfragen (*»Aspekte der Epochenschwelle«*). Das Ganze des Werks sucht die sich formierende Neuzeit aus den Antrieben zu erfassen, die aus dem Zusammenbruch des Mittelalters herkamen und zu einem seinen Erwartungen strikt entgegengesetzten Konzept führten. Das obligate Thema des Gesamtwerks ist das Verhältnis von Vernunft und Geschichte. Nachdem die europäische Aufklärung wiederholt überrascht und betroffen vor dem Scheitern ihrer vermeintlich letzten Anstrengungen gestanden hat, muß sie sich statt der Zuflucht in sanfte und unsanfte Romantizismen die Analyse ihrer offenen und heimlichen Voraussetzungen, also Aufklärung über die Aufklärung, verschaffen. Seit Kant wissen wir – um es immer wieder zu vergessen –, daß die Kritik der Vernunft nicht nur eine *durch* Vernunft, sondern auch eine *an* der Vernunft ist und bleiben wird.

Bernhard Groethuysen
Die Entstehung der bürgerlichen Welt- und
Lebensanschauung in Frankreich

Band 1: Das Bürgertum und die katholische
Weltanschauung
Band 2: Die Soziallehren der katholischen Kirche
und das Bürgertum
stw 256. 368 und 320 Seiten

Groethuysens ausgreifendes Unternehmen ist als Untersuchung der Entstehung einer spezifisch bürgerlichen Sensibilität, einer Welt- und Lebensanschauung zumal, konzipiert, wie sie sich im Frankreich des 17. und 18. Jahrhunderts herauszubilden begann. Die Arbeit erschien zuerst in den Jahren 1927 und 1930. Sie reiht sich der Intention nach den Studien von Dilthey und Simmel zur Entstehung des »modernen« Geistes an, greift aber tiefer ins soziale Gestein der Epoche, so daß sie einerseits mit Franz Borkenaus materialistischer Ideologiegeschichtsschreibung (*Vom feudalen zum bürgerlichen Weltbild*), andererseits mit Norbert Elias' historisch-soziologischen Analysen (*Über den Prozeß der Zivilisation*) verglichen werden kann.
Groethuysens Werk ist also eine »geistesgeschichtliche« Untersuchung besonderer Art. Es thematisiert nicht die großen philosophischen Lehren, die eine reflektierte Form bürgerlicher Ideologie zum Ausdruck bringen, sondern gerade die alltäglichen und anonymen, sozusagen vorreflexiven Gestalten bürgerlichen Denkens und Handelns. Der Autor geht in phänomenologischer Manier aus »vom Leben selbst«, von den Selbstverständlichkeiten des bürgerlichen Lebenszusammenhangs, der sich im 17. und 18. Jahrhundert allmählich von den religiösen Bindungen des Katholizismus emanzipierte. Man kann sagen, daß es sich hier wie bei Walter Benjamins Trauerspielbuch um eine Art »anonyme Geistesgeschichte« des Bürgertums insofern handelt, als nicht seine »anerkannten« Ideologen, sondern seine »populären« Vertreter zu Wort kommen.
Anhand zahlreicher Quellen – etwa von Predigten und pädagogischen Abhandlungen – zeigt Groethuysen, wie sich die Einstellungen des Bürgers sukzessive profanisieren, wie sich seine Anschauungen über Gott, Tod und Sünde, über reich und arm immer mehr von den kirchlichen Lehren lösen und zu einer eigenen Physiognomie in Lebens- und

Weltanschauung führen: »So bildet sich das bürgerliche Klassenbewußtsein. Der neue Wirtschaftstyp, wie er sich in den alten Lebensformen nicht entwickeln konnte, erhält seine geistige Bedeutung und Umgrenzung; er wird zu dem Vertreter einer besonderen, in sich charakterisierten und immer wieder im Gegensatz zu anderen, religiös bedingten Vorstellungsweisen erlebten Einstellung gegenüber Welt und Leben, einer selbständigen bürgerlichen Ideologie, für deren Gestaltung und Ausbildung das Verhältnis des Bürgertums zur Kirche von entscheidender Bedeutung gewesen ist.« Der vielzitierte und -gelästerte Typus des Bourgeois wird von Groethuysen »urgeschichtlich« (Benjamin) bzw. »archäologisch« (Foucault) erforscht.

Bernhard Groethuysen wurde 1880 in Berlin geboren. Er studierte Philosophie, Psychologie, Kunstgeschichte und Wirtschaftspolitik. Unter dem Einfluß Simmels und Diltheys stehend (dessen Gesamtwerk er mitherausgab), beschäftigte er sich gleichermaßen mit psychologischen, anthropologischen und historischen Fragen. In den zwanziger Jahren pendelte er zwischen Paris, wo er im Kreis des Verlags Gallimard die Funktion eines intellektuellen Mentors ausübte, und Berlin, wo er als Privatdozent lehrte, hin und her. Im Jahre 1933 legte er aus Protest gegen die Nationalsozialisten seinen Berliner Lehrauftrag nieder und blieb in Frankreich, wo er fortan als freier Schriftsteller lebte. Er starb 1946 in Luxemburg. Werke: *Das Mitgefühl* (1904); *Philosophische Anthropologie* (1931); *J.-J. Rousseau* (1949); *Philosophie der Französischen Revolution* (1956).

Reinhart Koselleck
Kritik und Krise

Eine Studie zur Pathogenese der bürgerlichen Welt
stw 36. 252 Seiten

Es gab manche Mißverständnisse im Hinblick darauf, was
mit dieser Arbeit eigentlich intendiert sei. Ihr die Gegen-
wartsbezogenheit vorzuwerfen, ist vordergründig, da es
sich grundsätzlich gleichbleibt, an welchem Punkt man in
den hermeneutischen Zirkel einer historischen Untersuchung
einsteigt. Die methodisch entscheidende Frage ist, ob sich
die eingebrachten Prämissen durch den historischen Quellen-
befund verifizieren lassen. Ist das der Fall, kann die Aktualität einer geschichtlichen Frage dem Ergebnis nur zugute
kommen. Damit ist nicht gesagt, daß die folgenden Analysen einer naiven Beispielhaftigkeit der Historie, wie es
bis in das achtzehnte Jahrhundert hinein üblich war, erneut
zum Leben verhelfen wollen. Geschichtliche Lehren lassen
sich heute nicht mehr unmittelbar aus der Historie ableiten, sondern nur über eine Theorie möglicher Geschichten
vermitteln. So bewegt sich die Arbeit auf einem bestimmten
Niveau der Abstraktion; sie beabsichtigt, langfristige Vorgänge der »Frühen Neuzeit« herauszuarbeiten.
Sobald es gelungen ist, Strukturen einer geschichtlichen
Epoche in ihrer anthropologischen Verfaßtheit aufzuzeigen,
die sich aus den konkreten Einzelfällen ableiten läßt, können die Ergebnisse exemplarische Befunde sichtbar machen,
die auch auf unsere Gegenwart beziehbar sind. Denn un-
erachtet ihrer Einmaligkeit kann eine vergangene Epoche
– auf ihre Struktur hin befragt – Momente der Dauer enthalten, die noch in unsere Gegenwart hineinreichen.
Die folgende Untersuchung richtet sich auf solche Strukturen, besonders auf den ihnen immanenten zeitlichen Ablauf, der von den Religionskriegen bis zur Französischen
Revolution verfolgt wird.
Vor allem wird gefragt nach der Problematik der modernen
Aufklärung und der aus ihr folgenden Emanzipation. Deren
Problematik besteht darin, an eine Grenze zu kommen,
die als politische Grenze erkannt sein will, wenn sie sinnvoll überschritten werden soll. Wo die Grenze als politische
verkannt wird, gerinnt die Aufklärung zu einer Utopie,
die, indem sie scheinbar beflügelt, Gegenbewegungen provo-
ziert, welche sich der Verfügung der Aufklärung entziehen,

sobald sie sich der Einsicht in die Heterogonie der Zwecke begeben hat. Die Heterogonie der Zwecke ist nämlich eine zeitliche Bestimmung des Politischen, die von keiner Utopie überholt werden kann. Vielmehr werden die Zielsetzungen einer Aufklärung gerade dann verfehlt, wenn sie die Dialektik eines politischen Prozesses nicht prognostisch einfangen kann. Die Dialektik der Aufklärung entspringt – mit anderen Worten – nicht nur ihr selbst, sondern noch mehr der geschichtlichen Situation, in der sie sich entfaltet. Jede Aufklärung gerät früher oder später in Konfliktlagen, die rational aufzuschlüsseln eine Umsetzung der bloßen Kritik in politische Verhaltensweisen erfordert.

Die außenpolitische Lage auf unserem Globus hat sich durch den Aufstieg Chinas und die Emanzipation der dritten Welt im letzten Jahrzehnt verschoben. Dadurch hat sich die Ausgangsfrage der vorliegenden Untersuchung insofern nicht verändert, als sie von vornherein hinter die antithetischen Zwänge zurückfragen wollte. Freilich hat sich die Einmaligkeit unserer Lage immer mehr verdeutlicht. Während zur Zeit der absolutistischen und nationalstaatlichen Politik der Krieg immer noch als Entlastungsvorgang für drohende Bürgerkriege verstanden und auch bemüht werden mochte, stehen wir heute vor einer fatalen Umkehr dieses Vorgangs. Unter der Drohung gegenseitiger atomarer Vernichtung haben die Weltmächte Randzonen ihrer Interessengebiete herausgeschnitten, innerhalb deren die Bürgerkriege – mit dem Schein gegenseitiger Entlastung – umgrenzt werden und so legitimiert werden sollen. Ein ständig sich verschiebender Ring von Elend, Blut und Schrecken hat sich um den Globus gelegt. Nicht mehr der alte Staat ist die Gegenposition zu diesem Bürgerkrieg, sondern zunächst der ganze Globus, dessen neue Geschichten sich erst in der Zukunft abzeichnen.

Daß der Untertitel einer Pathogenese unserer Moderne seine Evidenz nicht aus der biologischen Metaphorik bezieht, sondern aus dem Leiden, das zu diagnostizieren neue Kategorien fordert, bedarf keiner weiteren Erläuterung. (Aus dem Vorwort zur Taschenbuchausgabe.)

Joseph Needham
Wissenschaftlicher Universalismus

*Über Bedeutung und Besonderheit der chinesischen
Wissenschaft
Herausgegeben, eingeleitet und übersetzt
von Tilman Spengler
stw 264. 416 Seiten*

Die in diesem Band vereinigten Arbeiten Joseph Needhams
stehen in enger thematischer Beziehung zu seinem Haupt-
werk *Science and Civilization in China*, der ersten maß-
geblichen Gesamtdarstellung des chinesischen Beitrags zur
Universalgeschichte von Wissenschaft und Technik. Needham begreift das Zustandekommen der neuzeitlichen Wissenschaft als einen universalen Vorgang, zu dessen Entstehen Beiträge aus vielen Zivilisationen zusammenkommen
mußten, der aber erst durch die Entdeckungen und sozio-
kulturellen Neuausrichtungen im Europa der Renaissance
die für ihn bestimmende Dynamik erhielt. »Wissenschaftlicher Universalismus« als konkretes Forschungsprogramm
zielt demnach ebenso auf die Beschreibung einzelner Komponenten wie auf eine Kennzeichnung des Milieus, innerhalb dessen eine Kombination der Einzelteile das Unternehmen »moderne Wissenschaft« in Gang setzte.
Wenn der Durchbruch zur modernen Wissenschaft allein in
Europa gelang, in anderen Kulturen dazu aber die kogni-
tiven Voraussetzungen genauso vorhanden waren, dann
müssen, folgert Needham, sozio-kulturelle Unterschiede die
entscheidenden Hemm- bzw. Beschleunigungsfaktoren bezeichnen.
Der Aufsatz »Wissenschaft und Gesellschaft in Ost und
West« geht auf einige dieser Unterschiede ein. »Die Einheit der Wissenschaft, Asiens unentbehrlicher Beitrag«, der
zweite Aufsatz der Auswahl, liefert eine faktische Erhär-
tung der These von der Universalität des Vorgangs, an
dessen Ende die neuzeitliche Wissenschaft stand. Daß es
sich bei diesen Beiträgen um mehr als nur die ständig zitierten Beispiele des Schießpulvers, der Druckkunst und
des magnetischen Kompasses handelt, wird dabei ebenso
deutlich wie die zentrale Rolle des arabischen Kultur-
raums für die Übermittlung der Erfindungen und Erkenntnisse. »Der chinesische Beitrag zu Wissenschaft und Technik« greift das Thema aus chinesischer Perspektive auf.

Needham beschränkt sich hier nicht auf die Aufzählung vieler Einzelfälle, er schildert auch die chinesische Einstellung zu Fragen der sozialen Verfügbarkeit von Wissenschaft und Technik.

Als Beispiele für Needhams Geschick, Problemzusammenhänge global und gleichzeitig detailgetreu in den Griff zu bekommen, dienen die Aufsätze »Der Zeitbegriff im Orient« und »Das fehlende Glied in der Entwicklung des Uhrenbaus: ein chinesischer Beitrag«.

Zunächst räumt Needham mit dem vulgär-philosophischen Klischee des »zeitlosen Orients« auf und zeigt sehr genau, wie konkret sich die Chinesen der Realität zeitlicher Abläufe in der Geschichte bewußt waren. Und zum Nachweis, daß sich derlei Gedanken nicht nur auf den mageren Weiden der Spekulation bewegten, zeigt Needham in seiner Geschichte des chinesischen Uhrenbaus gleichsam das handwerkliche Komplement: mehr noch, die Unruh, die zentrale Vorrichtung der mechanischen Zeitmessung, ist eine chinesische Erfindung.

Die traditionelle chinesische Medizin steht seit einigen Jahren im Brennpunkt nicht nur medizin-historischen Interesses. Das rührt zum einen aus sozio-politischen Begleitumständen ihrer Wiedergeburt im sozialistischen China her, zum anderen aus dem erklärten Unvermögen westlicher Mediziner, gewisse therapeutische Effekte dieser Medizin in den Begriffen ihrer eigenen Deutungssysteme nachzuvollziehen. In »Medizin und chinesische Kultur« klärt Needham zunächst die Entstehungs- und Entwicklungsbedingungen der traditionellen Medizin Chinas, die wie keine andere wissenschaftliche Disziplin von der sie umlagernden Kultur geprägt wurde, und schlägt dann einige Interpretationen zu ihrer Wirkungsweise vor.

Wolf Lepenies
Das Ende der Naturgeschichte

Wandel kultureller Selbstverständlichkeiten in den
Wissenschaften des 18. und 19. Jahrhunderts
stw 227. 288 Seiten

Thema des Buches von Wolf Lepenies ist der Übergang
vom naturhistorischen zum entwicklungsgeschichtlichen Denken: an der Wende zum 19. Jahrhundert gelangen die
Wissenschaften unter einen Erfahrungsdruck, der zur Aufgabe der alten, räumlich orientierten Klassifikationsver-
fahren führt und jene Phase der Verzeitlichung ankündigt,
die mit der Darwinschen Evolutionstheorie ihren Höhepunkt erreicht. Das entwicklungsgeschichtliche Denken setzt
sich dabei in den einzelnen Disziplinen in unterschiedlicher
Weise durch – doch zeigen sich genügend Ähnlichkeiten in
Botanik und Zoologie, Medizin, Chemie und Geologie,
Astronomie, Rechts- und Kunstgeschichte, um der Epoche
von 1775 bis 1825 ein unverwechselbares Gepräge zu
geben. Die »Emanzipation« von der Naturgeschichte gelingt aber nur unvollkommen, insbesondere in der Historie
selbst lassen sich von Michelet bis Jakob Burckhardt Spuren
naturgeschichtlichen Denkens ausmachen, die mehr sind als
bloß Überreste. Es gehört zu den Eigentümlichkeiten ihres
Nachruhms, daß die so geschmähte Naturgeschichte in der
Literatur überlebt. Der Entwicklungsgang der Naturgeschichte kehrt sich von Balzac bis Proust um: gegenüber
der Menagerie der *Comédie humaine* erscheint Prousts Ro-
manwerk als Herbarium. Kennzeichnend ist auch der Be-
deutungswechsel, den der Normalitätsbegriff vom 18. zum
19. Jahrhundert durchmacht, sowie die Veralltäglichung des
Außerordentlichen. Während im 18. Jahrhundert das Wun-
derbare und das Außerordentliche Bestandteil des Wissen-
schaftsprozesses selbst sind, ist die moderne Wissenschaft
durch sensationsfreies Alltagshandeln gekennzeichnet.

Edgar Zilsel
Die sozialen Ursprünge der neuzeitlichen
Wissenschaft

Herausgegeben und übersetzt von Wolfgang Krohn
Mit einer biobibliographischen Notiz
von Jörn Behrmann
stw 152. 288 Seiten

Edgar Zilsel (1891–1944) hat in Wien Mathematik, Physik
und Philosophie studiert. Mit Otto Neurath gehörte er zum
linken Flügel des Wiener Kreises. Einer Universitäts-
karriere zog er die Arbeit an der Wiener Volkshochschule
vor. 1934 Haft. 1938 Ausreise nach England, 1939 in die
USA. Dort dank eines Stipendiums Forschungsarbeiten;
lehrte zunächst am Hunter College der City University of
New York, dann am Mills College in Oakland.

Jörn Behrmann und Wolfgang Krohn sind Mitarbeiter des
Max-Planck-Institutes zur Erforschung der Lebensbedingungen der wissenschaftlich-technischen Welt in Starnberg.

Edgar Zilsel hat im amerikanischen Exil eine zusammenhängende Studie über die Entstehung der Naturwissenschaften begonnen, deren Ergebnisse (wegen seines Todes
im Jahre 1944) nur fragmentiert als Aufsatzveröffent-
lichungen vorliegen. Diese Aufsätze folgen aber einer
inneren Systematik, die ihre gemeinsame Veröffentlichung
nahelegt.

Die allgemeine These Zilsels: zwischen 1300 und 600 existieren drei Schichten von Intellektuellen, die institutionell
und ideologisch voneinander getrennt waren: die Gelehrten, die literarischen Humanisten und die Künstler-Ingenieure. Während die letzte Gruppe Experiment, Sektion
und das wissenschaftlich-technische Instrumentarium entwickelt, bleiben die sozialen Vorurteile der Gelehrten und
Humanisten gegen Handarbeit und experimentelle Verfahren in der Wissenschaft bis ins 16. Jahrhundert stabil.
Erst mit der Generation Bacon, Galilei, Gilbert wird das
kausale Denken der plebejischen Künstler-Ingenieure mit
dem theoretischen Denken der Naturphilosophie verknüpft.

Das Vorwort des Herausgebers rekonstruiert den theoretischen Zusammenhang der Aufsätze und geht auf die
empirischen und begrifflichen Probleme ein, die sich einer
Soziologie der Wissenschaftsgeschichte in der heutigen Forschung stellen.

Alphabetisches Verzeichnis der suhrkamp taschenbücher wissenschaft

Adorno, Ästhetische Theorie 2
– Drei Studien zu Hegel 110
– Einleitung in die Musiksoziologie 142
– Kierkegaard 7
– Negative Dialektik 113
– Philosophie der neuen Musik 239
– Philosophische Terminologie Bd. 1 23
– Philosophische Terminologie Bd. 2 50
– Prismen 178
– Soziologische Schriften I 306
Materialien zur ästhetischen Theorie Th. W. Adornos 122
Apel, Der Denkweg von Charles S. Peirce 141
– Transformation der Philosophie, Bd. 1 164
– Transformation der Philosophie, Bd. 2 165
Arnaszus, Spieltheorie und Nutzenbegriff 51
Ashby, Einführung in die Kybernetik 34
Avineri, Hegels Theorie des modernen Staates 146
Bachofen, Das Mutterrecht 135
Materialien zu Bachofens ›Das Mutterrecht‹ 136
Barth, Wahrheit und Ideologie 68
Becker, Grundlagen der Mathematik 114
Benjamin, Charles Baudelaire 47
– Der Begriff der Kunstkritik 4
– Trauerspiel 225
Materialien zu Benjamins Thesen ›Über den Begriff der Geschichte‹ 121
Bernfeld, Sisyphos 37
Bilz, Studien über Angst und Schmerz 44
– Wie frei ist der Mensch? 17
Bloch, Das Prinzip Hoffnung 3
– Geist der Utopie 35
– Naturrecht 250
– Philosophie d. Renaissance 252
– Subjekt/Objekt 251
– Tübinger Einleitung 253
Materialien zu Blochs ›Prinzip Hoffnung‹ 111
Blumenberg, Aspekte der Epochenschwelle: Cusaner und Nolaner 174
– Der Prozeß der theoretischen Neugierde 24
– Säkularisierung und Selbstbehauptung 79
– Schiffbruch mit Zuschauer 289
Böckenförde, Staat, Gesellschaft, Freiheit 163
Böhme/van den Daele/Krohn, Experimentelle Philosophie 205
Böhme/v. Engelhardt (Hrsg.), Entfremdete Wissenschaft 278
Bourdieu, Entwurf einer Theorie der Praxis 291
– Zur Soziologie der symbolischen Formen 107
Broué/Témime, Revolution und Krieg in Spanien. 2 Bde. 118
Bucharin/Deborin, Kontroversen 64
Bürger, Vermittlung – Rezeption – Funktion 288
Canguilhem, Wissenschaftsgeschichte 286
Childe, Soziale Evolution 115
Chomsky, Aspekte der Syntax-Theorie 42
– Reflexionen über die Sprache 185
– Sprache und Geist 19
Cicourel, Methode und Messung in der Soziologie 99
Claessens, Kapitalismus als Kultur 275
Condorcet, Entwurf einer historischen Darstellung der Fortschritte des menschlichen Geistes 175
Cremerius, Psychosomat. Medizin 255
van den Daele, Krohn, Weingart (Hrsg.), Geplante Forschung 229
Deborin/Bucharin, Kontroversen 64
Deleuze/Guattari, Anti-Ödipus 224

Denninger, Freiheitliche demokratische Grundordnung. 2 Bde. 150
Denninger/Lüderssen, Polizei und Strafprozeß 228
Derrida, Die Schrift und die Differenz 177
Dreeben, Was wir in der Schule lernen 294
Dubiel, Wissenschaftsorganisation 258
Durkheim, Soziologie und Philosophie 176
Eco, Das offene Kunstwerk 222
Einführung in den Strukturalismus 10
Eliade, Schamanismus 126
Elias, Über den Prozeß der Zivilisation, Bd. 1 158
– Über den Prozeß der Zivilisation, Bd. 2 159
Materialien zu Elias' Zivilisationstheorie 233
Erikson, Der junge Mann Luther 117
– Dimensionen einer neuen Identität 100
– Gandhis Wahrheit 265
– Identität und Lebenszyklus 16
Erlich, Russischer Formalismus 21
Ethnomethodologie (hrsg. v. Weingarten/Sach/Schenhein) 71
Euchner, Naturrecht und Politik bei John Locke 280
Fetscher, Rousseaus politische Philosophie 143
Fichte, Politische Schriften (hrsg. v. Batscha/Saage) 201
Foucault (Hrsg.), Der Fall Rivière 128
– Die Ordnung der Dinge 96
– Überwachen und Strafen 184
– Wahnsinn und Gesellschaft 39
Friedensutopien, Kant/Fichte/Schlegel/Görres (hrsg. v. Batscha/Saage) 267
Furth, Intelligenz und Erkennen 160
Goffman, Stigma 140
Gombrich, Meditationen über ein Steckenpferd 237
Goudsblom, Soziologie auf der Waagschale 223
Grewendorf (Hrsg.), Sprechakttheorie und Semantik 276
Griewank, Der neuzeitliche Revolutionsbegriff 52
Groethuysen, Die Entstehung der bürgerlichen Welt- und Lebensanschauung in Frankreich 2 Bde. 256
Guattari/Deleuze, Anti-Ödipus 224
Habermas, Erkenntnis und Interesse 1
– Theorie und Praxis 243
– Zur Rekonstruktion des Historischen Materialismus 154
Materialien zu Habermas' ›Erkenntnis und Interesse‹ 49
Hegel, Grundlinien der Philosophie des Rechts 145
– Phänomenologie des Geistes 8
Materialien zu Hegels ›Phänomenologie des Geistes‹ 9
Materialien zu Hegels Rechtsphilosophie Bd. 1 88
Materialien zu Hegels Rechtsphilosophie Bd. 2 89
Helfer/Kempe, Das geschlagene Kind 247
Heller, u. a., Die Seele und das Leben 80
Henle, Sprache, Denken, Kultur 120
Höffe, Ethik und Politik 266
Hörisch (Hrsg.), Ich möchte ein solcher werden wie ... 283
Hörmann, Meinen und Verstehen 230
Holbach, System der Natur 259
Holenstein, Roman Jakobsons phänomenologischer Strukturalismus 116
Hymes, Soziolinguistik 299
Jaeggi, Theoretische Praxis 149
Jaeggi/Honneth (Hrsg.), Theorien des Historischen Materialismus 182

Jacobson, E. Das Selbst und die Welt der Objekte 242
Jacobson, R. Hölderlin, Klee, Brecht 162
– Poetik 262
Kant, Die Metaphysik der Sitten 190
– Kritik der praktischen Vernunft 56
– Kritik der reinen Vernunft 55
– Kritik der Urteilskraft 57
– Schriften zur Anthropologie 1 192
– Schriften zur Anthropologie 2 193
– Schriften zur Metaphysik und Logik 1 188
– Schriften zur Metaphysik und Logik 2 189
– Schriften zur Naturphilosophie 191
– Vorkritische Schriften bis 1768 1 186
– Vorkritische Schriften bis 1768 2 187
Kant zu ehren 61
Materialien zu Kants ›Kritik der praktischen Vernunft‹ 59
Materialien zu Kants ›Kritik der reinen Vernunft‹ 58
Materialien zu Kants ›Kritik der Urteilskraft‹ 60
Materialien zu Kants ›Rechtsphilosophie‹ 171
Kenny, Wittgenstein 69
Keupp/Zaumseil (Hrsg.), Gesellschaftliche Organisierung psychischen Leidens 246
Kierkegaard, Philosophische Brocken 147
– Über den Begriff der Ironie 127
Koch (Hrsg.), Die juristische Methode im Staatsrecht 198
Körner, Erfahrung und Theorie 197
Kohut, Die Zukunft der Psychoanalyse 125
– Introspektion, Empathie und Psychoanalyse 207
– Narzißmus 157
Kojève, Hegel. Kommentar zur ›Phänomenologie des Geistes‹ 97
Koselleck, Kritik und Krise 36
Kracauer, Der Detektiv-Roman 297
– Geschichte – Vor den letzten Dingen 11
Kuhn, Die Entstehung des Neuen 236
– Die Struktur wissenschaftlicher Revolutionen 25
Lacan, Schriften 1 137
Lange, Geschichte des Materialismus 70
Laplanche/Pontalis, Das Vokabular der Psychoanalyse 7
Leach, Kultur und Kommunikation 212
Leclaire, Der psychoanalytische Prozeß 119
Lenneberg, Biologische Grundlagen der Sprache 217
Lenski, Macht und Privileg 183
Lepenies, Das Ende d. Naturgeschichte 227
Leuninger, Reflexionen über die Universalgrammatik 282
Lévi-Strauss, Das wilde Denken 14
– Mythologica I, Das Rohe und das Gekochte 167
– Mythologica II, Vom Honig zur Asche 168
– Mythologica III, Der Ursprung der Tischsitten 169
– Mythologica IV, Der nackte Mensch. 2 Bde. 170
– Strukturale Anthropologie 1 226
– Traurige Tropen 240
Lindner/Lüdke (Hrsg.), Materialien zur ästhetischen Theorie Th. W. Adornos. Konstruktion der Moderne 122
Locke, Zwei Abhandlungen 213
Lorenzen, Konstruktive Wissenschaftstheorie 93
– Methodisches Denken 73
Lorenzer, Die Wahrheit der psychoanalytischen Erkenntnis 173
– Sprachspiel und Interaktionsformen 81
– Sprachzerstörung und Rekonstruktion 31
Lüderssen/Sbert (Hrsg.), Autor und Täter 261

Lugowski, Die Form der Individualität im Roman 151
Luhmann, Theorie, Technik und Moral 206
– Zweckbegriff und Systemrationalität 12
Lukács, Der junge Hegel 33
Macpherson, Politische Theorie des Besitzindividualismus 41
Malinowski, Eine wissenschaftliche Theorie der Kultur 104
Martens (Hrsg), Kindliche Kommunikation 272
Marxismus und Ethik 75
Mead, Geist, Identität und Gesellschaft 28
Menninger, Selbstzerstörung 249
Merleau-Ponty, Die Abenteuer der Dialektik 105
Miliband, Der Staat in der kapitalistischen Gesellschaft 112
Minder, Glaube, Skepsis und Rationalismus 43
Mittelstraß, Die Möglichkeit von Wissenschaft 62
– (Hrsg.), Methodenprobleme der Wissenschaften vom gesellschaftlichen Handeln 270
Mommsen, Max Weber 53
Moore, Soziale Ursprünge von Diktatur und Demokratie 54
Morris, Pragmatische Semiotik und Handlungstheorie 179
Needham, Wissenschaftlicher Universalismus 264
Neurath, Wissenschaftliche Weltauffassung, Sozialismus und Logischer Empirismus 281
Nowotny, Kernenergie: Gefahr oder Notwendigkeit 290
O'Connor, Die Finanzkrise des Staates 83
Oelmüller, Unbefriedigte Aufklärung 263
Oppitz, Notwendige Beziehungen 104
Parin/Morgenthaler, Fürchte deinen Nächsten 235
Parsons, Gesellschaften 106
Parsons/Schütz, Briefwechsel 202
Peukert, Wissenschaftstheorie 231
Piaget, Das moralische Urteil beim Kinde 27
– Die Bildung des Zeitbegriffs beim Kinde 77
– Einführung in die genetische Erkenntnistheorie 6
Plessner, Die verspätete Nation 66
Polanyi, Ökonomie und Gesellschaft 295
– Transformation 260
Pontalis, Nach Freud 108
Pontalis/Laplanche, Das Vokabular der Psychoanalyse 7
Propp, Morphologie des Märchens 131
Quine, Grundzüge der Logik 65
Rawls, Eine Theorie der Gerechtigkeit 271
Redlich/Freedman, Theorie und Praxis der Psychiatrie. 2 Bde. 148
Ricœur, Die Interpretation 76
Ritter, Metaphysik und Politik 199
v. Savigny, Die Philosophie der normalen Sprache 29
Schadewaldt, Anfänge der Philosophie 218
Schelling, Philosophie der Offenbarung 181
– Über das Wesen der menschlichen Freiheit 138
Materialien zu Schellings philosophischen Anfängen 139
Schleiermacher, Hermeneutik und Kritik 211
Schlick, Allgemeine Erkenntnislehre 269
Schluchter (Hrsg.), Verhalten, Handeln und System 310
Scholem, Von der mystischen Gestalt der Gottheit 209
– Zur Kabbala und ihrer Symbolik 13
Schütz, Der sinnhafte Aufbau der sozialen Welt 92

- /Luckmann, Strukturen der Lebenswelt Bd. I
  284
Schumann, Handel mit Gerechtigkeit 214
Seminar: Abweichendes Verhalten I
  (hrsg. v. Lüderssen/Sack) 84
- Abweichendes Verhalten II
  (hrsg. v. Lüderssen/Sack) 85
- Abweichendes Verhalten III
  (hrsg. v. Lüderssen/Sack) 86
- Angewandte Sozialforschung
  (hrsg. v. Badura) 153
- Dialektik I (hrsg. v. Horstmann) 234
- Entstehung der antiken Klassengesellschaft
  (hrsg. v. Kippenberg) 130
- Entstehung von Klassengesellschaften
  (hrsg. v. Eder) 30
- Familie und Familienrecht I
  (hrsg. v. Simitis/Zenz) 102
- Familie und Familienrecht II
  (hrsg. v. Simitis/Zenz) 103
- Familie und Gesellschaftsstruktur
  (hrsg. v. Rosenbaum) 244
- Freies Handeln und Determinismus
  (hrsg. v. Pothast) 257
- Geschichte und Theorie
  (hrsg. v. Baumgartner/Rüsen) 98
- Gesellschaft und Homosexualität
  (hrsg. v. Lautmann) 200
- Hermeneutik und die Wissenschaften
  (hrsg. v. Gadamer/Boehm) 238
- Kommunikation, Interaktion, Identität
  (hrsg. v. Auwärter/Kirsch/Schröter) 156
- Literatur- und Kunstsoziologie
  (hrsg. v. Bürger) 245
- Medizin, Gesellschaft, Geschichte
  (hrsg. v. Deppe/Regus) 67
- Philosophische Hermeneutik
  (hrsg. v. Gadamer/Boehm) 144
- Politische Ökonomie (hrsg. v. Vogt) 22
- Regelbegriff in der praktischen Semantik
  (hrsg. v. Heringer) 94
- Religion und gesellschaftliche Entwicklung
  (hrsg. v. Seyfarth/Sprondel) 38
- Sprache und Ethik (hrsg. v. Grewendorf/Meggle)
  91
- Theorien der künstlerischen Produktivität
  (hrsg. v. Curtius) 166
Simitis u. a., Kindeswohl 292
Skirbekk (Hrsg.), Wahrheitstheorien 210

Solla Price, Little Science – Big Science 48
Spinner, Pluralismus als Erkenntnismodell 32
Sprachanalyse und Soziologie (hrsg. v. Wiggershaus)
  123
Sprache, Denken, Kultur (hrsg. v. Henle) 120
Strauss, Anselm, Spiegel und Masken 109
Strauss, Leo, Naturrecht und Geschichte 216
Szondi, Das lyrische Drama des Fin de siècle 90
- Einführung in die literarische Hermeneutik 124
- Poetik und Geschichtsphilosophie I 40
- Poetik und Geschichtsphilosophie II 72
- Schriften 1 219
- Schriften 2 220
- Theorie des bürgerlichen Trauerspiels 15
Témime/Broué, Revolution und Krieg in Spanien.
  2 Bde. 118
Theorietechnik und Moral 206
Theunissen/Greve (Hrsg.), Materialien zur Philo-
  sophie Kierkegaards 241
Touraine, Was nützt die Soziologie? 133
Tugendhat, Selbstbewußtsein und Selbst-
  bestimmung 221
- Vorlesungen zur Einführung in die sprach-
  analytische Philosophie 45
Uexküll, Theoretische Biologie 20
Ullrich, Technik und Herrschaft 277
Umweltforschung – die gesteuerte Wissenschaft 215
Wahrheitstheorien 210
Waldenfels/Broekman/Pažanin (Hrsg.), Phäno-
  menologie und Marxismus I 195
- Phänomenologie und Marxismus II 196
- Phänomenologie und Marxismus III 232
- Phänomenologie und Marxismus IV 273
Watt, Der bürgerliche Roman 78
Weimann, Literaturgeschichte und Mythologie
  204
Weingart, Wissensproduktion und soziale Struktur
  155
Weingarten u. a. (Hrsg.), Ethnomethodologie 71
Weizenbaum, Macht der Computer 274
Weizsäcker, Der Gestaltkreis 18
Winch, Die Idee der Sozialwissenschaft und ihr Ver-
  hältnis zur Philosophie 95
Wittgenstein, Philosophische Grammatik 5
- Philosophische Untersuchungen 203
Wunderlich, Studien zur Sprechakttheorie 172
Zilsel, Die sozialen Ursprünge der neuzeitlichen
  Wissenschaft 152
Zimmer, Philosophie und Religion Indiens 26